本书获评"复旦大学哲学学院源恺优秀著作奖"

由上海易顺公益基金会资助出版

现代外国哲学

Modern Foreign Philosophy

张庆熊 孙向晨 主编

总第**20**辑

上海三联书店

序 言

张庆熊　孙向晨

今年恰逢罗尔斯诞辰 100 周年和《正义论》出版 50 周年。本辑《现代外国哲学》为此设立专栏，组织了五篇专稿纪念。

罗尔斯数十年来成为西方哲学界讨论的热点，原因很多，除了他本人的哲学贡献外，还与人们对当今社会的"现实关怀"有关。现代国家面临权利、发展和正义等不同愿景之间的优先顺序的选择和平衡的难题。李育书在其论文《权利立场上的发展与正义——罗尔斯对近代政治愿景的融合》中指出："罗尔斯肯定了发展对于人们自由和福利的意义，主张通过组织良好的社会实现善与正义的统一，并在面临愿景冲突时强调权利优先于善，由此实现了三个愿景的融合。"学界把罗尔斯的这一观点称为"新自由主义"，以示它与"旧自由主义"的区别。罗尔斯建构新自由主义并非出于纯粹理论爱好，而是结合考虑欧美政治和社会体制的现实的发展历史。在欧美国家的政治和社会的实践中，出现"福利国家""放任的资本主义"以及夹杂在这两者之间的多种多样的形态；有的国家在某一历史时期执行古典的自由主义和保守主义指导下的社会和经济的政策，而在另一阶段又执行提高公共福利的国家干预的社会和经济的政策。评判这些制度模型和政策的好坏在很大程度上取决于愿景的偏好，而从实践经验的角度观察则发现它们各有各的问题。罗尔斯的《正义论》看似是纯理论的，实际上在其思考理论问题的背后有来自实践经验的现实考量。福利国家的问题出于缺乏个体之间的竞争，从而导致经济发展动力不足、国家负担太重、财政入不敷出的危机。古典的自由主义和放任的资本主义会导致贫富不均、两极分化和社会冲突。如何才能从这种两难的困境中解脱出来呢？国家究竟是否应该以普遍福利的名义向富人征税，进行财产和收入的再分配呢？按照罗尔斯的看法，如果这样的政策有利于促进社会的团结和公民的福利，那么应该执行，但是有一个前提，即这样的政策必须在保障公民基本权利的基础之上通过立法的程序合法合规地执行。这个前提之所以必须坚守,因为它一旦被破坏,整个法治国家的基础就会崩溃,而只有在公民普遍认同的前提下推行提高公共福利的政策,才能激发社会公民普遍的创造财富的积极性。罗尔斯立足于近代自由主义权利保护的立场,打破愿景之间的对立,实现了权利基础上善和正义的统一的"正义论"正是面对这一社会现实问题提出的。

阅读丁建峰的《良序社会、正义感与良法善治——探寻罗尔斯正义理论的法哲学义蕴》同样可以发现罗尔斯的哲学理论背后的现实意义。一个社会如果没有良好的秩序将陷入内耗、内斗和内乱,用如今网络上流行的用语来表达就是"内卷"。尽管任何社会总会有意见分歧和利益纷争,但社会成员之间又有分工合作,需要在一个屋檐下共同生活,因此如何弘扬正义、通过良法来处理内部矛盾,就成为建设良序社会的关键。然而,什么是正义? 什么是良法? 这又成为新的难题;其困难之处不在于是否能给出它们的明确定义,而在于即便有了这样的定义也未见得人人都能接受。从原则上说,人人都拥有知是非的能力,人人都拥有选择其信念或信仰的权利,人人都拥有选择自己生活方式的自由,这就是所谓"良心自由"。在原则上肯定所有社会公民都拥有良心自由,也就意味着肯定所有公民都拥有自主权。就这一基本原则而言,所有社会公民都应该能够接受。但是每个公民在对信念、信仰和生活方式的选择上毕竟不尽相同,如何才能在保障公民的自主权的前提下促进社会成员对正义、良法取得广泛共识呢? 这是李金鑫在《论罗尔斯的良心自由概念》一文中讨论的问题。罗尔斯在肯定良心自由的基本前提下引入"反思平衡"和"交叠共识",因为社会是一个共同体,社会公民需要反思个体和整体、眼前和长远、私人和公共、少数和多数等多重关系,吸取历史经验,面向美好的愿景,用理性的方式取得"反思平衡",并通过互相讨论和协商达成"交叠共识"。

总的来说,罗尔斯属于英美分析哲学的系统,但他与传统的英美分析哲学相比又有所区别。传统的英美分析哲学以实证主义为源头。按照实证主义的看法,西方思想经历神学、形而上学和实证科学三个阶段,而能否被经验证实和逻辑证明乃是评判科学理论与非科学理论的标准。在英美哲学界,经过"语言转向"的分析哲学洗礼,神学和形而上学的运思模式已经式微。传统分析哲学的这种运思模式并非万能,它在伦理学和政治哲学的领域内遇到瓶颈,因为在此涉及"正义""善"等原则,并且具有面向将来和实践追求的维度,难以简单地在经验证实和逻辑证明的套路中加以解决。罗尔斯尝试把英美分析哲学的方法与欧陆体系哲学的方法结合起来。在他的"正义论"哲学架构中包含一些理论的前设,如以良心自由为前设把保护公民的基本权利作为正义论第一条原则。人们容易看到,他的正义论中有康德哲学的许多影子,但另一方面他在建构和论证他的理论时又非常重视经验依据和逻辑分析。他保持了分析哲学讲究澄清语义的优良传统,对其基本概念都给出明确的定义,对其主要论点都给出条理清楚的论证,这样不论是赞同他观点的人还是反对他观点的人都易于提出相关的辩护或反驳的理由。罗尔斯的《正义论》及其相关著作由此成为近50年来哲学界讨论的一个话题,不同观点的哲学家、神学家、经济学家、社会学家纷纷来到罗尔斯建设的平台上参与讨论。

梁捷的《罗尔斯与海萨尼的功利主义之争》评述了持有功利主义观点的经济学家海萨尼与哲学家罗尔斯的争论。罗尔斯的《正义论》的矛头所指是功利主义,他认为"正义"具有道德的维度,是与"功利"相悖的观念。在海萨尼看来,罗尔斯的"正义"观念太空洞,而"功利"显得比较实在,可以化解为"利益""安全"等指标加以数量统计,从而用社会成员"幸福指数"的方式刻画社会正义。功利主义在当代结合博弈论的数学分析有了新的发展,已在经济学领域中取得令人瞩目的成就。海萨尼企图通过博弈论来反驳罗尔斯的正义论观点及其论证方式。我想这篇文章有助于读者了解当代功利主义与罗尔斯的正义论的各自立论要点和论证途径。

李晋的《恶之问:赵紫宸和约翰·罗尔斯的早期思想比较》提供了一个别开生面的切入点,找出他们各自在大学本科阶段撰写的关于恶的主题的毕业论文进行研究。从基督教神学的正义论来说,人的罪和恶将导致人不能依靠本身的力量在人间建立正义之国,因此必须经过上帝的拯救和末日审判才能实现最终的正义。基督教的这种神学正义论在西方学界的影响力很深,即使启蒙思想家康德也注意到人的"根本恶"的问题,所以他的道德形而上学设定了"意志自由""灵魂不死"和"末日审判"这三个前提,以便使得德与福之间能最终统一。李晋的文章揭示罗尔斯早在大学本科阶段就注意到了恶的问题。然而,罗尔斯后来主张幸福和正义之间的统一性可以在一个法制健全和组织良好的社会中实现。他认为,在一个良序法治社会中,社会成员凭借良心自由、反思平衡和交叠共识能够实现由社会基本结构所鼓励的那些正义的目标和合理的利益分配。罗尔斯是否对人性持一种过度的乐观主义的态度呢?他的正义论是否过分理想主义了呢?从罗尔斯的角度看,当今是一个多元的时代,社会中存在信教与不信教的公民,存在不同的宗教信仰、文化传统和意识形态,因此不能以任何一种宗教信仰和观念论的体系作为正义论的基础,而必须求得全体社会公民中的最大公约数,因此在保障公民基本权利的基础上通过理性的反思和协商达成最广泛的共识,找到公正、善和发展之间的最佳的动态平衡点,才是最现实和最可取的正义论和社会治理的模式。

总之，罗尔斯的最大贡献并不在于他建构了一套近乎完备的政治哲学和道德哲学的体系，而在于他能吸纳和融合近代以来英美哲学和欧陆哲学众多的思想资源，从而为不同学派的思想家提供了一个讨论的哲学平台。在过去，哈贝马斯、泰勒、诺奇克、桑德尔、纳斯鲍姆等一大批当代知名学者参与到这场讨论中来，提出了许多批评意见，同时也激发了他们自己的新思想。在今天，我们纪念罗尔斯诞辰 100 周年和《正义论》出版 50 周年，在本辑序言中花了点笔墨介绍和串联这五篇评述罗尔斯的文章，同样是为了促进哲学在百家争鸣中繁荣发展。

本辑的其他论文我们大致按照时间顺序排列。本辑的内容很丰富，涉及休谟、康德、黑格尔、杜威、摩尔、厄姆森、胡塞尔、斯蒂格勒等近现代哲学家有关认识论、伦理学、美学等多个领域的探讨。其中《斯蒂格勒技术哲学的现象学维度——〈技术与时间〉第二卷第四章研读会纪要》系王庆节教授主持的系列在线研读会的记录，研讨者包括邓文韬、马迎辉、杨庆峰、方向红、王嘉、惠贤哲等教师和学生。哲学研究不仅是写论文，还包括研讨会和课程教学。新冠疫情期间研讨会和课程教学移到线上，王庆节教授主持的这个在线研读会不仅内容丰富，而且对新的教学方式具有参考意义。

本辑还收录三篇译文。其中一篇涉及对张伟教授的英文著作《舍勒的苏格拉底主义》（*Scheler's Socratism*）的评论，我们欢迎同行中有更多的学者在本刊发表书评，好文共欣赏，成果共分享。罗志达翻译的扎哈维的《交互主体性，社会性与共同体》很有参考价值，非常清楚地概述了当代现象学界有关这一重要论题的代表性观点。特雷瓦尔·诺里斯的《学生正在变成消费主义式的学习者吗？》是一篇有关教育哲学的论文，涉及教育的市场化和商品化对学生的身心健康的不良影响和补救措施。尽管他谈的是西方的情况，但对中国当下面临的问题也有一定参考价值。

2021 年 9 月 26 日

目　录

目 录

Contents

权利立场上的发展与正义

——罗尔斯对近代政治愿景的融合*

李育书

【摘　要】西方近代政治哲学为政治设定了权利、发展和正义等不同的愿景，罗尔斯肯定了发展对于人们自由和福利的意义，主张通过组织良好的社会实现善与正义的统一，并在面临愿景冲突时强调权利优先于善，由此实现了三个愿景的融合。虽然罗尔斯的论证还有待强化，但是他立足于近代自由主义权利保护的立场，打破愿景之间的对立，实现了权利基础上善和正义的统一，这一工作依然具有重要的政治哲学史意义。

【关键词】权利　发展　正义　罗尔斯

在西方近代政治哲学史上，洛克提出，人们成立政府只是为了更好地保护权利和财产，权利保护是政治的根本目标；这可看作是近代政治的"权利愿景"。亚当·斯密则提出政府除了维护治安、防范侵略外，还需要兴建公共工程，推动

* 本文系国家社科后期资助项目"西方近代政治哲学的政治愿景研究"（项目编号：20FZXB032）的阶段性成果。

经济发展,进而扩展民众福利;此即政治的"发展愿景"。卢梭在批判现有文明状态的同时把公意作为政治的基础,希冀以此实现德性的政治;这可以看作是政治的"道德愿景"。在近代政治哲学中,这三种政治愿景都得到了进一步的发展,但愿景之间常常发生冲突,彼此看不到对方包含的合理内容,更看不到不同愿景是可以实现兼容的。罗尔斯的政治哲学则包含了上述三种愿景,他在《正义论》《政治自由主义》中论述了不同愿景之间的统一性,并最终在权利优先的立场上对三个愿景做出排序,他的工作可以看作是对三种政治愿景的融合,这种融合实际上是对整个近代政治哲学基本贡献的融合,值得肯定。

一、发展的意义

在近现代政治哲学的"发展愿景"中,发展实现了人们幸福总额的扩大化,发展就是一种善。然而,洪堡和康德等具有自由主义色彩的思想家或出于对政府职能的坚守、或出于对权利原则的捍卫,他们都否定了发展的价值,认为发展本不是政治的目标,权利才是最为根本的目标。罗尔斯不像洪堡和康德,他难能可贵地肯定了经济发展的意义,肯定经济发展可以巩固和拓展人的自由,他的政治学说则为善、为经济发展留下了空间。可以说,罗尔斯《正义论》的初衷是讨论如何改善低收入者的经济状况,但在讨论改善低收入者地位的过程中,他关注到了社会财富的生产与增长,把发展纳入了政治哲学这一主题之中。

一方面,罗尔斯肯定发展可以带来一定的收益,如果没有经济的发展,人的自由会受到各种限制和约束,"由于贫穷、无知和缺乏一般意义上的手段,有些人不能利用他们自己的权利和机会"。[①] 而且,罗尔斯看到,很多时候只有发展才能从根本上改善不利者的地位,"不充分的刺激将会影响整个经济体系的生产力,由此也会对那些弱势群体的处境产生负面的影响"。[②] 所以,罗尔斯认为发展肯定是有积极意义的,发展可以扩展人们的自由与福利。在他看来,发展本身是有正当地位的,发展也是有阶段性目标的,这一目标便是一个极优化的状态,在其中每个人地位都得到改善,并且达到均衡,直至达到一个极点——此时增加一个人的福利必然会损害另一个人的福利,最终达到"一些人状况变好

[①] 约翰·罗尔斯:《正义论》,何怀宏、何包钢、廖申白译,北京:中国社会科学出版社,2005 年,第 202 页。

[②] 佩西·莱宁:《罗尔斯政治哲学导论》,孟伟译,北京:人民出版社,2012 年,第 83 页。

的同时不可能不使其他人状况变坏"。③ 在此,罗尔斯实际上借用了经济学的
"帕累托最优"来为发展设定了一个终点,在这个终点实现之前,发展还是有持
续空间的。

　　另一方面,罗尔斯认为,对于社会基本制度来说,制度本身不应该以发展为
构成性目标。在他讨论正义制度之结果时,他也提到发展本身不是目的而只是
可以接受的良好结果,"没有理由认为正义的制度会大量地产生善。当然,在这
种情况下产生最大的善并不是没有可能,但这只是一个巧合"。④ 这一思想与康
德对幸福原则的批判如出一辙,也与功利主义形成了强烈对比,在功利主义者
看来,一个社会只要能实现最大化的福利净余额便是正当的,功利主义者主张,
"一个社会,当它的制度最大限度地增加满足的净余额时,这个社会就是安排恰
当的"。⑤ 罗尔斯虽然主张发展的积极意义,但绝不会同意功利主义者以最大化
余额为目标的发展,在他看来,发展的意义在于保障自由,发展不是目的。

二、善与正义的一致性

　　罗尔斯一方面肯定了发展的意义,肯定发展对于自由的价值,并用更加哲
学化的概念"善"来表达发展。另一方面,他更难能可贵地看到,善(goodness)与
正义(justice)本身具有一致性(justice and goodness are congruent),发展意味着
善,正义意味着道德,二者的一致性直接意味着政治的发展愿景与道德愿景具
有一致性。在《正义论》第七章,罗尔斯开篇就亮明观点,"正义和善是一致的,
至少在一个组织良好的社会的环境中是一致的"⑥,为发展愿景与道德愿景的一
致性确立了依据。他是这样论证善与正义的一致性的:

(一) 首要善(primary goods)⑦
　　罗尔斯提出了首要善的概念,认为善包括首要善,首要善是一系列"与更高

---

③ 约翰·罗尔斯:《正义论》,第 67 页。
④ 同上书,第 29 页。
⑤ 同上书,第 23 页。
⑥ 同上书,第 395 页。
⑦ "Primacy goods",何怀宏在《正义论》中译为"基本善",万俊人在《政治自由主义》译为"首要善"。考虑
　到 primacy 主要强调主要的、首要的意思,其内容也符合此意,故本书采用"首要善",引文中均改为
　"首要善",改动之处不再逐一说明。

层次的利益相联系"⑧的权利与机会。在《政治自由主义》中,他列出了首要善的基本目录,它们分别是:

> 1.基本的权利和自由(它们可以列出一个目录);2.移居自由和多样性机会背景下对职业的选择;3.在基本结构之政治制度与经济制度中享有各种权力、职位特权和责任;4.收入和财富;5.自尊的社会基础。⑨

在罗尔斯看来,首要善本身就是为每个公民所必需的,它是每个人都应该享有的善,"所有的社会首要善——自由和机会、收入和财富及自尊的基础——都应被平等地分配,除非对一些或所有社会首要善的一种不平等分配有利于最不利者"。⑩

由此可见,首要善虽然包括一定的收入、财富等内容,但它的主要内容则是基本权利、机会平等、自尊等政治权利,就此,罗尔斯提出,这些首要善是我们所不可或缺的,"这些首要善,就是提出和理性地追求某种善的观念以及实施任何一种生活规划所普遍必需的社会背景条件和万能工具"。⑪ 事实上,按照罗尔斯的这种定义,这些首要善本身就是自由权利的体现,当然与正当具有一致性。这样,罗尔斯算是初步论证了正当与善的一致性。

(二)善的道德价值

社会的善不能只停留在基本权利方面,否则这样的善难以说明人们的具体收益,所以善的理论需要进一步扩展。为此,罗尔斯首先区分了善的强理论和弱理论,弱理论主要论证首要善——基本的自由,"自由和机会,收入和财富以及最首要的自尊构成首要善这一点必须由善的弱理论来说明"。⑫ 而善的强理论则用来说明善的进一步发展,"对于善的说明我称之为善的弱理论(thin theory of good):它的目的在于保障正义原则所必需的基本善前提。一俟这一理论完成了,一俟首要善得到了说明,我们便可以自由地在进一步发展的善理论中使用正义原则,我把这种进一步发展的善理论称为善的强理论(full theory

---

⑧ 约翰·罗尔斯:《政治自由主义》,万俊人译,南京:译林出版社,2013 年,第 172 页。
⑨ 同上书,第 167 页。
⑩ 约翰·罗尔斯:《正义论》,第 303 页。
⑪ 佩西·莱宁:《罗尔斯政治哲学导论》,第 63 页。
⑫ 约翰·罗尔斯:《正义论》,第 436 页。

of good）。"⑬

善首先从权利扩展到道德价值领域,罗尔斯用常善来评价道德上的好人,把好人看作是较好履行社会角色的人,并且能够带动社会成员整体道德水平的提高,"一个好人,或一个有道德价值的人,是一个具有超过常人的较高程度的、人们可以合理地相互要求的那些根深蒂固的道德特性的人。……换一种表达方法说,一个好人具有一个组织良好的社会的成员们可以合理地要求他们伙伴的那些道德特征。"⑭这样,善的概念得到了初步的扩展,在善的评价中,好人是可以推动社会合作并扩展社会正义之人。在这个扩展的背后,我们看到,是正义概念推动了善,善也推动了社会整体的正义观念,由此,我们可以进一步断言正义与善相联系,"使得善定义能扩展到道德价值概念上的是已经派生出来的正义原则的运用。而且,这些原则所派生的特殊内容和方式也是互相联系着的。"⑮这也就再次确认了正义与善的一致性。

（三）善的社会收益

善不仅扩展到了道德领域,它还可以带来其他收益,而这个收益是通过人们的理性所订立的契约来实现的。人们通过自己的契约选择了合理的生活方式,最终推动社会整体的进步,罗尔斯强调:"我们力图表明,首要善是如何与更高层次的利益相联系的(这些更高层次的利益与道德能力相联系),以便首要善确实成为政治正义问题的切实可行的公共标准。"⑯

对个人来说,善的收益首先就是个人合理计划的实现,"一个人的善就是一项合理的生活计划的成功实施"。⑰作为合理性的善,"这个理论的首要目标是为人们提供一个确定他们的善的标准。这个标准是借助于人们根据充分的审慎合理性所乐于选择的合理计划来表达的。"⑱这样,对于理性个体来说,我们根据自己的审慎合理性,既可以获得自己预计的收益,也乐于采取自己的方案,"我们的善是由我们的生活计划决定的,这种计划是我们能够准确预见并在想像中的充分实现未来的情况下根据审慎的合理性所乐于采取的。"⑲这种合理计

---

⑬ 约翰·罗尔斯:《正义论》,第 396 页。
⑭ 同上书,第 439 页。
⑮ 同上书,第 440 页。
⑯ 约翰·罗尔斯:《政治自由主义》,第 172—173 页。
⑰ 约翰·罗尔斯:《正义论》,第 435 页。
⑱ 同上书,第 425 页。
⑲ 同上书,第 423 页。

划包括原初契约的计划，在原初状态中，人们相信对方会和他一样订立契约并遵守契约，由此参加了契约来实现包括自己在内的每一个人的利益，这当然可以看作是善的收益，"我们假定处于原初状态的人们采取的是上述这样的一种善观念，因而他们把欲望更大的自由和机会，欲望实现他们的目的更广泛的手段看作是自然而然的。"[20]人们通过合理计划，获得了更多的自由与机会，这是善向经济福利领域的进一步扩展。

（四）善与正义一致性的实现

最终，罗尔斯所主张的善和正义的一致性是在一个组织良好（well-ordered）的社会中实现的，人们通过契约选择自己的目标，最终也因为契约使得他的目标具有社会意义，"个人对一种正义观念的选择，一定会产生由社会基本结构所鼓励的那些目标和利益"。[21] 因此，罗尔斯的善与正义的一致性是通过理性契约来实现的，在原初契约中，人们都是理性的主体，他们具备审慎的理性，人们通过自己的审慎理性，通过服从基本的正义规则，通过参与社会活动，遵守正义的规则，也能获得自己的收益。"正义原则在总体上的合理性；人们对这些原则的珍视仍然是对每个人都有利的。"[22]这样说来，"权利（正当）与善是相互补充的，任何正义观念都无法完全从权利或善中抽演出来，而必须以一种明确的方式将权利与善结合起来。"[23]

正义与善的一致性首先可以给民众提供更多的公共产品。在罗尔斯这里，"正当和善的一致性在很大程度上取决于一个组织良好的社会是否能获得共同体的善。"[24]这就要求社会的共同利益能够体现个人的诉求，公共设施、公共产品能够无差别地提供给参与契约的民众，这也可以进一步强化个人的善的收益，在罗尔斯的学说里，"社会的利益（善）主要是由国家维护着的那些工具和条件构成的；这些工具和条件是为着每一个人在他能力可及的情况下去使用的，正如每个人在沿着公路旅行时都有他自己的目的地一样。"[25]

当然，善与正义的一致性给民众提供的更大的收益在于良好的社会秩序，这个秩序可以让人最大程度发展自身并获得收益。在组织良好社会中，人们建

---

[20] 约翰·罗尔斯：《正义论》，第 435 页。

[21] 同上书，第 417 页。

[22] 同上书，第 580 页。

[23] 约翰·罗尔斯：《政治自由主义》，第 160 页。

[24] 约翰·罗尔斯：《正义论》，第 523 页。

[25] 同上书，第 524 页。

立充分的合作,并共同遵循合作的规则,这进一步确保了组织良好社会的稳定性,这才是最大的收益。在这样的社会中,个人的才能与天赋推动全社会的进步,而社会的基本制度又保证了每个人天赋才能的实现,也可以从别人的行为中得到满足,"正是通过建立在社会成员们的需要和潜在性基础上的社会联合,每一个人才能分享其他人表现出来的天赋才能的总和。……这样当人们共同实施着一项为每个人接受的计划时,每个人都从其他人的行为中得到快乐。"[26]不仅如此,在组织良好的社会中,人们的正义感也是和善一致的,正义感可以有效地推动社会发展,"如果某人有一种有效的正义感,它就将具有一种按相应的原则去行动的调节性欲望。那么合理选择的标准就必须把这种欲望考虑在内。如果一个人根据审慎的合理性愿意按正义观点而不是按其他观点去行动,那么对他来说这样做就是合理的。"[27]

所以,正如我们看到的,罗尔斯没有站在权利的道德立场上拒绝善,而是把善转化为正义,并让每个人在正义中得到善,在他这里,善与正义互相支持。这种一致性既以组织良好的社会为条件,也巩固了组织良好的社会及其正义观念,在此意义上"我们可以把善的理念作为补充政治正义观念所必需的理念"。[28]

三、权利优先的立场

罗尔斯肯定了发展愿景,并最终通过理性说明了在组织良好的社会中发展与道德具有一致性。接下来,他进一步论证发展愿景和道德愿景都离不开权利保护的愿景,它们都建立在权利保护的基础之上,都不得背离权利的立场去追求所谓的发展与道德。这便是罗尔斯的权利优先原则,权利优先既包括权利对于道德的优先,也包括权利对于发展和福利的优先。

(一)权利愿景对于道德愿景的优先性

罗尔斯强调权利对于道德的优先,既包括《政治自由主义》中所强调的政治学说对道德完备性学说的排斥,也包括《正义论》中对正义原则的论述,而正义原则的关系是此处论述的重点。在《正义论》中,罗尔斯政治学说之道德特征的集中体现是第二正义原则,第二正义原则主张最不利地位者的最大获益,但正

---

[26] 约翰·罗尔斯:《正义论》,第526页。
[27] 同上书,第572页。
[28] 约翰·罗尔斯:《政治自由主义》,第180页。

如他在《正义论》中强调的,第一原则优先于第二原则。

罗尔斯指出,自由具有绝对优先的分量,不得以道德等因素否定自由,"第一,自由的优先性意味着,正义的第一原则赋予各种基本自由以一种特殊地位,一如清单所示的那样。相对于公共善的理由和完善论价值的理由来说,它们具有一种绝对的分量。比如说,某些社会群体不能以下述理由,即他们所拥有的那些自由可能使他们得以阻碍各种保持经济效率和加速经济增长的政策,来否认平等的政治自由。"㉙不仅如此,罗尔斯还进一步解释说,哪怕在差别原则中,基本机会均等也要优先于改善最不利地位者的要求,"正义的第二原则之所以从属于第一个原则,是因为第一个原则保证了公民在两种基本情况下充分而明智地实践其两种道德能力所需要的那些基本自由。正义之第二原则的作用是确保机会平等,并规导社会的和经济的制度,以使各种社会资源得到合理的利用,并有效生产和公平分享各种实现公民目的的手段。"㉚这样说来,罗尔斯对于正义原则的排序规则是明确的:自由权利 > 机会均等 > 改善最不利地位者的地位。

因此,哪怕是为了改善最不利地位者的地位,也不得否定机会均等,更不得侵犯基本的自由,在这方面,罗尔斯的思想不同于其他福利国家学说。福利国家主张尽量均等,"补偿原则就认为,为了平等地对待所有人,提供真正的同等的机会,社会必须更多地注意那些天赋较低和出生于较不利的社会地位的人"。㉛ 但是,"对罗尔斯来说,这不会导向某种关于'基本善还是平等的福利机会'的争论。"㉜罗尔斯不采取这种平等化策略,而是承认差别基础上的竞争,只是在结果上对于竞争的不利地位者提供适当的保护,防止出现社会不可承受的结果,"差别原则当然不是补偿原则,它并不要求社会去努力抹平障碍,仿佛所有人都期望在同样的竞赛中在一公平的基础上的竞争"。㉝

罗尔斯一直强调,"在实践中,自由的优先性意味着,一项基本自由只能因另一种或多种其他基本自由的缘故而被限制或否定;而正如我所讲过的那样,它永远也不能因为公共善或完善论价值的缘故而受到限制或否定。"㉞这就意味着,他的核心主张在于通过契约修正社会基本结构,并让所有人都接受这一新

㉙ 约翰·罗尔斯:《政治自由主义》,第 273 页。
㉚ 同上书,第 338—339 页。
㉛ 约翰·罗尔斯:《正义论》,第 101 页。
㉜ 佩西·莱宁:《罗尔斯政治哲学导论》,第 78 页。
㉝ 约翰·罗尔斯:《正义论》,第 101 页。
㉞ 同上书,第 273 页。

的社会结构,这一社会结构在所有人自愿的基础上实现了保障社会最少受益者的利益。在此过程中,自愿同意是首要的,权利的优先地位是不可动摇的。"权利的优先性理念是一个根本要素,而在公平正义中,该理念作为公平正义观点的一种形式具有核心作用。"㉟而且,罗尔斯所要保护的自由是广泛的自由,它不单单是某一项的自由,自由优先性是作为自由整体的优先,"各种基本自由构成了一个族类,具有优先性的乃是这一族类,而不是任何单一的自由本身,且从实践意义上说,即便某一种或多种基本自由在某些条件下可能是绝对的,也不能忘记这一族类的基本自由都具有优先性。"㊱

(二)自由对于福利的优先性

罗尔斯虽然主张社会正义作为一种新的道德政治,但是他依然坚持自由主义的基本准则——那就是权利的不可动摇性,"权利的优先性理念是一个根本要素,而在公平正义中,该理念作为公平正义观点的一种形式具有核心作用"。㊲

罗尔斯一直强调,如果违背了权利和基本的自由,这样的经济福利是毫无意义的,"首先,权利的优先性意味着(在其普遍意义上),那些被运用到的善理念必须是政治的理念,因此我们无需再依赖于完备性善观念,而只需依赖那些经过调整并符合政治观念的理念。其次,权利的优先性意味着(在其特殊意义上),正义原则给那些可允许的生活方式设定了各种界限,即它使公民对各种僭越这些界限的目的和追求成为毫无价值的事情"。㊳

不仅如此,罗尔斯所说的自由优先性还意味着人们不会为了福利去牺牲自由,"如果原初状态中的人们假定他们的基本自由能够有效地加以运用,他们一定不会为了经济福利的改善而换取一个较小的自由,至少是当他们获得了一定数量的财富之后不会这样做"。㊴ 至于为什么人们不会为了福利牺牲自由,罗尔斯是这样论证的:随着生活地位的改善,福利对于我们的意义呈现边际递减的效应,它显得越来越不重要;相反,这个时候自由反而变得越来越重要,人们更加珍视自由,而不会为了福利去牺牲自由,"自由的优先性的基础可概述如下:随着文明条件的改善,文明对我们的善,即我们的进一步的经济和社会利益具有一种边际意义,它减少我们对自由的关切的相关物,这种关切将随着运用平

㉟ 约翰·罗尔斯:《正义论》,第160页。
㊱ 同上书,第330页。
㊲ 同上书,第160页。
㊳ 约翰·罗尔斯:《政治自由主义》,第193页。
㊴ 约翰·罗尔斯:《正义论》,第545页。

等自由的条件的日益充分的实现而愈加强烈"。⑩ 这是罗尔斯对自由优先于发展的一个重要论述,作为一个结论,它在总体上是有说服力的,但是在论证上还有一定不足,我们接下来讨论这些不足。

四、论证有待强化的两个问题

罗尔斯统一近代政治哲学政治愿景的工作在近现代政治哲学史上具有重要意义,但是,罗尔斯的论证也存在着有待进一步强化之处,他的不足主要体现在善与正当一致性的证明和权利优先性的证明两个问题上:

第一,关于善与正义的一致性。罗尔斯在证明过程中借用了首要善,但严格说来,首要善的很多内容只是政治的基本权利,并不具有物质福利以及经济发展等善的内容,甚至如阿玛蒂亚·森(Amartya Sen)所批评的那样,罗尔斯的首要善当中甚至不包括医疗与基本卫生条件,所以在这个层面讲,虽然基本自由是人类不可或缺的,但它并不直接等同于物质福利,以此论证正义与善的一致性,效力略显欠缺。罗尔斯论证的真正有效之处在于提出理性选择方案中,人的利益在正义的社会中可以实现最大化,这个社会是人们的合理选择,这一方案应该得到推广。而首要善对于经验来说,其证明力是有待提升的,经验中人们很难体会善带来的直接的物质福利,它更多是权利保障。因此,如何在现代社会实现正义与善的一致性,让普通民众所关心的物质性福利得到更多满足,这是有待进一步强化的问题。

第二,关于权利优先于善。罗尔斯在证明权利优先于善、自由优先于发展的过程中过于乐观地认为,没有人愿意为了福利而放弃自由,因为当人们在取得一定物质福利到达一个点之后,新的物质福利并不能带来更多的享受,"一旦超出了某种极点,为较大的物质财富和令人愉快的公职活动的缘故而接受一种较小自由,就成为并且是继续是不合理的。"⑪在罗尔斯看来,这是符合经济学的边际效用递减原理的,因为新的物质福利给人们带来的享受逐渐递减以至于不再重要,所以人们会更加重视自由。但是,边际效用是不是需要达到一定的数额之后才会递减,这个发生转换的极点在哪? 也许罗尔斯根据欧美国家过去几百年的发展经验提出了这个乐观的结论,但是很多发展中国家并未满足这个发展的条件,也未提出权利的需求,我们应该看到很多发展中国家发展过程与罗

---

⑩ 约翰·罗尔斯:《正义论》,第 545 页。

⑪ 同上。

尔斯论述的差距,很多发展中国家的民众往往更愿意选择实实在在的福利,而不是"不能当饭吃"的权利。

当然,罗尔斯的上述两个问题更多只是论证效力的问题,也就是说,在这两个问题上,罗尔斯需要进一步考虑不同国家的现状以及不同群体更为关注的诉求,那样他的论证将会更有说服力。罗尔斯的问题绝不是方向性的问题,他所开启的对政治愿景进行融合的工作依然值得肯定。

五、罗尔斯愿景思想的思想史意义

罗尔斯的思想承接着近代哲学史的问题,同时具有明确的政治现实意义。在他生活的 20 世纪,政治所许诺的愿景也变得越来越丰富多样,如何应对愿景的冲突,如何在自由主义的原初立场上看到道德愿景和发展愿景,这是他需要回应的问题。

分别而论,对于政治的道德愿景,罗尔斯坚持的是洛克所开启的自由主义的基本立场——政治不干涉道德;政治虽然要具有道德特征,但它所需要的道德只能是作为社会基本结构的正义,而不是个人的德性。这样,他一方面把善限定于政治的范围之内并称之为政治善,而不是以个人完善为目标的完备性学说中的道德善,这样,他的学说就不再重走以个人道德为基础的道德政治的路径。另一方面,他把政治的道德特征转化为社会基本结构的正义性质,通过社会基本结构实现不利地位者的最大得利,建构起了 20 世纪的正义理论。

对于政治的发展愿景,罗尔斯提出,政治需要通过社会结构的正义来解决分配问题。他肯定了善的总额也是有意义的,但并未提出功利主义所主张的"增加总额——蛋糕做大"的方针,他看到财富的增长并不必然保证社会的公平,"大量的财富并不必然建立一个正义的社会"。[42] 所以正义的核心问题仍然是"蛋糕"的分配,他着力保障最不利社会地位者的最大得益,这样使得其政治学说有了道义的特征,它的正义理论当然可以看作是近代正义理论的代表。

罗尔斯不再着眼于政治中的个人德性,而是坚持社会基本结构的正义,在此立场上他成功建构了作为社会基本结构的正义理论。不仅如此,罗尔斯还肯定了不同愿景的地位,最终通过原初契约来说明在组织良好的社会里正义与善的一致性,发展愿景与道德愿景同时获得了正当性的说明。罗尔斯甚至通过解释康德的权利优先性来表明这一观点,他指出,"关于权利的优先性的一个重要

㊷ 佩西·莱宁:《罗尔斯政治哲学导论》,第 231 页。

见解是,权利和善是互补的;权利的优先性并不否认这一点。"⑬但是,在认可这两个愿景之后,罗尔斯再次回到了近代政治哲学的最初起点——强调个人的权利的优先地位。他提出,"正当原则在词典式顺序上优先于效能原则,第一原则优先于第二原则。从这里可以看出,这种优先性树立了一种社会秩序的理想观念,这种观念将调节社会变革的方向和改革的努力。"⑭正当与善的一致性是建立在权利保护基础上的一致性。

最终,我们可以看到,罗尔斯的政治哲学有着清晰的轨迹,他从权利保护的基本愿景出发,并且始终坚持这个原则,来回应现代政治的困境问题——政治的非道德化、以经济发展说明政治的正当性。这三个愿景虽然重要,但在罗尔斯之前,学者们往往顾此失彼,只强调其中一个或两个而否定其他,近代哲学并未在理论上实现三者的统一。罗尔斯把这两个愿景都吸收进了他的政治学说,通过正义理论实现了政治的道义特征同时维护了一定限度内的经济发展,他还进一步说明了在组织良好的社会中正义如何与善相互促进,在权利愿景的基础上把另外两种愿景吸收到自己的体系中来。由此,罗尔斯实现了对近代政治哲学史三个愿景的统一,从而具有重要的政治哲学史意义。

(责任编辑:刘剑涛)

作者简介:李育书,中国社科院哲学研究所博士后,上海市委党校哲学教研部教授,主要研究方向为德国哲学、西方近代政治哲学。

---

⑬ 约翰·罗尔斯:《道德哲学史讲义》,张国清译,上海:上海三联书店,2003 年,第 313 页。
⑭ 约翰·罗尔斯:《正义论》,第 568 页。

良序社会、正义感与良法善治

——探寻罗尔斯正义理论的法哲学义蕴

丁建峰

【摘　要】"良序社会"是罗尔斯正义理论中的一个核心概念,它代表了罗尔斯理论中的理想社会,其特点是社会成员就正义原则达成广泛的共识,并且整个社会也依此正义原则而运行。罗尔斯从不同角度论证了良序社会实现的可能性,但无论是在无知之幕下的反思平衡,还是通过社会协商而达成重叠共识,正义感在其中都不可或缺;这隐含了关于教育和教化的前提预设,家庭和社群在其中起着重要作用。在良序社会的构建中,法律制度将原则层面的公共正义落实于日常生活,并在此过程中培育和巩固人们的正义感。良序法治社会必须兼顾形式法治和分配层面的实质正义,注重家庭和谐与教育公正,惟其如此,正义原则方能得到充分落实,并实现社会的长期稳定发展。

【关键词】良序社会　法治　正义感　实质正义

在罗尔斯的理论体系中，"良序社会"（well-ordered society）具有十分重要的地位和意义。它既是《正义论》中开篇所介绍的一个核心概念，又在罗尔斯之后的代表性文章中被反复强调、不断深化，贯穿了他漫长的学思历程。罗尔斯认为，对于良序社会的比较研究是"道德理论的核心理论议题"（the central theoretical endeavor of moral theory）。[①] 良序社会，是一个社会成员对于正义原则具有广泛共识的社会，一个"和而不同"的社会，一个基本制度体现了正义原则的和谐运行的社会。作为一个"现实主义的乌托邦"（realistic utopia）[②]，良序社会当然有理想化的一面，但罗尔斯并不认为这仅是一个理论构想，而是探讨了实现它的可能路径。本文试图考察罗尔斯对良序社会实现途径的论证，以及采用法治的方式尽可能地接近良序社会的途径和可能性。

这篇小文试图探讨良序社会的构建路径及其与法治之关系，自必与法哲学相关，但笔者并不拟在此有限篇幅中对罗尔斯的法哲学作一个全面的介绍和总结。罗尔斯并没有像哈特（H. L. A. Hart）、富勒（Lon L. Fuller）、德沃金（Ronald Dworkin）、菲尼斯（John Finnis）等法哲学家那样提供一部体系性的法哲学著作。诚然，他也有一些关于法律的精辟而正确的论断，例如，他主张依法行政（administration of law），人民享有免于随意遭到拘捕和剥夺财产自由等权利，公平公开的审判，合理的证据规则，无罪推定（反对自证其罪）等，并且提出了法治的主要特征。[③] 但是，这些论断并不能超出一般法学常识的范畴。惟有从罗尔斯政治哲学的整体体系出发，从中绅绎出其法学义蕴，才能看到他对法学理论与当代法律发展的重要意义。笔者在这里希望提供一个基于特定思路的尝试。本文的大致思路是：首先对罗尔斯的理想社会——良序社会作一个介绍；然后探讨达成良序社会的条件，并特别指出，良序社会是建立在普遍的正义感的基础之上的，正义感的培育和养成在良序社会的构建之中具有关键作用；

---

① 罗尔斯：《道德理论的独立性》，载《罗尔斯论文全集》，陈肖生等译，长春：吉林出版集团有限责任公司，2013 年，第 331 页。

② 在《万民法》的开篇部分，罗尔斯界定了"现实主义乌托邦"的含义，亦即，如果政治哲学能够扩展我们的实践可能性的限度，并且与我们的政治和社会状况相协调，我们可以论证理想中的世界是可行的，有可能现实存在的，即使不能实现，那么在未来形势更加有利的情况下也可能实现。这样的构想就是"现实意义上的乌托邦"。参见罗尔斯：《万民法》，陈肖生译，长春：吉林出版集团有限责任公司，2013 年，第 53—54 页。

③ 罗尔斯对法治的重要论述，见罗尔斯：《正义论》（修订版），何怀宏、何包钢、廖申白译，北京：中国社会科学出版社，2009 年，第 38 节"法治"。对罗尔斯法治理论的概要综述，以及涉及宪法、民法、国际法等部门法的专题研究，可参见 Thom Brooks（ed），*Rawls and Law*（Abingdon and New York：Routledge，2016）。

随之,我们将给出良序社会的一个整体图景,并确定法治在此整体图景中的位置和作用;进而论证适合良序社会的法治理念不仅要满足形式正义,还要满足实质正义的要求,这样的良序法治社会才是一个生生不息的稳定的理想社会。

一、良序社会及其特征

作为罗尔斯政治哲学中的核心概念,"良序社会"是在其皇皇巨著《正义论》的开端部分被提出的。在全书第一章第一节第一段,罗尔斯首先提出:"正义是社会制度的首要德性,正如真理是思想体系的首要德性一样。""每个人都拥有一种基于正义的不可侵犯性,这种不可侵犯性即使以整个社会的福利之名也不能逾越。"④他指出,这是以"过于强烈了一点"的语气指明我们对正义首要性的直觉的确信,但为了让这些观念明确地落实,就必须给出一个正义社会的基本条件,"让我们假定一个这样的社会,这个社会是由一些个人组成的多少自足的联合体,这些人在他们的相互关系中都承认某些行为规范具有约束力,并且在很大程度上遵循它们而行动。"随即,他给出了良序社会的正式界定:"一个社会,当它不仅旨在推进它的成员的利益,而且也有效地受着一种公共的正义观调节时,它就是一个良序的社会。"⑤良序社会满足如下两个特征:(1)每个人都接受并且知道别人接受同样的正义原则,亦即正义原则是一种共同知识和共同信念;(2)基本社会制度普遍满足这些原则,并且为人所周知。在这样的一个社会里,人们的合作秩序具有牢固的根基。"在目标互异的个人中间,一种共有的正义观建立起公民友谊的纽带,对正义的普遍欲望限制着对其他目标的追逐。我们可以认为,一种公共的正义观构成了一个良序的人类联合体的基本宪章。"⑥这就是罗尔斯对于良序社会的基本构想。在此后的研究中,他重新界定了良序社会的特征,除了在《正义论》中提到的两个特征之外,他认为良序社会的公共正义原则是"自身建立在合乎情理的信念基础之上,而这些信念是通过社会普遍接受的探究方法形成的",并且社会成员把自己和其他社会成员彼此视作自由平等的道德人。"他们并不认为他们自己在任何时候都不可避免地要追求某个特定的终极目的,相反,他们认为自己有能力在合乎情理和理性的基

---

④ 罗尔斯:《正义论》,第 3 页。
⑤ 同上书,第 4 页。
⑥ 同上。

础上修改和变换这些目的。"⑦在可以称为"晚年定论"的《作为公平的正义——正义新论》一书中，他称"良序社会"为其正义理论中的两大基本理念之一（另一个理念是"作为公平合作体系的社会"）。在社会多元的背景下，不可能存在人人都接受同样的整全性学说的良序社会，但是，持有不同的整全性学说的公民却可以相互赞同彼此的正义观念，"这种政治正义观念所提供的社会统一基础是最充分的，也是最合乎理性的"。⑧

良序社会是罗尔斯的理想社会，也是他一生矢志不渝的理论追求。然而，对优良政治秩序与社会秩序的描绘与建构并不是他一人的努力方向，也是一条贯穿了东西方的政治哲学史的"主线"，柏拉图、亚里士多德、阿奎那、康德、黑格尔、洛克、格劳秀斯，乃至东方的孔子、孟子、朱熹、黄宗羲等等，都曾基于不同的理论视角和文化背景提出过自己心目中的理想社会的蓝图。罗尔斯的特殊之处在于他用一种相对简洁明确的方式概括了心目中的良序社会。不同于"理想国""乌托邦""上帝之城""大同之世"式的细笔深描，他并没有详细描述良序社会的具体运行模式，而是像几何学家那样提出了一套抽象标准：当一个社会的社会成员彼此在尊重对方价值观的基础上共享一套公共的正义观念，并且社会也被公共的正义观念有效地规范着的时候，社会秩序就是良好的。这个标准看起来简单，但它阐述了良序社会的很多优良性质。首先，良序社会实现了社会的有效整合，这样的社会不是一盘散沙，建立在偶然的、人与人之间相互利用的基础之上，而是每个参与者在保障了充分的自由平等的前提下相互尊重、相互承认，在公平条款之下进行广泛深入的合作的系统。长期稳固的、大规模的分工与合作奠定了世代相承的自由与繁荣的基础。其次，良序社会实现了个人的自律与社会他律的统一。在一个共享同样正义观的社会，个人会自觉服从法律和其他社会规范，因为每个人所秉持的正义信条也就是社会所奉行的规则。显然，如此规定的良序社会是一个"阻力""摩擦力"非常小的社会，在立法过程中不存在实质性的纷争，更没有纵横捭阖的权谋伎俩，社会规则的制定过程实际上更像是一个平等协商、审慎思考的过程。如此规定的良序社会必然是一个法治社会，并且是一个达到了最理想形式的法治社会。在这样的社会，每个人为自己立法，并且这种理性自律能够顺畅地外化为现实中的法律，调节和规范整个社会，使之顺畅运行。如能实现这样的社会，真可以说是人类的幸运了！

显然，良序社会并不是对现实社会的一种描述，毋宁说它距离现实是比较

---

⑦ 罗尔斯：《道德理论中的康德式建构主义》，载《罗尔斯论文全集》，第348—349页。

⑧ 罗尔斯：《作为公平的正义——正义新论》，姚大志译，上海：上海三联书店，2002年，第16页。

遥远的。但是,是否可以认为罗尔斯提出这个概念仅仅是理论上聊以自娱的精巧构建,而并没有任何实现它的意图? 笔者认为这样说是不确切的。理想化的模型虽然不能在现实中完全兑现,但行动者却可以在现实中不断地趋近这一目标。正如经济学中的"信息完备""完全竞争"虽然是理想情形,但现实中的信息披露、反垄断等政策措施正是出于对此理想的追求而来。"理想的观念展示出非理想的体系应当如何被确立……构成基础的正是理想的理论。"⑨罗尔斯虽然承认他的理论是"现实主义乌托邦",但他也从不放弃现实可能性的探究。事实上,"现实主义乌托邦"之中的"现实"二字就意味着它不是纯粹空想。"我们对未来社会所怀抱的希望依赖于这种信仰,即这个社会至少存在着一种像样的政治秩序。""问题的关键在于,可能性(the possible)的界限不是由现实决定的,因为我们能够在或大或小的程度上改变政治制度、社会制度以及许多其他的东西。"⑩尽管罗尔斯并没有探讨改革的具体方案(他认为这些问题过于复杂),但他的得意弟子涛慕思·博格(Thomas Pogge)在其博士论文和代表作《实现罗尔斯》一书中详尽细致地探讨了良序社会的现实可能性,以及在教育、医疗、贫困问题、全球正义问题中的运用。⑪ 他的另一位重要弟子和主要著作的整理者萨缪尔·弗雷曼(Samuel Freeman)也说:"对罗尔斯来说,证明正义原则的关键在于良序社会的实际可能性。"⑫中国法学家罗翔曾将正义的实现比作画圆圈,即使我们用任何仪器都无法画出完美的圆,但这并不意味着可以随意乱画,仍然有相应的方法来尽可能地画出足够好的圆。⑬ 罗尔斯的良序社会的理想就是这样的一个"圆",它不仅是案头上的理论,而且是引导实践的灯塔,虽非立竿见影速效速成,但也绝不是知行分离的屠龙之术。

　　良序社会既然如此理想而富于吸引力,它是如何达到的? 在罗尔斯的理论框架里有两条达到它的途径。第一条是在《正义论》中提出的,通过反思平衡和原初状态的设置,自由而理性的社会成员共同得出了"两个正义原则",亦即充分保障人们的基本自由权利、机会平等和最有利于社会最不利群体的"差别原则",并且给平等自由以基本的优先性。第二条路径则是,罗尔斯考虑到了现代社会多元价值观的文化背景,提出了经由"公共理性"(public reason)而达致"重叠共识"(overlapping consensus)的方案。在第一条路径里,人们可以通过厚重

---

⑨ 罗尔斯:《正义论》,第189页。

⑩ 罗尔斯:《作为公平的正义——正义新论》,第8页。

⑪ 涛慕思·博格:《实现罗尔斯》,陈雅文译,上海:上海译文出版社,2015年。

⑫ 萨缪尔·弗雷曼:《罗尔斯》,张国清译,北京:华夏出版社,2013年,第22页。

⑬ 罗翔:《圆圈正义——作为自由前提的信念》,北京:中国法制出版社,2019年。

的"无知之幕"的设定,过滤掉自身的阶层、地位、财富、性别、种族、宗教等偶然因素的考量,排除自利偏差,经过不断的审慎反思,承认正义原则的合理性;而在第二条路径里,自由平等而道德的公民虽然持有不同的理想信念和价值观,却是通情达理的(reasonable),也就是说,他们是能够达成协议并遵守契约的。通情达理之人可以就社会合作的公平条款不断协商,这种协商是开诚布公而非策略性的,最终,理性而道德的社会成员必定会达成社会正义的原则,并对其谨遵恪守,奉行不怠。[14]

但是,如果我们按照以上的"常规"思路来看罗尔斯,则其理论进路仍然会遇到比较大的挑战,这样的两个途径——"无知之幕下的反思平衡"和"通情达理之人的平等协商对话"依然是过分理想化的。罗尔斯心目中的社会其实已经是一个"准良序社会",其中所有的人都是自由、平等、理性而富于道德感的。他们的反思当然会导向正义,他们的协商也当然会富有成效。但这样的理论进路与"如果人人都是天使,那么我们就可以解决所有犯罪问题"之类"高见"的实际价值似乎并无二致。如果我们不能解决在更一般的状态下社会正义如何达成的问题,那么正义就变成了虚悬之物。

笔者认为,在罗尔斯的庞大理论体系中隐含着一个关于教养的理论。显然,没有经过教养的人是承担不起建构正义社会的重担的。无论是《正义论》还是《政治自由主义》都对社会成员的道德素质提出了相当高的要求,它要求人们富于理性、尊重他人、开放对话、恪守承诺、尊重契约,而这些公共品德都不是从天而降的。这也就意味着,如果没有一个合宜的培育体系,那么正义社会将无法实现。在人的道德素质的培育中,家庭又起到了至关重要的作用。容笔者在此引申一下,如果良序社会真的能如罗尔斯所说的那样稳定且能世代相承的话,那么,它必然是一个"秩序综合体",也就是说,个人的良好生活秩序、情感秩序,以至良好的家庭秩序和团体生活秩序,都是优良社会秩序的不可分割的组成部分,这些不同层次的优良秩序的融通综合才构成了一个坚实的、长远稳固的良序社会。中国传统的"修身、齐家、治国、平天下"的一以贯之的思路是与此种理念相通而蕴含至理的。不过,在理性多元的复杂社会,这种秩序综合体的形成将会显得格外曲折和繁复。

---

[14] 关于"无知之幕"和在理性多元论的框架下经由"公共理性"而推导出具体的正义原则的问题,属于罗尔斯政治哲学的基本常识,本文在这里不加详述。其具体论述可参见罗尔斯:《正义论》,第 91—124 页;罗尔斯:《政治自由主义》(增订版),万俊人译,南京:译林出版社,2011 年,尤见其中第二讲、第四讲、第六讲。

二、正义感的培育与形成过程

罗尔斯的杰出贡献之一是其论证了在一个多元价值共存的世界中如何建立公共的正义秩序。但是，这里的多元价值并没有绝对包容了一切价值观念。它主要包括各种整全性学说，亦即各种有关人生价值、个人品格理想，以及关于友谊、家庭和联合体关系的理想，诸如功利主义或基督教神学这类的整全性学说，给予人生以全面而深入的指导。罗尔斯还列举了人们生于斯长于斯的社会的"背景文化"，比如学术团体、科学团体、大学、俱乐部和球队的文化，人们在这些背景文化之中熟悉和理解其文化传统以及社会的主要制度。[⑮] 这也就意味着，在罗尔斯的体系中人们虽然有着多元的分歧，但困扰着当今世界人们的那种碎片化的、无价值、无目的、一地鸡毛式的人生观在他的理论叙述中几乎是看不到的。这就使得他一方面比较容易论证良序社会的实现，另一方面又离这个众声喧哗的当代世界有一段不小的距离。这是一种来自20世纪中叶的富有道德感和反思精神的传统精英阶层的世界观，对照我们这个纷乱的世界，罗尔斯的世界观显得是那样积极而乐观。必须承认：目前我们所面临的并不是在多元化的整全性价值观当中进行选择或融通的问题，而是面临着在更加混乱纷杂的环境中建立正义社会的问题。尽管如此，罗尔斯的《正义论》和若干早期论文仍然可以在多方面给我们以启示。

撰写《正义论》时期的罗尔斯非常强调人的正义感的培育问题。在他看来，正义社会不是权宜之计，也不是一个利益平衡的产物——如果是这样，那么它将注定是脆弱的。《正义论》第69节的标题是"一个良序社会的概念"，它明确地把良序社会的基础界定为正义感，而不是任何神学或形而上学的观念。"一个良序社会是一个由它的公共的正义观念来调节的社会，这个事实意味着它的成员们有一种按照正义原则的要求行动的强烈的、通常有效的欲望。""一个正义观念，假如它倾向于产生的正义感较之另一个正义观念更强烈，更能制服破坏性倾向，并且它所容许的制度产生更弱的做不正义的事的冲动和诱惑，它就比后者具有更大的稳定性。"[⑯]这里的正义感不能理解为见义勇为、路见不平拔刀相助式的正义感，而是按照理性反思后的规则或约定行动的欲望。根据萨缪尔·弗雷曼的解释，"正义感是人们接受并且愿意在社会上遵纪守法，至少部分

---

⑮ 罗尔斯：《政治自由主义》，第12—13页。
⑯ 罗尔斯：《正义论》，第359页。

独立于出于增进自身利益考虑而接受法律并且愿意如此。"⑰在此,正义感可以被理解为一种规则意识,它类似于法学家哈特所提出的"法律的内在观点",人们出于义务感而遵守法律,而不是出于自私和权宜的目的。罗尔斯还强调了一点,正义感的能力是理解作为公平社会合作条款的正义原则,并依对此原则的理解而行动的能力。"正义感的能力是正义理论中的道德人格的根本方面。"⑱

罗尔斯在《正义论》中描绘了人们获得正义感和其他道德情感的途径和过程。《正义论》的理论视野是跨学科的,这一部分是全书中与心理学关联最为密切的部分。罗尔斯不仅总结了密尔、卢梭、康德、西季威克关于道德发展的学说,也广泛引用了弗洛伊德、皮亚杰以及当代的社会学习理论和演化心理学思想。

罗尔斯认为,正义感的获得有三个阶段:第一阶段是在家庭教育阶段,在此阶段,幼儿获得的是权威的道德(the morality of authority);按照弗洛伊德的看法,道德学习的重要阶段发生在人生早期,假如在这一阶段父母过多地采用粗暴的惩罚手段,那么人的一生都会带有伤痕,在人生的较晚时期还要去纠正这些道德态度。⑲罗尔斯所提倡的是"爱的教育"——孩子爱父母是因为父母表现出的亲子之爱,这种爱不是宠溺娇惯,"去爱另一个人意味着不仅关心他的要求和需要,而且肯定他对他自己的人格价值感"。当孩子真切明显地认识到父母对自己的爱的时刻,他将"确信自己作为一个人的价值"。⑳此时,孩子得到了自己的"小世界"中最重要的人的欣赏,体验到父母的爱是无条件的,而父母从孩子身上得到的快乐并不取决于任何孩子的遵规守纪的行为。在这样一个无条件的爱的环境中,孩子开始信任父母,并信任他的周边环境,此时,他就更容易听从父母的建议,接受父母对他的要求,一旦违反规则就会有内疚感,于是逐渐培养起了"权威的道德",亦即在没有奖惩的时候也会自觉遵守规则。

第二阶段是儿童进入学校之后参与团体生活的阶段。这一阶段所养成的是联合的道德(the morality of association)。一个人在不同的社团中逐渐学习自己的各种角色(如同学、邻居、队友等)的道德标准。此时,他将认识到人类合作体系的重要性,在了解到合作计划的目标后,他将设身处地,从其他人的视角看待事物,了解他人的信念、意图和情感,理解社会合作的复杂性。在这一阶

---

⑰ 萨缪尔·弗雷曼:《罗尔斯》,第 253 页。
⑱ 罗尔斯:《正义感》,载《罗尔斯论文全集》,第 133 页。
⑲ 罗尔斯:《正义论》,第 362—363 页。
⑳ 同上书,第 367 页,关于"权威的道德",参见 366—369 页。

段,"一个人重视自己的责任与义务的显明意图被看作是善良意志的一种形式,这种认识反过来又产生友谊和信任的情感"。[21] 有益于社会合作的德性被培养起来,例如同情、正义、公平、忠诚、信任、正直和无偏袒,而友谊和信任的联系将会在交往的人们中间生长。

第三阶段则是人走入社会,开始更为广泛而复杂的社会生活的阶段。此时所发展出的是原则的道德(the morality of principles)。人们在家庭中体验到了爱的温暖,在社团中又得到了友谊和互信,此时他所形成的是对具体的人和团体的依恋情感,他遵循正义原则的动机依然是友谊与同情的纽带。这是一种基于特殊关系的道德,当社团的范围扩大到超过人们的同情心扩展的范围的时候,人们就不能通过亲情、友情,而是要通过对公共正义原则的接受而联系起来。"一旦原则的道德为人们接受,道德态度就不再仅仅与具体个人及团体的幸福和赞许相联系,而由独立于这些偶然性而被选择的一种正当的观念塑成。"[22] 虽然正义感已经脱离了对小团体的依恋而变成了一种"依原则做事"的尽职尽责的情感,但从本质上说,"正义感是人类之爱的延续"(the sense of justice is continuous with the love of mankind)。[23] 之所以人们会发展出"原则的道德",是因为我们的同伴(associates)能够从正义的制度中受益,但由于制度系统太大,公民不能通过特定的情感联结,而只能通过公共的正义原则联系起来。正义感于是由此产生,它使公民产生对于正义的"共同的忠诚"并提供了一致的观点,人们依此裁决纷争,建立并维护正义的制度,改革现存的非正义制度,于是,正义社会就获得了一种内在的稳定性,而且,维系社会稳定性的力量将会与日俱增。

罗尔斯以此三阶段刻画了人的正义感的发展过程,这一发展过程同时也是人的道德感和规则意识的形成过程。[24] 他并不认为所有人都能发展起这样的正义感,对于一部分人,来自法律的强制是必须的。他也不反对灌输(inculcate,或译作"谆谆教诲")正义感的道德教育,但他认为强制的教条化方式不可取。道德教化的方式应当是春风化雨的,"教育的每一个阶段都尽可能地通过教导和

---

[21] 罗尔斯:《正义论》,第 373 页,关于"联合的道德",参见第 369—373 页。

[22] 同上书,第 375 页,关于"原则的道德",参见第 374—379 页。

[23] John Rawls, *A Theory of Justice*, Revised Edition (Cambridge, Massachusetts: The Belknap Press of Harvard University Press, 1999), p. 417.

[24] 罗尔斯在后文用"对等原则"(reciprocal principle)对这一观念做了重述和强调,所谓对等原则,简言之,就是以爱回报爱,以友好与信任回报组织团体中的友好情感,当个人认识到他和他所关心的人都是社会安排的受益者时,他就会获得相应的正义感。参见罗尔斯:《正义论》,第 388 页。

解释揭示它所指向的正当和正义观念"。㉕ 我们固然可以怀疑罗尔斯的结论：大多数公民能培养起超越家庭和团体利益的正义感吗？具有正义感的公民是否支持完全相同的正义观念？但他无疑指出了解决问题的根本途径，那就是教化与培育具有符合良序社会要求的自由完整的人。只有那些通情达理的、讲道理的人才能构建一个和谐公正的良序社会。尽管法律能限制一部分人的反社会行为，但如果社会上多数人都是心理扭曲、蛮不讲理、固执偏激、尖酸刻薄，那么不可避免地，社会仍然会处在严重的冲突分裂之中。惟有从教育入手，培养起人们的道德情感与规则意识，这个社会才能在求同存异中走向和谐。

三、良序社会的法哲学义蕴与法治实践意义

罗尔斯的法律思想属于社会契约论的传统，认为法律是社会成员的一种约定，从这一点而言，他既不像古典自然法学派那样，认为有超越于白纸黑字的法律的"高级法"；也不像法实证主义那样，认为权威所颁布的有效命令就是法律。在《正义论》中，他提出了正义原则运用于现实的四个阶段的序列。第一阶段，人们在"无知之幕"下确定了自由原则和差别原则等正义原则；第二阶段，体现正义原则的宪法确认了公民的自由平等地位，并确立了公平的立法程序；第三阶段，在立法阶段，社会经济政策将在公正的机会均等和维持平等自由的条件下，最大限度地提高最不利群体的处境；第四阶段，法官和行政官员执行法律，运用法律于具体案例，公民普遍遵循法律规范。㉖ 这也可以看作良序社会的一个具体的实现途径。在落实正义原则的这四个阶段中，除了第一个原则是慎思协商的过程之外，二三四阶段都与法律有关，包括了制宪、立法、执法、司法、守法等方面，简洁有力地勾画了一个法治社会诞生的全过程。

在这四阶段中，人们为什么会自愿地进入无知之幕和原初状态？达成了社会契约之后，人们为什么会遵循这些契约而不反悔？事实上，在这里只能诉诸上一节所介绍的正义感。原初状态反映的是摒除偏见的通情达理的态度，而正义社会的稳定性则是建立在人们恪守承诺的契约精神之上。如果没有正义感作为支撑，法治社会是建立不起来的。从这一点上看，罗尔斯在法律上的立场接近于自然法传统，他认为法律的根源在于法律背后的力量，法律是建立在公共道德规范的基础之上的，并与人们的道德感有着不可分割的关系。这些都与

㉕ 罗尔斯：《正义论》，第408页。
㉖ 同上书，第156页。

自然法的思想相一致。但罗尔斯并不主张"恶法非法",相反,他认为公民在多数情形下应当服从不正义的法律,例如,在一个法治社会中,我们不能因为某项税收是不正义的而选择不缴税。只要这个社会合作体系在整体上是正义的,并且相应立法过程是公平的(比如经过了公平的投票程序),那么,遵守法律就意味着在社会合作系统中选择了"公平游戏"(fair play)。㉗ 在他看来,法律是一种"不完美的程序正义"(imperfect procedural justice),亦即我们可以确定法律的正确目标(例如有罪者受罚而无罪者不受罚,即所谓"不枉不纵"),并且可以设计一些程序来帮助我们达成目标,但我们无法设计出保证百分之百达成这一目标的程序。比如,刑事司法中无论如何不可避免放走坏人或冤枉好人,而且两者之间存在着权衡取舍的关系,如果刑事程序以不冤枉好人为目标,就不可避免要增加放走坏人的概率,反之亦然。㉘ 于是,即使在符合正义原则的社会,法律过程也必然是不完全理想的,甚至在少数时候是与正义背道而驰的。此时,公平游戏的精神就体现在对符合一般法治原则的法律程序的尊重上。

那么,如果我们要建设一个良序社会,与之相应的一般法治原则应当是怎样的? 罗尔斯在《正义论》第38节提出了法治的主要特征:(1)法律的可行性,亦即"应当意味着能够",法律不能给人们强加义务,并惩罚那些无力实行的人;(2)类似情况类似处理,亦即"同案同判",这是基本的公平要求,也限制了法官及其他有权者的权限;(3)法无明文规定不为罪,法律必须公布并为人所知,法不追溯既往,不许不告而罚;(4)司法诉讼的廉正性,亦即司法中的程序正义,比如审判公开,法官公正行使审判权等等。㉙ 显然,这样的一个法治环境可以给社会成员的大规模分工合作提供合理的预期,保障了社会的稳定运行和人的正义感的实现。

于是,我们大致可以勾画出罗尔斯的良序社会的动态的构建过程。如图1所示,具有正义感的理性且通情达理的公民通过"无知之幕"的反思与公开公平的协商,达成了对正义原则的共识,通过达成法治的四个阶段(正义原则、宪法、立法、法律实施)而形成良法善治的社会;在其中,广泛深入的社会合作得以有序展开,良序社会诞生并走向繁荣,并进一步地通过其教育体系和正义环境的潜移默化的影响,培育人的规则意识和正义感。图1中的各个环节形成了一个相互支撑、密切关联的整体结构。于是,罗尔斯的良序社会就将是一个长期稳

㉗ 罗尔斯:《法律义务与公平游戏义务》,载《罗尔斯论文全集》,第134—147页。
㉘ 罗尔斯:《正义论》,第67页。
㉙ 同上书,第184—190页。

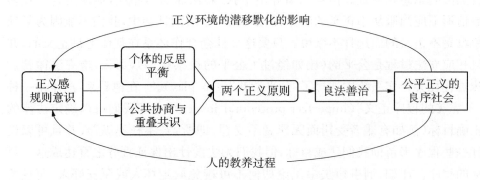

图 1 良序社会的组成结构及其动态构建过程

定的社会。从具有正义感的、理性且通情达理的公民之间的社会契约导出两个正义原则,是其中之关键肯綮;但从整体来看,则任何一个部分都不可或缺。其中,立法和法律实施起到了贯彻正义原则的作用,它将原则层面的公共正义落实于日常生活,捍卫了人的基本权利和安全,同时也塑造了人们的价值观和基本道德倾向。"社会的制度形式影响着社会的成员,并且在很大程度上决定着他们想要成为的那种个人,以及他们所是的那种个人。"[30]

在后期的理论发展中,罗尔斯基本上抛弃了《正义论》后半部分所谈到的"亚里士多德式的善观念",认为这只是一种特定的价值观,与当今社会价值多元的现实不相容。但必须特别指出:他并没有抛弃对正义感和家庭教育的重视。在晚年《作为公平的正义》一书中,他把正义感直接添加进了良序社会的界定之中,使之成为良序社会的不可或缺的构成条件。[31] 这说明正义感的地位在后期不是减弱了,而是加强了。晚年的罗尔斯也强调了家庭作为社会基本结构之基础部分的重要意义。罗尔斯可以被看作是一个刺猬式的哲学家,他一生致力于斯的宏大理论体系虽然一直有所修补,但大结构大框架还是稳固不移的。

由这样的一个理论框架出发,沿着罗尔斯的理论进路,我们可以进一步地对良序社会的法治图景作如下的设想。法治在传统意义上往往偏重于形式的

---

[30] 罗尔斯:《政治自由主义》,第 249 页。

[31] 晚年罗尔斯在以前所提出的良序社会的两大特征(所有人接受相同的政治正义观念,社会基本结构满足正义原则)之外,又增加了第三个特征,即"公民具有一种通常情况下起作用的正义感"。参见罗尔斯:《作为公平的正义——正义新论》,第 15 页。

规定,比如,通用教科书中对法治的定义即"法的统治"(rule of law),它具有法律至上、科学立法、公正司法、严格执法、全民守法等特征。但时至今日,随着人类面临的不确定性和社会不平等程度的加深,应当认为尽管形式法治依然正确,却是有缺憾和不足的。越来越多的学者呼吁一种"具体法治"或"实质法治",也就是说,法律不但需要具有形式上的公平公正,也需要成为实质上的良法、善法。[32] 一个收入分配高度不平等、民意分裂乃至撕裂的极化社会也可能会具有相对完备的形式法治,但那显然不是罗尔斯心目中的良序社会。从罗尔斯的立场来看,法治社会应当是良序社会的一种实现方式(甚至可以说是唯一的实现方式),但这种法治社会不是纯粹形式主义的由律令统治的社会。沿着罗尔斯在诸多著作中揭示的思路,本文尝试着勾勒出良序法治社会的三个关键的实质性特点:

第一,良序的法治社会必须重视分配的公平正义。对于分配正义,罗尔斯提出了著名的"差别原则",也就是社会基本益品(primary goods)的分配必须有助于社会中的较不利者(弱势阶层)实现其最大预期利益。罗尔斯不赞成弱肉强食的自由放任资本主义,甚至认为福利国家也不能保障普遍的正义,因为福利国家仍然存在着巨大的阶级鸿沟和不平等,其社会福利虽然可能很丰裕、慷慨,但只是用以维持社会稳定的工具,经济和政治生活掌握在一小撮人手中,产生出与公共事务隔绝的消沉的下层阶级。但他也不赞成计划经济,因为这些举措抑制了市场的作用,妨碍了人们在劳动上的自由选择。罗尔斯赞同的是一种更加民主的经济制度,比如,通过继承法和遗产税调整初始财富分配,通过教育和培训保障机会的公平平等,在此基础上尽可能地发挥市场经济的作用,同时,保证工人参与生产过程的管理。在税收制度上,他更重视的是消费税而非收入税(所得税),因为消费税可以消弭阶层差距,而收入税则抑制了劳动努力与创造活力。罗尔斯的分配正义理论对经济立法的工作具有极为重要的参考借鉴意义。因为它不仅关乎经济领域的公平,也关乎整个社会的团结协作和长治久安。[33]

第二,良序的法治社会必须是一个重视家庭的社会。罗尔斯认为家庭是社

---

[32] Brian Z. Tamanaha, *On the Rule of Law*: *History*, *Politics*, *Theory* (Cambridge: Cambridge University Press, 2004), Chapter 8, "Substantive Theories."

[33] 关于罗尔斯在经济制度方面的具体构想,参见罗尔斯:《作为公平的正义—正义新论》,第四部分"正义的基本结构之制度",特别是第225—229、262—267页。关于罗尔斯所倡导的经济制度的理论源流及现实应用的更为详细的讨论,参见 Martin O'Neill and Thad Williamson (eds.), *Property-owning Democracy*: *Rawls and Beyond* (Chichester: Blackwell Publishing Ltd, 2012)。

会基本结构中重要的组成部分，其主要任务是为社会的生产和再生产提供基础。社会是一个代代相传的系统，一旦再生产无法顺利延续，社会合作就会趋向于终结，而社会将会走向瓦解。"据此，家庭的核心作用就是以合乎情理而又有效的方式安排对儿童的养育，确保他们在更广的文化中推进道德发展并接受教育。公民必须具备支持政治和社会制度的正义感和政治美德。家庭必须养育和发展一定数量的这类公民，以维系一个持续长存的社会。"[34]家庭中并不需要机械地运用"两个正义原则"，政治原则并不直接运用于家庭内部，但政治正义确实会对家庭内部施加根本的约束——所有家庭成员都有基本的自由权利，丈夫和妻子是平等的公民；特别地，妇女在性别分工中处于弱势地位，她在养育孩子方面要付出得更多，于是，对于妇女要给予更多的补偿。父母也必须遵循正义或公平的观念去养育孩子，给予他们充分的尊重，要禁止虐待孩子（虐待也包括对孩子的漠不关心）。罗尔斯认为，这些应当成为家庭法的重要部分。[35]

第三，良序的法治社会必须是一个重视教育公平的社会。罗尔斯认为，教育实现了人的天赋，但不止于此，教育的一个同等重要的作用是使人欣赏其社会文化，参与公共事务，以此来使每个人得到自我价值的确信感，也就是说，教育提供了自尊的社会基础。[36]故而，社会资源的分配必须是公平的，其理想应当是禀赋相同的人在意愿相同的情况下具有同样的成功前景。"获得文化知识和技艺的机会不应当依赖于一个人的阶级地位，所以，学校体系——无论公立还是私立学校——都应当设计得有助于拆除阶级之间的藩篱。"[37]罗尔斯反对英才统治的社会（meritocracy，又译作"优绩主义"）。在他看来，这种看起来像是"唯才是举"的社会由于上层阶级和下层阶级的差距悬殊，贫困阶层文化凋零、生计无着，精英则占据统治地位，享受着巨大的权力和财富。在这种社会，"机会的平等仅意味着一种使较不利者在个人对实力和社会地位的追求中落伍的平等机会。"[38]英才统治的社会是危险的，它无视社会联合的事实，摧毁了下层阶级的自尊和自信，阻碍了社会进步。和罗尔斯在理论层面激烈对抗的迈克尔·桑德尔（Michael Sandel）在这一点上与罗尔斯站在了同一立场，甚至认为英才统治

---

[34] 罗尔斯：《罗尔斯论文全集》，第 636 页。

[35] 关于家庭的重要性，罗尔斯在《公共理性理念新探》一文中专门写了"作为社会基本结构的家庭"一节加以详述，载《罗尔斯论文全集》，第 635—642 页。

[36] 罗尔斯：《正义论》，第 77 页。

[37] 同上书，第 57 页。

[38] 同上书，第 81 页。

就是一种"暴政"。㊴ 笔者倒认为,在教育层面上,总体而言,公平与效率并不冲突,因为只有给阶层不同而天赋相同的孩子都提供相同的机会,让他们在一个相似的环境下得到同样的发展机会,才能真正实现"唯才是举";也只有让不同阶层的孩子享受大致相似的教育,也才有可能弥合深刻的社会分裂,让这个社会拥有健康清澈的生机源泉。

罗尔斯认为,正义的主题是社会基本结构,具有一定的道德素养和正义感的人塑造着它,而社会基本结构又塑造着人们的欲望和抱负,这不但决定了他们可能成为何种人,也决定了社会未来会出现什么样的人。个人的生活前景不可避免地受到他们的家庭和阶层出身、自然天赋的各种偶发事件的影响,假如对这些自然、社会和历史的偶然性听之任之,任其蔓延,就会产生出"与一个组织有序社会所应有的自由平等形成尖锐冲突的种种倾向"。㊵ 传统的自由放任主义者(比如诺齐克和哈耶克)承认这种偶然性,认为没有必要加以纠正,但罗尔斯则认为应当通过法律的手段克服或限制这些偶然性的作用,在一个相对平等的社会培育公民的德性(这里强调的是公共德性而非圣贤之德、宗教之德),在人与制度的良性互动之中实现正义社会之稳如磐石、代代相承。

四、结语

"良序社会"在罗尔斯的理论体系中具有基础性的重要地位,它由《正义论》所揭橥,在《政治自由主义》《作为公平的正义》等多部代表作中被反复强调而又不断深化,成为罗尔斯思想体系中不可或缺的核心概念。罗尔斯探讨了达成良序社会的若干途径,但无论是通过个体的"反思平衡"还是通过社会成员的"重叠共识",社会契约的达成与正义原则的稳定实施都离不开正义感的培育。正义感是一种性情倾向的有序结构,是一种寓居心灵深处的内在权威。它并不是从天而降的,而必须在一个相对稳定的正义环境下才能萌生壮大,家庭、学校、社会都是正义感得以渐进养成的"土壤"。基于此,能够有效培育正义感的法律制度,必然应当既满足形式正义(例如司法公正和程序正义)的要求,也满足促进实质正义(例如收入分配、教育公平、家庭和谐)的需要。良序社会、正义感的培育、良法善治,三者相互支撑,形成了一个首尾一贯、稳定运行的"秩序综

㊴ Michael Sandel, *The Tyranny of Merit: What's Become of the Common Good* (London: Penguin UK, 2020).

㊵ 罗尔斯:《一个康德式的平等观念》,载《罗尔斯论文全集》,第 291 页。

合体"。

　　作为一个理想模型,罗尔斯的理论预设了一个相对稳定安宁的正义社会,如何让一个充满缺陷的非理想社会趋近于它,则实非易事。正因为良序社会的各个组成部分之间是相互支撑的正反馈关系,其形成与演化也必然是渐进的。正义制度需要正义感的支持,而正义感又需要正义制度的培育,在这个盘旋曲折的环状结构里,我们不可能一蹴而就地实现彻底变革,只能逐步地进行调整和转向,并且还要精心设计其路径,稍有不慎就会适得其反。比如,美国 2001年开始推行的《不让孩子掉队法》(No Child Left Behind Act),用政府强制干预的手段去促进教育平等,已经被证明是失败的。各国在稳定婚姻关系和家庭关系方面的立法也面临相当多的争议,其效果也未能确定。至于收入分配,迄今为止,英美等主要发达国家的贫富差距依然巨大,阶层之间凛若天渊,全球范围内的穷国与富国之间的鸿沟也呈现出难以控制之势态。如何真正有效地解决这些难题,不仅需要立法者的智慧,也需要社会民众的广泛参与和有效互动。不可否认,当今人类社会所面临的挑战是严峻的,不仅包括各国国内的公平正义和法治建设的问题,也越来越多地涉及气候问题、环境问题、金融危机、恐怖主义等国际化的公共问题。人类能否渡尽劫波,重回良性发展的正常轨道,取决于包容性发展和共同富裕能否实现,也取决于能否就社会基本结构的正义问题达成广泛的共识。路漫漫其修远,有待于上下之求索,罗尔斯的理论或许在此过程中能作为一盏启明之灯,为我们前进的道路提供若干启发鉴照之益。

(责任编辑:刘剑涛)

　　作者简介:丁建峰,经济学博士,中山大学法学院副教授,研究方向为法理学、法律经济学。

论罗尔斯的良心自由概念

李金鑫

【摘　要】良心自由是罗尔斯正义理论的重要概念,由于罗尔斯主张公共理性对良序社会的基础性作用,从而引发了关于良心自由是否受到公共理性压制这一问题的讨论。本文以罗尔斯正义理论的演进为基础,澄清良心自由的基础在于公民平等,良心自由的内涵在于每个人不但拥有良心拒绝的自由,而且拥有选择自己生活方式的自由,良心自由的根据在于平等自由权利和人的善观念能力。本文进而阐明,个体的良心自由在原初状态下是神圣不可侵犯的,公共理性对良心自由只具有弱意义上的优先性。

【关键词】良心自由　良心拒绝　善观念　公共理性

在《作为公平的正义》的开篇,罗尔斯提出"自由主义的历史起源之一就是 16—17 世纪伴随宗教改革之后的宗教战争(Wars of Religion),这些战争分裂引发了一场关于反抗权利和良心自由的长期争论,这种争论最终导致形成了信仰自由的原则,而且人们通常也勉强接受了某种形式的信仰自由原

则"。①因而，良心自由问题对理解自由主义的历史传统具有重要意义。罗尔斯
还指出，关于良心自由讨论的政治哲学语境在于我们如何面对自由主义理论内
部"两种不同的传统"。② 一种传统强调思想自由、良心自由以及某些基本个人
权利，另一种传统强调平等的政治自由以及公共生活的价值。与两种传统之间
的冲突相比，更重要的是我们如何在相互竞争的自由要求与平等要求中理解良
心自由。罗尔斯的主旨不在于将良心自由问题回溯到自由主义的历史起源，而
在于政治哲学如何面对这些分裂和冲突。或者说，他关注的是政治哲学如何从
这些分裂的政治冲突中产生出来以及如何解决这些冲突以建立稳定的政治秩
序。这已经在提示我们，对罗尔斯而言，一方面良心自由问题是政治哲学中高
度争论的一个问题，另一方面良心自由是建构正义理论的一个要素。那么，罗
尔斯如何理解良心自由？良心自由的根据是什么？在罗尔斯的正义理论中是
否存在公共理性权威对良心自由的压制？本文将重构罗尔斯的论证，探究他对
良心自由的解释以及他关于良心自由在正义理论中的地位和价值的观点是否
具有一贯性和延续性，进而对既有的批判做出回应。

一、什么是良心自由

关于良心自由，罗尔斯并未给出直接界定。同时，他还经常将良心自由、思
想自由、言论自由等概念放在一起进行讨论。这导致良心自由的定义问题经常
被忽视。由此，我们有必要对良心自由的概念加以梳理和澄清。罗尔斯虽然没
有直接解释什么是良心自由，但是我们可以通过分析其自由概念的因素来界定
良心自由的内涵。他主张参照三个因素理解自由概念，即"自由的行动者；自由行
动者所摆脱的种种限制和束缚；自由行动者自由决定去做或不做的事情"。③ 如果

---

① 罗尔斯：《作为公平的正义》，姚大志译，北京：中国社会科学出版社，2011 年，第 1 页。虽然罗尔斯关
  于良心自由的讨论与西方近代早期出现的道德多样性、宗教改革等问题密不可分，但是本文着重从正
  义理论自身的发展演变中梳理良心自由概念，并不专门讨论宗教信仰与政治正义之间的关系。同时，
  罗尔斯在《政治自由主义》中还提出，良心自由把宗教真理排除在政治日程之外。
② 在《作为公平的正义》中，罗尔斯认为民主思想的传统中一直存在一种分裂。"一种传统渊源于洛克，
  它强调贡斯当（Benjamin Constant）称为'现代人的自由'的东西——思想自由和良心自由，某些基本
  的个人权利和财产权，以及法治。另一种传统渊源于卢梭（J. J. Rousseau），它强调贡斯当称为'古代
  人的自由'的东西——平等的政治自由和公共生活的价值。"同上书，第 8 页。
③ 罗尔斯：《正义论》（修订版），何怀宏、何包钢、廖申白译，北京：中国社会科学出版社，2009 年，第 158
  页。罗尔斯的讨论背景主要基于伯林的古代人的自由与现代人的自由的争论，他试图对争论存而不
  论，以自由的相关因素和自由的范围考察自由的含义。

参照这三个因素,那么会发现良心自由在罗尔斯的理论中至少也有三重含义。

　　首先,良心自由应该是平等的良心自由。他在 1963 年发表的论文《宪政自由权与正义的概念》中曾提出"平等的良心自由原则",并认为这一原则"是从平等的自由的原初位置出发的唯一能够获得认肯的原则,因此这个原则就是必须用来规制公民这个根本地位的诸自由权的唯一原则"。④ 平等的良心自由原则在此处对正义的第一原则有着辩护作用,也就是说,平等的良心自由原则对原初状态下的公民的平等自由权利有着规制作用。在《正义论》中,罗尔斯延续了这一主张,人与人良心上的平等自由不但是正义判断中的一个"基本点",而且是原初状态中的人们能够接受的"唯一原则"。问题是:良心自由为什么是一种平等的良心自由?

　　原初状态下,人们并不清楚自己的宗教信仰和道德自由的具体内容,良心自由的要义在于他们能够选择保证他们的宗教、道德获得完整性的原则。之所以称之为平等的公民自由,原因在于罗尔斯意图避免两种可能。第一,既然良心自由问题涉及人的宗教信仰自由和道德自由,就应该避免"占统治地位的宗教、道德学说随心所欲地迫害或压制其他学说"。⑤ 如果形成压制关系,那么良心与占统治地位的宗教或道德之间就是不平等的关系,良心自由将无法实现。同时,即使存在一个人的宗教信仰、道德信仰与社会上占统治地位的宗教信仰、道德信仰相同的可能,这也必须是一个人自己审慎地做出判断和选择的结果,而不是权威压制的结果。第二,良心自由问题还涉及社会利益,罗尔斯力图避免让良心完全服从于以功利主义计算方式为结果的社会利益。当良心受制于社会功利计算原则时,它将随时处在为了社会的利益而被迫牺牲自己的境遇。罗尔斯并不否认功利主义以及其他观点对自由的论证同样有说服力,比如他认为密尔的功利原则不但支持个体自由,而且为自由制度进行了合理的辩护。但是,他反对功利主义原则对良心自由的论证,因为"如果对自由的限制可能产生较大的满足的净余额,他们就会使这个限制具有权威性"。⑥ 在此种情形下,良心自由始终处于被牺牲的可能性之中。同时,为社会实现较大满足的"净余额"来限制个体的良心自由是不能得到合理辩护的。他认为在涉及良心自由的问题上我们应该接受平等的自由原则,也就是坚持平等的良心自由。相比之下,

---

④ 罗尔斯:《罗尔斯论文全集》(上册),陈肖生等译,长春:吉林出版集团有限责任公司,2013 年,第 101 页。

⑤ 罗尔斯:《正义论》,第 162 页。

⑥ 同上。

功利主义的计算方式本身就充满了不确定性,计算的结果及其长远的影响都是不清楚的,充满了含糊和偶然。

其次,良心自由的第二重含义在于良心拒绝。也可以说,良心自由是自由行动者摆脱政治、法律束缚的良心拒绝。良心拒绝以"有不为"的方式证明了消极意义上的良心自由。"良心的拒绝就是或多或少地不服从直接法令或行政命令。"⑦无论直接法令还是行政命令都具有公共性,当拒绝的行为发生时,发布命令者(当局)一定是知情的。人们之所以可以直接做出拒绝的选择,其原因在于命令针对人们并且明显可能已经造成伤害。也就是说,这符合公民不服从的要件之一:命令的非法性或伤害性。也正是在这个意义上,良心拒绝相当于公民不服从。

根据罗尔斯的观点,良心拒绝是一种狭义的公民不服从。因为公民不服从就是"一种公开的、非暴力的、既是按照良心的又是政治性的对抗法律的行为,其目的通常是为了使政府的法律或政策发生一种改变"。⑧ 换言之,良心拒绝是公民采取的非暴力不服从的一种形式。相对于良心拒绝,公民不服从一定是具有政治性质的。由此,这也就提出了良心拒绝与公民不服从的区别。其一,"良心的拒绝不是一种诉诸多数人的正义感的请愿形式"。⑨ 良心拒绝有自己的理由和动机,人们做出拒绝的原因未必是为了改变社会的法律和规章制度,良心拒绝具有个人性(私人性)。其二,"良心的拒绝不是必然建立在政治原则上;它可能建立在那些与宪法秩序不符合的宗教原则或其他原则之上"。⑩ 虽然良心拒绝可能建立在政治原则基础上,但是其并不必然建立在这个基础之上。比如,一个士兵拒绝参战的原因有可能是源于他对政治正义的笃信,也有可能是源于他的宗教信仰或者他对人的某种自然义务(不主动对他人行不义等)的信仰。正是如此,良心自由本身就蕴含了自主判断的重要性,罗尔斯主张有鉴别的良心拒绝比无条件的和平更可取。

同时,罗尔斯还讨论了良心拒绝不等同于良心的规避。良心的规避也是一种"有不为"。相比较于良心拒绝,良心规避是以隐藏、逃避方式来"有不为"。"在能够隐藏的情形中,我们可以说它是良心的规避,而不说它是良心的拒绝。"⑪相比较而言,在无法规避的情形中,行为主体的"有不为"才可以称为良心

---

⑦ 罗尔斯:《正义论》,第 289 页。

⑧ 同上书,第 285—286 页。

⑨ 同上书,第 289 页。

⑩ 同上书,第 290 页。

⑪ 同上书,第 289 页。

拒绝。罗尔斯在讨论良心拒绝时还关注到良心的迷茫以及良心宽容等问题,但是他并未对这些概念之间的关系详细地加以区分。如果暂时不考虑这些概念之间的关系,那么我们也可以推出罗尔斯已经意识到良心自由及其实现充满了困难,比如人们可能会遭遇良心宽容的标准是什么,良心迷茫时的无意义感等问题。换言之,良心自由不能仅仅是无知之幕下的一种设定,良心需要面对具体的判断、选择和承担相应的责任。

再次,良心自由的第三重含义是指人们自主判断和选择自己生活方式的自由,也可以称之为积极意义上的良心自由。既然判断是出自人们的良心自由,那么他们要承担相应的责任。良心自由是人的基本自由之一,这种基本自由不但体现了人们对宗教、道德的观点,而且要现实地应用于人们的生活世界。在自由体系内部,"一种自由之重要性之大小依赖于其在多大程度上涉及人的道德能力的运用"。[12] 比如,良心自由与结社自由之间就是相互配合、相互支持的,它们为人的道德能力的灵活运用提供了机会。良心自由的要义在于不但保证自身价值的实现,而且不能妨碍自由体系内部的其他基本自由。平等的良心自由对于所有人都是一样的,但是良心自由在应用时会体现出能力的差异、个人的人生价值和意义的不同,等等。

同时,从自由体系的结构来看,良心平等自由在应用时的差异还体现了人作为主体所呈现和实现自由价值的差异。因为"个人和团体的自由价值是与他们在自由体系所规定的框架内促进他们目标的能力成比例的"。[13] 任何个人和团体的良心自由的实现都离不开他们所生活的社会制度环境和公共政治文化,这些因素极有可能促进也有可能阻碍他们良心自由的实现。人们如何去实现自己的良心自由,依赖于他们在具体境遇中的判断、选择、利弊权衡等等。对于一个良序社会而言,它的法律制度应该保护人们的良心自由,让人们在最大限度内实现自己的良心自由,获得属于他们自己的人生价值。

二、良心自由的根据

既然良心是自由的,那么良心自由的根据是什么?罗尔斯在其思想中为良心自由进行辩护的根据是否始终保持一致?罗尔斯在《正义论》中主要从无知之幕的设定来为良心自由进行辩护。在《政治自由主义》中,他相对完整地阐述

---

⑫ 参见罗尔斯:《作为公平的正义》,第138页。
⑬ 罗尔斯:《正义论》,第160页。

了良心自由的三个根据。具体而言,这三个根据分别是:第一,良心自由是无知之幕下的设定;第二,良心自由是善观念能力(a capacity for a conception of the good)形成与实践的社会条件之一;第三,良心自由取决于善观念能力的范围。罗尔斯对良心自由三个根据的论证可以概括为两个方面,即良心自由的根据在于人的平等自由权利和人的道德能力之善观念能力。

罗尔斯在《正义论》中着重从无知之幕下的设定出发,基于平等的权利为良心自由进行论证。此处平等最直接体现为"平等的良心自由"。罗尔斯认为平等的良心自由不需要证明,它承担着为正义的第一原则进行辩护的作用。因为"良心的平等自由的问题已被确定。这个问题是我们所考虑的正义判断中的一个基本点"。⑭ 即使如此,他事实上还是从权利的视角探寻了良心自由的根据。权利意义上的平等的良心自由具有内在价值,体现了人作为人应该具有的尊严和价值。如莱宁所言,"言论自由、思想自由、良心自由、流动自由、政治自由以及法律规则的保证,这些权利都是人类尊严和道德品性的本质要求"。⑮ 权利的解释路径凸显了良心自由的道德重要性。这种道德重要性不是将良心自由视为一种美德,而是将其视为一种平等的权利。平等的良心自由作为一种权利重在强调人与人是平等的,而不是人与人的良心自由能力的大小和人之为人的道德境界。这样来看,作为平等权利的良心自由的道德重要性就具有了正义的特质,它要证明社会制度规范面前人人平等。

同时,虽然良心自由被设定为原初状态中公民代表的权利,但是他们并不清楚自己的良心所包含的宗教、道德信仰的具体内容。在这样的情形下,罗尔斯认为将良心自由作为一种权利比作为一种功利主义的要求能够得到更好的辩护。原初状态中的公民代表并不是孤独的,他们需要尽力保护自己的利益以及下一代的利益,良心自由对他们而言是最有可能保证他们人生完整性以及后代获得平等的自由。上文已经就罗尔斯对功利主义的论证方式的批判进行了阐述,此处不再赘述。我们需要注意的是罗尔斯承认良心自由关系到个人的利益,也认可功利主义对良心自由的道德价值的肯定。他在《政治哲学史讲义》中曾对功利主义的代表人物密尔的良心自由问题做过论述,并认为良心在密尔的道德观点中起着推动道德行为、产生道德动机的作用。但是,功利主义对良心自由的论证建立在目的论原则之上,而"有关目的论原则的论证是建立在靠不

---

⑭ 罗尔斯:《正义论》,第 162 页。
⑮ 莱宁:《罗尔斯政治哲学导论》,孟伟译,北京:人民出版社,2012 年,第 170 页。

住的计算上和有争议的、不确定的前提上的"。⑯ 功利主义也捍卫良心自由这一
基本权利,但是为了证明所有的人享有平等的良心自由权利,功利主义需要不
断地增加假设和转换计算的方式。相比之下,在原初状态的假设中,公民代表
是相互合作的,他们的平等的良心自由是公平的正义理念的要求之一。而且,
公民代表必须要保护自己的良心自由,保护良心自由就是在保护每一个个体的
基本自由权利的正义性。

　　从《正义论》到《政治自由主义》,罗尔斯对良心自由的辩护进路从无知之幕
的设定转向公民理念,他开始突出强调一种与人的道德能力尤其是与善观念能
力相协调的良心自由。换言之,他开始注重从善观念能力的角度为良心自由提
供根据和辩护。他对良心自由根据的论证与哈特(H. L. A. Hart)对他的批判不
可分割。哈特认为罗尔斯在《正义论》中"没有充分论证各派公民代表在原初状
态下采用的基本自由与自然义务的冲突以及基本自由具有优先性的根据"。⑰
正是因此,罗尔斯的《政治自由主义》对作为基本自由的良心自由具有优先性的
根据和良心自由范围做了较为完整的论证。

　　罗尔斯进一步提出良心自由的根据在于人的善观念能力及其作用范围。
对罗尔斯而言,善观念能力不是在工具、功用意义上使用的概念,其与正义感能
力(a capacity for a sense of justice)一起构成公民道德人格的内容。善观念能力
是一个人合理地追求自己人生价值的能力,这种能力在具体的情境中体现为一
个人不但可以有完整的生活计划,可以形成、修正自己的善观念,而且也会有过
失和错误。一个人拥有善观念能力就意味着这个人拥有自己的终极目的系统。
善观念能力是罗尔斯主张的现代良序社会公民道德人格的重要能力,具有坚实
的基础。如果说善观念能力具有工具性,那么也仅仅在于它在具体境遇中是达
到个人善的手段。"良心自由,以至失误和犯错的自由乃是开发和实践这种能
力所必需的社会条件之一。"⑱良心自由与善观念能力的形成紧密相关。在一个
基本自由的体系中,良心不但是自由的而且是可以犯错的,唯有如此,善观念能
力才是可能的和现实的。

　　与此同时,善观念是多元的。在人对自己的人生价值完整性和独特性探索
的意义上,善观念能力具有鲜明的个性和非协商性。罗尔斯也明确地指出:"自

⑯ 罗尔斯:《正义论》,第165—166页。

⑰ 参见 H. L. A. Hart, "Rawls on Liberty and Its Priority," in Norman Daniels (ed.), *Reading Rawls: Critical Studies on Rawls "A Theory of Justice"* (New York: Basic Book Press, 1989), pp. 247 - 252。

⑱ 罗尔斯:《政治自由主义》,万俊人译,南京:译林出版社,2011年,第289页。

由主义的一个关键假设是,平等的公民们有着各自不同的因而也的确是无公度的和不可调和的善观念。"[19] 除非是独裁国家,否则善观念的多元性是不可以被消除的。但是公民之间又是合作的,这就意味着人们需要发挥协商理性的作用,让善观念对人们行为的指导在一定范围内发生作用。也就是说,良心自由就在于保证"我们能够把我们自己当作可以根据我们的理智能力和道德能力之充分而协商的理性实践来认肯我们生活方式的人"。[20] 在罗尔斯的论证中,我们不难看出他已经是在政治的个人观念上讨论人的良心自由。人们的良心自由一方面依赖于平等合作的公民社会理念,另一方面又对人们过一种个性化的生活方式起着担保性的作用。

三、罗尔斯正义理论的内在张力:
公共理性对良心自由的压迫?

在罗尔斯为良心的根据进行证明的过程中,我们也会看到他的正义理论内部的张力:公共理性和良心自由之间的矛盾。罗尔斯在现代多元社会的背景下讨论良心自由,对他来说,古代人与现代人的中心问题的区别就是善的学说与正义观念。在现代社会,人们不可能诉诸宗教意义上的救赎之善来达成政治正义,但是人们可以通过良心自由和思想自由来达成一种政治的正义观念的重叠共识,因为"公共理性是一个民主国家的基本特征。它是公民的理性,是那些共享平等公民身份的人的理性。他们的理性目标是公共善,此乃政治正义观念对社会之基本制度结构的要求所在,也是这些制度所服务的目标和目的所在"。[21] 批评者担忧这样一种基于公共理性的政治正义观念对人的良心自由具有改造和压迫的作用,其最终不是扩大了良心自由而是限制了良心自由。Andrew R. Murphy 认为"罗尔斯的自由主义呈现了信仰与行动的分裂,这种分裂在历史上压制了宗教自由,更令人不安的是,这种压制破坏了完备性的概念"。[22] 也就是说,罗尔斯这种自由主义并没有实现他自己声称的良心自由的"完成和延伸",而是让个体改变自己的完备性学说,以适应公共理性。Murphy 还认为罗尔斯对正义理论稳定性的关注和重视已经暗含了公共理性和政治秩序对个体

---

[19] 罗尔斯:《政治自由主义》,第 281 页。

[20] 同上书,第 289 页。

[21] 同上书,第 196—197 页。

[22] Andrew R. Murphy, "Rawls and a Shrinking Liberty of Conscience," *Review of Politics*, vol. 60, no. 2 (1998), pp. 247–276.

的完备性学说以及良心自由压制的可能。

我们在罗尔斯关于良心自由的讨论中会发现,公共理性对良心自由的压迫问题的实质是良心自由的判断标准问题,即为什么我出于良心自由的行为是正确的,标准何在？理性多元是现代社会的一个事实,如果良心自由的标准来自公民理性协商之后的公共理性,那么是否存在公共理性压迫良心自由的可能？

良心自由是属于公民自身的,但是良心自由也离不开社会的文化和制度。也就是说,"我们可以认肯一种我们受其培育和教养的宗教的、哲学的或道德的传统,而到了理性健全的年纪,我们会发现,这种传统乃是我们各种依附和忠诚的核心之所在"。[23] 罗尔斯在此明显地表现出对社群及其文化价值的包容性和认可,人们自认为属于自己的判断和良心自由事实上源自他们的社会。在良心自由的内容上,罗尔斯并没有否认社会制度和文化传统是其重要的来源。人的良心自由、信仰信念都离不开文化传统和社会制度。

良心自由受到国家制度、社会文化等外在规范的制约。规范的目的在于形成基本自由图式和体系,以适应它们的实践所必备的要素——社会条件。一方面,良心自由的外在规范来自公共秩序。换言之,"对于规范自由讨论来说,秩序的规则是最根本的"。[24] 这种规范并不是通过预设国家利益优先于个人利益的理念来完成,它们旨在表达国家作为公民联合体规范公民的权利和利益的范围,并保证原初状态下的公民的良心自由获得同等对待。同时,罗尔斯更为直接地将政治的正义观念奠基于公共理性,后者又依赖公民重叠共识。公共理性对良心确实构成了一种限制和约束,但这并不意味着公共理性具有压倒性的决定性作用。如果没有公民认可并达成共识的公共理性,那么良心自由也无法实现其自身的目的。正如 James Boettcher 所言,"公共理性的理念与公民之间丰富且卓有成效的公共宗教对话是一致的,这些公民致力于寻求政治理由,以满足基于互惠标准的合法性自由原则。宗教信徒和其他公民在参与这种对话的同时承认公共理性的要求是建立信任和公民友谊的纽带。"[25]James Boettcher 以公共理性和宗教信仰之间的和谐方式证明良心自由不受压迫。当然,即使在罗

---

[23] 罗尔斯:《政治自由主义》,第 290 页。

[24] 同上书,第 274 页。罗尔斯认为规范(regulation)和限制(restriction)的区分是宪法中司空见惯的,并承认自己在《正义论》中关于基本自由的解释没有做出这种区分。"Regulation"有学者主张翻译为"规制",有学者主张译为"规范",本文采用"规范"。

[25] James Boettcher, "Public Reason and Religion," in Thom Brooks and Fabian Freyenhagen (eds.), *The Legacy of John Rawls* (New York: Continuum Press, 2005), pp. 124 - 151. James Boettcher 对公共理性要求的可能性和公平性提出了质疑。

尔斯所言的法治社会，这也需要人们在现实的政治自由与良心自由之间找到合适的界限。

另一方面，良心自由受到自由体系内部诸自由的限制。"任何基本自由都不是绝对的，诸如思想自由和良心自由，或者政治自由和法治保证，因为当它们相互冲突的时候，它们就可以被限制……更确切地说，无论这些自由如何加以调整，最终的自由体制应该确保对所有公民都是平等的。"㉖ 此种情形的良心自由的限制事实上是平等的自由权利体系内部的自由之间的自我调整和限制，这并不表示其他自由对良心自由构成了侵犯和压迫。基本自由的实现离不开社会组织的规范和程序。对自由的规范是为了使得每一种自由的"应用中心的范围"得到保证。基本自由之间彼此的限制是自由之间冲突的一种表现，既然如此，只能是一种基本自由限制另一种基本自由，自由在根本上被保持而不是被取消。

同时，如果从罗尔斯强调的现代良序社会的可能和稳定来看，良心自由在其理论中同样可以得到辩护。正如麦克卢尔和泰勒所言，"美国哲学家约翰·罗尔斯(John Rawls)所说的'合理多元主义的事实'，即来源于承认理性在判定存在的终极意义和人的充分发展等问题时能力有限"。㉗ 在这个意义上，良心自由也是多元的，应该给予保护和承认。进一步而言，合理多元还意味着政治应该对人们的良心自由、宗教信仰、个体的人生规划等问题保持独立。因为"同思想自由和良心自由（现代人的自由）相比，这些平等的政治自由（古代人的自由）一般来说具有更少的内在价值"。㉘ 政治不是现代社会人们生活的中心，良心自由比政治自由具有更多的内在价值。只要在正义允许的范围内，罗尔斯的自由主义不会对人们的良心自由进行社会评价。

尽管如此，罗尔斯可能还会遭遇麦克卢尔和泰勒所说的另外一个问题："给予良心信念以道德上与法律上的特殊地位会为它们的工具化打开大门"，而"更好的做法是寻求限制潜在的滥用，而非先验地限制公民的良心自由"。㉙ 为了避免这种工具化的可能，他一方面以公共理性规范良心自由，另一方面诉求于宽容原则。"宽容原则与良心自由必须在任何宪政民主观念中都占据关键的位置。它们立下了根本的基础，所有公民都要将其当作公平的东西来接受，并用

㉖ 罗尔斯：《作为公平的正义》，第 135 页。
㉗ 麦克卢尔、泰勒：《政教分离与良心自由》，程无一译，南京：江苏人民出版社，2018 年，第 10 页。
㉘ 罗尔斯：《作为公平的正义》，第 173 页。
㉙ 麦克卢尔、泰勒：《政教分离与良心自由》，第 79 页。

它来调整种种学说之间的竞争。"㉚罗尔斯区分了纯粹的政治宽容与宗教或非宗教学说内部的宽容,政治宽容力求保护人们的良心自由与政治正义观念相符合,宗教的或非宗教学说的宽容力求从它们给予的良心自由的内容和信条中推理出良心自由与政治正义观念相符合。宽容原则与良心自由被视为人的整全性学说的一部分,从这里出发,人们会发现"一种合乎情理的宪政民主"能对他们的自由权利给予公平的保障。从《正义论》讨论良心自由及其良心拒绝,经《政治自由主义》讨论良心自由的根据,到《作为公平的正义》再次重申捍卫人的平等的良心自由,我们不难发现罗尔斯对批评的回应、对理论的修正都是力图让自己的观念体系具有融贯性,让自己的想法之间可以得到相互的印证。

四、结语

综上,通过分析罗尔斯正义理论演进过程中的良心概念,我们尝试得出以下结论。

其一,从罗尔斯的正义理论的整体构建来看,他的自由概念一方面指向制度的某种结构,诚如在《正义论》第 32 节,他虽然不直接定义自由,但是他提出自己"在大多数地方将联系宪法和法律的限制来讨论自由。在这些情形中,自由是制度的某种结构,是规定种种权利和义务的某种公开的规范体系"。㉛ 在这个意义上,良心自由作为个人的基本自由,需要受到社会公共理性的规范,公共理性因而对良心自由具有弱的意义上的优先性。另一方面,罗尔斯的自由概念指向自由的价值,在这个意义上良心自由具有优先性,是证成正义原则的条件。尤其在讨论良心的根据是人的善观念能力时,罗尔斯提出"自由主义既力图表明善观念的多元性是可欲的,也力图表明自由政体如何适应这种多元性,以实现人类多样性的多方面发展"。㉜ 自由政体需要适应人们善观念的多元,也需要适应良心自由的多元可能。当然,罗尔斯还提醒我们应该考虑良心在具体社会文化环境中的具体内容和实现方式。

其二,罗尔斯对良心自由的解释始终还是面向自由主义理论内部关于自由问题的困惑。这就是伯林所说的,"困扰着西方自由主义者良心的,并不是他们

㉚ 罗尔斯:《罗尔斯论文全集》(下册),陈肖生等译,长春:吉林出版集团有限责任公司,2013 年,第 631 页。

㉛ 罗尔斯:《正义论》,第 159 页。

㉜ 罗尔斯:《政治自由主义》,第 281 页。

相信人们所追求的自由依其社会或经济条件的不同而不同,而是这样一种信念:少数拥有自由的人靠剥夺绝大多数没有自由的人而获得自由,或至少无视大多人没有自由这个事实"。③ 罗尔斯在著作中多次谈及伯林的《自由四论》,并认为伯林关注的这个问题已经隐含在他的正义理论所引证的著作中。他对良心自由问题论证的不断完善不但是在完善自己的正义理论,而且也是以自己的解释面对自由主义者的困惑。罗尔斯反对少数人的良心自由剥夺了大多数人的良心自由以及社会无视大多数人的良心自由这两种极端情形。对他而言,一个现代社会的公民的良心自由、思想自由以及个人独立和自尊具有根本性的地位。

其三,罗尔斯对良心自由的论证基于一种政治哲学的立场,而不是任何完备的道德学说立场。借用他在接受《公益》杂志专访中的回答来说就是,他关注的是"宪政民主的历史性存续问题",阐明"政治问题应该怎样来讨论"。④ 基于此,我们也就不难发现罗尔斯在尽可能不与任何宗教和哲学学说对抗的前提下,从自由主义的民主宪政中为良心自由进行辩护,给出一种政治哲学讨论的公共话语。

(责任编辑:刘剑涛)

作者简介:李金鑫,哲学博士,浙江财经大学马克思主义学院副教授,研究方向为西方伦理学、政治哲学。

③ 伯林:《自由论》,胡传胜译,南京:译林出版社,2003 年,第 192—193 页。
④ 罗尔斯:《罗尔斯论文全集》(下册),第 658、666 页。

罗尔斯与海萨尼的功利主义之争[*]

梁捷

【摘　要】罗尔斯在 1971 年出版的《正义论》中对功利主义道德哲学提出了激烈的批评。随后他提出"无知之幕"的重要假设，并且按照"机会平等原则"和"差异原则"构建出一套完整的正义理论体系。但是罗尔斯的理论体系也遭到了功利主义者的强烈反击，其中最有影响的学者是博弈论奠基者之一的海萨尼。他基于风险理论向罗尔斯提出了挑战。海萨尼对功利主义本身抱有更大的希望，所以他也尝试从功利主义重建一套正义理论。当然海萨尼的重建也算不上成功。但是他与罗尔斯的交锋体现出正义理论构建过程的巨大挑战。功利主义是构建正义理论的优秀工具，但是由于本身的局限，很有可能导致最终的正义理论存在难以弥合的逻辑漏洞。

【关键词】功利主义　无知之幕　效用　风险

＊ 笔者感谢李晋、王鹏翀对这篇文章的评论和建议，当然，一切文责自负。

一、罗尔斯对功利主义的批评

罗尔斯(John Rawls)把正义看作一种社会基本制度的首要伦理价值。他在 1971 年出版的代表作《正义论》中开宗明义地宣称:"正义是社会制度的第一美德,正如真理是思想的第一美德。"[1]所以,一个合理可欲的社会必须是按照基本正义原则建立起来的人类共同体。

同时,罗尔斯也对当时的功利主义理论(Utilitarianism)提出了最为直接的批评。功利主义,又称效用主义,基本目标是实现效用的最大化。[2] 功利主义在 20 世纪初转变成为现代经济理论的基石,至今仍然不可动摇。罗尔斯对功利主义的主要批评观点如下。第一,它并没有揭示自由和权利的要求与社会福利的增长欲望之间的原则区别,它也没有肯定正义的优先原则。真正的正义应该否认使一些人享受较大利益而剥夺另一些人的自由是正当的,政治交易和社会利益不能成为妨碍基本权利的理由。第二,它假定人类社会的调节原则只是个人选择原则的扩大是不足取的,这里没有把人们将一致赞同的原则视为正义的基础,原则的内容就无法成为协调全体成员的标准。第三,功利主义是一种目的论的理论,用最大化的标准来增加"善",从而解释正当,而真正的正义原则应是事先设定,不能从结果来看正义与否。第四,功利主义认为任何欲望的满足本身都具有价值,而没有区别这些欲望的性质,不问这些满足的来源和性质,以及它们对幸福会产生什么影响,比如如何看待人们在相互歧视或者损害别人的自由以提高自己的尊严的过程中得到快乐的行为。[3]

罗尔斯认为,违背正义的利益没有价值。[4] 为此,他在《正义论》中提出了一个康德式的假想场景,就是一个社会的所有公民在一起聚集商议,要规划出一个新的社会契约。罗尔斯建议说,公民们达成一致的这个社会契约,为了要保证它是公正的,只有当公民们在这样的讨价还价中都把自己的身份隐藏在无知状态才行。这样一来,每个公民都有同样的理由害怕,如果最终达成的这个契约偏离公正的话,自己就有可能成为这样不公正的一个受害者了。

罗尔斯清醒认识到,在作为公平的正义中,起点平等的自然与传统社会契

---

① 罗尔斯:《正义论》,何怀宏等译,北京:中国社会科学出版社,1988 年,第 1 页。

② "Utilitarianism"是由"Utility"衍生而出。国内大多数文献将"Utilitarianism"翻译为"功利主义",而将"Utility"翻译成"效用",所以本文以下都称其为功利主义。

③ 可以参考金里卡:《当代政治哲学》,上海:上海三联书店,2004 年,第 50—53 页。

④ 罗尔斯:《正义论》,第 437 页。

约理论中的自然状态是相符的。可是这个起点并不是被作为现实的历史状态，更不是被作为原初的文化条件来思考的，它被理解为一种纯粹的假定状态，借以推导出一定的正义观念。在一个公平的起点即"无知之幕"背后，整个社会按照"机会平等原则"和"差异原则"这两大原则进行分配，整个社会就有可能达致一个正义、公平的分配水平。在《正义论》中，正义的核心特征表现为公平，即作为公平的正义。

具体而言，罗尔斯认为，一个正义的社会必须满足以下两条原则。第一原则，每个人都有平等的权利，在与所有人相似的自由体系兼容的情况下，享有最广泛的总体自由体系所赋予的相同的基本自由。⑤

第二原则，社会和经济中存在的不平等应该这样被对待：

（a）在与公平原则一致的前提下，对社会中最为弱势（the least advantage）的人最有利；

（b）在平等机会的条件下，职位与工作向所有人开放。

而且这两条原则具有一种词典式的优先次序，即在第一原则未被完全满足的情况下，我们不能先去服从第二原则，原则之间绝对没有交易折衷的可能。因此，第一原则（也就是最大的均等自由原则）绝对优先于第二原则，基本自由只可能为了自由本身而受到限制。⑥

这就意味着作为整体的正义原则要优先于效率以及福利原则。经济效益以及利益极大化不得与正义原则有任何抵触，否则就不会导向绝对正义的体系。古典功利主义对社会秩序的构建在道德上存在一定的风险，因为社会有可能以整体利益最大化的名义牺牲部分人的平等机会，而这就是罗尔斯强烈反对的主要观点。

罗尔斯坚信并坚持一种平等的甚至有"平均主义"倾向的正义理念和理想。人们在建立并维护社会生活秩序时首先要确立每一个社会公民的基本人权，也就是基本自由。这既是正义的第一原则，也是建立社会正义秩序的前提，有点类似于产权之于公平交易的在先性，必须先于社会制度存在。

但是先定的宪政自由只能提供一种类似于机会均等的初步的社会制度安排，而不能保证长远有效的社会"基本品"的正义分配。由于人们先天禀赋的不同和后天诸多偶然因素所致，即便是有相同的机会，也会出现程度不同的差异，

⑤ 罗尔斯：《正义论》，第56页。
⑥ 同上书，第57页。

甚至是巨大的社会差异,因此又必须有矫正的机制,即差异原则。[7] 在正义的第一原则中,自由的权利优先于平等的权利;在正义的第二原则即差异原则中,平等的要求又要优先于自由权利的要求。用罗尔斯自己的表述来说,就是社会制度应当这样安排:以使它最有利于那些处于社会最不利地位的少数弱者。这些弱者在正义体系中能够得到最好的保障。[8]

差异原则可以说是罗尔斯理论中最独特、最激进也最有争议性的原则。有许多研究者包括海萨尼(John Harsanyi)都习惯用"最大最小化原则"来表示差异原则,也就是"最优化最不利的人的原则",有时甚至就使用"最大最小化正义"这样的概念来取消差异原则。[9] 但是罗尔斯本人并不完全同意这一点。他认为差异原则与功利主义者所熟悉的"最大最小化原则"之间有相似性,但还是存在明显的区别,理由有两点[10]:

第一,这个原则与不确定条件下决策的最大最小化规则是两种极为不同的东西;

第二,在论证差别原则优于其他分配原则(比如说有限的、平均功利主义原则)的时候,完全没有求助于不确定性条件下决策的最大最小化规则。

但是罗尔斯的这种解释并不足以说服大量的功利主义者,而且由于他直接点名批评了功利主义,很多功利主义者开始尝试加以反击,所以就引发了罗尔斯与海萨尼关于差异原则的著名争论。

二、功利主义者对罗尔斯的反击

面对罗尔斯在《正义论》中对于功利主义的激烈批评,很多功利主义者都做出了积极的回应。在经济学家森(Amartya Sen)和道德哲学家威廉姆斯(Bernard Williams)在 1981 年主编的文集《超越功利主义》(*Beyond the Utilitarianism*)一书中,很多功利主义者表达了自己对功利主义现状的认识,并提出了关于未来的设想。这本书出版于 1981 年,[11]至今已近半个世纪。这几十

---

[7] 罗尔斯:《正义论》,第 71 页。

[8] 同上书,第 79 页。

[9] 海萨尼:《道德和理性行为理论》,载森、威廉姆斯主编:《超越功利主义》,梁捷等译,上海:复旦大学出版社,2011 年,第 52 页。

[10] 罗尔斯:《正义论》,北京:中国社会科学出版社,1988 年,第 146 页。

[11] Sen and Williams, *Utilitarianism and Beyond* (Cambridge: Cambridge University Press, 1982). 中译本见森、威廉姆斯主编:《超越功利主义》。

年来,功利主义以各种形式运用到很多的社会实践中,而基于效用的幸福指数也成为全世界经济发展的一个重要指标。但是就功利主义理论本身而言,它后续并没有很大的发展,也没有发展出更多的辩护形态。

从追求最大化的方式区分,当代功利主义可以分为"行动功利主义"和"准则功利主义"两大类,前者的代表是澳大利亚哲学家斯玛特(J. J. C. Smart),而后者的代表是哲学家黑尔(R. M. Hare)与经济学家、哲学家海萨尼。

海萨尼(1920—2000)是博弈论(game theory)的奠基者,因为对不完备信息博弈的重要贡献获得了 1994 年的诺贝尔经济学奖,同时他也是一位坚定的功利主义者。他乐观地认为,经过修订的准则功利主义足以回应罗尔斯以及其他学者(主要是社群主义者)对功利主义的批评,同时也可能构建出一套更为完备的正义理论。

海萨尼并不认同罗尔斯在《正义论》中对功利主义的激烈批评,而且认为罗尔斯自身所构建的体系由于最大最小原则的存在,同样存在严重的逻辑漏洞。我们不妨按照海萨尼的思路来思考下面这个"无知之幕"博弈格局,[12]它完全是依照罗尔斯理论所设计:

表 1　罗尔斯"无知之幕"博弈

	W	B
S_1	0	n
S_2	$\dfrac{1}{n}$	1

假设 W 和 B 分别为两种状态,而 S_1 和 S_2 是个人或者社会可能选择的策略。那么根据最大最小原则,参与者在 S_1 和 S_2 中必然会选择 S_2,因为只有 S_2 可以避免极端的情形。但是很显然,在这个博弈中,随着 n 逐渐增大,一般的参与者选择 S_1 的冲动会越来越强烈。因为随着 n 逐渐增大,选择者在 W 状态下的效用差异越来越小,而在 B 状态下的效用差异越来越大。最大最小原则在这种状况下等同于极端风险规避策略。但是假定人们为了规避微不足道的事实上的风险而放弃极大收益的可能性,这种策略在实践中几乎不会被接受。

举例来说,S_1 和 S_2 是个人选择的两种上班交通出行方式,S_2 是绝对安全

---

⑫ 海萨尼:《道德和理性行为理论》,第 59 页。

的步行,而 S_1 是存在一定风险的坐飞机出行,而 W 和 B 分别表示"出事"和"安全"两种最终状态,每个人在每天出门时都不知道自己最终可能要面对的状态。

很显然,从风险的角度思考这个博弈,风险占优策略一定是 S_2。因为如果不出事,那么 S_2 有一定的收益但不高;而一旦出事,那么 S_2 的优势就体现出来了,个人的收益是 $\dfrac{1}{n}$ 而非 0,不会陷入失去生命的危险之中,所以个人应该选择 S_2。

但是这种选择并不稳定。事实上,大量有关人的行为模式的研究都表明,虽然人会规避风险,但几乎没有人极端规避风险。也就是说,绝大多数人在面临风险极小、收益极大的时候,愿意为了收益而去承受一点点风险。比如要求个人每周在北京和上海之间飞机往返,这种工作形式存在微不足道的交通风险,很多人也许不愿意接受。但如果补偿工资足够高的话,比如把年薪提高到一千万或者一亿的时候,拒绝这份具有微小风险的工作就是不合理的。在博弈中,当 n 变得非常大的时候,大多数人都愿意从 S_2 转向 S_1。在这种情况下,坚守 S_2 的社会分配原则就并不恰当,也与绝大多数人的偏好或意见相悖。

面对海萨尼的批评,罗尔斯后来在《正义论》的修订版中也承认了这一点。但罗尔斯辩解认为,关于差别原则的论证依赖于对不确定性的极端厌恶,这只是一个得到广泛传播的观念。不确定性只适用于理性计算,而不适用于道德计算。[13] 海萨尼坚持认为罗尔斯这个观念本身是错误的,按照最大最小原则来思考的公平理论会使得当事人对不确定性抱有非理性的、难以名状的厌恶。[14]

罗尔斯认为,当事人对待不确定性的态度取决于他们将什么东西当作这些人切身利益的代表。在原初状态下,对于重要事务的看法是由他们的终极目标来决定。而当事人的目标是要保证公民的基本权利、自由和机会,以及达到目的之手段,其中也包括收入和财富的基本善,以便所代表的公民能行使这些权利和自由,并利用这些机会。海萨尼抽象掉这些基本权利、自由和机会的语境,简单套用最大最小化原则,将正义理论推向风险规避的决策理论,这种做法并不恰当,也不具备清晰的道德哲学含义。

在上述例子中,0 所代表的并非效用,而是极端悲惨、极端不公的社会状态,比如奴隶制。那么在无知之幕背后,为了规避这可能存在的最极端状况,人们会选择最大最小策略,即使放弃可能导致极高收益水平的分配方案。所以,这是罗尔斯对于无知之幕的最终辩解。

---

[13] John Rawls, *A Theory of Justice* (revised edition) (Harvard University Press, 1999), pp. 118,140.

[14] 海萨尼:《道德和理性行为理论》,第 52 页。

三、"无知之幕"的厚薄问题

站在海萨尼的角度,还有一种有力的反驳,可以直接动摇罗尔斯有关"无知之幕"的基本假设。"无知之幕"是《正义论》的基石,如果这个概念出现动摇,罗尔斯的整个正义理论也会随之动摇。

海萨尼指出,参与者在决定自己的效用函数时必然已经将风险程度考虑在内,风险是效用函数的必要组成部分。[15] 因而,给出的支付已经考虑了风险贴现。如果在此基础上再一次以最大最小的名义来归避风险,那实质上就是对风险进行了两次贴现,这种做法在逻辑上存在问题。所以"无知之幕"并不是一个单纯的假设,必须要关注这层幕布过滤掉哪些信息,保留了哪些信息。它的厚薄将直接影响到最终整个正义理论的可靠性。

我们根据海萨尼的准则功利主义思路[16]来讨论一种变形的"无知之幕"博弈。

表 2　海萨尼"无知之幕"博弈

决定	情况		
	C_1	C_2	C_3
d_1	-7	8	12
d_2	-8	7	14
d_3	5	6	8

决策者在 d_1、d_2、d_3 中作出决策,而自然会按照不同概率随机出现 C_1、C_2、C_3 这几种情境。我们可以清楚看到,d_1 和 d_2 所面临的情境是比较接近的。当自然出现 C_1 情时,d_1 和 d_2 都会出现负的收益,这是博弈中所面临的风险。但是反过来看,当自然出现 C_3 情境时,d_1 和 d_2 又都会出现很高的收益。风险与收益是对等的。与之相反,d_3 既不会带来风险,却也没有什么可观的收益。

---

[15] J. C Harsanyi, "Cardinal Utility in Welfare Economics and in the Theory of Risk-taking," *Journal of Political Economy*, vol. 61, no. 5 (1953), pp. 35 - 434.

[16] 海萨尼:《道德和理性行为理论》,第 66 页。

当我们知道 C_3 出现的概率非常高而 C_1 出现的概率非常低时,很有可能会选择 d_1 和 d_2。而根据罗尔斯最大最小原则,无论 C_3 和 C_1 出现的概率如何,我们都应当选择 d_3 而非 d_1 和 d_2。

海萨尼的看法更为直接。假设存在这样的博弈,每个人都身处无知之幕背后来制定社会契约,R 表示富人状态,P 表示穷人状态,每个人都有可能变成富人,也有可能变成穷人。T 表示征收累进税,W 表示不征收累进税。我们有两种表示方法,一种以货币来计算结果,另一种则以效用来计算结果。

下面我们就分别用货币和效用这两种不同的计算结果来分析博弈局面:

表3　以货币计算结果的博弈

	事态	T	W
个人			
R		60	100
P		40	10

表4　以效用计算结果的博弈

	事态	T	W
个人			
R		0.6	1
P		0.4	0.2

由表3和表4可见,这两种博弈其实有所不同。前者是以货币来计算的博弈,此时个人还没有开始计算效用,只是看到货币收益。这时他的风险判断也有其合理性。但是如果是以效用来计算的博弈,那么在计算效用的时候必然要同时计算风险。我们没有理由认为,风险和一般的效用不在一个层面上,而在更高阶的层次上进入我们的效用。

现在我们就来看用效用计算的博弈。假设每个人成为富人和穷人的概率相等,那么我们很直接地计算出效用:

$W_T = 0.5$,而 $W_W = 0.6$

按照海萨尼的看法,所有风险中性、无偏无倚的人都应该毫不犹豫地选择 $W_W = 0.6$,即不征收累进税的社会契约。可是森指出,寻求公平的穷人很有可

能不会接受 $W_W = 0.6$，而情愿选择 $W_T = 0.5$。因为在事态 W 的情形下，不仅富人与穷人的差距非常悬殊，而且穷人的绝对效用非常低。公平的社会契约应该倾向于保护穷人，因为穷人抗击风险的能力本来就比较弱。

海萨尼则辩护说，构成 W 的那些效用已经反映出个人对风险的态度。如果坚持利用个人效用来决策 W 或者 T 状态时还要考虑风险规避，那么实质上是对社会产出进行了两次的风险贴现计算，而这样的计算肯定是不正确的。所以这种计算方法对罗尔斯的正义理论又是一重有力的打击。

罗尔斯认为，人们不公平地从那些并非属于他们的天赋才能和社会才能中受益（或者受难），这一点普遍被人接受。[17] 诚然"我"自出生那一刻起就拥有诸多天赋才能，从这些才能"偶然"被我拥有这一点来看，它们"属于"我。但是这种所有概念并不能证明我对此拥有任何特权，或者对由它们而来的收益有任何特许请求权。

更准确地说，没有人应该得到自然天赋分配的位置，同样也没有人应该得到其在社会中的最初地位。声称一个人应该得到优越天性以使其能够努力培养自己的能力，这一点必然是存有疑问的。个人的天性和天赋很大程度上依赖他生命中并不愿轻易承认的优越的家庭和社会环境。

所以罗尔斯无法简单接受传统的"分配正义"概念。他认为，人们的常识性看法都趋向于假设收入、财富以及生活中其他美好的东西一般都应该按照道德应得来分配。正义是合乎美德的快乐。如果人们承认这种理想的虚幻性，那么分配正义就是一个适当的、优先性的原则，社会应该在环境所允许的条件下实现这一理想。

可是罗尔斯的正义理论恰恰拒斥"分配正义"这样一种天真的概念。罗尔斯认为，这样的原则不可能在原初状态被人们选择。[18] 每个人的特殊才能即使得自遗传或者自然禀赋，也应该归属于整个社会。比如说，乔丹由于其特殊的篮球才能获得了比普通人多成千上万倍的收入。但是乔丹能成为乔丹，能够拥有他那样的篮球能力，也完全是一件偶然的事情。真正公平的分配方案并非要剥夺乔丹所获得的天赋或者由这些天赋而获得的财富，而是要事先设定好财富分配方法，使得任何人都不会对乔丹出于各种原因获得的财富感到嫉妒。

但罗尔斯的契约论显然不够彻底。效用是一个相对可以测量、可以比较的目标，但是进一步分析可能会发现其中存在各种悖论；而正义只能作为目标，不

---

⑰ 罗尔斯：《正义论》，第 275 页。

⑱ 同上书，第 130 页。

能对它进行分析。罗尔斯在构建正义理论的过程中很谨慎地使用了少数基于效用的分析工具，但仅仅这几步就已经与过去的功利主义者一样，留下一些难以弥合的破绽，遭到来自功利主义者的一系列严厉批判。

四、海萨尼对准则功利主义的重建

海萨尼的野心远不止于对罗尔斯的《正义论》提出致命性的攻击。他的理想是在准则功利主义的基础上重建一套比《正义论》更为优越的正义体系。我们不妨先来回顾一下海萨尼对准则功利主义的看法。

他认为，为了使用准则功利主义分析方法并得到一个满意的政治哲学体系，必须保证下述三点原则[19]：

第一，在不同的情形下，个体总是可以分辨自己对于各种不同结果的偏好排序；旁观者在不同的参考标准或者不同的情形下使用这个方法时，也能与个体一样，得到本质上相同的效用函数。

第二，这种方法得到的效用函数必须要允许进行人际比较。

第三，必须要有一种一致性的阐释，使得这种测量效用的方法可以对包含道德含义的结果进行评判。

下面我们就来构建这样一种体系。假设我们所考虑的社会包括 n 个个体，根据它们在这个给定的社会中所处的位置高低如第一（最高）、第二（第二高）……第 n（最低）分别编号为 $1, 2 \cdots \cdots n$。令 $U_1, U_2 \cdots \cdots U_n$ 分别代表个体 $1, 2 \cdots \cdots n$ 的效用水平。那个想在资本主义和社会主义之间进行相对价值判断的个体被称为个体 i。根据等概率假定，个体 i 将以下述方式行动，即他有相同的概率 $1/n$ 处于社会中的任何特定位置，从而以同样的概率拥有效用水平 U_1, $U_2 \cdots \cdots U_n$。

现在，在同样的假设下，根据贝叶斯决策理论，一个理性的个体将选择那种可以最大化其期望效用的社会制度，即最大化能代表社会中所有个体效用水平的算术平均数：

$$(1) \quad W_t = \frac{1}{n} \sum_{j=1}^{n} U_j$$

我们也可以把这个结论解释为，一个理性的个人将会把这个平均数视作个

---

[19] 海萨尼：《道德和理性行为理论》，第 54—56 页。

人的社会福利函数;或者这样来解释,假如个人是一个功利主义者,那么真正的功利主义者把社会效用定义为个体效用的算术平均数,而不是像边沁式的传统功利主义者所认为的那样定义为个体效用的总和。海萨尼的准则功利主义明确反对过去边沁式的总体功利主义。

海萨尼认为,功利主义的论证只需要帕累托最优和贝叶斯理性决策假定,是一种前提极弱、因而本身极有力的论证。我们需要三个公理:

公理 1:个体理性。社会中的 n 个个体的个人偏好满足贝叶斯理性假定。

公理 2:道德偏好的理性。至少一个个体,比如个体 i 的道德偏好要符合贝叶斯理性假定。

公理 3:帕累托最优。假设至少一个个体 j($j=1\cdots\cdots n$)偏好 A 胜于 B,并且没有人与他有相反的个人偏好。那么个体 i 将在道德上偏好 A 胜于 B。

公理 3 是一个非常弱的并且几乎不能被反驳的道德假定。公理 1 是一个非常自然的理性要求。公理 2 同样是一个自然的理性要求:当我们尝试决定社会的利益时,很自然地我们应该遵从(由公理 1)至少像我们追求我们的个人利益一样高的理性标准。

公理 1 意味着每一个个体 j($j=1\cdots\cdots n$)的个人偏好可以表述为一个冯·诺依曼(vNM)效用函数 U_j。公理 2 意味着个体 i 的道德偏好可以表述为一个社会福利函数 W_t,在数学上它同样有 vNM 效用函数的性质。最后,这三个公理一起可以导出下面的定理:

定理 T。个体 i 的社会福利函数 W_t,W_t 一定有如下形式:

$$(2)\ W_t = \sum_{j=1}^{n} \alpha_j U_j, \text{对 } j = 1 \cdots\cdots n \text{ 有 } \alpha_j > 0$$

上述结果可以由下面的公理 4 进一步加强:

公理 4:对称性。社会福利函数 W_t,W_t 是所有个体的效用的对称函数,即不同的个体应该平等对待。

根据此公理,我们可以知道:

$$(3)\ \alpha_1 = \cdots\cdots = \alpha_n > 0$$

公式(2)和(3)放在一起,本质上等价于公式(1)。

很多经济学家和道德哲学家都会对这些模型辩护时使用的较为抽象的论述感到不安,罗尔斯即是典型代表。而海萨尼坚持认为,他所给出的四个公理只需要非常弱的哲学、经济学假设,人是理性的、人的道德偏好要符合贝叶斯理性、帕累托最优、人应该平等被对待,任何有理性反思能力的人应该都会认同,它们得以成立的前提条件是人的理性,而不是道德感。相比之下,无知之幕就是一个更强的假设,需要更多理性思考和道德感加以支撑;同时,罗尔斯两大原则之间排序的论证也主要诉诸人的道德感,而非人的理性。

所以海萨尼认为,这些很弱的公理假设可以推导出一个关于道德的功利主义理论,而且它比罗尔斯的理论更诉诸理性,因而更可靠,难以用理性逻辑的方法进行动摇。

五、莫里斯对海萨尼功利主义的批评

但也有一些学者认为,用功利主义处理道德问题尤其公平问题时前景并不那么乐观。经济学家、诺贝尔奖得主莫里斯(James Mirrlees)提出了功利主义进路分析公平问题时可能存在的困境。[20]

让我们不妨考虑一个仅仅包含两个人 Tom 和 Dick 的社会,他们二人的效用都是收入和工作时间的函数,收入则全部用来花费在由二人的劳动所带来的产出上。Tom 一个小时工作时间的产出是 Dick 在同样长的时间内产出的二倍。效用符合边际递减法则,即更多的收入使额外的收入的价值递减,更少的工作时间使额外闲暇时间的效用递减。我们可以合理地假设——而且明显与事实相符——更多的收入会使他们更愿意用闲暇来代替收入。

功利主义的观点表明,在这个理想的情况下,Tom 和 Dick 会选择这样的工作量:在此工作量带来的收入给定的情况下,多一单位的产出将会使 Tom 或 Dick 的效用减低相同的量。

通过简单的经济学推理可以得知:

(1)Tom 由于生产效率更高,应该比 Dick 工作更长时间;但是(2)Tom 的收入应该比 Dick 的少;并且事实上(3)Tom 的效用应该小于 Dick 的。

当然,这个结论的含义就是"各尽其能,各取所需"。功利主义显然会认为这种再分配法则太过激进。但是,不能因为功利主义不符合我们的道德直觉就认为它是错误的而拒绝它。

在这个简单的经济问题上,我们不应有什么先入为主的道德成见。不管如何,在这一类问题上诉诸事先的道德成见是不恰当的。如果功利主义是一个有价值的道德理论,那么有些时候我们应该对它们可能得出一些令人意外的结论

---

[20] 莫里斯:《功利主义在经济上的应用》,载《超越功利主义》,第 69 页。

做好准备。对一项功利主义观点的本能的拒绝可以被很好地用来重新审查这个观点,看有没有什么一些问题没有考虑到,而不能作为拒绝的理由。

对这个例子可以进行更深一步的解读。在一个功利主义政府下,如果 Tom 了解政府无法分辨自己的生产率,他很有可能假装自己的生产率并不比 Dick 来得更高。这时最可行的分配方案应该是给每个人相同的效用。这就是功利主义看到的平等:最大程度减轻对激励的压制。如果政府可以通过 Tom 和 Dick 自我选择的工作量来确定两人的生产效率差距时,一定会实施正向的激励,从而保证工作较多的人不会减少工作,并且也对自己和另一人的收入差距感到满意。但这样做的话就会导致另一种形式的不公平:生产率高的人将会拥有更高的效用水平,而生产率的高低只是偶然的。

社会中的不平等影响人们的效用,在一些情形下增加了人们的效用,但在大部分情形下是减少。我们不能估算出这种影响的大小到底是多少。事实上,经济学家还没有思考过人们非常关注的各种类型的不平等是如何形成的。由经济学家和统计学家编辑的不平等指数确实用心良多,但在相关性问题上并没有检验。

我们很难知道人们对不同类型的不平等有多少的关注,因为外部性对效用产生影响时,需要测量这种影响,就会面临概念上的困难。人们不妨问问自己和他人:是否愿意为改变某一不平等的状况支付钱,又愿意支付多少钱?这个问题无论在认知层面还是操作层面都具有很大的挑战。但是在这个问题上,今天的人们也许可以做得更好。

另一个导致没有用实证方法来分析不平等对效用的影响的原因是很难区分偏好与价值。不平等可以通过在调整富人和穷人行为时可能招来的嫉妒、骄傲或不舒服来影响道德激励,但是这些感觉在严格的自我审查要求下会有逐渐消失的倾向。另一方面,许多人对不平等有一种厌恶的感觉,而这种厌恶的感觉可以通过自我审查而增强。这是不是与偏好相关?或者是与效用评价无关的价值问题?所有这一切都决定了估测不平等对效用的影响问题时实际上会非常困难:这并不意味着应该单独地或额外地允许不平等。

如同严刑拷打和奴隶制度一样,不平等也会带来强烈的道德和政治反感。对它的看法,有时甚至可以作为对一个道德系统正当性的检验标准。所以有时候即使有人愿意以身作则投入到某种道德计算中,也总是事与愿违,因为对他人效用的体会甚至理解都是很困难的。

在考虑政策评估方法时,任何东西都不能想当然,都要面对批评的声音。分析不平等问题时更应如此,因为事先我们甚至不知道它是什么,更遑论其如何度量。因此，这就使得我们应当注意，如果并非是对不平等本身感到厌恶，那么便需要从其他的一些事情中去探寻不平等的坏处，例如分配后的效用变动不平等，或者导致的坏的激励效应等。

六、总结

罗尔斯《正义论》自 1971 年出版以来影响巨大，同时也遭到了来自各个方向的学者的批评。功利主义者对他的批评也是其中颇有影响的一支。而在功利主义者的批评中，最为有力的就是海萨尼基于风险对"最大最小化原则"以及"无知之幕"的批评。

海萨尼不仅要对现有关于正义的道德哲学体系提出批评，还试图基于准则功利主义重建道德哲学。他的论证固然十分有力，但也遭到很多严厉的批评。对海萨尼的批评主要集中在以下几个方面：

第一，海萨尼提出的有关效用函数的代表性个体定理是否需要一个先在的概率分布。因为不同的社会组织结构可能对应不同的个人加总方式。有一些经济学者认为这是必然的前提条件，但另一些学者认为，这是完全没有必要的，海萨尼定理所需要的概率分布与先验或是后验无关。这个问题涉及概率的基本定义，也涉及我们对现实社会结构的基本认知情况。[21]

第二，个人是否会在如此高的水平、如此复杂的环境下进行概率计算？从心理学角度来看，情况并不一定如此。但海萨尼定理的关键正在此处。海萨尼认为，个人最终的社会状况可以由他的预期效用中揭示出来，这意味着个人必须具备极高的信息水平，同时要对各种不确定性的概率作出主观判断。这在今天已经完全可能。对于这一点，很多人保留不同的看法，风险和不确定性仍然是今天的个人选择中难以处理的问题。而且，罗尔斯也坚决认为在道德衡量中的风险与不确定性思考与对一般事物在这方面的选择不同。[22]

第三个问题，海萨尼是否陷入了一种循环论证？一方面我们根据外部事件的概率来塑造自身的偏好，另一方面，我们又根据自身的偏好来理解和判断外部的事件。按照海萨尼自己的理解，期望效用只不过表达了一种有序偏好，只在构造期望效用函数时起作用，而与认知外部事件概率无关。但罗尔斯认为，这是绝对不可能的，偏好只有通过普遍的"反思平衡"（reflective equilibrium）才

㉑ 参见金里卡：《当代政治哲学》，刘莘译，上海：上海三联书店，2004 年，第 88—93 页。

㉒ 同上书，第 125—126 页。

有可能实现。㉓

所以海萨尼提出了一套非常富有创造力的道德哲学体系。但是它本身并不完备,也触发了更多的基本概念上的分歧。可以说,罗尔斯《正义论》最大的贡献并不是提出了一套接近完备的道德哲学体系,而是创立了一个可供各个学派、各种专业学者进行讨论的平台。海萨尼对罗尔斯的批评就像诺奇克、泰勒、桑德尔、沃尔泽、哈贝马斯等无数学者对罗尔斯的批评一样,都并不能否定《正义论》的巨大价值,而是开启了更多审视道德哲学的可能视角。

同时,海萨尼也并没有彻底完成对功利主义理论的重建。功利主义自边沁以来,经历了密尔、西季维克、黑尔等很多代学者的持续研究,他们从不同角度对它进行拓展和辩护。虽然追求严格公理化的功利主义理论本身仍具有破绽,但是它已成为经济学的基石,并且在现实生活中获得了广泛的利用。这就是罗尔斯—海萨尼关于功利主义争论对社会带来的最主要的影响。

总体而言,罗尔斯与海萨尼各自给我们提供了一套道德哲学体系。罗尔斯提供的是已经经典化了的《正义论》;而海萨尼提供的是只有骨架、尚待血肉填补的"准则功利主义"。这两套系统都与古典功利主义有着非常密切的关联,但也各自走出了不同方向。两人的分歧主要在于对一些关键概念的界定有所差异。海萨尼坚持公理化的严格定义,而罗尔斯倾向于面向道德哲学、更为包容、更具反思特性的定义,这是两人不同的思想气质所导致的必然结果。

罗尔斯与海萨尼都已去世二十余年,但他们遗留的思想在今天仍具有极大的启发性。《正义论》已经被无数人从各个角度进行过检视,但至今没人能够成功构建一套更成功、更有包容性的有关正义的政治哲学体系。海萨尼的公理化功利主义体系似乎也不可动摇。今天的经济学家着手做了大量有关道德的实证、实验研究,但仍远未达到能与海萨尼体系相结合的程度。所以,两位大师构建的理论体系仍将长久存在,并且作为学者后续探索时需要时常对照的路标。

(责任编辑:刘剑涛)

作者简介:梁捷,经济学博士,上海财经大学马克思主义学院讲师,研究方向包括政治哲学、伦理学等。

㉓ 罗尔斯:《作为公平的正义:正义新论》,姚大志译,上海:上海三联书店,2002 年,第 43 页。

恶之问：赵紫宸和约翰·罗尔斯的早期思想比较*

李晋

【摘　要】本文选取 20 世纪两位重要的思想家赵紫宸和约翰·罗尔斯，研究他们各自在大学本科阶段撰写的关于恶的主题的毕业论文，以将他们的早期思想来进行比较。本文指出，在理解恶的问题上，赵紫宸和罗尔斯都共同倾向于以人格主义为基础来反驳各种自然主义所构建的伦理学理论。他们都以此批判和修正西方传统中单纯以形而上学来抽象地理解恶的路径。他们在思想中展现出来的共性和互补也都打破了某种西方中心主义的伦理构建。他们的早期思想都为理解恶的问题提供了一个超越西方的更普遍性的视角。

【关键词】赵紫宸　罗尔斯　恶的问题　人格主义

* 本文得益于刘剑涛、梁捷、马丽的修改讨论和指正，特此感谢！

一、引言

在中西方思想史上，恶的问题始终是人们激烈讨论的主题之一。[①] 在前现代社会中，恶的问题也与宗教密切相关，长久以来，神义论就占据着西方哲学和神学主要争论的舞台。相反，现代世俗社会则是神义论终结的时代，过去那种单纯的恶的形而上学思考早已远离了人们日常的生活经验，显得苍白无力。因此，如何思考恶的问题，本身已经成为一个问题。[②]

本文选择中西方两位重要的思想家赵紫宸（1888—1979）和约翰·罗尔斯（John Ralws，1921—2002），以他们青年时代的本科论文为基本材料，来重新讨论关于恶的问题。[③] 本文的主要论点是：赵紫宸和罗尔斯在早期思想中展现出了惊人的相似性，都反对单纯以形而上学的方式理解恶，也都提出要以人格主义的路径来理解恶。这一主旨体现出这两位同时期思想家有很多共性，为中西方思想开放性的对话提供了可能。

本文选择这两位思想家进行比较的原因如下：首先，两位思想家在本科论文中都不约而同以恶作为思考的主题。[④] 相比于近来学术界对罗尔斯这篇论文日渐增多的关注和研究，令人遗憾的是赵紫宸的论文几乎处于被忽视的状况，鲜有学者研究。这两篇文章的主题、立场都相似，然而赵紫宸的文章完成于1917年，早罗尔斯的文章近二十五年。两人面临类似的时代处境，在第一次世界大战中，赵紫宸完成了自己的这篇论文，而罗尔斯也是在第二次世界大战期

---

① Peter Van Inwagen, *The Problem of Evil*（Oxford：Oxford University Press，2008）. Michael L. Peterson（ed.）, *The Problem of Evil：Selected Readings*（Indiana：University of Notre Dame Press，2016）. Nick N. Trakakis（ed.）, *The Problem of Evil：Eight Views in Dialogue*（Oxford：Oxford University Press，2018）则提供了近xh神义论、无神论、女性主义多样视角对恶的理解。在 Michael L. Peterson（ed.）, *The Problem of Evil：Selected Readings* 中收录了西方古典文献（如《约伯记》）到近现代文学作品，也包括了现代自然主义和科学主义的文献，然而令人遗憾的是如同前面所列举文献一样，因为西方中心主义的视角而完全忽视了西方以外对于恶的理解。

② 理查德·J. 伯恩斯坦：《根本恶》，王钦、朱康译，南京：译林出版社，2015年，第1—3页。

③ 赵紫宸："The Problem of Evil"，载《赵紫宸文集》，第五卷，北京：宗教文化出版社，2009年，第2—49页。John Rawls, *A Brief Inquiry into the Meaning of Sin and Faith*, ed. Thomas Nagel（Massachusetts：Harvard University Press，2009）；中文版为罗尔斯：《简论罪和信的涵义》，左稀等译，北京：中国法制出版社，2012年，第124页。以下简写为《简论》。

④ 尽管罗尔斯选择"罪"（Sin）而不是以"恶"（evil）为自己的题目和术语，但是在全文中我们可以发现，"罪"和"恶"在其论述中具有类似的涵义，而他使用"罪"这个术语主要是延续了基督教的传统用法，更具有宗教性，并且罗尔斯在原文中也交替使用"罪"和"恶"进行论述。为了可读性和术语统一，在论述中除了需要专门区别外，本文主要都是用"恶"这个词。

间完成了自己的本科论文。这两个文本不单反映出他们对恶的形而上学的反思性批判,更是呈现出作者对战争时期人类危机处境的深切关怀。

其次,相似主题和背景还不能构成比较研究充分的理由和意义。当研究者深入剖析两个文本时发现,它们之间呈现出的思考方式和立场具有惊人的相似性。值得注意的是,在两篇文章间隔的二十五年中,以卡尔·巴特(Karl Barth)和布鲁纳(Emil Brunner)为代表的新正统主义神学在西方思想界兴起,使得罗尔斯的思想中更增加了新正统主义的因素,这是赵紫宸写作时所没有的。尽管如此,赵紫宸和罗尔斯仍旧在主旨立场上是一致的,即他们都反对西方传统的自然主义伦理学,而选择了人格主义的视角来理解恶的问题。这种相似性一方面来自两者所共享的思想来源,同时也表明恶的问题并非西方形而上学能够解决的问题,而是应该在多元视角、东西方比较中来理解的人类普遍性的问题。实际上,早期的罗尔斯已经意识到这点,一方面,近代西方思想中所主张的个人和社会之间的二元论是错误的,因为它们"根本就不是二分的";⑤相反,人和人类共同体之间是相互依存的关系。另一方面,罗尔斯也感受到,东西方之间对罪和恶的认识产生出不同影响。具体而言就是,在西方社会中,过度的个人主义和傲慢的封闭性正侵蚀着人类的共同体。同时,罗尔斯也指出一种在东方占据主导地位却在西方相对较弱的影响力,即"试图逃离共同体进入虚无之中的绝望之罪"。他也预言,"西方世界将最后这种绝望之罪加入自己的罪名当中的时间可能也并不遥远了。"⑥诚然,赵紫宸和罗尔斯的思想远不能被认为是东西方的典型代表,因为对这一主题的讨论始终存在多样性的立场。不过,青年赵紫宸和罗尔斯都试图以一种超越传统中心主义的视角,将恶的问题放在更为普遍性的角度来进行思考。因此,就这点而言,尝试将两者进行比较对话也是有意义的。中西方哲学思想应该以各自的开放性去实现对人类共同体命运的思考。

此外本文需要强调的是,因为所阐释的两篇文章都是作者们本科时代的作品,这就意味着在很大程度上他们的论证和写作并不一定成熟,也无法完全代表他们成熟后的思想体系。例如,在一些段落中两人做出的论点和结论部分都缺乏详细的论证,有些对传统思想家的批判和理解也是依赖二手资料或直接给予武断的结论和评价。尽管如此,本文真正要探究的是这两位思想家的自我思考是如何呈现在文本中,以及我们后来人如何在思想史背景下理解这一主题。

---

⑤ 罗尔斯:《简论》,第124页。

⑥ 同上书,第120—121页。

因此，本文并不会对文本本身的论证方式和论点进行批判和指责。

二、赵紫宸对恶的讨论

赵紫宸是中国 20 世纪最重要的思想家之一。研究赵紫宸的学者普遍认为，在他的思想中始终体现了一种中西方文化之间的融合。并且，外在时局和文化处境也对他的思想发展脉络起到关键的塑造作用。早期的赵紫宸曾借鉴过西方各种思想，甚至吸收了一些彼此对立的思想，应用到自己的思想体系中，以回应自身处境化的问题。例如，他曾用柏格森（Henry Bergson）等人的思想来反对物质主义和实证主义，也曾吸收马克思主义和社会福音派的观点来强调社会伦理的建设。后来，他还接受了二战前后德国的危机神学（新正统神学），特别是巴特思想的影响。⑦ 尽管很多文献都讨论到赵紫宸的早期思想，大多数研究者却忽视了他早期本科论文中对恶的问题的论述。笔者在这一部分则将聚焦于他 1917 年在美国范德堡大学（Vanderbilt University）完成的神学学士学位论文《恶的问题》（"The Problem of Evil"），对此进行讨论。⑧

赵紫宸的参考文献中有六本宗教哲学的著作，都是当时北美哲学系和神学院普遍采用的哲学教材，⑨其作者中有苏格兰的神学史学者费尔贝恩（Andrew Martin Fairbairn，1838—1912）、英国哲学家盖洛维（George Gallowa，生卒年不详）和丹麦克尔凯郭尔研究专家霍夫定（Harald Höffding，1843—1931）。除此之外，德国新教自由主义的代表人物普弗莱德尔（Otto Pfleiderer，1839—1908），以及和威廉·詹姆斯齐名的哈佛大学哲学家、美国客观理念论（Objective idealism）奠基人乔赛亚·罗伊斯（Josiah Royce，1855—1916）。赵紫

---

⑦ 古爱华：《赵紫宸的神学思想》，邓肇明译，上海：中国基督教两会，1999 年，第 75—82 页；Chloë Starr, *Chinese Theology：Text and Context*（New Haven and London：Yale University Press，2016），pp. 73 - 99；唐晓峰：《赵紫宸神学思想研究》，北京：宗教文化出版社，2006 年，第 260—271 页；林荣洪：《曲高和寡——赵紫宸的生平和神学》，香港：中国神学研究院，1994 年；Yongtao Chen, *The Chinese Christology of T. C. Chao*（Leiden：Brill，2016），pp. 66 - 68，235 - 236；以及 Jin Li and Li Ma，"Theology in Crisis：Re-evaluating the Influence of Karl Barth on Chinese Theologian T. C. Chao," *Yearbook of Chinese Theology 2019*（Leiden：Brill，2019），pp. 126 - 151。

⑧ "The Problem of Evil," pp. 2 - 49.

⑨ Andrew Martin Fairbairn, *The Philosophy of the Christian Religion*（New York：Macmillan，1902）；George Galloway, *The Philosophy of Religion*（New York：Scribner's Sons，1914）；Harald Höffding, *The Philosophy of Religion*（New York：Macmillan，1914）；Otto Pfleiderer, *The Philosophy of Religion on the Basis of Its History*（London：Williams and Norgate，1888）.

宸参考最多的作者是布登·鲍恩(Borden Parker Bowne,1847—1910),在他关于恶和人格主义之间的关系的讨论中明显展现了鲍恩的人格理论对他的影响。[10]

现代人格主义是在19世纪末到20世纪初为改进和批判黑格尔主义和新黑格尔主义发展起来的一套学说。人格主义者们主张,他们与黑格尔主义不同的是他们强调人和上帝(精神)所具有的人格性,以自主性和排他性为特征,从而避免黑格尔主义过于强调绝对精神而忽视个人自由的缺陷。人格主义者也强调自然(世界)、人和上帝所构成的是一个有机的整体,具有彼此之间人格的交流,因此不能够将任何一个分离出来抽象地理解。[11] 在这个背景下,鲍恩成为美国人格主义的代表。他强调人格构成了实在,上帝则是最高的人格,人格彼此之间通过最高人格联系在一起。他反对自然主义和单纯以自然的因果关系理解世界,强调世界依存于人格关系的活动,特别是最高的人格。[12] 从接下来的分析中我们可以清晰地看到,这些观点已经蕴含在了赵紫宸的论文中。

赵紫宸认为,人生命的基本事实是人格和恶交织、并存。当人们试图去理解恶的问题时,也就同时需要理解人格的原则。正因人格的力量被运用,恶有了发生的可能性,这是任何时代人类都面对的一个普遍性问题。[13] 按照人格主义,赵紫宸坚持认为恶并不是一种幻象,而是伴随着人的生命存在的真实的经历。只要人存在,恶的问题就会不断萦绕在人心中。因此,他举例道,无论是柏拉图还是孔子,各种宗教甚至艺术的领域等等都追问关于恶的问题。[14]

赵紫宸特别提醒人们注意,恶的问题不仅是一个哲学问题,也是一个实践问题,[15]因此,对它的思考就不能局限在单纯的哲学学科里,而是要放置在所有的文化、宗教之下来具体进行。他说道,恶的问题,"它的起点必须是从个体和人类所认识到的经验出发,其重要性并不是在于先验理性的抽象,而是对于我们所认知的人类事实所给予的解释。"[16]

此时的赵紫宸已经开始融合东西方的思想来理解生命和恶的问题,并在一

---

[10] "The Problem of Evil," p. 49. "人格"(person)在一些涉及哲学和神学的中文翻译中也被译为"位格",本文统一为"人格"。

[11] John Macquarrie, *Twentieth Century Religious Thought:The Frontiers of Philosophy and Theology,1900‐1970* (London:SCM Press, 1971), pp. 47‐50.

[12] Ibid., pp. 65‐67.

[13] "The Problem of Evil",第5—6页。

[14] 同上书,第7页。

[15] 同上书,第8页。

[16] 同上书,第8页。

定程度上进行了反思。他吸收了当时的演化理论,将生命理解为一种演化的、既有进步也有衰退的过程。他也反对灵知主义对善恶对立的解释,认为这样只能导致绝望和怀疑主义。他还在论文中探讨了老子的道家观念,并写道:"天下皆知美之为美,斯恶已;皆知善之为善,斯不善已。故有无相生,难易相成,长短相形,高下相倾,音声相和,前后相随";"天地不仁,以万物为刍狗;圣人不仁,以百姓为刍狗。"他认为,尽管老子阐述了善恶相辅相成的观念,思想非常伟大,但是因为过于抽象,并不能深入对恶之问的讨论。[17]

　　除了对老子的讨论外,赵紫宸还将主要的讨论放在了前现代的希腊-基督教思想中,涉及柏拉图、亚里士多德以及奥古斯丁等不同时代的思想家。他觉得,柏拉图和亚里士多德将恶的产生归咎于质料的缺陷,而受到新柏拉图主义影响的奥古斯丁将恶作为对存在的否定,这些对恶的根源都没有给予充分的解释。[18] 从而,理解恶的起源和解决恶的问题,要么就陷入怀疑论中,要么就求助于神秘论。[19] 奥古斯丁则将恶解释为善的缺失和非存有,将亚当的堕落作为恶的起源,认为恶的意义是为了展现出善、恩典和爱。这些在赵紫宸看来是奥古斯丁在思想史中的一个壮举。但同时他也不无遗憾地指出,最终因为奥古斯丁持的是折衷主义(eclecticism),阻碍了其继续深入地讨论恶的核心问题。[20]

　　赵紫宸认为,近代西方从理性主义开始过于陷入形而上学地思考恶之问,以至于并没有更深入地理解恶。很有可能年轻的赵紫宸对于中世纪研究文献比较陌生,因而直接断言中世纪的唯实论(realism)和唯名论对于恶的研究是贫瘠和不重要的。然后他就转入到现代哲学的讨论中。对于现代西方思想史关于恶之问的思考过程,他将其理解为从理性主义到感觉主义(sensationalism)和批判主义的过程,也就是一种正题、反题和综合的过程。[21] 这一论证也表明他受到黑格尔主义的影响。然而,他也认为,现代理性主义只强调思想中先验的力量,并不完全符合人们日常经验性的推理。从而导致的后果就是,人们将形而上学意义上的恶和道德层面上的恶混淆在一起,对恶的问题只能是抽象地谈论而无法贴近真实的世界。

　　相比之下,赵紫宸将人格主义和中国思想进行了转化,也表现出一种儒家

---

[17] "The Problem of Evil",第9—10页。值得注意的是,赵紫宸已经将中国的天和道的概念直接翻译为了英文的超验者(the Transcendent)。

[18] 同上书,第10—11页。

[19] 同上书,第10页。

[20] 同上书,第11页。

[21] 同上书,第11—12页。

传统观念的、天人合一的观念，他说到"人寻求与世界的合一"，这点是中国思想中重要的贡献，和人格主义具有共通性。他认为，在近代西方哲学家中，无论是莱布尼茨、斯宾诺莎还是黑格尔，他们都没有发现这种合一的真正先验前提，以至于只在形而上学的意义上来理解恶，把恶当成了一种对无限的否定、剥夺和限制。结果就是，这些理论都是过于乐观和抽象地理解恶。但他也承认，斯宾诺莎和黑格尔将恶和罪与意志自由联系在一起，在理解恶的问题上是有意义的。[22] 事实上，在他看来，恶的问题并非在于选择乐观主义或悲观主义，这二者都蕴含部分真理，却并不完全。

赵紫宸对叔本华和尼采的评价比对单纯的英国自然神论的评价更高，认为他们两人对恶状况之下的人的生存处境反而有更深的洞察。不过，他却不相信对他者缺乏同情的"超人"能够真正地克服恶的问题。此外，他还批判自然主义和不可知论的实证主义，认为尽管两者都反对从形而上学来理解恶，但是只要它们自身逾越出科学的领域，忽视自身的局限，那么也就变成了另外一种形而上学。而且，一旦将它们应用到伦理领域时，不仅人的思想会变得贫瘠，结果还会产生虚无主义。他视其为一种思想和伦理上的"自杀"。[23] 他总结道，西方哲学从古希腊到现代出现的一个共同的问题就是以抽象的形而上学、"非人格主义地"思考恶以至于对其无法深入理解。[24]

赵紫宸将恶的问题和人心联系在一起，认为只有解决人心的问题，才能解决该问题，而这需要在整体中才能够理解。很显然，他受到了乔赛亚·罗伊斯的影响。罗伊斯就强调，恶的存在并不能否定世界作为整体是绝对的善。然而，要理解这点就必须回到对世界整体性的理解上。[25] 赵紫宸主张只有一个世界-根基（the World-Ground），而将世界作为一个道德体系来构建出的完整哲学才能够理解人心和解决恶的问题。[26] 人只有在哲学和宗教两个路径共同探究，才可能对此有清晰的认识。只有在对上帝、人和世界三者不可分割的知识上才能够认识恶。因此神义论有自身的意义。[27] 然而，赵紫宸没有进行详细的论证，而只是给出了自己的看法。他认为，无论是在波斯和古希腊将善和恶对立的二元论宗教中将恶作为一个至高的实体，或是在印度教-佛教的体系中恶被视为

---

[22] "The Problem of Evil"，第 14 页。

[23] 同上书，第 15—16 页。

[24] 同上书，第 16 页。

[25] Macquarrie, *Twentieth Century Religious Thought*, pp. 36 - 37.

[26] "The Problem of Evil,"第 17 页。

[27] 同上书，第 18 页。

幻象，这些体系都没有认识到恶和人之间真正的关系，从而也就无法解决恶的问题。㉘

最终，赵紫宸返回到了传统的基督教思想，以基督救赎论来补充神义论的立场。他还特别地用人格主义来补充和修正（本文第二部分的论述表明罗尔斯也采取了相同的方式）。对他而言，传统基督教单纯将恶解释为罪的后果，包括人自身引发的，还有他人的间接影响，又或是将恶视为实现善的手段，根据具体的经验就会发现这些众多解释都不全面。㉙尽管他承认人的自由意志的滥用和堕落是恶的起源，但这一点并不能够从经验得出，而只能通过宗教的启示。对他来说，真正的伦理关系的前提是上帝具有人格（位格），而且只有在人格化的世界中，才能够出现伦理关系，否则就会陷入矛盾，要么会将恶归咎于实体，要么就将人和恶作为绝对者本身的一部分。㉚

基于人格主义，赵紫宸认为人有自由才能够承担道德责任和判断。自由和良心是人格性的，而人格性首要的范畴就是目的。在处理人和自然（世界）的关系上，人不是通过自然来理解人性，而是以自身的经验去认识自然。因此人格本身就带有自身的目的，即赵紫宸所论述的："离开了社会性的范畴，该目的论自身是没有意义的。"㉛因为人格并非以孤立的个体存在，而是以社会关系为基础，那么社会关系就反映出上帝、人和世界（自然）的关联。㉜正是人格所具有的自由和社会关系才产生出恶的问题。

赵紫宸特别指出，通常学术上区分出两种恶，包括自然的恶和道德的恶。前者是在自然过程中影响到了人和其他有限受造物的，后者则是因为人的意志而产生的影响。自然和社会中存在不同的律，也就是"违背自然的律，受到自然的恶的惩罚；违背道德律，则可能受到自然和道德的恶同时的惩罚"。㉝但是，赵紫宸认为，自然之恶的解释若离开人对其赋予的道德意义是毫无意义的，因为只有人具有道德的人格，是以自身的经验来解释这个世界的，单纯的自然不具有道德意义。因此，所谓自然之恶的存在最终都是涉及道德之恶的存在。尽管人面对自然之恶（如生老病死），其他动物也同样也遭遇生命循环，但人与动物之间的差异正是因为人被赋予一种道德意义。并且，他说道，这些演化的过程

㉘ "The Problem of Evil"，第 21、29 页。

㉙ 同上书，第 23—25 页。

㉚ 同上书，第 28 页。

㉛ 同上书，第 33 页。

㉜ 同上书，第 33—34 页。

㉝ 同上书，第 42 页。

具有复杂的各种目的,但是它们却向人展现出至高的智能——后者也可以称为"上帝"。于是,恶的问题是人的问题,"如果低等的动物也有同样的问题,那么就让它们自己去解决"。[34] 尽管如此,赵紫宸并没有彻底否定恶作为现实善的工具意义。在他看来,一方面,自然之恶在一定程度上是人认识到善和维持宇宙关系的一种必要的工具;另一方面他提醒说,人不可对具体的恶的事件给予合理的解释,因为人的有限性,人必须认识到自然的恶不是必然而是偶然的(contingent),是人在具体中无法完全洞察的。[35]

赵紫宸还从人格主义的角度指出,科学主义和机械论都忽视了自由的重要性。早于20世纪20年代中国知识界展开的科学与玄学之争,此时的青年赵紫宸就已经对此具有了问题意识。他指出,科学的激情是用定律解释一切现象,是机械性的,从而以必然性排除了自由的可能。他从认识论的角度考虑到研究主体对研究本身的影响,[36]他写道:"在这种[科学研究]环境下,科学家不得不进行双重的抽象;为加强研究,他不得不将自己的主题从所有其他的主题中抽象出来,并且还要将他的心灵从这个主题里抽象出来,当然,这些抽象并不是完全的,因为他还是无意识地将自身的经验投射到他的客体之上。"[37]继而,上帝因为具有人格和自由,所以和自然神论的机械性是无法兼容的。上帝和人都具有人格性,两者才具有爱和道德意义的关系。赵紫宸主张,这不同于人和自然的关系。因此,恶不是上帝自身的属性,而是产生于上帝和人之间的人格关系中。

至此,赵紫宸已经从传统神义论讨论上帝和恶的关系,转变为从人格关系中自由和恶的视角来讨论爱的关系,即恶因为自由成为偶然之物,但是一方面圣爱(divine love)赋予自由,以至于不会以超自然的方式终止恶在世界的存在;另一方面也正因为圣爱,这种人格性的关系赋予了将人从恶中拯救出来的可能。尽管赵紫宸仍旧以基督教救赎论为基础作为解决恶的方法,他还是强调上帝和人在救赎中是一种合作的关系,提出了类似康德主义的看法,即恶的问题"不是在观念的领域解决,而是在行为的领域得以解决"。[38] 因此,他将基督论解

---

[34] "The Problem of Evil",第35页。

[35] 同上书,第36页。

[36] 值得注意的是,此时赵紫宸的思考已经类似于后来波兰尼(Michael Polanyi)等提出的个体知识和对知识客观性的批判,参见 Michael Polanyi, *Personal Knowledge*:*Towards a Post-critical Philosophy* (London:Routledge, 2012)。

[37] "The Problem of Evil,"第32页。

[38] 同上书,第41页。

释为康德主义的人格实践，"在基督里，我们看到一个理想、一个标准，人的成长和文明的进步。"⑨这种救赎的基督人格论就不仅是理论上的，更是道德实践的。更进一步，赵紫宸甚至以一种解放神学的论调指出，面对社会之恶（如印度的种姓制度）、世界的压迫和苦难时，必须以这种人格性的爱和关系来克服社会的道德之恶。⑩

三、罗尔斯论罪和恶的问题

当下关于罗尔斯的研究文献可谓汗牛充栋，涉及各种主题。⑪朱迪丝·施克莱（Judith Shklar）认为，类似罗尔斯式的自由主义和社群主义政治过度地强调善的作用，而忽视了对恶的思考。⑫确实，在罗尔斯自己学术成熟期的著作中如《正义论》（修订版）中就几乎没有对"恶"的讨论。⑬而施特劳斯学派代表人物阿兰·布鲁姆（Alan Bloom）也曾对罗尔斯及其《正义论》提出尖刻的批评，他认为罗尔斯曲解了亚里士多德、康德等人，并将罗尔斯刻画为"美国式的""蛊惑人心的神话制造者"。布鲁姆甚至认为，罗尔斯"并不知道何为信仰"，不知道宗教和社会契约之间在历史上的互动关系，完全忽视了宗教对他的理论的挑战。⑭

然而，最近一些研究重新注意到罗尔斯理论中的宗教维度，特别是当格里高利（Eric Gregory）在普林斯顿大学图书馆中发现了罗尔斯 1942 年撰写的本科学位论文之后。这份论文展现出早期罗尔斯对信仰、罪和恶的概念的关注，在一定程度上反驳了布鲁姆的苛责。此外，研究罗尔斯的学者们开始强调罗尔斯思考过程中具有很大的复杂性和变化。例如，在宗教问题上早期罗尔斯也不

㉙ "The Problem of Evil"，第 44 页。

㊵ 同上书，第 48 页。

㊶ Samuel Freeman （ed.），*The Cambridge Companion to Rawls* （Cambridge：Cambridge University Press，2002），以及 Jon Mandle and David A. Reidy （eds.），*A Companion to Rawls* （West Sussex，UK：John Wiley & Sons，2014）提供了目前罗尔斯研究的一些主题和文献；Thomas Pogge，*Realizing Rawls* （Ithaca：Cornell University Press，1989）以及 Samuel Freeman，*Rawls* （New York：Routledge，2007）这两本书提供了关于罗尔斯思想传记很好的参考。

㊷ Judith N. Shklar，*Ordinary Vices* （Massachusetts：Harvard University Press，1984），p. 4.

㊸ "恶"这个词在正文中仅出现了 14 次，并且多是以形容词如"恶人"来使用。见 John Rawls，*A Theory of Justice*，Revised Edition （Massachusetts：Harvard University Press，1999），第 213、326、333、334、359、385、386、448、455、502、505 页。

㊹ Allan Bloom，*Giants and Dwarfs：Essays 1960 - 1990* （New York：Simon & Schuster，1990），pp. 315 - 318,327 - 328.

同于他中后期所坚持的公共理性和宗教私人化的严格区分。[45] 格里高利的论文和书都清晰地指出了罗尔斯的正义理论和新正统神学之间的理论关联,[46]并且,他将罗尔斯的思想放置在现代奥古斯丁主义的谱系中来改进和理解。[47] 罗伯特·亚当斯(Robert Merrihew Adams)也提供了一份对罗尔斯这篇早期论文之神学伦理学和背景的分析,在梳理了罗尔斯和新正统神学家布鲁纳等人的思想关联外,也特别指出人格主义对青年罗尔斯的影响;同时,他指出,罗尔斯这个早期文本与他晚年所写的《我的宗教观》相比既有关联,也有明显的差别。[48] 以上文献为本文的分析提供了一个基础和视角,即关注罗尔斯思想中宗教和恶的维度的论述。不过,本文要指出的是,这些近期文献都忽视了重要的一点:早期罗尔斯已经意识到西方整体思想的局限性,并且,他已经开始尝试突破这种局限性。

以下在介绍罗尔斯的论述之时,笔者会将其与赵紫宸早期的思想进行比较。尽管罗尔斯和赵紫宸论述和使用的术语有差异,但是他们都共享了如下的思想基础:首先,要以人格主义的关系来理解上帝、人与自然的关系,并要从这个整体的视角来理解恶的概念;其次,要以人格主义的立场来反对自然主义;最后,他们在对西方关于恶的思想史进行了批判性的反思时也呈现出相同的立场。

在《简论》开篇,罗尔斯就提出了四个前提预设,即上帝的存在、人格(personality)的存在、共同体(community)的存在以及自然领域。他认为人格并不意味着等同于个体。个体可以是物或动物,这些却并不是人格。有时人们将人格和精神(spirit)混合使用,也表明"人格"这个术语非常难以定义,但是人格却不能够被化约为特定身体的占有物或各种精神(mental)状况的总和。在罗尔斯看来,"共同体"这个术语也不是指个体的总和。因此,物和动物之间是

---

[45] Paul Weithman, *Why Political Liberalism?: On John Rawls's Political Turn* (New York: Oxford University Press, 2010)以及 Paul Weithman, "Does Justice as Fairness Have a Religious Aspect," in Jon Mandle and David A. Reidy (eds.), *A Companion to Rawls* (West Sussex, UK: John Wiley & Sons, 2014), pp. 31 - 53.

[46] Eric Gregory, "Before the Original Position: The Neo-orthodox Theology of the Young John Rawls," *Journal of Religious Ethics*, vol. 35, no. 2(2007), pp. 179 - 206.

[47] Eric Gregory, *Politics and the Order of Love: An Augustinian Ethic of Democratic Citizenship* (Chicago: University of Chicago Press, 2008), pp. 30 - 74.

[48] 罗伯特·亚当斯:《青年罗尔斯的神学伦理学及其背景》,载《简论》,第 23—101 页。

不存在共同体的。相比之下，共同体是在人格基础上而构成。⑲ 因此，真正将人从自然区分出来的就是人格和共同体，并且他也进一步区分出了两种关系，即人格关系和自然关系。

相比赵紫宸聚焦于人格主义的自由，罗尔斯则更关注人格之间所存在的意向性关系。罗尔斯视自然关系是一种人与物的客体关系，在欲求的主体我和所欲求客体之物之间产生的关系。对于人格关系，罗尔斯借用了犹太哲学家马丁·布伯（Martin Buber）的观点，就是一种"我"与"你"（I-thou）两个人格之间的关系，其特点是无法将对方客体化。⑳ 在自然关系中，客体通常是无意识的、被主体支配的对象；然而在人格关系中，不存在主客体的关系，相反两者都主动的，是彼此都具有意向性的一种关系。㉑ 罗尔斯在论述这些时和赵紫宸的早期思想一样，都已经表现出人格主义和康德主义的共同立场，即在人格的关系中，人不能够被当成工具化的客体、手段，人就是目的本身。

罗尔斯之所以特别区分自然关系和人格关系，是为了批判传统西方伦理学对此的误解。和赵紫宸的观点类似，罗尔斯也认为正是因为柏拉图、亚里士多德、奥古斯丁和阿奎纳所构建的伦理学都没有能够区分自然关系和人格关系的差异，以至于都错误地将伦理关系理解为主体与客体之间的关系。罗尔斯将其定义为自然主义的伦理学。他强调说自然主义并不等同于物质主义，并且指出自然主义用自然性的术语来理解宇宙中所有的关系是一种错误的方式。例如，用"欲求""客体""善""目的""享有"等词汇，将人的欲求指向适当的客体和对象，从而构建一套自然-客体化的伦理学。㉒ 这种自然化宇宙论首先就是将一切关系都客体化，因此上帝也变成了人的一个客体，罗尔斯认为这些关系的动力都是基于嗜欲性的欲求，即便爱也是如此。

正如赵紫宸强调说自然关系本身是没有伦理意义的，罗尔斯同样也认为自然化宇宙论对恶的解释从根本上就是错误的。无论是灵知主义、柏拉图主义还是奥古斯丁主义，它们都错误地理解了恶的起源问题，将宇宙理解为了自然化的客体，没有将善和恶放在人格的关系中进行理解，只是简单地化减为个体的欲求。㉓ 该错误的结果就是，善就成为人欲求的一个客体，而恶要么就如柏拉图

---

⑲《简论》，第109—111页。尽管赵紫宸较少使用"共同体"这个词，但是很显然，他的共同体概念就等同于赵紫宸所思考的"天人合一"。

⑳ 同上书，第110页。

㉑ 同上书，第111—112页。

㉒ 同上书，第115—119页。

㉓ 同上书，第126—149页。

所主张的,因为无知而不知道追求真正的善,要么就如基督教传统中奥古斯丁和阿奎纳所主张的,人因为堕落而没有能力追求善,或者混乱了爱的秩序从而产生了恶。[54] 相反,罗尔斯坚持认为自然宇宙并不是恶的起源。[55]

罗尔斯区分了人的四种嗜欲(appetition),即生理、理性、审美和宗教嗜欲。在他看来,前三种属于自然关系。和赵紫宸的立场一样,罗尔斯不认为自然关系是恶的,只要这些关系没有逾越到人格领域就都是合理的。他还指出,只有人们错误地把自然关系扩展到人格关系的领域时,才是一种罪。而对于宗教嗜欲,罗尔斯认为,正是把本该以人格关系对待的上帝和善客体化为自然关系,这就是恶。因此,在自然宇宙中,既不可能存在以人格为基础的共同体,也不可能存在恶的问题。[56] 罗尔斯指出在自然宇宙中单纯的满足欲望和需求是利己性(egoistic),并不是罪,因为主体对自然客体的这种需求不存在一种共同体的关系。共同体则是以人格关系为基础,表现为友爱、分享和给予,是两个主体之间的互动,而不是只有自我中心(自负)主义(egotistic)。[57] 这种人格与人格之间的互动才会对共同体产生结果。有趣的是,基于此,不同于后来作为契约论的罗尔斯,青年罗尔斯反对契约理论的各种变型。因为无论是洛克还是霍布斯甚至亚当·斯密,都以人的自利性为基础,而这是无法构成共同体的,在罗尔斯看来,"任何依据普遍利己主义解释自身的社会都会走向某种毁灭"。[58]

罗尔斯和赵紫宸持有相同的主张,认为伦理学不在于建立人与某种客观的善之间的联系,而是建立在人与人、人与上帝这些彼此具有互动性的人格关系上。自然主义伦理学的错误就是,它将具有人格性的宇宙关系自然化,从而破坏了共同体和人格。因此,伦理中的恶和罪的问题直接关联于人格和共同体。有时,罗尔斯也将自然主义伦理学在某种程度上等同于灵知主义,即将世界理解为二元的对立,或者恶和罪是一个外在的客体,或者人格之外的一个限制。罗尔斯否认奥古斯丁等所持的观点,即欲望本身或者欲望的错置直接等同于罪

[54] 《简论》,第155—157页。这里需要指出的是,格里高利将罗尔斯放在了他的奥古斯丁式自由主义的谱系中,并且开创性尝试将爱的秩序融入现代公共政治社会中。尽管他发现了罗尔斯的《简论》,但是显然此时罗尔斯的观点是明显不同于格里高利所谓的"奥古斯丁式自由主义"的立场,并且罗尔斯特别指出了必须在人格关系中理解爱,而非将爱作为客体,而这是格里高利的论证中所忽视的。参见 Eric Gregory, *Politics and the Order of Love*, pp. 30–74。

[55] 《简论》,第173页。

[56] 同上书,第175—177页。

[57] 中文版将"egoistic"翻译为了"利己的","egotism"翻译为"自我中心主义"。在罗尔斯的意义下,前者只涉及自我的关注,而后者则意味着人格的自负、骄傲和对他人的贬低。

[58] 《简论》,第181页。

和恶。㊾ 相反，他延续了布鲁纳的观点。㊿ 他在论述罪是什么时写道：

> 人是为共同体所造之物，他存有的完美体现是回应上帝的赐予，在
> 神圣恩典之下的滋养，那么罪似乎必然是对人真正目的的离弃。那么，
> 罪必定是对共同体的滥用、僭越和破坏，是隔离了一个人与其他人一切
> 的责任关系。罪破坏了共同体的基础。它将人抛入到孤独隔离的深渊
> 之中，在那里人将不再为人……它将人转变为了恶魔之灵……㉛

罗尔斯主张要将罪的概念和宇宙范围（上帝、人和自然）的共同体之破坏联
系在一起。自我中心主义是共同体的对立面，因为人被赋予人格，不可能是一
个孤立的个体，而是以面对共同体敞开的关系为基础的。所以，罗尔斯认为自
我中心主义是最主要的罪，也是恶产生的根源。㉜ 相比于罗尔斯，赵紫宸则仍旧
认为自由的滥用是恶的根源，他们两人在这一点的区别也导致他们对恶的结果
的关注有所不同。对于罗尔斯来说，恶带来的直接后果是孤独，即一种痛苦、可
怕的灵魂隔离状态，就是自我对上帝、同伴甚至自身隔离的一种状态。㉝ 因此，
利己主义并不是罪的根源，而是罪和恶的表现形式。相比于利己主义只是倾向
于利用他者、具有恶的潜在倾向而言，罗尔斯认为自我中心主义却是将他者贬
损为一个客体，其本身就是罪。他也特别指出，这种人格性的宇宙关系，即上
帝、人和自然，并非封闭性的，而是一种开放式的关系。因为共同体并非是由种
族、宗教、文化、经济以及生物所构成的封闭团体，来满足人的骄傲和欲望，而是
一个平等人格之间的互动关系。在这一点上罗尔斯也回到现实，不无担忧地指
出，这种封闭性团体的发展成为西方文明的一个特征，在当下也正在摧毁着西
方的文明。㉞ 最终，罗尔斯似乎得出和赵紫宸相似的结论，即自然主义的伦理学
无法真正理解"恶"的问题。对罪和恶的解决必须在共同体中才能得以实现，而
人只有在神圣之爱下通过信心的方式才进入这个共同体。㉟

㊾《简论》，第 182—183 页。

㊿ 同上书，第 185 页。

㉛ 同上书，第 186 页。

㉜ 同上书，第 195 页。

㉝ 同上书，第 198 页。

㉞ 同上书，第 187—189 页。

㉟ 同上书，第 230—231 页。

四、总结

本文通过对赵紫宸和罗尔斯青年思想中关于"恶"之问题的论述比较,揭示出两位学者共同的思想资源和相近的观点,也借此话题在一定程度上为中西方在恶的问题的思考提供对话的可能性。

首先,就两者早期思想而言,从他们后来的作品中既可以找到这些思想的延续,也能够找到巨大的修正、转变和自我反思性的批判。例如,赵紫宸认为他在美国本科阶段是他自我思想从羁绊中解脱出来的关键时期,[66]而且因为他对恶的思考并非单纯形而上学式的,而是因身为中国人的国族命运观,在国际上遭遇到不公正、国内的动荡以及对人类命运的思考,这些关切和他自身作为基督徒的终极关怀,都促使他思考恶的问题,并将此主线贯穿一生。[67] 这一意识直到二十五年后,也因为第二次世界大战的冲击部分呈现在了罗尔斯的思考之中。诚然,罗尔斯无法亲身体会到赵紫宸所处的第三世界和中西之交等处境所带来的具体的体验,但是时局的动荡无疑也让罗尔斯感受到了恶对人类所产生的普遍危机,这点在赵紫宸和罗尔斯的经验中是共同的。

虽然罗尔斯后来更多关注的是善和正义的主题,但是,在他的著作(例如《万民法》)中仍旧扩展和修订了早期这个共同体概念。[68] 然而,相对于他早期强调的单一基督教的救赎论对恶的补救,后期他放弃了这种决断的一元论,提出了一个更广泛、开放、宽容的人类共同体的概念。按照他自己的论述,他目睹并亲历二战之后,发觉无法将这种决断的神圣意志论和人类基本的正义观毫无矛盾地统一在一起。他在晚年的反思中认为这种决断论"观念是丑陋而邪恶的"。[69]

早期的赵紫宸和罗尔斯都意识到现代自然主义(包括实证主义)对人类造

---

[66] 赵紫宸:《我的宗教经验》,载《赵紫宸文集》(第三卷),北京:商务印书馆,2007 年,第 143 页。

[67] 赵紫宸:《基督教哲学》,载《赵紫宸文集》(第一卷),北京:商务印书馆,2003 年,第 95—114 页;赵紫宸:《从中国文化说到基督教》,载《赵紫宸文集》(第二卷),北京:商务印书馆,2004 年,第 395—409 页。

[68] John Rawls, *The Law of Peoples*: With *"The Idea of Public Reason Revisited"* (Massachusetts: Harvard University Press, 2001);罗尔斯在 1995 年对广岛核轰炸 50 年反思中也对政治上的恶进行了描述和反思,见 John Rawls, "Reflections on Hiroshima: 50 Years after Hiroshima," *Dissent* (Summer 1995), pp. 323–327。

[69] 罗尔斯:《我的宗教观》,载《简论》,第 253 页。该文在罗尔斯生前并未发表,罗尔斯大约开始写于1997 年。

成了很大危机。他们都反对单纯以形而上学去理解恶，都主张借助人格主义的思想反对长久以来占据西方现代思想的自然主义。在某种意义上，他们都反对一种"西方中心主义"的伦理构建，即将伦理问题和善恶问题都转化为一种机械性的主-客体之间的问题。在他们早期的尝试中也都以开放性的人格主义来思考上帝、人和自然的关系，以此作为讨论恶的问题的基础。相比之下，青年的赵紫宸将恶作为个体人格自由意志的一个结果，而青年罗尔斯将其更进一步扩展到了上帝、人、自然这种共同体内的彼此关系上。因此，罗尔斯特别强调，是恶导致共同体的瓦解，造成了人孤独隔绝的状况。这也体现出了两人因经历不同而关注恶的不同层面。赵紫宸的论述中有更多对于人的苦难和第三世界遭遇到不公的同情，这点毫无疑问与自身经验息息相关。

　　长久以来，一种西方中心主义的主导性论述影响西方思想史对恶的问题的思考。赵紫宸和罗尔斯在反形而上学去理解恶的思想谱系中都已经指出了这一点。他们也都谈道，叔本华、尼采已经有了一种对话意识，用以突破这种西方中心主义的伦理阐述。的确，如果恶是人类生命中普遍的事件，那么对这个问题的理解就不可能局限于某一特定时代、地区、宗教、学派等，而是应该寻求多元的哲学和宗教开放性的对话和思考。这既是赵紫宸和罗尔斯已经意识到的，也是本文所尝试的一个关键，就是在对话中寻求普遍性。相比于罗尔斯，赵紫宸因为自身的文化背景而在恶的问题上加入了中国思想的讨论，指出了人格主义和中国传统文化中的"天人合一"具有亲和性，并且此时他已经尝试将西方思想和中国文化结合在一起来思考人类普遍性的问题——如恶的问题。根据前面的论述，罗尔斯也敏锐地意识到，在人类文化不同背景中，限于人类自身具体的经验和认识，恶会以不同的形式出现，但是最终人类不得不面对这种基于人格的普遍性问题。罗尔斯在早期并没有讨论更多非西方的问题，在他后来的著作中也更多着眼于美国本土或者西方社会的问题。至今，罗尔斯的理论仍旧面对着如何扩展到非西方文化和制度的处境、如何具有普遍性等诸如此类问题的挑战。此外，需要指出的是，两位思想家还是忽视了一些更为日常、具体的恶的问题，而近来关于恶的文献已经开始更深入日常生活中的恶，如残忍、虚伪、势利等等，更是将哲学思考返回到日常生活中，并且以故事叙述（narrative）和诠释的方式来取代了形而上学的思考。⑦　本文将两位思想家早期文本进行对话，发现了他们所具有的共同性，同时也发现他们通过处境化的论述来思考恶这个萦绕在思想史中的难题，尽管尚未解决这些难题。赵紫宸和罗尔斯的立场不完全

---

⑦ Judith N. Shklar, *Ordinary Vices*.

代表中西方在思想史上对于恶的思考,但是反映出了他们自身的终极关怀,因此,对两人的比较是有意义的,也促使我们在当下思考如何在具体的文化处境中开放地面对人类普遍性的问题。

(责任编辑:刘剑涛)

作者简介:李晋,美国加尔文神学院(Calvin Theological Seminary)哲学和神学双学位博士候选人,研究方向为认识论、政治和社会理论、神学思想史、经济和经济史理论。

论休谟《人性论》中的情感类型

黄昉

【摘　要】《人性论》第二卷中对情感的讨论聚焦于情感的类型和与之相对应的机制。大部分情感机制都共享着"原因—感觉—对象"的三元结构,其反映的是注意力与情感感觉之间的双向关系。依据于三元结构的具体表现,情感机制可以被分为五个层级,分别是本能机制、基本机制、属人机制、同情机制和内在机制。相应的是五个层级的情感类型。除了横向的层级区分之外,情感类型还能依情感感觉的形态而纵向分为态度与动机两类。由此,一个完整的情感体系得以呈现。在这一体系中,人类经验也得到了系统性的区分。所以这一体系最终系统性地反映了人类心灵在面对各种类型的经验时所具有的各类反应。

【关键词】情感　类型　机制　休谟　《人性论》

在《论情感》一文的结尾,休谟坦言自己讨论情感的主要意图在于表明情感的产生和表现受决定于特定的有规律的机制,就像在自然哲学的任何一个部分中都能发现相应的定律一样。① 在《人性论》第二卷中我们可以看到休谟的确专注于对情感的发生机制的挖掘和呈现。这一研究路径的一个重要结果是让我们看到"恐怖、惊惶、惊愕、焦虑和其他那一类的情感，都只是各种各样程度不同的恐惧"，以及"爱可以表现为柔情、友谊、亲密、尊重、善意和其他许多的形式"，也就是说每一类情感中都存在着一个"情感类型"，这些具体情感都只是这个情感类型的不同表现形式。② 而判断情感是否同属于一类的标准即在于它们是否"由同样原因发生"，亦即它们是否有相同的发生机制。③ 因此，特定的情感机制对应着特定的情感类型，休谟对情感机制的讨论因而也就是对情感类型的讨论。

对于情感类型和机制的讨论能帮助我们更为清晰准确地了解各种具体情感的本质和性质，以及它们发生时的具体心理过程。但其更深刻的哲学意义还在于，基于全面的类型与机制研究，我们将进而发现各种情感之间的内在联系，从而得到一个完整的情感体系。这一体系将系统性地呈现心灵与世界如何通过情感来进行互动。因此，对情感的这一系统性研究将能帮助我们更为深入和全面地了解休谟的心灵学说，从而挖掘出休谟在人性研究中所做的、尚未为我们所充分意识到的贡献。

尽管《人性论》第二卷中的一些情感机制（如"双重关系机制""同情机制"）和情感类型（如"间接情感"）已经受到众多讨论，对该卷中所有情感机制和类型的系统性讨论却还并不多见。本文所要进行的正是这方面的工作。我们将首先呈现出为绝大多数情感机制所共享的"三元结构"这一情感的"元结构"，并指出该结构及其中要素的一般性质。之后我们将以此为模型讨论各种类型的情感，并在最后以此为线索而串联起所有的情感类型与机制，从而最终呈现出完整的情感体系。

一、情感的三元结构

情感需要被引发，出现后又会对心灵有所推动。我们接下来将会看到，除

---

① David Hume，"A Dissertation on the Passions," in Tom L. Beauchamp（ed.），*A Dissertation on the Passions*；*The Natural History of Religion*：*A Critical Edition*（New York：Oxford University Press，2007），p. 29.

② T 2. 3. 9. 31. 该标注表示，该引文出自《人性论》第二卷第三章第九节第三十一段。《人性论》英文版参见 David Hume，*A Treatise of Human Nature*，David Fate Norton and Mary J. Norton（eds.）（Oxford：Clarendon Press，2007）。中译文参见休谟：《人性论》，关文运译，北京：商务印书馆，1980年。

③ Ibid.

了本能机制以外,所有情感机制都以这种方式运行。因此,几乎所有情感机制中都有三部分要素,即情感的原因、感觉和对象。

　　情感的原因是能引起快乐或痛苦的事物。④ 当情感的原因出现后,相应的内在感觉随之产生,此即情感的感觉。骄傲、爱和喜悦等情感会令人快乐;谦卑、恨和悲伤等情感则会令人痛苦。⑤ 所以与情感的原因一样,情感的感觉同样有着苦乐性质。同时,情感总有其特定的对象,"爱"总是"对某人(或物)的爱",我们在愤怒时也总是"冲着某人(或物)发火"。

　　对于情感的这一指向,休谟的描述是:"观点的固定"和"注意的转向"。⑥ 这意味着所谓情感的对象实际上指的是情感发生后的注意力对象。⑦ 这进一步意味着,情感感觉会推动着心灵将注意力投向特定的对象。这正是休谟对情感意向性的理解,⑧因而也就是休谟体系中情感感觉与身体感觉的区别之所在:后者仅是单纯的感觉;前者则具有意向性,会影响注意力活动。此外,情感的原因同样与注意力有关,例如欲望和厌恶是对善和恶的"单纯的考虑"。⑨ 这也就意味着,只有当情感的原因为心灵所注意之后,情感的感觉才能被引发。

　　因此,情感的三元结构所反映的实际上是注意力与情感感觉之间的双向互动:心灵对具有苦乐性质的特定对象的注意会引发同样具有苦乐性质的特定的内在感觉;而这一内在感觉的发生又会推动着心灵将注意力固定于特定的对象

---

④ T 2.1.1.4.

⑤ T 2.1.5.4,2.2.1.6,2.3.9.4.

⑥ T 2.1.2.2,2.1.2.4.

⑦ 这一点也为不少学者所认同,参见 Rachel Cohon, "Hume's Indirect Passions," in Elizabeth S. Radcliffe (ed.), *A Companion to Hume* (Oxford: Blackwell Publishing, 2008), p. 165; Christine M. Korsgaard, "The General Point of View: Love and Moral Approval in Hume's Ethics," *Hume Studies*, vol. 25, no. 1 and 2(1999), p. 32; Gerald Postema, "'Cemented with Diseased Qualities': Sympathy and Comparison in Hume's Moral Psychology," *Hume Studies*, vol. 31, no. 2(2005), p. 286; Amy M. Schmitter, "Making an Object of Yourself: On the Intentionality of the Passions in Hume," in Jon Miller (ed.), *Topics in Early Modern Philosophy of Mind* (Springer, 2009), p. 227.

⑧ 不少学者都持有这种看法,参见 Rachel Cohon, "On an Unorthodox Account of Hume's Moral Psychology," *Hume Studies*, vol. 20, no. 2(1994), p. 188; Cohon, "Hume's Indirect Passions," p. 164; Hsueh Qu, "The Simple Duality: Humean Passions," *Canadian Journal of Philosophy*, vol. 42, no. S1 (2012), p. 98; Elizabeth S. Radcliffe, "Hume's Psychology of the Passions: The Literature and Future Directions", *Journal of the History of Philosophy*, vol. 53, no. 4(2015), p. 583; Schmitter, "Making an Object of Yourself: On the Intentionality of the Passions in Hume," p. 224.

⑨ T 2.3.9.7.

之上。需要注意的是,在这一过程中,内在感觉并未成为注意力的对象。当我因一个人对我的伤害而对其心生愤怒时,我将首先注意他对我造成的痛苦,然后紧接着就注意这个人,而不会先注意愤怒的发生并对其进行考虑之后才接着注意这个人。在这整个过程中,我们往往甚至不会意识到自己处于愤怒之中。对于其他情感来说同样如此。这也就意味着注意力活动与情感感觉的发生活动是两个相分离的活动,它们并行于心灵之中,它们的对象至少在整个情感发生过程的大部分时间中也将并置于心灵之中。

除了意向性外,情感感觉有别于身体感觉的另一个地方是"印象的联结"(associations of impressions)这一为情感感觉所独有的性质。印象的联结是休谟在讨论情感时提出的心灵原则,即"所有类似的印象都联系在一起,一个印象一发生,其余的就立刻随之而来"。[10] 就感觉印象而言这一说法是难以理解的,一个苹果的出现并不意味着其余的与之类似的对象(例如其他的苹果)也会跟着出现。但对于情感来说这却的确是经常会发生的现象。我们不难体验到"悲伤和失望产生愤怒,愤怒产生妒忌,妒忌产生恶意,恶意又产生悲伤,一直完成整个一周为止"。同样,当我们心生喜悦时也很容易产生爱情、慷慨、怜悯、勇敢和骄傲等类似的情感。[11] 因此,虽然休谟并未明确声明,但我们应该将印象间的联结理解为仅仅是情感感觉间的联结。

印象的联结只能由情感间的类似所引起。[12] 而情感间的类似则与我们马上要对情感感觉进行的一般性分类有关。情感感觉有两种不同的形态,我们选取喜悦和欲望这两种情感来呈现这一区分。喜悦和欲望是我们面对令人快乐的对象时最直接的反应。当我们注意于令人快乐的对象时,就会产生喜悦的感觉,而这一感觉又会让注意力固定于原本的这一对象之上。同时,若我们所注意的这一对象是我们尚未得到但相信自己能得到的对象时,我们还会产生欲望。与喜悦不同的地方在于,欲望不仅会使注意力固定于其对象上,还会引发相应的心灵和身体活动去实现这一目标,这意味着欲望会提供另外的动力推动心灵和身体进行活动。因此,在喜悦和欲望的机制中我们能看到情感感觉发生作用的两种方式:或者只是产生感觉并固定注意力;或者除此以外还会产生动力从而推动相应的心灵和身体活动。我们将前一种感觉称为"态度感觉",将后一种感觉称为"动机感觉";相应地,将只有态度感觉参与的情感机制称为"态

---

⑩ T 2. 1. 4. 3.

⑪ Ibid.

⑫ Ibid.

度",而将动机感觉参与的情感机制称为"动机"。

因此,喜悦和欲望是我们面对令人快乐的对象时的态度和动机。而当我们面对的是令人痛苦的对象时,则会产生悲伤和厌恶作为态度和动机。对比喜悦和悲伤我们能看到态度感觉中的进一步区分:喜悦令人快乐,悲伤令人痛苦。之后我们将会看到,所有其他类型的态度也同样如此,其感觉或者令人快乐,或者令人痛苦。因此,态度感觉又分为两类,亦即"快乐感觉"和"痛苦感觉"。

对比欲望和厌恶我们则可以看到动机感觉中的进一步区分:欲望提供的动力推动的是趋向其对象的活动;厌恶则正相反,推动的是躲避其对象的活动。对于其他的动机来说同样如此。因此,动机感觉也可以分为"趋向性感觉"和"躲避性感觉"两类。同时,动机中也会有快乐感觉和痛苦感觉的出现。首先,动机与态度一样始于对特定苦乐对象的注意,而态度感觉是心灵对这一注意的直接反应,这意味着在动机中同样会出现态度感觉,从而在欲望中会有喜悦发生,在厌恶中则会有痛苦。同时,动机感觉本身也会有苦乐性质:在作为动力进行推动时,动机感觉是令人痛苦的,也就是我们在"欲火焚身"时会具有的那种痛苦。而在动力消失后,心灵则会因痛苦的消失而感到快乐,也就是"释然"的感觉。动机感觉的消失有三种方式:一是动机感觉所推动的行动成功达成其目标;二是心灵发现目标不存在或者不可能达到;三是动力感觉随时间流逝而逐渐减弱直至最终消失。此外,动机的发动有其特定的条件:动机的目的在于趋乐避苦,所以仅在我们有这一需要时才会发生。[13] 这意味着当我们已经处于快乐中时动机将不会出现,只有当我们处于痛苦之中或至少是缺乏快乐时动机才会发生。

在完成对情感感觉的区分之后,让我们回到印象的联结所需要的类似上来。因为情感感觉分为态度感觉和动机感觉两类,同时它们又各自有苦乐性质和动力方向上的进一步区分,所以情感感觉间有四种可能的类似关系:同样是快乐的、同样是痛苦的、同样是趋向性的和同样是躲避性的。因而也就有了相应的四种得以引发印象的联结的条件。因此,"两个印象不但当它们的感觉互相类似时是互相关联的,而且即当它们的冲动或方向互相类似、互相对应时,这两个印象也是互相关联的"。[14]

至此,我们完成了预备性的讨论并得到了一系列概念:情感具有"原因—感

---

[13] T 2. 3. 9. 7.
[14] T 2. 2. 9. 2.

觉—对象"这一三元结构,其体现的是注意力与情感感觉之间并行的双向互动关系。情感感觉有意向性和印象的联结这两个身体感觉所不具备的性质并能被进一步地划分,而所划分的结果也正就是印象的联结得以发动的条件。借助于这套概念工具,我们接下来开始对情感类型与机制的具体分析。

二、本能机制与基本机制

接下来的讨论中我们将会看到,与机制相对应的情感类型并非情感类型的最小单位,在其中还会有进一步的划分。为了论述的清晰起见,我们将与机制对应的情感类型称为"情感层级"。休谟对情感层级的最引人注目的区分当属直接情感与间接情感的区分,这是其情感理论中唯一独创的、没有历史渊源的区分。[15]

但实际上在直接情感中还包含了两类机制不同的情感,也就是说直接情感中还存在着两个情感层级。第一类情感产生于"自然的冲动或完全无法说明的本能"而并不由苦乐原因所引起,所以其机制中只有情感感觉和情感对象两个要素。[16] 我们称这一机制为"本能机制",其所对应的情感则为"本能情感"。属于本能情感的有食欲、性欲等肉体欲望以及善意和愤怒。[17] 善意是"使所爱者享有幸福的欲望,以及反对他受苦的厌恶心理";愤怒则正相反,是让所恨者受苦的欲望和对其享福的厌恶。[18] 由此可以看到,这类情感中只有动机没有态度,其具有最简单的情感机制:动机感觉出现,其使心灵注意于特定对象,并推动心灵和身体以此对象为目标进行活动。

除了本能机制,情感的三元结构适用于所有其他的情感机制,因而也就适用于直接情感中的另一种情感机制。当快乐或痛苦的印象或观念出现于心灵中时,喜悦或悲伤、欲望或厌恶以及希望或恐惧就会"最自然地并且不用丝毫准备而发生"。[19] 前两对情感的发生机制我们在第一节对情感感觉的分类中已经

---

[15] Cohon, "Hume's Indirect Passions," p. 160; James Fieser, "Hume's Classification of the Passions and its Precursors," *Hume Studies*, vol. 18, no. 1(1992), pp. 7 - 8; Jane L. McIntyre, "Hume's 'New and Extraordinary' Account of the Passions," in S. Trager (ed.), *The Blackwell Guide to Hume's Treatise* (Oxford: Blackwell Publishing Ltd. 2006), p. 211.

[16] T 2.3.9.8.

[17] "善意"即"benevolence",关文运先生将其译为"慈善"。

[18] T 2.2.6.3.

[19] T 2.3.9.2.

有所呈现：当心灵注意于令人快乐或痛苦的对象，就会随之产生同样令人快乐或痛苦的内在感觉，而这一内在感觉又会将心灵的注意力继续固定于那同一个对象之上。[20] 此即喜悦和悲伤的发生机制。当心灵注意于我们尚未得到但相信自己能够得到的令人快乐或痛苦的对象时，趋向性的或躲避性的感觉会随之产生，这一感觉又会将注意力继续固定于同一个对象上并推动心灵与身体进行以获得或者是避免此对象为目的的活动。[21] 此即欲望和厌恶的发生机制。此外，当令人快乐或痛苦的对象处于不确定的或然状态，此时引发喜悦和悲伤的原因将交替出现，从而使得两种情感活动也交替进行。在这种交替中，喜悦和悲伤的内在感觉将混合在一起从而形成新的内在感觉。同时，喜悦和悲伤在此对象一致，所以新形成的内在感觉也会将注意力固定于这同一个对象之上。根据喜悦的原因所占可能性的大和小，因而也就是喜悦的内在感觉在新感觉中占比的多和少，所产生的也就将是希望或者恐惧的内在感觉。[22] 这就是希望和恐惧的发生机制。

　　同时，对比本能机制中的欲望和基本机制中的欲望我们能看到：前者的对象并不一定具有苦乐性质，例如那些我们为了维持生命而必需的食物和水等；而后者的对象则总是具有苦乐性质的，比如美食或者是美酒等。这正就对应着古希腊哲学和希腊化哲学中经常作出的"必要欲望"与"非必要欲望"的区分。

　　因此，喜悦和悲伤、希望和恐惧以及欲望和厌恶这三对情感是我们面对令人快乐或痛苦的对象时所具有的六种最直接因而也是最基本的反应，我们将它们统称为"基本机制"。喜悦和悲伤是我们面对具有苦乐性质的确定的对象时的"基本态度"。希望和恐惧是我们面对具有苦乐性质的不确定的对象时的"基本态度"。欲望和厌恶则是我们面对自己尚未得到的、不论确定与否的、具有苦乐性质的对象时的"基本动机"。它们能衍生出一系列具体的情感：例如当我们所希望发生的事情最终没能发生时，因原有的喜悦尽数消失而凸显出来的悲伤就是失望；而如果我们恐惧的事情并未发生，因原先悲伤的消失而留存下来的喜悦就是庆幸。此外，基本机制在其他更为复杂的情感机制中也占据着核心地位，这一点我们将能够在接下来的讨论中看到。

---

[20] T 2.3.9.5.

[21] T 2.3.9.7.

[22] T 2.3.9.9-12.

三、属人机制

当我们面对的是与人有关的苦乐对象时,更复杂的情感机制会被引发,由此产生的是休谟所谓的"间接情感"。间接情感的核心是骄傲、谦卑、爱与恨这四种情感,它们共享着同一套机制,我们称此为"属人机制"。接下来,我们从骄傲开始对这一机制的讨论。

若我们注意到一个令人快乐的对象,同时这一对象与我有关系——它或者是我自己的性质或行为,或者是我的所有物或我的行为的结果,或者存在于我的附近——这时我将产生有别于喜悦的另一种令人快乐的情感感觉,并将注意力固定于自我之上。这一机制即骄傲的发生机制。

这一机制中有四个要素,分别是情感的原因、原因带来的快乐感觉,作为情感对象的自我以及情感感觉。它们之间有着"双重关系":"刺激起那种情感的原因和自然赋予那种情感的对象是关联着的;而原因所分别产生的那种感觉也和情感的感觉是关联着的:那种情感就由观念和印象的这种双重关系产生出来。"[23]这就是休谟用来解释间接情感的"双重关系机制"。

对于这一机制有着两个较为严重的误解。第一个误解与双重关系机制的具体运行方式有关。休谟从未明确论述过这一机制的具体运行方式,我们很容易认为这四个要素之间存在的是线性因果关系。若是这样的话,骄傲的产生机制将表现为:某个与我有关的事物给我带来了快乐,这一快乐借由印象间的联结引出骄傲,骄傲又引出自我观念,从而使我将注意力放在自我观念之上。[24] 这种线性解读的问题显而易见:其无法体现观念间的关系在该机制中的作用。与此相关的是这种线性理解中包含的第二个误解,亦即将原因带来的感觉理解为其所直接产生的快乐。要正确理解双重关系机制的运行方式就需要先正确理解究竟什么是原因带来的感觉,所以我们在此先讨论第二个误解。

就如我们已经指出的,印象的联结,亦即双重关系中的印象的关系只能发生于情感之间,而快乐本身并非情感,因此作为联结的一端的原因之感觉所指的不能是原因所直接带来的快乐,而应该是心灵在注意到这一对象和它带来的

---

[23] T 2. 1. 5. 5.

[24] Donald Davidson, "Hume's Cognitive Theory of Pride," *The Journal of Philosophy*, vol. 73, no. 19 (1976), p. 749; Norman Kemp Smith, *The Philosophy of David Hume* (New York: Palgrave Macmillan, 1941), p. 181; Terence Penelhum, *Hume* (London and Basingstoke: Macmillan Press Ltd., 1975), pp. 98‑99.

快乐后产生的喜悦。虽然在提出这一机制的这一文段中休谟所指的原因的感觉似乎的确是它所直接造成的快乐，因为他说这种感觉是"独立于情感之外的痛苦或快乐"。㉕但我们需要注意，这里的"情感"并非泛指的所有情感，而仅仅指双重关系机制所要产生出来的情感，亦即骄傲。同时，喜悦本身也是令人快乐的，因此也并不违背这里休谟的说法。其次，在 T 2.1.9.5 中休谟更是直言："当心灵遇到一个与己有关的对象出现因而感到骄傲或谦卑情感的时候，除了思想的关系或推移以外，还有被其他原则所产生的一种情绪或某种原始印象。"这足以证明双重关系机制所考虑的原因带来的感觉是喜悦而非原因本身直接带来的快乐。

基于此，我们得以回到对双重机制运行方式的讨论。既然原因带来的感觉所指的是原因所引发的喜悦，那么就如我们在第一节中指出的，这两个因素间的环节就应该是心灵在注意这一对象的同时产生了喜悦的感觉。这意味着在此发生的并非注意力的转移，心灵并非在注意该对象后转而注意它带来的感觉。在这一环节中，心灵始终注意着这一对象，同时感受着对它的喜悦，这两个要素描述的是在心灵中同时发生的两个活动。之后，因为印象的联结，喜悦的感觉引出骄傲的感觉。同时，原因与自我间有着观念间的关系，而观念间的关系的作用在于其中一个观念出现于心灵中时能将另一个观念自然地引出。㉖这也就意味着在心灵注意着原因观念之后，自我观念将因此而出现于心灵中。因此，以心灵对原因的注意为起点，印象的关系，亦即喜悦感觉对骄傲感觉的引出，与观念的关系，亦即原因观念对自我观念的引出，这两种活动在心灵中同步进行。同时，骄傲感觉的对象也正就是自我观念，所以在骄傲感觉和自我观念产生之后，注意力也就被骄傲感觉推动着从原因观念转移到自我观念之上。由此，双重关系机制得以实现。因此，双重关系机制并非印象与观念间因果活动的三次接连进行，而是观念的产生与感觉的变化的同步进行以及之后对注意力活动的联合推动。由此，"促进观念推移的那些原则在这里和影响情感的那些原则会合在一种运动里面，使心灵上起了双重的冲动"。㉗在此可以看到，相比于基本机制，这一机制中不仅有注意力和情感感觉的活动，还有观念产生的活动。同时，在这一机制中，心灵发生了注意力的转移而不像在基本机制中那般始终注意于同一个对象。

㉕ T 2.1.5.5.
㉖ T 1.1.4.1.
㉗ T 2.1.4.4.

当我们面对的是与自我有关的快乐对象时,骄傲将通过双重机制产生;当我们面对的是与自我有关的痛苦对象时,从双重关系机制中产生的将是谦卑;当我们面对的是与他人有关的快乐对象时,从这一机制中产生的将是对此人的爱;相反,当我们面对的是与他人有关的痛苦对象时,这一机制则将带给我们对此人的恨。

因此,骄傲、谦卑、爱与恨是我们对人所具有的四种基本反应模式。骄傲与谦卑是我们对自我所具有的基本反应模式。当我们面对着与自己有关的快乐对象时,就会心生愉快之情并注意着自己;而当我们面对的是与自己有关的痛苦对象时,则会痛苦地注视着自己。如学者们所指出的,"骄傲"与"谦卑"这两个词的使用并不完全恰当。[28] 当我们对自我的快乐反应与引起这一反应的原因的令人快乐的程度相一致时,我们具有的是自信;当我们为了获得骄傲之乐而有意向他人显示我们的快乐原因时,我们具有的是虚荣;而当我们过于容易地表现出对自我的快乐反应时,我们所具有的才是日常意义上的骄傲。就如上文已指出的,骄傲在此指代的是一个情感类型,其中包含了许多条件和表现不同但机制相同的情感。同样,谦卑作为一个情感类型,也包括了许多具体情感。当我们面对与自我有关的痛苦对象而自然地表现出对自己的痛苦反应时,我们具有的是羞愧;当我们主动寻找谦卑的原因从而主动引起对自我的痛苦反应时,我们具有的才是日常意义上的谦卑;而当我们面对谦卑的原因却没有足够的痛苦反应时,则是不知羞耻。

爱与恨则是我们在面对与他人有关的快乐和痛苦对象时对他人的快乐和痛苦反应,我们同样能在其中找到许多表现不同的具体情感。我们对爱的具体情感的区分主要依其对象的不同而进行,如亲情、友情、爱情等。同时,与对象上的区别相伴随的还有每一种爱在原因上的不同,亲情主要来自供养与照顾,友情主要来自共同玩乐,爱情则主要与审美和性欲有关。同样,恨也有不同的具体表现,不同于爱的地方则在于,恨的具体情感之区分似乎主要取决于其强烈程度。微弱的恨我们一般称之为讨厌,程度较深的恨才会被我们称为恨或憎恨。

骄傲、谦卑、爱与恨也会相混合并产生新的情感。在考虑他人的令人快乐

㉘ Donald C. Ainslie, "Scepticism about Persons in Book II of Hume's Treatise," *Journal of the History of Philosophy*, vol. 37, no. 3 (1999), p. 472; Páll S. Árdal, "Another Look at Hume's Account of Moral Evaluation," *Journal of the History of Philosophy*, vol. 15, no. 4 (1977), p. 408; Páll S. Árdal, "Hume and Davidson on Pride," *Hume Studies*, vol. 15, no. 2 (1989), p. 387; Davidson, "Hume's Cognitive Theory of Pride," p. 744.

的品质或事物时,我们或者在这一观察中产生对此人的爱,或者将其与我们自己稍逊的同类对象进行比较从而产生谦卑,又或者将这两种观察方式相结合,从而形成对此人的尊敬。因此,尊敬是由爱与谦卑混合而成的复合情感。相应地,鄙视则是恨与骄傲的混合物。㉙

在这里和在基本情感中我们都能看到简单情感与复合情感两个子层级。但休谟并未穷尽属人复合情感这一子层级中的所有情感。尊敬是令人快乐的情感,这意味着在它的组成中快乐情感亦即爱的比重是要大于谦卑这种痛苦情感的。可以想见的是如果在爱与谦卑的混合中,谦卑的比重大于爱,由此产生的将会是妒忌而非尊敬。同样,鄙视中骄傲比恨要来得明显,这意味着鄙视之中骄傲的成分要多于恨的成分。因此,当恨超过骄傲,鄙视也将被另外的情感取代。但这种情感似乎并没有属于自己的名字,这或许是因为它作为复合的恨,与简单的恨并没有太大区别,因而未被注意到并与简单的恨相分离。此外,虽然这四种属人复合情感都是爱或恨与谦卑或骄傲的混合,但因为它们都以他人为对象,所以它们实际上仍然是爱或恨,或者说是它们的变形。

同时,若考虑态度与动机的区分我们可以看到,骄傲、谦卑、爱与恨这四种情感都是态度。其中,骄傲与谦卑"并不伴有任何欲望,并不直接刺激起我们的行动";爱与恨则"本身并不是自足的,也不停止在它们所产生的那种情绪中,而是把心灵带到更远的对象上"。㉚ 爱带来的是"使所爱者享有幸福的欲望,以及反对他受苦的厌恶心理",恨带来的则是"希望所恨者受苦的欲望,以及反对他享福的厌恶心理"。㉛ 也就是说,爱会带来对所爱者的善意,恨则会带来对所恨者的愤怒。爱与善意并不是同样的情感,恨与愤怒同样如此。这从它们的机制上也能看出来:爱和恨产生于双重联结机制,善意和愤怒则产生于本能,正是这一本能将爱与善意、恨与愤怒结合在一起。㉜ 由此,我们也能看到为什么善意与愤怒不具有完整的情感结构:因为它们的原因已经包含在了爱与恨中,不再需要由另外的原因引发。因此,我们可以将善意与愤怒视为属人机制中的动机。在此可以看到,善意与愤怒被我们同时包含于本能机制和属人机制中,我们将在本文最后一节的情感分类中处理它们的归属问题。

善意与愤怒和基本动机不一样的地方在于,它们并不以我们自身能得到的

㉙ T 2. 2. 10. 2.

㉚ T 2. 2. 6. 3.

㉛ Ibid.

㉜ T 2. 2. 6. 6.

快乐或痛苦为对象，而是以他人的快乐和痛苦为对象。与此相对照，我们也就能理解骄傲与谦卑没有相对应的动机的原因：骄傲与谦卑以自我为对象，而以自我的苦乐为对象的动机已经存在于基本动机之中。此外，善意与愤怒还不像基本动机一样是单一方向的简单动机，而是包含了趋向性感觉和躲避性感觉的复合动机。同时，爱是快乐的态度，但它却仍然能引出相应的动机，亦即善意。这并不与我们上文说的动机只能产生于痛苦状态这一说法相冲突。因为善意在此的对象并非我们自身的快乐和痛苦，而是被爱者的快乐和痛苦，所以触发善意的条件不在于自身的快乐与否，而是被爱者的快乐与否。当被爱者处于痛苦中时，我们会厌恶他的痛苦并欲求他的快乐。当他已经处于快乐之中时，动机的目的已经实现，因而也就不会触发。对于愤怒来说同样如此：当所恨之人处于快乐中时愤怒才会被引起；当所恨之人已经处于痛苦中时，愤怒动机已经实现因而也就不会被引起。

　　这一层级的情感赋予人与其相关物之间的关系以方向性，在其牵引之下，在人与其相关物间，我们的注意力就总是从相关物转移到人之上而非相反。由此，人成为由他自己与他的相关物组成的关系网络的中心。[33] 同时，这类情感还使得我们将人本身作为对象。引起我的骄傲的或许是我出众的节奏感，但我在骄傲时所设想的并不仅是（甚至并不主要是）我的节奏感，而是有着出众节奏感的"我"。对于他人的爱恨之情同样如此。[34] 也正是因为如此我们才称这类情感的机制为"属人机制"。与此形成鲜明对比的是基本机制的运作模式：如果我仅仅对我的节奏感产生喜悦而不因此产生骄傲，此时我的眼中就不会有"我"而只有节奏感。因此，基本情感和属人情感分别指示出我们对物与对人所具有的反应模式，即使基本情感的对象有可能是人而属人情感的原因往往是物。需要注意的是，我们在此进行的只是单纯的描述性讨论而不带有任何价值判断，属人情感并不总比基本情感更为可取，尤其是在以自我或与自我相关的事物为对象的时候。但这需要进一步的讨论，我们在此将不再展开。

四、同情与比较

　　基本机制与属人机制都发端于自身经历的快乐和痛苦。即使是不以自身苦乐为对象的善意和愤怒也需要由爱与恨引起，而后者来自自身经历的苦乐。

---

③ 值得注意的是，这里的"物"也可以是人。
④ Cohon, "Hume's Indirect Passions," pp. 166, 169.

换言之,这两类机制都是对自身经验的反应模式。除此之外,我们还能对并非发生在自己身上的、他人的苦乐经验发生反应,这是由同情机制实现的。

对于休谟来说,同情是使我们能够经过传达(communication)而接受他人情感的机制。㉟ 当他人将情感表现在表情、举止、言谈等外在表现上时,我们由此意识到他人此时的情感,从而具有了这一情感的观念。同时,这一观念与自我观念相关,而自我观念具有强烈的活泼性,因此这一观念借由与自我观念的关系而获得大量的活泼性。又因为印象与观念间只有活泼性程度上的差别,所以这一观念在获得足够活泼性后就转变为印象。由此,这一最开始的想象现在成为我们真正具有的情感。㊱

这一机制在几个细节上有待进一步澄清。首先,我们并非直接感受到他人的情感,而是通过情感的结果,亦即他人的外在表现反推至情感本身。㊲ 这一环节得以可能的前提是我们已经在类似的情感体验与外在表现之间形成了习惯性关系,从而在后者出现时就会联想到前者。这意味着我们在此实际上是根据自己的过往经验在想象与之类似的观念。其次,我们过往的经验并不一定要和他人的当前经验完全一致才能引发同情。我或许从没体验过牙痛,但当我面对一个牙痛之人时,我仍然能就疼痛本身而同情他。㊳ 当然,我们所能调动的经验与他人经验越相似,同情机制越容易引发,所产生的情感也将越强烈。㊴ 最后需要说明的是我们最初得到的情感观念是如何与自我观念相关的。这一点休谟并未讲明,我们认为这里的自我观念实际上指的是我们对过往经历的回忆,而情感观念与之有类似关系。㊵ 还是在面对牙痛之人的例子中,这里的自我观念就是我们对自己某次痛苦经验的回忆,其中既有我们当时的痛苦感觉,也有因此而产生的悲伤等情绪。而这些回忆无疑与我们所想象的牙痛之人的悲伤观

㉟ T 2. 2. 11. 2. 有学者指出,同情机制与同情情感的区别并未为休谟的同时代人,尤其是曼德维尔和卢梭所意识到,因此休谟的这一区分代表了哲学心理学上的一个重大理论进步。它使得休谟可以在一个更深层次上解释人类情感和行为的复杂性。参见 Postema, "'Cemented with Diseased Qualities': Sympathy and Comparison in Hume's Moral Psychology," p. 257。

㊱ T 2. 1. 11. 3 – 7.

㊲ T 2. 1. 11. 3.

㊳ Nicholas Capaldi, *Hume's Place in Moral Philosophy* (New York: Peter Lang Publishing, 1989), pp. 157 – 158.

㊴ T 2. 1. 11. 5.

㊵ 这与休谟的自我理论相一致。在他看来,自我观念作为"知觉束"并不是某个独立持存的观念,而只是回忆与知觉的集合。因此我们在某个环境下的自我也就体现为我们事后的相关回忆。参见 T 1. 4. 6. 4。

念相类似。

由此,我们得以更为详细地描述同情机制:首先我们注意到他人的外在表现并借由习惯产生作为这些外在表现之原因的情感观念;因为这一情感观念与我们的某一情感回忆类似,所以心灵借由类似关系而产生出这一记忆观念;⑪又因为记忆观念本身具有充分的活泼性,⑫而观念间的关系能传递活泼性,⑬所以引起这一回忆观念的那个情感观念因此而获得大量活泼性并转变为情感印象。这是我们至此所能得到的关于同情机制的描述。但这还并不完整,因为我们此时只完成了从情感原因到情感感觉的描述,三元结构的后半部分则尚未能确定。

为此,我们需要进一步理解同情机制。如我们已经指出的:严格说来,同情并非传达情感的机制,而是以我们过往经验为材料的想象力机制,所以我们在同情中所体验的情感与他人真正具有的情感往往是不一致的。虽然理论上只要是我们经历过的情感都可以由同情机制所重新引出,但实际上最容易由同情机制产生的是喜悦和悲伤这两种情感。这一方面是因为喜悦和悲伤作为最基本和最广泛的情感类型,一定也是我们所经历最多的情感,所以我们对它们的回忆的活泼性最强,也最容易唤起它们。另一方面则是因为不论何种情感,只要其是令人快乐或令人痛苦的,人们在经历这一情感时除了表现出其特有的外在表现以外,总会同时也表现出快乐或痛苦,而喜悦和悲伤是快乐与痛苦的最直接反应,因此任何令人快乐或痛苦的情感的外在表现总能够给我们提供充足的材料让我们借由同情引发喜悦和悲伤。相反,其他的情感因为条件更为具体、苛刻,我们作为同情者不一定能够具有这些条件,所以它们并不如喜悦和悲伤那般容易产生,即使产生也往往因为条件的欠缺而不如喜悦和悲伤来得有力。因此,因为他人的快乐和痛苦表现而产生的喜悦和悲伤将是同情所能够直接产生的主要情感。同时,如我们在上文对双重关系机制的讨论中所指出的,其他的令人快乐或痛苦的情感也不可避免地会有喜悦和悲伤伴随。而喜悦与悲伤的感觉会将心灵的注意力固定于引发这一喜悦或悲伤的原因之上。所以同情机制最终将回到其发端之处,也就是引起此次同情活动的他人的快乐或痛苦经验,以它们作为对象。

因此,完整的同情机制是:我们在注意到他人外在表现后习惯性地想象出喜悦或悲伤的观念,并通过相应的回忆赋予这一观念以足够的活泼性,使之成

---

⑪ T 1. 1. 4. 2.

⑫ T 1. 1. 3. 1.

⑬ T 1. 3. 8. 2.

为真正的喜悦和悲伤；这一情感感觉又将注意力转移至引起这一感觉的原因，亦即他人的外在表现之上，以其作为对象。由此，我们注意着他人的快乐或痛苦，并在自身中感受着相应的喜悦或悲伤。我们将因同情而发生的喜悦和悲伤称为"同喜"和"同悲"。

我们已经看到，同情机制的核心之一是活泼性的传递。因此可以想见，活泼性的变化会对整个同情机制带来多大的影响。当我们因他人的痛苦处境而产生同悲之情时，如果此人与我们有密切关系，或我们的相关记忆是强烈而活泼的，同情机制就将赋予这一情感以足够的活泼性，并驱使着我们的想象"扩散到一切相关的观念上"，对此人的一切情感进行生动的设想，"不论这些情况是过去的、现在的或将来的，也不论它们是可能的、很可能的或确定的"。[44] 由此我们获得的是对此人的广泛同情（extensive sympathy）。反之，若最初的同情机制无法提供足够的活泼性，我们则只会停留于此人当下的痛苦之上，从而产生有限同情（limited sympathy）。当我们对他人只有有限同情时，我们会因为同悲之情带来的痛苦而憎恨此人；但当我们对他产生的是广泛同情时，我们则会希望此人摆脱痛苦得到快乐，亦即对此人产生怜悯。[45] 休谟对此的解释是只有广泛同情会涉及对此人将来的好运和厄运的关切，从而才会产生让此人摆脱痛苦得到快乐的欲望。[46] 但这一解释难以令人满意。[47] 首先，在休谟的系统中，除了本能，所有的欲望与厌恶都应是由自身的苦乐产生，但休谟在此并没有指出我们自身的苦乐在广泛同情中的作用。其次，休谟似乎将广泛同情中对他人快乐的欲求和痛苦的厌恶建立于我们对他人将来命运的关切之上，但这倒置了因果。因为我们对前景的关心其实就是对欲望和厌恶的目标是否能实现的关心，因此实际上是欲望和厌恶导致了我们对前景的关心。

我们认为，要理解广泛同情和有限同情的不同结果首先需要意识到休谟人性机制所暗含的一个前提：心灵总会以最经济的方式趋乐避苦。当我们因有限同情产生的同悲之情而痛苦时，最省力的摆脱痛苦的方式将是不去想此人处境从而使同悲之情直接消失。这种情况下，我们自然无法进而产生对此人命运的关切。之所以在此我们能直接摆脱同悲之情是因为有限同情无法为该情感提供足够的活泼性，因此这一情感是微弱无力的。相反，当同悲之情获得足够的活

---

[44] T 2. 2. 9. 14.

[45] T 2. 2. 9. 15.

[46] T 2. 2. 9. 14.

[47] 阿达尔（Páll S. Árdal）亦认为休谟在此未给出足够的解释，参见 Páll S. Árdal, *Passion and Value in Hume's Treatise* (Edinburgh：Edinburgh University Press, 1966), pp. 51–52。

泼性从而变得强有力时,它将持续霸占在意识之中而无法再仅由逃避来摆脱。这种情况下,原本因为更为费力而不被心灵所考虑的方案此时成为唯一的出路,亦即通过帮助他人摆脱痛苦来使自己摆脱痛苦。因此,广泛同情是因为给心灵以无法摆脱的强烈痛苦而驱使其产生了让他人摆脱痛苦得到快乐的欲望。

我们已经看到同情的两种运作方式。同情还有第三种运作方式,其与心灵的这一性质有关:"程度较小的任何性质如果继程度较大的性质而来,它所产生的感觉便好像小于其实在性质的感觉,有时甚至正好像是相反性质的感觉";相反,如果是程度大的性质继程度小的性质而来,它所产生的感觉则会被放大。[48]简而言之,比较会反向改变对象的感觉。因此,当我们同情他人的快乐时,自己首先会与之同喜。但如果我们自己的处境不如他人的处境来得令人快乐,而我们又将这两者相比较的话,我们就会为自己的处境感到痛苦。同时,我们会认为导致这一痛苦的原因是他人的快乐(而非我们主动进行的比较),并因此产生以他人的快乐为对象的痛苦情感,亦即妒忌。如果妒忌足够强烈,为了去除这一痛苦我们会进而产生"嫁祸于人、以便由比较获得快乐的欲望",亦即恶意。[49]另一方面,他人的痛苦会在比较之下"增加我们自己的幸福观念,并使我们感到快乐"。[50]由此产生的就是以他人痛苦为对象的幸灾乐祸。[51]但比较的这一效果有一限制:当我们与他人差距过大时,这种比较反而无法发生,因为过大的差距切断了我们之间的关系,从而使得比较无法进行。[52]这意味着只有具有关系的两个对象间的比较才会有反向改变感觉的效果。

在此我们看到同情机制与比较机制的重要区别:同情机制中自我只是他人情感观念的原型以及活泼性的来源,其本身并非我们所注意的对象;而比较机制中自我观念则是我们所注意的对象之一。尽管有这一区别,比较仍然以同情为基础,如果我们没有经由同情而体会到他人的快乐或痛苦,接下来的比较就无从谈起。[53]因此,比较所遵循的仍然是同情的机制,它的原因和对象仍然是他

---

[48] T 2.2.8.2.

[49] T 2.2.8.12.

[50] T 2.2.8.9.

[51] "幸灾乐祸"这种情感并未在《人性论》中被直接提及,而是我们基于休谟情感理论的内在逻辑所做的扩展。

[52] T 2.2.8.13.

[53] 施密特(A. Schmitter)亦持有相同的看法,参见 Amy Schmitter, "Family Trees: Sympathy, Comparison, and the Proliferation of the Passions in Hume and His Predecessors," in L. Shapiro & M. Pickavé (eds.), *Emotion and Cognitive Life in Medieval and Early Modern Philosophy* (Oxford: Oxford University Press, 2012), p. 269。

人的快乐和痛苦,只是在得到了他人的快乐或痛苦后多了一步与自身处境的比较,从而反转了先前的快乐与痛苦。所以比较实际上是同情的另一种运作方式。

在此我们看到同情有三种运作方式,分别是广泛同情、有限同情和比较。这三种运作方式的第一步都是产生对被注意者的同喜或同悲;在广泛同情中,同悲会使我们产生对此人的怜悯,亦即对此人快乐的欲求和对此人痛苦的厌恶;比较则会让我们因他人的快乐而妒忌或因他人的痛苦而幸灾乐祸;同时,妒忌还会驱使我们对此人产生恶意,亦即令我们欲求此人的痛苦并厌恶此人的快乐。在同情的其他结果中还会产生爱与恨,但它们并不专属于同情机制而且已经得到了讨论,所以我们在此略过。因此,为同情机制所独有的态度有同喜、同悲、妒忌和幸灾乐祸;动机则有怜悯和恶意。同善意和愤怒一样,怜悯与恶意也是包含了趋向性感觉和躲避性感觉的复合动机。同时,怜悯由带来痛苦的同悲引出,而恶意则由同样带来痛苦的妒忌引出。它们都是对同情中的痛苦的反应。

五、内在机制

不只是我们自身或他人的外在苦乐经验会引发特定的情感机制,知性活动本身也会带来内在的快乐与痛苦,从而引发相应的情感机制,这与心灵所具有的两个性质有关。

我们在探求真理时会产生相应的快乐。而且这一快乐并不来自真理本身而主要产生自探寻真理的心灵活动。[54] 休谟并未进一步解释为何这种活动能带来快乐。我们认为,这是因为心灵在进行探寻真理的知性活动时需要克服障碍,为此就需要投入相应的努力,这会"刺激起了精神",使心灵摆脱无精打采的痛苦状态,变得活跃。而心灵的活跃状态则会给我们带来极大的快乐。[55] 心灵的这一努力所提高的实际上是其活泼程度,[56]而高度的活泼性会带来快乐,这一点亦为休谟所明确承认。[57] 因此,心灵的活跃状态实际上就是其活泼程度高的状态,探寻真理的快乐最终也就来自这一活动给心灵带来的活跃状态。

㊄ T 2. 3. 10. 2.

㊄ T 2. 2. 4. 4.

㊄ T 1. 3. 8. 2.

㊄ T 2. 3. 10. 12.

同样能带来这种快乐的还有各种游戏,例如打猎和赌博,它们也都是能让心灵活跃的活动。[58] 游戏的一个特性也可以印证我们对这种快乐的原理的解释,这一特性就是游戏需要有一定难度才会带来足够的乐趣,过于简单的游戏很快就无法让我们再从中获得乐趣。这无疑是因为在一定的限度内,难度越高越需要我们投入更大的努力,从而心灵就会更为活跃。我们将这种因心灵的活跃状态而产生的快乐情感称为真理与游戏之喜。另一方面,当心灵缺乏这种活跃状态时,就会变得微弱无力,并产生无聊这种痛苦情感。[59]

在此可以看到两种态度:心灵活跃程度的高低会分别带来快乐与痛苦。同时,在快乐和痛苦时我们会因此产生喜悦或悲伤的感觉,而这种感觉又会将注意力固定于它们的原因之上。在这里,快乐的原因是基于特定对象而进行的求真与游戏活动,痛苦的原因则是这些对象和相应活动的缺乏。因此,真理与游戏之喜是由真理与游戏活动产生的、同时也以它们为对象的令人快乐的态度。无聊则是因为真理与游戏之喜的缺乏而导致的。而之所以如此总有具体的原因,例如我们需要做我们不想做的事情因此无法进行真理与游戏活动,或者是因为我们所进行的真理与游戏活动无法提供给我们足够的快乐。因此,无聊是由它们产生且以它们为对象的令人痛苦的态度。这一对态度是针对心灵活跃性的态度。

无聊令人痛苦,真理与游戏之喜令人快乐,因此心灵厌恶前者而欲求后者。这种欲望即求知与游戏欲。当心灵陷入无聊状态时,这种欲望就会发动,推动着心灵与身体去进行能得到真理与游戏之乐的活动。因此,求知与游戏欲是以心灵活跃性为目标的动机。值得注意的是,心灵的求知与游戏活动并非在所有条件下都能产生快乐,"当我们漫不经心或不注意时,知性的同样活动对我们就没有影响,也不足以传来我们处于另外一种心情中时由这种活动所可能得到的那种快乐"。[60] 因此,只有我们专注于所研究的内容时才能通过探寻真理的活动而获得快乐。同时,越需要我们主动投入精力的活动越难令我们专注。这意味着,越不需要我们投入精力的活动,亦即越简单的活动越容易令我们专注从而越容易产生快乐。但另一方面,这种快乐因为活动本身难度的欠缺,将是难以持久的。因此,越不费力的活动越容易上手也越容易从中得到快乐,但这种快乐将难以持久,例如简单的电子游戏或者是朋友间的嬉闹;相反,一种活动如果

---

[58] T 2.3.10.9.

[59] T 2.3.5.4.

[60] T 2.3.10.6.

需要我们投入大量精力，它给我们带来快乐的门槛也就将会很高，但一旦我们开始能够从中体会到快乐，这种快乐将会是持久而深远的，写作即为一例。

心灵的另一个性质则会引出另一组态度和动机。这一性质是："过分突然而猛烈的一种变化使我们感到不快。"[61]当我们在某个问题上无法得到确定的答案时，心灵会在几个可能的观念间来回摆动，这种思想的变化会让我们感到痛苦。因此，不确定性会因导致心灵的不稳定而造成不安；相反，当心灵处于稳定状态时，我们则会获得安全感。因此，安全感和不安是我们面对让心灵处于稳定状态和不稳定状态的对象时所具有的快乐和痛苦状态。同时，心灵不稳定时观念的活泼性将会是微弱的，而活泼性的增强同样会使得心灵活跃，从而带来快乐。[62] 因此，在面对不确定的问题从而处于不稳定状态时，心灵将因为对不安之苦的厌恶和对安稳之乐和活泼之乐的欲望而产生得到确定答案的欲望，这就是好奇心，它是以心灵的稳定性为目的的动机。

我们并不会对所有的不确定性都好奇，好奇心的产生需要有特定的条件。只有当一个观念能够"以充分的力量刺激我们，并使我们对它极为关心，以致使我们对它的不稳定性和易变性感到不快"，我们的好奇心才会被激起。[63] 这一条件与真理和游戏之喜的产生条件实际上是一样的，即需要该对象能够唤起我们足够的注意力。这意味着不同好奇心的产生的难易程度也将是不同的。我们对于他人隐私的好奇总是容易被唤起的，而对于真理的好奇则没有那么容易产生，因为对他人隐私的注意并不需要我们主动投入心力，因而是容易的，而对抽象对象的注意则要主动和困难得多。

因为这两组态度与动机所针对的都是心灵的内在状态，所以我们将它们统称为内在机制。内在机制分为两类：活跃性机制和稳定性机制。活跃性机制中的态度有真理与游戏之喜和无聊，动机则有求知与游戏欲，其由无聊所引发。稳定性机制中的态度有安全感和不安，动机则有好奇心，其由不安引发。

六、总结：情感体系与范畴表

至此，我们得到了《人性论》第二卷中所有的情感层级，它们各自对应的情感机制分别是：本能机制、基本机制、属人机制、同情机制和内在机制。基于此，

[61] T 2. 3. 10. 12.
[62] T 1. 3. 8. 2；2. 3. 10. 12.
[63] T 2. 3. 10. 12.

我们也将这五个层级的情感分别称为本能情感、基本情感、属人情感、同情情感和内在情感。在休谟自己提供的情感分类中,属人情感与同情情感被合称为间接情感,本能情感和基本情感则属于直接情感。[64]

上文中已经指出,本能机制中都是动机。按休谟的说法,这一层级应该包含有两种不同的动机,一种是善意和愤怒,另一种则是最基本的身体欲望,如食欲、性欲等。[65] 我们在此只将身体欲望归于本能情感之中,具体理由将在谈及属人情感时给出。

基本情感中有喜悦、悲伤、希望、恐惧、欲望和厌恶六种。我们已经指出前四种与后两种情感类型分属于简单情感与复合情感这两个基本情感的子层级。同时,喜悦的原因的缺乏或悲伤的原因的出现将会引发欲望与厌恶,这意味着作为喜悦与悲伤之复合物的希望和恐惧也将依据于两种情感在其中所占的比例而有相应份额的欲望和厌恶与之对应。

在属人情感中同样存在着简单情感与复合情感这两个子层级。四种简单的属人情感是骄傲、谦卑、爱与恨。骄傲与恨或者是爱与谦卑的混合将产生尊敬、妒忌、鄙视和复合的恨四种复合情感,从而形成另一个子层级。我们已经指出骄傲与谦卑没有对应的动机,爱与恨则会引出善意与愤怒这两种动机。刚已提到,这两种动机被休谟放在本能情感之中,但严格说来这样的安排并不妥当。首先,本能情感没有注意力对象作为其原因,但被爱或被恨之人的痛苦处境实际上可以算作是善意与愤怒的原因。其次,善意与愤怒只有被放在属人情感中才能体现情感划分的系统性。因此,我们将善意与愤怒划分为属人情感中的动机。因为属人复合情感实际上都是爱与恨的变形,所以依据爱或恨在这一情感中所占的比例,也将有相应比例的善意或愤怒作为动机与之对应。

同情情感中同样有子层级的划分,但不再是根据简单与复合的区分,而是根据它的三种运作方式,亦即有限同情、广泛同情和比较。在三种运作方式中,首先产生的都是同喜和同悲这两种态度。在有限同情中,爱与恨会在它们之后产生。但这里的爱与恨实际上已经不再是同情机制的产物,而是同情机制的结果所另外引发的情感。因此,为了分类的精简和精确,我们在此将只考虑专属于同情机制中的情感。在广泛同情中,同悲会引起怜悯这一动机。在比较中,同喜与同悲会转变成妒忌与幸灾乐祸这两种态度。妒忌则会进一步引出恶意这一动机。

---

[64] T 2. 1. 1. 4.
[65] T 2. 3. 9. 8.

　　在内在情感中同样有依据运作方式的区别而划分出来的子层级,亦即活跃性机制和稳定性机制。活跃性机制的态度是真理与游戏之喜和无聊,无聊则会引出求知与游戏欲作为动机。稳定性机制的态度是安全感与不安,不安则会引出好奇心作为动机。

　　在这五个情感层级和相应的子层级中,我们都能看到态度与动机的区分。态度感觉有快乐与痛苦的区别。动机感觉也有趋向性感觉和躲避性感觉的区分,但我们在后三个情感层级的讨论中都已经看到,其中的动机实际上都已经是兼具趋向性感觉和躲避性感觉的复合动机。同时,除了本能机制以外,其余四种机制都遵循了情感的三元结构,也就是说这些机制都由原因、情感感觉和对象所共同组成。即使本能机制也并未跳出这一结构,其缺乏原因,但同样具有感觉和对象。此外,将基本机制与同情机制和内在机制相对比可以看到,它们的原因和对象总是同一的。而它们的区别则在于:在基本机制中,原因直接引发感觉,感觉又通过注意力而直接反作用于原因。在另外两种机制中,原因则并不直接引发感觉,而是引发了心灵进一步的联想活动,然后才引发相应的感觉,而这一感觉又将注意力推回原因之上。因此,基本机制是简单直接的"直线模式",另外两种机制则是加入了联想活动后演变成的复杂的"扇形模式"。因此,同情机制和内在机制可以视为是基本机制的变形。在此我们可以看到基本机制的基础性地位。另一方面,属人机制又是与它们不同的"方形模式",这也体现了属人机制及其情感的独特性。

　　基于这些纵向和横向的划分,我们也就得到了对情感类型的系统性分类。由此,我们得到一系列受到了最具体规定的情感类型,或者也可以说是情感类型的最小单位,并明晰了它们在情感体系中的位置以及它们相互间的关系。它们中的每一个,依据具体的发生条件,则会最终表现为一个个具体的情感。

　　在此,我们将情感分类的最终结果以"情感范畴表"的形式加以呈现:

情感层级	子层级	情感机制	原因	态度		动机	对象
				乐	苦		
初级情感	无	本能机制	无	无		身体欲望	不一定有苦乐性质的对象
基本情感	简单情感	基本机制	令我快乐或痛苦的对象	喜悦	悲伤	欲望、厌恶	引发这一情感的对象
	复合情感			希望	恐惧		

(续表)

属人情感	简单情感	属人机制	令我快乐或痛苦且与我有关的对象	骄傲	谦卑	无	自我
	复合情感		令我快乐或痛苦且与他人有关的对象	爱	恨	善意、愤怒	与引发这一情感的对象相关的人
				尊敬	妒忌		
				鄙视	恨		
同情情感	有限同情	同情机制	他人的（而非我自己的）苦乐经验	同喜	同悲	无	引发这一情感的对象
	广泛同情					怜悯	
	比较			幸灾乐祸	妒忌	恶意	
内在情感	活跃性机制	内在机制	与心灵的活跃性有关的对象	真理与游戏之爱	无聊	求知与游戏欲	
	稳定性机制		与心灵的稳定性有关的对象	安全感	不安	好奇心	

　　对比休谟在 T 2.1.1 中所做的情感分类,我们这里的情感分类在多出来几个情感层级和情感类型的同时,还缺少了平静/猛烈情绪与平静/猛烈情感的区分。之所以如此是因为平静情绪是“对于行为、著作和外界对象的美和丑所有的感觉”,亦即审美情绪。[66] 而美与丑的影响即在于给心灵带来快乐和痛苦。[67] 这意味着美与丑的对象实际上也是给我们带来快乐与痛苦的对象。同时,它们发生作用的方式或者是直接带给我们相应的感受,或者是与自我或他人相联系从而引起我们对自我或他人的相应感受,亦或者是作为与自我无关的他人经验通过同情机制而带给我们相应的感受。换言之,审美情绪并没有新的情感机制。因此,平静情绪与猛烈情绪的划分并不是情感机制和类型上的划分。情感内部的平静情感与猛烈情感的划分亦是相同的情况。这一划分也并非情感机制上的划分,而只是情感原因的具体性质上的差异,因此也并非情感类型上的

[66] T 2.1.1.3.
[67] T 2.1.8.1.

区别。⑱

可以看到,在划分情感类型的同时我们也对经验进行了整理和分类。引发情感的原因都是苦乐经验。对应着五个情感层级,我们的苦乐经验也有五个类型,分别是物的无苦乐经验、物的苦乐经验、与自己或他人有关的苦乐经验、他人的苦乐经验和内在苦乐经验这五类。这里的物应做广义上的理解,即只要是不以属人机制的方式进行反应的自我的外在经验都算作物的经验。这意味着我们对人也可以具有物的反应。这一情感体系不仅呈现了不同情感机制之间的系统性关系,还指示出我们全部的经验类型,以及情感机制与经验类型之间的对应。同时,基于这一静态的情感体系,我们或许能够对情感的运动变化和情感间的相互转化进行动态分析。凭此,我们或许最终能够对人类的身心行动进行尽可能准确、细致和全面的分析与预测。

（责任编辑：孙小玲）

作者简介：黄昉,浙江大学外国哲学研究所博士研究生,研究方向为休谟的心灵哲学。

---

⑱ 洛布(Louis Loeb)和阿达尔同样指出了这一点,参见 Louis Loeb, "Hume's Moral Sentiments and the Structure of the Treatise," *Journal of the History of Philosophy*, vol. 15, no. 4(1977), pp. 398 - 399；Árdal, "Another Look at Hume's Account of Moral Evaluation," p. 411。

康德"视之为真"思想考诠*

马彪

【摘　要】"视之为真"思想是康德哲学的一个重要构成部分：就其整体架构而言，它可以分为"置信"和"确信"两个向度；而就其主客观之充分性来说，它又可以细化为"意见""知识"与"信念"三个不同的层面。较于道德领域的信念，在康德看来，意见和知识虽在主客观之充分性方面存在差别，但不可否认的是它们都属于理论辩护领域的议题，随着证据或"证言"的加增，意见最终将会与知识汇通为一。与此相对，作为主观上充分而客观上不充分的"视之为真"的另一种样式，信念以及信念得以可能的"道德确信"却为宗教的可能性奠定了坚实的基础。显而易见，康德"视之为真"思想中所呈现的这些观点和独到见解，与以往的那种仅仅拘囿于"认知"之可能的先验结构的解读并不完全一致，而这在某种程度上未必不会对我们有关康德哲学的理解展现出别具一格的景象。

【关键词】视之为真　确信　意见　信念　知识

* 本文是国家社科基金后期一般项目"康德批判哲学的宗教之维研究"(项目编号：20FZXB028)、江苏省教育厅资助项目"论康德的道德宗教"(项目编号：2020SJA069)和南京农业大学中央业务经费资助项目"什么是恶：康德到马克思"(项目编号：20FZX028)阶段性成果。

21 世纪以来,康德"视之为真"(Fürwahrhalten)①思想在欧美康德哲学的研究中逐渐受到关注,并日益涌现出了不少重要的解读文献。② 与那种仅将康德的道德宗教与传统神学作一简单比对,遽尔断言康德是赞成基督教抑或反对基督教的立场不同,他们认为,必须把康德对宗教的探讨置于"视之为真"的语境下,才能切实理解康德的"上帝""灵魂不朽"等公设问题。不只如是,有的学者甚至认为,不仅康德的宗教学说离不开"视之为真"思想,其知识理论亦摆脱不了这一视域。就此来说,康德在《纯粹理性批判》第二版序言中作出的"悬置知识以便为信念留下地盘"这一著名主张虽属"认知"(Erkenntnis)③的论域,但结合"视之为真"这一语境,更易获得正确的把握。因为说到底宗教是基于"道德确信"(moralishe überzeugung)的存在方式,而科学则是出于逻辑确信(logische überzeugung)的认知形态而已,④而由于"道德确信"和"逻辑确信"只是"视之为真"的子概念,它们只能在"视之为真"的整体架构下才能说明自身,据此而言,要想理解康德的宗教学说和认识论,我们必须首先理解何为"视之为真"的思想。依照这一分梳,可以看出对"视之为真"的解读已然向我们展示出了一个不

---

① "Fürwahrhalten"的汉语翻译不太统一,分别是"视之为真"(李秋零)、"视其为真"(邓晓芒),以及"断定某事物为真"(王玖兴等),本文采用的是李秋零先生的译法。

② 其中,较为重要的文章有 Leslie Stevenson, "Opinion, Belief or Faith, and Knowledge," *Kant Review*, vol. 7(2003); Andrew Chignell, "Belief in Kant," *Philosophical Review*, vol. 116, no. 3 (2007); Lawrence Pasternack, "The Development and Scope of Kantian Belief: The Highest Good, the Practical Postulates and the Fact of Reason," *Kant-Studien*, vol. 102, no. 3(2011); Lawrence Pasternack, "Kant's Doctrinal Belief in God," in Oliver Thorndike (ed.), *Rethinking Kant*, (Cambridge: Cambridge Scholars Press, 2011); Lawrence Pasternack, "Kant on Opinion: Assent, Hypothesis, and the Norms of General Applied Logic," *Kant-Studien*, vol. 105, no. 1(2014); Lawrence Pasternack, "Kant on Faith: Religion Assent and the Limits to Knowledge," in Matthew. C. Altman (ed.), *The Palgrave Kant Handbook* (Washington: Central Washington University, 2017).

③ 康德的"认知"(Erkenntnis)和"知识"(Wissen)是两个完全不同的概念,中文译本没有将它们明确地标识出来。无论是蓝公武先生(1997)、邓晓芒先生(2004),还是李秋零先生(2011),他们几乎都把"Erkenntnis"和"Wissen"同等视之,一律译作了"知识",其实康德第一批判处理的都是"Erkenntnis"问题,而不是"Wissen"问题。虽说许景行先生与王玖兴先生注意到了"Erkenntni"与"Wissen"的区别,前者把"Erkenntnis"译作"知识"、"Wissen"译作"知";后者则把"Erkenntnis"译作"知识"、"Wissen"译作"认知",但与此相关的研究并没有注意到这两个概念的深刻差别。简单说来,"Erkenntnis"关涉的是我们关于事物的表象是如何可能的问题,而"Wissen"处理的则是命题何以为真的辩护问题。关于两者的区别,笔者另有文章对此详加讨论。

④ Stephen Palmquist, "What is Kantian Gesinnung? On the Priority of Volition over Metaphysics and Psychology in Religion within the Bounds of Bare Reason," *Kantian Review*, vol. 20, no. 2(2015), p. 249.

同于以往的全新视野,对它的厘定甚至会涉及对康德宗教思想和理论知识的别样理解。

鉴于"视之为真"这一主题关涉的议题较为庞杂,不是某一篇文章所能穷尽的,因此我们在这里仅对康德"视之为真"思想的基本理路及其相关概念作一分析,抛砖引玉,以期引起方家的关注,推动与此相关的研究。基于这一认识,我们首先考察康德"视之为真"的基本架构;其次,查勘一下"意见"(Meinung)和"知识"(Wissen),以及两者之间的关系;最后,再对"视之为真"思想中的一个较为重要的范畴"信念"(Glaube)给出翔实的考辨;文末再对前述议题稍作总结,以终全文。

一、"视之为真"的基本架构

康德在《纯粹理性批判》之"先验方法论"中曾经明确指出:"视之为真,是我们知性中的一件事情,它可以依据客观根据,但也要求在此作判断的人心灵中的主观原因。"⑤在康德对何为"视之为真"的这一界定中须加注意的是,他所说的"知性"指的是广义的知性,而不是狭义的知性。就其狭义而言,知性是相对感性而言的一种认知功能,感性接受表象,而知性则是根据接受到的表象来认识对象的能力,两者各有固定的职责:没有感性,我们就不会有给定的对象;而没有知性,对象就不会被思考。缺少任何一方,知识都不可能出现。⑥ 由其广义来说,"知性"一词表述的无非是作为规则的一种认知功能,"它在自身中包含了全部高级认识能力",⑦不仅包括了狭义上的知性、熟练的判断力,还包括了缜密的理性。不理解这一点,我们将无法把握康德对"视之为真"这一语词的界定。

而由康德所下的定义可知,"视之为真"具备两个明显的特征,一个是要有客观上的"根据"(Gründe),另一个是要有主观上的"原因"(Ursache)。对康德而言,所谓"根据"指的就是某物借由它而得以被认识的东西,而"客观根据"指的不过是通过某些手段或途径,提供的有关客体之性状的可靠信息和事实而已。⑧ 它具有如下特征:首先,客观根据可以为所要证明的论题给予其客观可能为真的证据;其次,客观根据给予的这一可能为真的证据,不仅适用于单个的

---

⑤ 康德:《康德著作全集》(第 3 卷),李秋零译,北京:中国人民大学出版社,2004 年,第 523 页。

⑥ 齐良骥:《康德的知识学》,北京:商务印书馆,2000 年,第 102 页。

⑦ 康德:《实用人类学》,李秋零译,北京:中国人民大学出版社,2013 年,第 77 页。

⑧ Andrew Chignell, "Kant's Concepts of Justification," *Nous*, vol. 41, no. 1(2007), p. 39.

人,而且适用于任何一个理性的存在者,换句话说,在相同的条件下,每一个人理应作出与另一个人相同的判断;⑨再次,客观根据本身又可以分为"客观上充分的"和"客观上不充分的"两种,其中,前者多指现象世界中的经验证据和基于此等证据而作的归纳、演绎等推理证明,以及其他与此相关的认知上的保证等。所有这些材料积累到了一定的程度就能够达到客观上的充分性,这一客观上的充分性是使得知识得以可能的前提要素和重要组成部分,离开了这些东西,知识就不能称为"知识";与此相反,客观上不充分的根据涉及的是"意见"这一"视之为真"的形式,客观上的那些材料虽说表面上对这一认知形式是有力的,可事实上这些支持的材料并不一定得到大家的普遍认同,例如,"其他行星上是否存在理性存在者"这一判断,即使基于现实的推论多么充足,我们依然不能在这一问题上达成一致,而只能说这一判断是个意见,而不能视为一个客观的知识。

较于"外在"的"客观根据"而言,"主观原因"关涉的是人的"内在"确认或心理状态问题。与那种把"客观根据"分作两类相仿,"主观原因"也可以被划分为两种,即"主观上充分的"和"主观上不充分的",其中,后者涉及心理状态上的固执己见、一厢情愿等情感问题,而前者关涉我们对某种东西的承担和信守,以及对某一命题的视之为真,我们对它们不仅付诸了精力和情感,在某种程度上甚至形成了某种坚定不移的信念。

基于上述关于"客观上充分的"和"客观上不充分的",以及"主观上充分的"和"主观上不充分的"所作的分析,康德把"视之为真"分为三个门类,即意见、信念和知识。其中意见"是一种自觉其既在主观上又在客观上都不充分的视之为真;如果视之为真只是在主观上充分,同时被视为客观上不充分的,那它就叫作信念;最后,既在主观上又在客观上充分的视之为真叫作知识。"⑩显然,对康德而言,"意见"无论在主观上还是在客观上,其充分性的程度都是最低的,比如近世物理学家所说的"以太"就是一个纯粹"意见的事"(opinabile),因为作为一种能够渗透一切其他物质的弹性流体,它一直既没有得到客观经验的证实,也没有得到物理学家的一致认可,始终处在毫无意义的争议之中。⑪较于意见,康德关于知识和信念的辨析意义尤为重大。从康德对两者的界定可知,知识是在主客两方面都充分的视之为真,而信念则是在主观上充分、客观上不充分的视之为真,表面上看知识远比信念真实,也更可靠得多。然而,事情并没有这么简

⑨ 康德:《纯粹理性批判》,李秋零译,北京:中国人民大学出版社,2011年,第533页。
⑩ 同上书,第534页。
⑪ 康德:《判断力批判》,邓晓芒译,杨祖陶校,北京:人民出版社,2002年,第326页。

单，因为康德对"主观上充分的"和"客观上充分的"这两个概念的界定有交叉的
地方，而这种交叉性的界定对我们把握康德思想的细微差别十分重要。我们知
道，康德在《纯粹理性批判》中有时将"客观上充分的"等同于"对每一个只要具
有理性的人都是有效的"[12]这一判断。然而，没隔两页，他又把道德信念之"主观
上充分的"也称为必然的，且这种必然性是绝对的和对任何人都是充分的。

如何解释这一现象呢？对此，康德亦有申辩，仅就对象与我们的关系而言，
可以从两个理路来理解，它"要么是一种应当澄清对象就自身而言是什么的证
明，要么是一种应当澄清对象按照我们对它作出判断所需要的理性原则对于我
们（一般而言的人）来说是什么的证明（一种就真理而言的证明或者一种就人而
言的证明，后一个词是对一般而言的人来说的普遍意义上采用的）"。[13]康德认
为，与"客观上充分的"对应的是就对象自身而言的证明，是逻辑上的、客观真理
的证明；而与"主观上充分的"相对的是就人而言的论证，是道德上的、纯然信仰
的论证。两者都是必然、普遍的证明方式，我们不能说后一种方式比前一种方
式在可靠性上更为低下。按照美国著名康德专家艾伦·伍德（Allen Wood）的
说法，[14]"客观上充分的"涉及思辨理性，主要处理在知识层面上对每个理性存在
者都必然有效的问题，它不仅关注知性的先天认知结构，还要关涉认知结构所
要统摄的感觉与料，作为知识，它们在主体之间是可以普遍传达的，因而是客观
的。与此不同，"主观上充分的"对应的是实践理性以及基于此的信念，它意识
到了自己所主张的对象的"客观上的非充分性"，也明了它们未必存在于经验领
域，然而它并不在乎理性客体是否在现象世界中得到验证，它注重的是信仰的
主观根据，只要某一信念被理性的存在者必然采用，它就是普遍可传达的，因而
也即是客观的。诚然，没人可以自诩认知上帝，对上帝主观上的确信指的是道
德上的确定性，依据只能是主观的道德意向，人们虽不能在逻辑的、思辨的层面
上说存在上帝，而只能说在道德上确信它们的实在性（Realität），但对人而言，它
依然是普遍必然的。

通常说来，康德的上述说明似乎是穷尽了"视之为真"这一概念在广义上的
认知（Erkenntnis）模式，然而不可否认的是，它却没能囊括所有的思维类型，比
如盲目自大、自我欺骗等等看似绝难归类的东西，因为这些在人的主体上呈现
出来的东西，虽说不能划归广义的认知范围之内，但毫无疑问它依然是人的自

---

[12] 康德：《纯粹理性批判》，第 533 页。

[13] 康德：《康德论上帝与宗教》，李秋零编译，北京：中国人民大学出版社，2004 年，第 244 页。

[14] Allen Wood，*Kant's Moral Religion* (New York：Cornell University Press，1970)，pp. 15－16.

主意识的一种体现,理应得到合理的关照。康德在《实用人类学》中对那些"模糊的表象"⑮都曾作出适量篇幅的阐释,并对其位置给予了安置,在这里他也应该对不同于知识、信念和意见的其他主体性状给出契合其身份的相应处理。

与前面的那种从"客观根据"和"主观原因"之间的区分来阐述"视之为真"的框架略有差别,康德这次是由"仅私人的有效性"和"主体间的有效性"的维度来重新审视"视之为真"这一论题的。康德指出,若是知性中的一桩事情,对每个人,只要它具有理性都是有效的话,那么在这一意义上的视之为真就叫作确信(überzeugung);反之,要是它只在主观的特殊性状中有其根据,那么它就被称为置信(überredung)。⑯ 对康德而言,置信纯然就是一种幻相,因为它把仅仅是主观的判断视作客观的了,而其实这样一个判断只具有私人的有效性而已,因此基于这一主体性状之上的视之为真是不能普遍传达。通常情况下,置信具有主观主义的倾向,甚至某种程度上具有自我满足和自我欺骗的成分,它对待事物的看法与其说是出于蒙蔽,不如说是基于幻相的诱惑。与此不同,确信不仅对下此判断的主体有效,而且客观、普遍地有效,用康德自己的话说,是"对所有人的理性有效"(für jedes Menschen Vernunft gültig)、⑰"对每一个人的判断必然有效"(für jedermann nothwendig gültiges Urtheil)。⑱ 按照劳伦斯·帕斯特纳克(Lawrence Pasternack)的解读,康德的"确信"包含两个方面的内容:逻辑确信(logical conviction)与道德确信(moral conviction)。⑲ 其中,前者关涉知识何以可能的问题,借助思辨论证,视之为真在知识论上的地位得以确立;后者涉及信念或信仰问题,在这一层面上,视之为真在认知的意义上是没有办法得以辩护的,也就是说,它缺乏客观上的充分性,然而即便如此,基于道德法则,由纯然实践的立场来看,它对于每一个人依然是普遍和有效的主张和要求。

根据这一分析,我们可以看到,从"仅私人的有效性"和"主体间的有效性"这一点上,"置信"与"知识""信念"处于完全不同的两个领域,因为知识与信念

---

⑮ 康德:《实用人类学》,第 14—20 页。

⑯ "Überredung"和"überzeugung"的中文译名不太一致,王玖兴先生将其分别译为"雄辩"和"确证",李秋零教授把它们译作"臆信"和"确信",而邓晓芒教授则译成了"置信"和"确信"。在本文中,我们选用的是邓晓芒教授的译法,不过根据行文的需要,我们在其他段落上也适时参照了李秋零和王玖兴的译本。

⑰ Immannel Kant, *Kritik der Reinen Vernunft* (Leipzig: Verlag Philipp Reclam, 1979), S. 831.

⑱ Ibid. , S. 832.

⑲ Lawrence Pasternack, "Kant on Opinion: Assent, Hypotheis, and the Norms of Genereal Applied Logic," *Kant-Studien*, vol. 105, no. 1(2014), pp. 46 - 49.

自不必说,它们要么具有客观上的可证实性,要么具有对一切人的普遍有效性,因此与"置信"自然是不同的。现在需要说明的是,"置信"与"意见"之间存在区别吗? 若是有,区别在哪? 对康德而言,两者毫无疑问是有差别的。意见虽然没有主观上的充分性,但它仍然具备主体间的有效需求和可能,即使最终没有被证实,毕竟当我们在争论"以太"这一"意见之事"存在不存在的时候,这与谈论仅仅是头脑中的一个"幻相"不是一码事。就此而言,意见毋庸置疑应该和知识、信念处于同一个领域,而置信单独放在另一个范围之中。如下图:

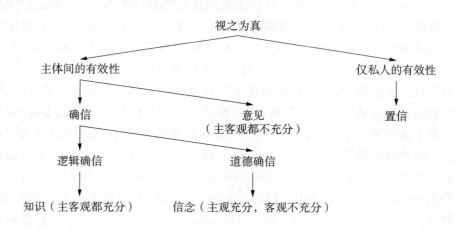

上图可见,就"视之为真"的内容而言,它包含三个方面,即意见、知识与信念,其中知识对应的是"逻辑确信"、信念对应的是"道德确信"。道德确信在康德的《逻辑学讲义》(*Jäsche Logik*)中又被称为实践确信,它是由主观的理由——就实践的观点看,这种理由和客观的理由一样有效——而来的完满的视之为真,它也是确信,但不是逻辑的,而是实践上的我确定,康德认为,这种实践的确信或这种道德的理性信念往往比一切知识更为坚定。[20] 可以看到,就康德的视之为真来说,它所包含的三个主要方面关系较为复杂,我们下面将依次对其加以考察。

二、意见与知识

首先,我们要对知识与意见作一辨析,之所以将此两者放在一起一并加以

---

⑳ 康德:《逻辑学讲义》,李景行译,杨一之校,北京:商务印书馆,2010 年,第 72 页。

探究,是因为它们在主客观之充分上虽有不同,但这种不同只属于量上的或理论辩护(theoretical justification)之等级上的差别,根本上而言,它们都属于思辨哲学领域,意见只要不断积累其经验上可证实的材料,终究可以抵达并纳入知识的序列。与此相对,信念则完全是另一个领域的事务,它的客观必然与经验的证实关系不大,因此可以对它单独作一阐述。

就康德的知识理论而言,后世大多数学者的研究路数大多聚焦于认知何以可能的先天根据这一向度,极少从"视之为真"的辩护层面上对此给予分梳。用安德鲁·齐格内尔(Andrew Chignell)的话来说,人们对康德认识论的探讨关注的是知识何以可能的"上游"(upstream)方面,这一叙事我们十分熟悉。例如,通常人们首先对康德感性论中的直观形式作出一番解释,尤其是对内感官的时间和外感官的空间进行阐明;然后,再对知性范畴、统觉等加以介绍,进而对范畴的先验演绎给予繁文缛节的论证;最终得出以判断为认知形式的知识命题,如此等等。不可否认,这一延续了 200 多年的解读向度的确有其价值,而且事实也确实绽出了更为绚烂的智慧之花,比如海德格尔的诠释就是其中不可忽视的一脉。然而,不管侧重"上游"方面这一叙事的成就如何巨大,它们毕竟忽视了康德知识论的"下游"(downstream)这一维度,因此就康德之思想的整体研究而言毕竟不能说是全面的和系统的。诚然,造成这一研究现状的原因是多方面的,在《纯粹理性批判》中,康德出于先验哲学的立场,对知识论中的"下游"面向着墨不多关系甚大。㉑

话虽如此,但不可否认的是,即便康德在"三大批判"中对此阐释的不是甚多,可在他传世的其他文献中还是有一些的,比如在《什么叫作在思维中确定方向》一文中,康德就曾明确指出,我们对那些并没有充足根据的视之为真即意见,毕竟"能够通过逐渐补充这一类的根据而最终成为一种知识。历史的信念,例如关于一些信件报道的一位伟大人物逝世的信念,当地方当局公布他的逝世、他的葬礼、遗嘱等等的时候,就能够成为一种知识。因此,从未到那里的人也可以根据历史见证对某物说:我知道,而不仅仅是我相信。"㉒需要补充一点的是,康德在这里把"意见"和"历史信念"视作了同一概念,因为就意见与信念之主观不充分这一点上,两者在内容上是有重合或交叉的地方的,关于这一点我们在下一节考察康德"信念"的演变历程时再详细说明。此处,仅就意见和知

㉑ Andrew Chignell, "Belief in Kant," *Philosophical Review*, vol. 116, no. 3(2007), pp. 323 – 324.

㉒ 康德:《康德著作全集》(第 8 卷),李秋零译,北京:中国人民大学出版社,2010 年,第 142 页。笔者对译文有修改。

识的关系而言,康德明确表示,当我们通过书信了解到了一位伟人去世的消息,这一消息对我们而言只是一个意见而已,因为我们没有更多的材料确证这一消息的虚实真伪。不过,随着证据的不断加增,比如具有权威的官方发布了死者的详细资料——葬礼的举行、遗嘱的公布等——之后,康德倾向于把此前的一个被称为意见的东西视作了知识。由上面的这一案例,我们可以看出,对康德而言,一个事件或者一个命题,若是我们对它只具备二手或三手资料的话,那么无疑地我们不能对其采取轻易相信的态度,只有当我们拥有了一手资料,再加上其他与此相关的确凿资讯之后,我们才能说我们对它具有了知识。

显然,在"意见"如何才能达到"知识"这一议题上,康德所要求的无非是客观上充分性的证据,而这一客观上充分性的证据,康德有时又将其称之为认知上的确定性(Gewissheit)。为了说明这一点,我们在这里不妨摘录几段康德与此相关的论断:"认识一个东西,无非就是证明它的确定性;"㉓"既在主观上又在客观上充分的视之为真叫做知识,主观上的充分叫做确信(对我自己来说),客观上的充分叫做确定性(对任何人来说)。"㉔毋需过多征引,我们大致可以明白一点,即对康德而言,就其客观经验的层面来说,拥有知识也就意味着对其确定性的证成,检验一个意见是否算作知识的标准就在于看它是否符合这一要求。

那么,如此说来,是不是意味着康德也主张知识应该拥有自己的标准呢?就像笛卡尔的那种将知识等同于清楚明白的观念一样,康德把客观的"确定性"作为了知识的本质规定?表面来看,的确如此。诚如康德在《纯粹理性批判》中所说的那样,真理是什么? 对真理的名词解释,即真理是知识与其对象的一致。可是这也是就真理的"名词解释"这一层面上的界定而已,因为就在同一页相隔不到两行,康德不无讽刺地说,以理性进行问题的追问诚然是聪明的和富有洞见的,但是如果问题本身是荒唐的,并且定然要求他人作出回答,那么除了使提出该问题的人感到羞愧之外,它有时还有另外一层的坏处,即诱使它的不谨慎的听众作出荒唐的回答,并由此而造成可笑的景象。㉕ 不难发现,康德这里想要呈现的态度十分明显,即上述真理问题的提法不仅存在问题,还有误导之嫌,关于真理之所关涉的知识与对象相一致问题,我们无法给出一个确定性的标准。在此意义上,可以说康德本人并不是一个对经验证据抱以乐观态度的思想家,因为要满足知识所要求的确定无误这一条件是不易达到的,其中的原因是多方

㉓ Immanuel Kant, *Kants Gesammelte Schriften*, XVI (Berlin: Walter de Grunter, 1924), S. 365.

㉔ 康德:《纯粹理性批判》,第 534 页。

㉕ 同上书,第 80 页。

面的。

首先,就认识的主体而言,康德认为,达到知识之确定性的尝试受制于人的本性的局限。康德以心理学[26]为例对此给予了说明,在他看来,要想研究人的心理我们就需要对人进行观察,但无论是自我观察还是对他者进行观察,我们都将面对很大的困难。就前者而言,要想研究自身,我们难免受到伪装的情绪的干扰,也就是说,当自身的动机活动时,我们无法客观地观察自己,而当我们不带动机地观察自己时,这种观察本身又是不可能的;就后者来说,那觉察到有人在观察他并试图研究他的人,将会要么显得尴尬或害羞,而此时他就不能表现出自己的本来面目,要么他就伪装自己,而此时他不想被认出自己的本来面目。可以看出,这里面牵涉的内容极为丰富,要想到达确定和客观,我们不仅要摆脱以自我为中心的偏好,还要去除习俗的偏见,同时还关涉能力是否合适、有无利益纠葛、品格是否诚实正直、心理是否健全、记忆是否良好,以及语言沟通是否清晰明白等等要素,毕竟只有在所有这些条件具备之后,才能满足知识应有的客观和确定这一要求。[27]

其次,就不同学科的特质而言,它们的要求也是不一致的。对康德而言,物理学与化学就是不太一样的学科,其中物理学由于其原理可以用数学表述为一个完整的体系,其确定性的标准是由数学来确保和证明的,因此它是无可置疑的科学,亦即是本真意义上的自然科学。与此相对,化学是完全不适合以数学的原则来构建和阐释的学科门类,由于在化学中,其"根据或者原则归根结底只不过是经验性的,而理性说明被给予的事实由以出发的规律只不过是经验规律,那么,它们就不带有对自己的必然的意识(就不是无可置疑地确定的),而在这种情况下,这个整体在严格意义上就不配一门学科的称号,因而化学与其叫做科学,倒不如叫做系统的技艺。"[28]康德把物理学看作科学,与此同时却把化学视为一种"系统的技艺",这一点与我们现在的看法出入较大。康德的这一立场的是非对错,我们暂且不作评论,但有一点他的观点是明确的,即虽然同为知识的系统,每一学科的确定性的指标未必是完全一致的。若是这一点是没有争议的,那么既然每门学科的系统的确定性之所指都不相统一,我们又何来的知识之确定性的标准呢?

---

[26] 康德:《实用人类学》,第 2 页。

[27] Axel Gelfert, "Kant on testimony," *British Jiournal for the History of Philosophy*, vol. 14, no. 4 (2006), p. 632.

[28] 康德:《康德著作全集》(第 4 卷),李秋零译,北京:中国人民大学出版社,2005 年,第 477 页。

如此说来,既然认知的主体是一直处于变动之中的,而各门学科又具有各自不同的特质,那么在此意义上,是否能够说关于知识之可能的准绳与标准就不存在了呢? 康德认为,并非如此,因为若是事实确然如此的话,那么也就无所谓意见和知识之分了,自然也就没有从证据日益加多的意见走向知识的过程与可能了。对康德而言,知识之确定性的这一主旨由于牵涉多重要素,而这些要素又是时刻处在变化之中的,因此为了确保知识之为知识的尊严,我们必须把关于知识的辩护权利让渡给所在学科的专家,因为只有他们最熟知自己领域的内在症结,也只有他们最能把握"意见"在何种程度上接近"知识",并最终成为"知识"。

三、信念

前面我们由"视之为真"的充分程度,以及辩护的标准方面,对"意见"和"知识"及其关系给予了阐释,现在我们需要对"视之为真"的另一个重要维度即"信念"作出说明。正如我们上面已经指出过的那样,知识与意见无论差别多大,它们毕竟属于同一领域,而信念则完全是另外一个层面的议题。这一点,莱斯利·斯蒂文森(Leslie Stevenson)解释得特别清楚:意见和知识虽然层次略有不同,但它们是同为理论辩护范围内的事情,随着证据的不断加增,一个终究会与另一个汇通为一;与此相对,信念关涉的是理论辩护所无法解决的道德层面上的事情,它不是可能经验领域所要研究的对象。㉙ 当然,康德并不是从一开始就把信念视作经验之外的事务的,从历史的视角来看,他对信念的理解是有着一个逐层衍化、依次深入的历程,大体而言,可以分为三个阶段。

第一阶段大致在 1770 年之前的这一时间段,在这一时期,康德对不同类别的"信念"——证据信念(faiths of testimony)、历史信念(historical faiths),以及道德信念(moral faiths)——的理解既有冲突的一面,也有相互重叠的一面。按照帕斯特纳克的分析,㉚这一时期的康德对信念的认知与乔治·弗利德里希·迈耶(George Friedrich Meier)关系最为密切,受他的影响也最大,因为当时康德讲授逻辑学的教材就是迈耶的《理性学说简论》(*Auszug aus der Vernunftlehre*,

---

㉙ Leslie Stevenson, "Opinion, Belief or Faith, and Knowledge," *Kantian Review*, vol. 7 (2011), pp. 86 – 87.

㉚ Lawrence Pasternack, "The Development and Scope of Kantian Belief: The Highest Good, The Practical Postulates and The Fact of Reason," *Kant-Studien*, vol. 102, no. 3(2011), pp. 297 – 304.

1752)。在这一教科书中,迈耶已经对知识、意见和信念给予了三种类型不同的划分,虽然与康德后来划分的理据不太一致,但很明显康德深受其启发。针对这一点,我们从康德在 1760 年至 1770 年间所作的《逻辑学反思》(*Reflexionen zur Logik*)[31]中可以见出一点端倪。与迈耶的看法大致相同,彼时的康德也认为,道德信念和证据信念指的都是对某个人所说的事情的信任,而历史信念则是指通过口头或书写的方式关于过往历史的一种断定某物为真的态度。

　　第二阶段大约在 1770 年至 1780 年前后,康德在这一时期逐渐摆脱了迈耶思想的束缚,开始对信念的范围进行了一些限制,对康德而言,历史信念与知识不同,它只是"意见的一种类型而已",[32]即信念隶属于意见而不是知识。如同我们上面所论述过的,把历史信念视为意见,这一话题甚至在 1786 年他的《什么叫作在思维中确定方向》一文中还一再重复。当然这一阶段于康德而言,最有意义的成果之一就是他已经从实践之"视之为真"的角度来审视信念这一议题了,唯有在"实践的关系中,理论上不充分的视之为真才能被称为信念"。[33] 即便如此,按照斯蒂文森的解读,康德在第一批判中关于信念的观点也只能被看作一个过渡的阶段的看法,因为康德在这里除了着重论证了"道德信念"(moralischen Glauben)之外,还不太慎重地使用了"学理信念"(doktrinalen Glauben)[34]这一概念,而我们后来都知道,这一范畴从根本来说就是一个意义不大的语词搭配。[35]

　　最后是 1790 年左右的第三阶段,这一阶段的重要文本当属《判断力批判》(1790)无疑。康德在《判断力批判》中指出:"信念是在把对于理论知识来说无法达到的东西视之为真时理性在道德上的思维方式。因此,它是心灵持久的原理,即把为了最高的道德上的终极目的的可能性而必须预设为条件的东西由于对这一终极目的的责任而假定为真的;尽管这一目的的可能性是不能为我们所看出的……与这些特殊对象相关的信念完全是道德的,而不是可能知识或者意见的对象。"[36]换句话说,康德关于信念最为成熟的立场,就是在实践的层面上的把它视作道德的终极目的(即至善)之可能的前提要件,借由迈耶的思想,经过自己多年的思考,康德终于对他所理解的信念有了最为适合的表述。

---

[31] Immanuel Kant, *Kants Gesammelte Schriften*, XVI, S. 373 – 374.

[32] Ibid. , S. 383.

[33] 康德:《纯粹理性批判》,第 535 页。

[34] Immannel Kant, *Kritik der Reinen Vernunft*, S. 835.

[35] Leslie Stevenson, "Opinion, Belief or Faith, and Knowledge," p. 95.

[36] 康德:《康德著作全集》(第 5 卷),李秋零译,北京:中国人民大学出版社,2006 年,第 493—494 页。

现在,在对康德之信念的来龙去脉作了简单的梳理之后,我们要对信念和至善之关系稍作提示。其实,凡对康德思想略有所知的人都知道,信念和至善以及公设之间的关系是其哲学中最令人着迷也是最令人困惑的文字。康德主张,至善包含两个需要统一的范畴即德性与幸福,然而现实中它们每每不相契合,为了实现这一统一,康德认为我们必须公设上帝存在和灵魂不朽。对于一个没有宗教信仰的民众来说,康德的这些表述很难具有说服力,仅具有主观充足之"视之为真"的那些理念怎么就普遍和必然了呢? 这一问题,我们后面在谈到"实践背谬"(Absurdum Practicum)的时候将会详加解释,而在这里,为了便于理解,我们须先对道德确信与理性的事实之关系给出说明。

康德曾经指出,当我们面对自身和自然进行严格的反思时,借助理性推理,我们最终将会形成一个理智的元始存在者的概念,对于这一概念,我们既可以通过我们的自然偏好(Neigung)来加以建构,也可以借由纯粹的实践理性来证成。基于自然偏好而推演出来的这一上帝,由于超出了感性的界限,容易迷失于混乱的概念之中,它要么沦为鬼神学,即对最高存在者的一种神人同形同性论的迷思,要么陷入招魂术,即一种狂热的妄想,以为自己能够感觉到别的超感性的存在者并对之施加影响。对康德而言,无论是迷思也好妄想也罢,它们的根本问题在于把对上帝的"视之为真"奠立在了"置信"这一形式之上,因此不会形成普遍有效的宗教信仰(信念)。与此不同,基于纯粹实践理性之上的上帝理念,采取的是"确信"之判断上的"视之为真",这一判断方式拥有如下特点:(1)具有主观上的充分性;(2)没有客观上的充分性;(3)这一判断中的主词不在任何可能经验的范围之内;(4)这一判断无法在思辨理性中得到证实;(5)对它的证成只能基于实践的立场。可以看出,在确信的上述特征中,(1)(3)和(5)是由存在论的层面上来说的,而(2)和(4)是在认识论的层面上来界定的,按照帕斯特纳克的解读,康德思想中只有"理性的事实"同时具备了上述"信念"的五种特征,在此意义上,可以说上帝是基于"理性的事实"之上的道德确信。其中的原因很简单,因为"理性的事实"是先天的,但这一先天的事实不能被视为"意见",因为与意见不同,它有主观上的充分性;与此同时,它也不能被视为"知识",因为与知识有别,它没有认知上的客观充分性。正是在此意义上,帕斯特纳克认为,理性的事实其实只是道德确信(信念)的一个典型例证而已。㊲

道德确信与理性的事实之间的关系,我们暂且梳理至此,下面我们再对理

㊲ Lawrence Pasternack, "The Development and Scope of Kantian Belief: The Highest Good, The Practical Postulates and The Fact of Reason," pp. 307 – 311.

性的事实与道德法则之间的联系给予阐释。按照亨利·阿利森（Henry Allison）的说法，康德在《道德形而上学的奠基》（1785）中为给道德法则提供普遍的约束和必然有效的辩护，曾在自由与道德法之间给出了强的意义上和弱的意义上的两种"交互论"（Reciprocity Thesis）演绎，可事实证明康德的论证是一种循环论证，因而是失败的。^㊳ 三年后，康德在《实践理性批判》（1788）中来了一个"大反转"（Great reversal），彻底告别了"交互论"演绎，径直把道德法则或对道德法则的意识称为理性的事实，康德一再强调，这一事实"不是任何经验的事实，而是纯粹理性的唯一事实，纯粹理性借此宣布自己是源始地立法的（sic volo, sic jubeo[我如何想，便如何吩咐]）。"^㊴那么，我们当如何理解康德这一立场的转变呢？事实情况是不是真的如一些后世学者所说的，康德放弃了对道德法则的演绎转而将其视作毋须证明的"理性的事实"，并由此走向了前批判哲学的"独断论"立场？^㊵ 不可否认，大家的怀疑有其合理性，因为他们的确点出了"理性的事实"的一个根本性特征，即相对于那些通过别的命题来说明自身的概念而言，作为"视之为真"的理性的事实这一范畴似乎是自明的，它不需要借助任何别的东西来为自己的存在提供辩护，它是自我辩护的。就此而言，它的确存在某种意义上的独断倾向。不过，诚如阿利森在《实践理性批判中的辩护与自由》（*Justification and Freedom in the Critique of Practical Reason*）一文中所说的那样，康德诉诸"理性的事实"这一举动是由其哲学的逻辑立场所决定的，它远比人们普遍认为的要合理得多。^㊶

阿利森认为，要想理解"理性的事实"这一概念，我们需要事先对何为"事实"给予说明。在康德思想中，它既可以指"道德法则的意识""意志自由的意识"，也可以指"法则""道德原则中的自律"等等，不过不管其所指涉有哪些对象，总的说来这些对象可以划分为两类，即要么是关于道德法则的意识，要么就是道德法则本身。如果"事实"指的是前者的话，那么我们就没有办法保证它的客观有效性，相反，若指的是后者的话，那么此处的"事实"只能被理解为"纯粹

㊳ 亨利·阿利森：《康德的自由理论》，陈虎平译，沈阳：辽宁教育出版社，2001年，第301—346页。

㊴ 康德：《实践理性批判》，李秋零译，北京：中国人民大学出版社，2010年，第30页。

㊵ 比如，黑格尔就认为，康德所说的"理性的事实"与天启的独断思想没什么质的差别，它们都是"理性的肠胃中最后没有消化的硬块"（黑格尔：《哲学史讲演录》[第4卷]，贺麟译，北京：商务印书馆，1997年，第291页）；另外卡尔·阿默里克斯（Karl Ameriks）亦持这一观点，参见 Karl Ameriks, "Kant's Deduction of Freedom and Morality," *Journal of the History of Philosophy*, vol. 19, no. 1(1981), pp. 53–79。

㊶ Henry Allison, "Justification and Freedom in Critique of Practical Reason," in Eckart Förster (ed.), *Kant's Transcendental Deductions* (Standford: Stanford University Press, 1989), p. 116.

理性的事实",即被理解为纯粹理性本身就是实践的这一事实。而按照康德的理解,"纯粹理性本身就是实践的"这一命题所表达的不过就是,理性可以独立于在先的其他偏好或意愿,但凭自身就能够规定意志这一意涵,换句话说,纯粹理性不仅提供了一条行动的规则,而且也提供了行动的动机,它以原则的方式规定了什么可以行动,以及怎么行动。仅就这一点而言,可以说纯粹理性的立法完全是一种自我立法,它表达的无非是理性的自律这一事实,这一事实不仅适用于个人,而且适用于所有具有理性的存在者,在此意义上,它虽没有认知上的客观充分性,但明显具备客观的有效性和普遍的适用性,也就是说,它具有主体间性和公共的可传达性,即它是一种"道德确信"上的"视之为真"。诚然,作为现代人我们或许会对康德的上述理性主张在事实上是否有效提出质疑。众所周知,大多情况下,我们都有这种体会,即我们明明意识到那件事该做,可是我们偏不去做,这一事实难道不是对康德的一种有力反驳吗?对此,我们的回应是,问题的重点不在于我们意识到了某件事是我们自己应该做的而没做到这一点,而在于我们只有拥有了这一先验概念,才可能在这方面犯错误。换句话说,我们之所以说意识到了某事该做而没做到这一事实,其前提在于,你已经诉诸了理性的规范,并把理性的规范作为了选择的先决条件,此其一;其二,即使你对理性的规范提出了质疑,这一质疑本身并不是抛弃规则,而是对道德法则即纯粹理性的事实的重新确证,否则质疑本身是无从提出的。㊷

行文至此,我们已在"视之为真"的架构内依次对道德确信、理性的事实、道德法则,以及它们之间的关系作了简要梳理,在此基础上,我们最后再来讨论一下它们与"至善"之间的关系问题。康德在其第二批判中曾经指出,基于理性的事实(道德法则)之上的上帝和灵魂不朽等理念的公设必然是普遍的、不容置疑的,因为它们涉及的是基于定言判断的"道德信念",而不是出于假言判断的"实用信念"。换句话说,上帝和灵魂不朽等理念的存在是由具有主观必然性的道德确信来保证的,由于这一条件是确定不移的,因此那种由道德法则(理性的事实)而来的意志之先天对象即至善就是真实不虚的,也是定然可以实现的对象。对此,康德的立场极为鲜明,在他看来只要人们服从道德法则就必定不会放弃和违背对至善的追求,两者是相互关联着的。康德指出:"至善……与道德法则有不可分割的联系,所以,前者的不可能性也证明后者的谬误。因此,如果至善按照实践规则是不可能的,那么,要求促进至善的道德法则也必定是幻想的,是

㊷ Henry Allison, "Justification and Freedom in Critique of Practical Reason," p. 118.

悬于空的想象出来目的之上的,因而自身就是错误的。"㊸对康德而言,一旦我们否定上帝与灵魂不朽的存在,这就意味着至善是不可能获得的;而一旦承认至善是不可能获得的,同时也就暗示了我们不再追求至善,因为没有人会追求本来就无望的东西;而对至善的放弃,则等同于人们不再按照道德法则行动了。因此,拒绝上帝和灵魂不朽的存在就等于是说否定了道德法则,立足于康德的道德哲学,我们知道,道德法则作为一种"理性的事实"是绝对不能否定的,它所具有的主观普遍意义上的可传达性是真实可靠的,因此为了避免道德推理上的"实践背谬"(Absurdum Practicum),㊹坚持道德上的始终一致的思维,我们必须承认至善,以及至善得以实现的条件即上帝及其灵魂不朽的存在。

需要提醒一点的是,康德基于道德确信之上的宗教论证不能误解为传统"结果论"(consquentialism)意义上的归谬法(reductio ad absurdum),也不能被视为形式逻辑层面上的归谬法(reductio ad absurdum logicum),它是与人们日用常行的实践行动密切相关的道德归谬论证,作为理性的行为者,人们的道德行为如果是合理的、是可以被理解的,他就不能违背这一论证,否则将会导致实践推理上的悖谬。

四、结语

综上,我们不难发现,通过"视之为真"这一维度而对康德哲学之相关概念的重新审视和厘定,我们能够从中发现以往那种由"认知"(Erkenntnis)何以可能的先验维度或"上游"视角所无法作出的崭新论断。仅以"意见"和"知识"的关系为例,借助对康德《纯粹理性批判》之"纯粹理性的法规"、《判断力批判》之91节"论经由一种实践信念的视之为真的方式",以及《康德全集》科学院版第16卷和第24卷中关于"逻辑学反思"与"逻辑学讲稿"等篇章的解读,先前的那种视"意见"与"知识"为两途的立场已很难成立。由先验哲学的认知结构或先天框架来看,意见与知识相差甚远,彼此之间几乎没有交集,康德关于时空直观和知性范畴的探讨也几乎不涉及意见,更不用说研究意见与知识之间的内在关联了。然而,当我们转换一下认知的方式,尝试着由"视之为真"的维度来看待两者时,虽说在这里意见无论是在主观上的充分,还是客观上的充分,都与知识

㊸ 康德:《实践理性批判》,第107页。
㊹ 关于"实践归谬"的详细解读,可以参见 Allen Wood, *Kant's Moral Religion* (Ithaca and London: Cornell University Press, 1970), pp. 25 - 34。

存在着不小的距离,但显然两者之间的鸿沟已荡然无存。或许意见在认知程度上还没那么地高,在确证范围上还没那么普遍和必然,可是随着我们对一手资料、二手资料的掌握,以及与此相关的证据的加增,在某一个时间点上,康德认为,意见就可以被视作知识,当然确认的标准掌控在各门学科的专家手中。就此而言,意见与知识的区别并非类的不同,而只是量上的差别而已。同样的道理也可以应用到对宗教的理解上,虽然说上帝与灵魂不朽的存在依然离不开道德法则对它们的公设,可现在借助主观充分而客观不充分的"视之为真"这一向度,我们可以将道德公设与"道德确信"一并考察,因为说到底,道德法则只是一个理性的事实,这一事实是我们主观"视之为真"的道德确信之唯一实例而已。⑤正是基于这一确信,为了摆脱道德推理中的"实践悖谬",进而始终一致地思维,我们必然公设上帝和灵魂不朽以确保"至善"的实现。就此而言,我们相信,随着对该议题的深入研究,我们对康德哲学的认识在不远的将来未必不会呈现出别具一格的景象。

(责任编辑:孙小玲)

作者简介:马彪,南京农业大学副教授,华东师范大学哲学博士,研究方向为康德哲学。

---

⑤ Lawrence Pasternack,"The Development and Scope of Kantian Belief: The Highest Good, The Practical Postulates and The Fact of Reason," p. 307.

论公开性原则

——基于康德哲学的语境

李金恒

【摘　要】康德在《论永久和平》中提出了"公开性原则",学者们一般都将之放在政治哲学语境中理解。本文试图探讨公开性原则在整个康德哲学语境中的可能运用,不仅包含政治哲学层面,而且拓展到道德哲学、批判哲学层面。在政治哲学的层面,公开性原则主要体现为一种外在强制的原理,帮助理智存在者检验自身行为的正当性。而在道德哲学层面,公开性原则能够用来解释何以谎言(尤其是"自欺")是道德恶的基本形式,而真诚是道德善的基础。到了批判哲学的层面,公开性原则又提示出理性克服形而上学独断论的方法,而这恰恰关联到康德的整个启蒙规划。

【关键词】公开性原则　康德　恶　自欺　启蒙

　　本文讨论的公开性原则指的是康德在《论永久和平》的附录中提出的这个命题:"一切与其他人的法权相关的行动,其准则与公开性不相容者,皆是不正当的。"①康德称之为所有公共法权的先验程式,通过这个程式,能够极便利地辨认出一个法权要求或者说一个形式准则的不正当性。因为"正义只能被设想为可公开宣布的";②"一个准则,我不可以张扬它而不由此使我自己的意图同时破灭,它要达到预定目的就必须完全保密,而且我不可能公开奉行它而不由此必然激起所有人来抗拒我的意图,其之所以引起所有人对于我的这种必然且普遍的,因而可以先天地看出的反应,无非是由于它借以威胁着每个人的那种不义。……它像一个公理那样不证自明,此外也易于运用……"③康德强调,这个原则同时可以被看作是伦理的(属于德性学说)和法学的(属于法权学说)。④

首先,这个公开性原则,其政治上的运用被康德讨论较多,所以在这个层面,它一直都获得了应得的关注,本文的第一部分将会讨论康德提到的三个代表性例子。

其次,我们认为,公开性原则的内涵和意义还可以进一步在道德层面论述。这也是本文第二部分的主题。康德对道德和政治之间的区分是十分看重的,这种区分基于其整个哲学的"现象-本体"二元论结构。政治涉及的是具体的外在行为,属于现象界;道德涉及的是行为背后的内在准则,属于无法观察到的本体界。政治依赖的是相互强制的原理,道德依赖的是自由决断的原理。康德的《道德形而上学》之所以分为两部分,把法权的形而上学与德性的形而上学分开论述,就是由于这种区别。基于这种区别,公开性原则的道德运用也体现出一种政治运用所没有的内在性的特点。这部分内容,我们会从道德法则与公开性原则的联系开始谈,然后进入对自欺的现象以及作为对自欺的克服的真诚德性的讨论。

第三,格外值得注意的是,康德认为,在这个公开性原则中,道德和政治在先验层面达成了一致。虽然在康德的哲学框架下,我们也不难追溯到政治与道德两个领域在根基处的重合——它们都在理性的立法范围内,也就是说,政治上强制的正当性与道德上自由决断的道德性都取决于与纯粹实践理性的立法(道德法则)的关系——但,同样使得两者达成一致的公开性原则,与理性之间有什么关联,却并不清楚。于是,对公开性原则与理性之间的关系的探讨,就成为本文第三部分的任务。

---

① 康德:《论永久和平》,载《康德著作全集》(第 8 卷),李秋零译,北京:中国人民大学出版社,2007 年,第 387 页。
② 同上书,第 386 页。
③ 同上书,第 387 页。
④ 同上。

通过以上讨论，我们试图说明，公开性原则不但是政治事务上的一个易用检验程序，甚至不仅仅能拓展到道德哲学，而且可以关联到康德的整个批判哲学，及其整个启蒙规划。

一、公开性原则的（外在）政治运用

（一）政治与道德的二论背反

康德指出，国家之间打交道的时候，会出现政治和道德的二论背反的情况。他举的其中一个代表性的例子如下："如果这些国家中的一个对另一个有所许诺……它都自问，自己在一件事关国家福祉的事情上是否能够因想要被视为双重人格，首先是作为主权体，因为他在自己的国家里不对任何人负责，但其次又是仅仅作为最高的国家官员，必须对国家有所交代，而使自己不遵守诺言？由此得出的结论就是：它以第一种资质所承受的责任，以第二种资质解除。"⑤

所谓的二论背反，就是两个相反结论的命题都能够说得通。在上面这个例子中，遵守或不遵守国家之间的承诺，作为外交原则，好像都说得通。因为，一方面，国家（或其元首）作为一个主权的主体，不论如何都遵守承诺，哪怕于国家利益有损，这一原则是得到道德的支持的。一个主权的主体，并不直接对特定人群及其利益负责，而只对"法"负责（此处是指国际法权）。但是，另一方面，国家（或其元首）又是国家的官员，他要把国家利益放在第一位。当有利于国家利益的时候，他就不应该遵守承诺，这种原则是得到政治的支持的。于是，正如康德所说，他似乎有双重的人格，第一重的道德人格所承担的责任，被第二重政治人格所取消。

这里的二论背反，正如理性在理论领域所碰到的二论背反一样，是一种自我冲突，必须要摆脱的困境。因为如果两个相反的外交原则各自都成立，那么就根本上取消了外交原则的正当与否这回事。

康德认为，运用公开性的原则能够轻易地解决这个困难："如果一个国家（或者其元首）张扬他的这个准则，那么自然而然的就是，别的任何国家要么躲避它，要么与其他国家联合起来，以便抵制它的狂妄。这就证明，政治无论怎样教化，在这个（坦率的）立足点上却必然使自己的目的破灭，因而那个准则必然是不正当的。"⑥康德的意思是，公开性原则作为一个先验的检验程序，单凭一种

---

⑤ 康德：《论永久和平》，第389页。
⑥ 同上。

假设的思想实验,就能够检验出"为了国家利益可以不遵守承诺"这一外交原则是不正当的。这个外交原则只是公开宣布,就足以让其目的无法实现,这称为不可公开性。而这种不可公开性就说明了其不正当性。在不可公开性和不正当性之间,可以有这样的推论,最终根据就在于"正义只能被设想为可公开宣布的"。

国与国之间的关系是康德提出公开性原则的最初语境和出发点。但后文的论述表明,公开性原则的可能拓展运用以及它与整个康德哲学之间的联系大大超出了这个范围。

(二)革命权问题

从国际关系到国家内部法权问题,是公开性原则的第一种拓展运用。对此,康德以革命(叛乱)权为例进行了演示。

革命权的主要问题是,人民是否拥有推翻暴君或专制政府的正当权利?或者说,根本不存在这样的权利,一切试图暴力推翻政府的行为都只不过是非法的叛乱而已?康德指出,这个问题是充满争议甚至令人困惑的("许多人难以回答","可以找出许多支持和反对的理由")。[7] 我们知道,根据约翰·洛克的观点,一方面,人民有权推翻背叛了人民委托的政府,因为政府的违约、失职(不再保障人民的财产权)使得自然法赋予的权利由让渡状态回归到了个人身上,即是说,契约解除。但第二方面,洛克也不会否认,根本不存在一个第三方的权威,可以在人民和国家之间裁定后者是否违约。正因为不可能存在这种第三方,无法形成所谓使用暴力来"反抗暴政"的合法框架,所以一切革命(叛乱)必定是"非法"的。如果存在革命的某种合法性的根据,这种根据也只能来自法外之地。需要注意的是,对洛克来说,这个法外之地,仅仅指国家法权之外,但却不在自然法之外——自然法的优先地位,是他主张存在正当的暴力革命的最终基础。

而康德在革命权的问题上一直都强调上面所说的第二个方面,即根本无法找到一个更高的第三方作为裁决者,所以他坚决反对暴力革命(叛乱)可能具有任何的正当性。在这里,公开性的先验原则,正好为康德的观点提供了简洁而又有力的支撑:"按照这个原则,人民在确立公民契约之前就扪心自问:自己是否敢于把存心偶尔举事暴动的准则公之于众呢?人们很容易看出,如果人们在创立一种国家宪政时想使在出现某些情况时对元首实施暴力成为条件,那么,

---

⑦ 康德:《论永久和平》,第 388 页。

人民就必然自以为对元首有一种合乎法权的权力。但在这种情况下,元首就不会成其为元首了,或者如果使二者都成为建立国家的条件,则建立国家就会是绝无可能之事,而这毕竟是人民的意图。因此,叛乱之不义之所以显而易见,乃是因为叛乱的准则由于人们公开奉行就会使其自己的意图成为不可能。因此,人们必然会隐瞒这个准则。"⑧

康德认为,对暴力革命有理(叛乱原则)的法权主张,无法公开地要求得到国家法律的保护,因为暴力革命本身瓦解国家法律。也就是说,本来暴力革命的目的是推翻暴政,追求自己的正当权利,却因公开否认国家的最高权威而失去了所有的权利的保障。除此之外,公开的叛乱企图还会招来国家权力的合法镇压,从而只有隐瞒这种企图才有成功的可能。从这两方面来看,暴力革命(叛乱)都无法通过公开性原则的检验,所以是不义的。

(三) 魔鬼组成的国家

除了前两个案例(它们都是康德对公开性原则的直接运用)之外,还有一处论述,也可看成公开性原则之运用演示。

依然是关于国家的建立问题,康德写道:"建立国家的问题无论听起来多么艰难,纵然对于一个魔鬼的民族(只要魔鬼有理智)来说也是可以解决的,这个问题就是:'一群有理性的存在者,全都为了保存自己而要求有普遍的法律,但他们每一个都暗中倾向于使自己成为例外,要这样来安排他们并建立他们的宪政,使得他们虽然在自己的私人意念中彼此对抗,但却毕竟如此相互抑制这种意念,以至于在其公开的行为中,结果恰恰是好像他们并没有这些恶的意念似的。'"⑨

康德之所以使用"魔鬼的民族"这样夸张的提法,就是想强调他们在道德上的恶劣。根据康德的观点,即便是魔鬼这样在道德上最恶劣的民族,只要他们有理智,也能够成功地组成国家,而对并未堕落到魔鬼地步的人类来说,更不应该是什么难题了。我们认为,他对人类克服组成国家的困难的信心,就是基于公开性的先验原则的效用。

康德指出,所有的理智存在者,包括魔鬼般的恶者在内,都会为了自保而寻求普遍的立法来解决争端,脱离危险的战争状态。但其中,那些道德上的恶者,他们却又希望自己是例外,不需要受到立法的束缚,可以为所欲为。把自己当

---

⑧ 康德:《论永久和平》,第388页。
⑨ 同上书,372页。

做普遍立法的例外，意味着法则的顺序在他们的心灵中是颠倒的，他们都将自己的欲望而不是法则放在优先的地位，而这正是康德对道德恶的基本看法。

此处的关键在于，他们的恶的意念（让自己成为普遍法则的例外）只能是"暗中"的倾向，而不能够公开地宣布。

因为，一旦恶的意念被公开地宣布，就等于是在争取私人欲望凌驾于普遍法则的正当权利。如果他争取成功了，一方面，他就不再是例外，因为其他人的欲望也可以正当地凌驾于普遍法则；另一方面，原来他为了自保而想要确立的那种普遍立法，也归于失败。由此可见，"让自己成为法则的例外"这一恶的意念，无法被公开化和普遍化，否则它就无法达到自己的目的。而这一点，正如康德所说，但凡有理性者都可以"先验地"预知。

预知的结果就是，魔鬼这种理性（但却是邪恶的）存在者会知道要隐藏自己的恶的意念，宁愿在公开的行为方面表现得完全符合法则。在行为上看，魔鬼的民族表现得遵纪守法，这完全是有可能的，只不过这种外表的德性并不具有内在的善的根基，而只是他们为了自保而在互相强制之下的结果。在这里，公开性原则并不作为检验原则正当与否的程式，而是作为趋利避害的工具。对于结果（目的）是否实现的预知，正是依赖公开性原则这个工具的作用。恶的意念为了实现目的只能隐藏自身，因为恶者预知到它的公开将会让目的无法达到。当理性存在者不自觉地运用公开性原则来预知，他就已经具备成为国家的好公民的条件。

在这个例子中，公开性原则更加接近一种自然的原理，构成政治的条件。因其更接近自然的原理，所以也降低了政治的门槛。组成国家不需要内在的道德，而只需要为了自保的理性能力，连魔鬼的民族都能做到。

二、公开性原则的（内在）道德运用

根据康德，先验的公开性原则同时适用于伦理与法学，[⑩]也就是说，除了上面所讨论的政治运用之外，它也有其道德上的运用。但是，纯粹的道德事务必定是内在的，道德动机总是隐蔽的，公开性原则如何在这个层面起作用？我们认为，在道德法则的普遍立法公式当中，已经包含公开性原则的形式要求，恶只能作为例外被排除在这个形式之外。而且，既然公开性是检验一个准则是不是不正义的标准，那么隐藏和掩盖（畏惧公开）就是恶的标志之一。在这个意义

---

⑩ 康德：《论永久和平》，第 387 页。

上,谎言和自欺是恶的基本形式。于是,在内在道德层面,公开性原则最大的作用就是把真伪的区别引入了善恶判断:有所掩藏,内外不一致,就是伪,同时也是恶。因此,我们还可以进一步说,成为一个道德上善的人,是一个去伪存真的过程。

(一)公开性原则与道德法则

根据康德,纯粹实践理性确立的道德法则就是唯一的定言命令:"要只按照你同时能够愿意它成为一个普遍法则的那个准则去行动。"⑪一个行动或准则的善与恶,全看它是否与这个道德法则内在地一致。

根据前面对公开性原则的讨论,我们知道,不正当的企图和准则必须隐藏自己,否则它将会招来其他人的反对,与其他人陷入一种战争的状态,从而使得原来的目的落空。而在道德法则的普遍化程式检验过程中,恶的准则所碰到的障碍是内在的,即要么在逻辑上就自相矛盾,要么在意愿上自相矛盾。⑫ 在这些情况下,被理智存在者预见到的不是别人反对自己,而是自己反对自己,不是自己与他人的战争,而是自己与自己的战争。恶的准则之不可普遍化,首先因为它是自相矛盾的。所以,我们认为,道德法则可以被看作是同样的形式原则的内在化版本。

如果要仿照康德定义公开性原则的语气,道德法则也可以这样来论述:

"一切与道德相关的行动,其准则与普遍性不相容者,皆是恶的。这是一个道德的先验程式,通过这个程式,能够辨认出一个准则的不道德性。因为,一个恶的准则,我不可以普遍化它而不由此使我自己的意图同时破灭,它要达到预定目的就必须让自己成为例外。"

关于在道德事务中让自己成为例外这一点,康德写道:"如果我们在每一次逾越一个义务时都注意我们自己,我们就将发现,我们实际上并不愿意我们的准则应当成为一个普遍的法则,因为这对我们来说是不可能的……只不过我们允许我们自己为了我们或者(哪怕仅仅这一次)为了我们偏好的利益而破例。"⑬

前文讨论"魔鬼的民族"也曾提到,他们不得不"暗中"让自己成为例外,因为恶的公开化将会让其想要(用来约束别人)的普遍法则也毁于一旦。这种情

---

⑪ 康德:《道德形而上学的奠基》,载《康德著作全集》(第 4 卷),李秋零译,北京:中国人民大学出版社,2007 年,第 428 页。

⑫ 同上书,第 431 页。

⑬ 康德:《道德形而上学的奠基》,第 432 页。

况下，从外在行为来考虑，恶的准则只有通过欺骗别人，才能达到目的。如果转到内在的道德领域，坚持恶的准则的人需要绕过的障碍，首先就不是别人的反对，而是自己的矛盾。因此，他必须找各样的借口来为自己开脱，掩盖矛盾。虽然他内在的理性完全能够一一推翻这些借口，证明他不应该是例外，但他却宁可不去运用自己的理性，而继续陷在自己的谎言中。也就是说，他只有通过欺骗自己，才能达到目的，这也意味着"诚实"的义务和"真诚"的德性在道德实践中有特殊的重要性。

（二）恶与自欺

诚实，被康德列为人对自己的义务之一。[14] 人，作为一个纯然的道德存在者，有保持自己的内在人格尊严价值不被贬损的义务。而说谎，则是诚实的对立面，它在一般意义上违背了人维护人格尊严的价值的义务。违背诚实的义务的方式有两种，有可能是对别人说谎（外在的说谎），也可能是对自己说谎（内在的说谎）。[15] 对自己说谎，即自欺，是我们下面重点讲述的内容，因为它与道德恶的根基联系密切。

自欺如何可能？康德承认这并不容易解释，他指出："证明人们所犯的某些内在说谎的现实性并不难，但解释其可能性似乎要困难得多，因为为此需要一个人们有意要欺骗的第二人格，但存心欺骗自己，看起来自身包含一个矛盾。"[16] 这里的解释困难源于自欺概念本身可能有的矛盾。因为，欺骗行为发生至少需要两个涉事者，其中一个充当欺骗者，另一个充当被欺骗者，而且两者之间必须存在信息不对称（欺骗者对被欺骗者隐瞒了某事）。而自己欺骗自己的说法，看起来既找不到第二个涉事者，又没有信息不对称的情况，因此无法成立。

为了避免这个矛盾，康德提出了一个方案，在人自身内部划分出两个人格："作为道德存在者的人（作为本体的人）"与"作为自然存在者的自己（作为现象的人）"。[17] 并且，他特别强调，前者不能把后者当作纯然的手段（说话机器）来使用，因为自然自我不会受制于道德自我的内在目的，而只受制于"与对前者的解

---

[14] 康德：《道德形而上学》，载《康德著作全集》（第 6 卷），李秋零、张荣译，北京：中国人民大学出版社，2007 年，第 438 页。

[15] 同上。

[16] 同上书，第 439—440 页。

[17] 以下分别称为"道德自我"和"自然自我"。

释协调一致的条件",并且"对自己承担起诚实的义务"。⑱ 根据这些论述,我们认为,康德设想的"道德自我"与"自然自我"之间的关系是一种要求与回应的关系。道德自我不断地对自然自我提出道德要求,要求自然自我与道德自我设定的内在目的协调一致;而自然自我虽然知道自己"应该"以道德自我的要求为优先,但却又忍不住"暗中"满足自己的需求,然后对自己的这一行为加以"伪装",将之"解释"成与道德自我的要求协调一致。因为自然自我能够以伪装出来的协调一致(伪善)来回应道德自我的要求,所以自欺是可能的。只有自然自我才存在诚实还是撒谎的问题,而所谓自欺,就是自然自我对道德自我的欺骗,欺骗的内容涉及自然自我是否以道德自我的要求为唯一动机,与之协调一致。

这里发生的欺骗与前文在"魔鬼的民族"一例不同的是,魔鬼可能只是在准则和行为上的表里不一——遵循着自私的例外准则,但是行为却表现得合乎法则;而陷入自欺的人则把自己行为背后的"自私准则"解释(伪装)成"善的原则"。因此,自欺倾向是一种更深的道德败坏,是根本的恶。

亨利·阿里森在解析康德的"根本恶"概念时,也把自欺放在重要的位置。按照康德的论述,根本恶有三个层次,第一个层次是软弱无能(没有能力去实践),第二个层次是不纯粹(能够去实践但是没有办法出于纯粹的动机),第三个层次是恶劣(能够去实践但却把道德法则颠倒到次要地位)。⑲ 而阿里森指出,三个层次都包含了自欺。⑳ 第一个层次上,假装自己无能,把恶描述成一种弱点;第二个层次,伪善,在动机之中掺有道德之外的其他因素;第三层次,可以描述为"有计划的自欺",只要不跟法则冲突,他就能够在道德上自我满足,以为自己做了道德所要求的一切。㉑ 但是,我们认为,在根本恶的第三个层次发生的,并不仅仅是以外在道德来冒充内在道德(像前文所说魔鬼的种族那样),更重要的是道德法则在内在动机层面被完全颠倒。按照康德,道德法则是先验地强加于人的绝对命令,从一开始就带着绝对性和优先性的要求。因此,人心中道德法则的颠倒(恶劣)包含着这样的自欺——假装可以无视道德法则的要求。这是在道德上最深的自欺,因此这种恶是最根本的。

---

⑱ 康德:《道德形而上学》,第 440 页。

⑲ 康德:《纯然理性界限内的宗教》,载《康德著作全集》(第 6 卷),李秋零、张荣译,北京:中国人民大学出版社,2007 年,第 28 页。

⑳ 亨利·E.阿利森:《康德的自由理论》,陈虎平译,沈阳:辽宁教育出版社,2001 年,第 236 页。

㉑ 同上书,第 234 页。

（三）真诚的德性

如果自欺是恶的基本要素，那么，在道德修行的实践中，对自欺的不断地克服就是向善进步的关键。这条思路凸显出"真诚"的德性的特殊重要性。而公开化原则的运用刚好就是培养真诚的德性的具体操作。

根据以上的讨论，从个人的角度来说，所谓把自己的动机和道德准则"公开化"，最重要的意义是反自欺，即自己对自己的坦白。这个说法听起来有点奇怪的地方在于，为什么对自己也需要坦白，难道我们不知道自己的想法吗？对这个疑问，上面所解释的道德自我-自然自我双重人格说能够充当部分的解答。但除此之外，还有另外一个原因，让"自我坦白"总是不够，那就是：某种意义上，我们确实对自己不了解。

康德不会不承认我们内在行为动机所具有的无限深度，因为自由在自然因果层面是无法被彻底解释的。人对自身内在以及他人的内在的认识都是无法穷尽的，是无法"完整"的，这是人对人（不论是对自己还是对他人）的"判断-审判"不具有绝对性的基本理由（只有神才有资格作为完全的"知人心者"来进行最终的审判）。

所谓"人心隔肚皮"，意味着我们不但不能够完全看穿别人，而且更重要的是，我们也不可能完全看穿自己，而只能在意识的视野范围内去采取道德操作和评判。这里的公开化原则实践其实指的不但是对他人的诚实和坦白，而且是对虚伪和自欺的揭露，一种自我揭露。把想做的事情或者行为的动机（哪怕只是在假想中）公之于众，这个操作本身不但是一种自我检验，而且是逼迫自己把对动机的洞察视野尽可能地扩大。在这个意义上，公开化是一种能够克服自欺，把人从不纯洁的虚伪恶习中解放出来的具体操作。

公开性原则的在道德实践上的这种内在运用正好契合哲学最初的使命：认识你自己。人，认识自己，有自知之"明"，即是说他把自己内在的秘密，对自己隐瞒的东西，自己欺骗自己的地方，都不断地揭露出来，朝向一种"澄明"的理想境界。在澄明的状态下，没有掩藏，没有欺骗，尤其是没有"自欺"。据此，在一个人的道德生活实践中，公开性原则被贯彻得越彻底，其准则与道德法则的符合程度就越高，他就越是一个道德上的善人。

回到日常生活语境，按照公开化原则，如果有一件事你想做，但是又必须保密，那最好不要去做。中文有几个褒义词，"君子坦荡荡""光明磊落""无事不可对人言"，都很好地表达了这个意思。按照这个方向去培养真诚的德性，能够防止从一开始的小小虚伪慢慢进入无可挽回的巨大谎言的陷阱。因为，秘密就像滚雪球，为了掩盖一个谎言，需要再撒一百个谎。一旦陷入这样的局面，从外在来说,他则会陷入接连不断的与其他人的冲突的危险(一旦东窗事发);更重要的是,从内在来说,他就可能染上自欺的虚伪恶习,阻碍真正的善的意念在心中的确立。

三、理性的公开运用与批判哲学

按照康德的思路,如果说公开性原则在政治上的运用将平息国内外的战争,在道德上的运用将平息善的原则与恶的原则的战争,那么它在批判哲学上的运用将平息诸种形而上学独断论之间的战争。

(一)从"自欺"到形而上学的战场

自欺,除了上文提到的,把自私的准则伪装成出自于道德法则之外,还有另外一种形式,就是假装知道自己其实并不知道的东西。以下两个康德著述中出现的例子都与宗教有关。

第一个例子是康德在《单纯理性限度内的宗教》谈到的一种关于神恩的宗教妄想。康德写道:"劝人相信可以把神恩的作用与本性(德性)的作用区分开来,或者干脆可以在自身中造成神恩的作用,这是一种狂热。……尽管在心灵中有时也发生一些影响道德的活动,我们也无法解释它们,被迫承认对它们无知。……要在自身中感知上天的影响,这是一种疯狂,它里面甚至也可能包含有方法……但它却总还是一种危害宗教的自我欺骗。"[22]

康德在这里批评的那种宗教妄想,是认为可以凭借自身的某种(除了道德之外的)努力去造成神恩的降临。本来神恩的作用是属于超自然的领域,我们既不能观察,更不能通过自然的手段去影响和操纵,只能"被迫承认无知"。这种妄想之所以同时是一种自欺,就是因为它号称知道自己并不知道的东西。

第二个例子是《论神义论中一切哲学尝试的失败》谈论到的,在辩论中的约伯的朋友们的思维方式。康德评论道:"约伯说的如其所想的……与此相反,他的朋友们所说的,如同他们被更强大者暗中窃听一样,他们正在裁决这位更强大者的事情,凭借自己的判断讨他的欢心,对他们来说要比真理更受关切。他们维护自己本来必须承认一无所知的事物,只是为了装装样子,他们伪装出一种自己事实上并不具有的信念,他们的这种狡诈与约伯的坦率形成了非常有利

㉒ 康德:《纯然理性界限内的宗教》,第178页。

于后者的鲜明的对比,约伯的坦率如此远离虚伪的阿谀奉承,以致几乎接近于放肆。"㉓

在这第二个例子中,康德之所以认为约伯的朋友虚伪,是因为他们坚持"维护自己本来必须承认一无所知的事物",即约伯所受到的苦难与上帝的公义之间的因果关系。这种关系根本就是无法探查的,但他们却以维护上帝公义的立场对这种关系加以断言,对约伯所受的苦难的原因加以断言。

总之,不管是宗教狂热者对召唤神恩的宗教妄想,还是约伯的三个朋友对约伯苦难的断言,都包含着自欺的成分。而且,他们号称自己知道(但实际上并不知道)的那些东西,不论是来自所在文化环境教给他们的权威教条,还是来自他们的神秘体验,他们都不能够给出理由和根据。也就是说,这些自欺背后伴随着的是独断论。

根据康德的界定,所谓独断论,就是"纯粹理性没有先行批判它自己的能力的独断方法"。㉔ 在这些传统宗教教条的独断论中,与其说理性没有严守其能力的界限,不如说理性的界限还没有被揭示-公开出来。而这正是康德批判哲学的工作。能够揭示理性的界限的,只能是理性自身。所以,批判哲学也可以称为理性的自我批判,自我揭示,自我公开。在这之前,康德面对的局面,他恰当地称为充满各种独断论的形而上学战场。

(二)未被满足的理性

康德的《纯粹理性批判》第一版序言(脚注)写道:"我们的时代,是一个批判的时代,一切都必须经受真正的批判。宗教,由于其神圣性;立法,由于其权威性,通常都不想受批判。但正因为这样,它们都招致了正当的怀疑,而不能得到真诚的尊重,因为理性只肯把真诚的尊重给予那些能够经得起它的公开审查和自由考验的东西。"

当康德说,一切都要经过理性的法庭的公开审查,是什么意思?理性要求什么呢?

理性的本性具有一种倾向,就是追求普遍必然性。所以理性会一直究根问底,去寻求条件之外的条件,以至于它必须要找到一个绝对者,无条件者,才会罢休,才会停歇。与此相关,理性相比感性最大的不同就体现在,理性会要求一

㉓ 康德:《论神义论中一切哲学尝试的失败》,载《康德著作全集》(第 8 卷),第 268—269 页。

㉔ 康德:《纯粹理性批判》,载《康德著作全集》(第 3 卷),李秋零译,北京:中国人民大学出版社,2007年,第 21 页。

个解释、说明，或者理由。这个操作就是一种揭示和揭露，把事情从含糊其辞的晦暗中"明"确下来。一件事明确了，也就是公开了，从隐秘的角落，变成暴露在光天化日之下。

理性的这方面意思，可以追溯到古希腊。苏格拉底的助产术，就是一种把本来隐藏的思维过程拿到公开的地方进行检验的方法。一开始，这是在面对一个与你平等的他者的时候才会产生的要求（不平等的权力关系不需要"解释"，只需要命令）。古希腊城邦有其特殊历史处境，城邦的公民之间是平等的关系，他们不但平等地交换着商品，同时也平等地交流着意见、观念。在这个意义上，他们相互之间谁也不是谁的权威，谁也不能下命令，而只能说服。于是，语言-逻各斯-理性成为最重要的力量-权力（power）来源。柏拉图之后的古希腊哲学思维方式，与其他人类早期文明的宗教思维方式最大的不同正是在此。宗教的言说，比如各种圣人先知，往往只是宣布断言，而没有说明。所以，宗教盛产独断论，它的根基在根本上是隐藏在暗处的，是神秘而不可说的。

相当长的一段时间里，理性没有走出独立自主的一步，而是在宗教教条的独断论庇护下，这种状态，就是康德所说的"自我招致的不成熟状态"。在此状态中，理性无法得到满足，因为它追求普遍必然性的本性被独断论的权威压抑着。如果理性要实现自己的本性（得到满足），走向成熟，它必须摆脱这种状态，这就是康德的启蒙规划。

（三）从启蒙到批判

虽然《回答这个问题：什么是启蒙》和《纯粹理性批判》属于康德不同时期的著作，但它们都涉及了同样的主题：理性与权威。

人类自成为人类以来，就是群居动物，会结合成为共同体来生活。共同体的基础可以有许多种，最原始的比如血缘、地缘等，再来就是共同的原始宗教崇拜。在这里我想提出的是，以理性作为共同体的基础，这是与血缘、原始宗教都完全不同的东西。学者并不是某个特定的（有限制的）共同体的成员，而是"世界公民"。作为世界公民，没有任何天然的权威能够限制他的思考。让人成为世界公民，就是启蒙。

康德指出，群众的启蒙所需的唯一条件，无非是"在一切事物中公开地运用理性的自由"。⑤ 根据康德的划分，理性的公开运用，是相对于私人运用。私

---

⑤ 康德：《关于一种世界公民观点的普遍历史的理念》，载《康德著作全集》（第 8 卷），李秋零译，北京：中国人民大学出版社，2007 年，第 41 页。

人运用,是对作为特定共同体的成员来说,他担任的虽然叫做"公"职,但却被康德看成理性的"私下"运用者。因为不论他的职位多大,始终是一个"有限"的范围,这个限制是外在的——他必须服从其所属共同体的权威,做有利于共同体凝聚的事(维护权威)。但是,理性的公开运用,也就是作为学者,作为"世界公民"而思考和言说,这个范围是"无限"的——没有一个更高的权威可以限制他,或者说让他无条件去维护。也就是说,在康德的启蒙规划中,理性的公开运用意味着突破一切权威教条的独断论,从而也有机会克服与独断论联系在一起的自欺。我们可以看出,康德其实对"公开性"寄予了相当大的期望。

当理性能够不受任何限制地公开运用,摆脱了权威的"监护",就会出现康德所说的这种情况:理性按其本性不承认任何既定的权威,它只肯把真诚的尊重给予那些能够经得起它的公开审查和自由考验的东西。换句话说,理性不以任何外部权威为权威,而只以自己内在的立法为权威。

这时候,理性应当是"如入无人之境",因其使用不受到任何的限制。然而,理性却发现,它不断扩张自己的"王国",到一定的程度,就会陷入困境。它自己无法回答自己依据自己的本性所提出的问题,仿佛"不能满足"成了自身的一种命运。[26] 于是,理性发现,自己的权威和立法仍有个"界限"。也就是说,虽然没有任何的外部权威可以限制理性,但是理性却在自身内部发现了界限。批判哲学,就是理性公开揭示自己的这个界限。康德认为,通过揭示、划定自身的界限,理性克服了那种命运,并且由此永远地终结了形而上学战场上诸独断论的战争。

综上,公开性原则与理性的关系可以概括为两个环节。

第一个环节是,理性在其公开运用中有机会摆脱各种权威和教条(拒绝一切独断)——这些权威和教条的"监护"让理性陷入"自欺"(自我招致的不成熟状态)。在公开运用自己的理性的"世界公民"那里,不应该有任何"限制",没有什么是不可以讨论、质疑和反对的,只要一切都遵循理性的规则进行。在第一个环节,理性通过公开运用,获得了独立。

第二个环节则是,当理性被允许没有任何限制地公开运用于一切事物,它迟早会发现,自己的运用并不是没有界限的,只不过这个限制并不在外部的权威,而在自己内部。批判哲学,作为理性对自身界限的揭露(公开化),是理性"自我认识"。在第二个环节,理性通过自我批判,学会了节制。由此,理性也克

---

[26] 康德:《纯粹理性批判》,第 5 页。

服了自己（无法解决自己提出的问题，无法获得满足）的"命运"，走向成熟。

（责任编辑：孙小玲）

作者简介：李金恒，哲学博士，上海社会科学院哲学研究所助理研究员，研究方向为德国哲学。

论黑格尔的自因观*

王运豪

【摘　要】传统自因理论的问题在于,它无法解释自己作为原因如何能够产生与自己不同的结果。黑格尔自因理论的优势在于,他深刻挖掘出同一性的内涵,因而原因和结果本身具有同一性。同一性基于自我意识的结构之上。自我意识的对象本质上仍然是思维的规定,因而与主体具有内在同一性。黑格尔的自因从动态上则表现为内在目的论,它更加强调实现过程,这使得它能够克服传统自因的差异性。对实现过程的强调肯定了主体能动性,它凸显了自因的内在性。但对内在性的强调又展现出存在于自因中的矛盾。

【关键词】能动性　自因　黑格尔

　　哲学与对事物原因的探寻有着密不可分的关联。原因即寻求是什么导致了事物的发生,它试图克服偶然性,寻求事物的普遍而必然的根据,而哲学致力于探寻事物的根据,它总是追问事物何以可能,在这个意义上可以说:"因果问

──────────
* 本文为天津市科研创新项目"黑格尔因果理论研究"(批准号：2020YJSB182)的阶段性产物。

题自始就在哲学的视野之中,而且构成了哲学的核心问题。"①

哲学探寻事物的原因,它往往追溯至作为自因的绝对。因为哲学不同于科学,科学总是寻求某一现象的具体解释,它用另一个事物解释事物的发生,其原因带有外在性;但是哲学却致力于对个别的原因进行回溯,而不断地追溯事物的根据。此种追溯会一致进行下去,直到追溯到作为自因的绝对。自因本身不再可以追问,它构成事物的内在的前提与根据,如海德格尔所言:"分解给出作为生产着的根据的存在,从被它论证的东西来看,这种根据本身需要与之相应的论证,也即通过最原始的实事的引发作用。这种最原始的实事乃是作为 Causa sui[自因]的原始实事。"②

但是传统的自因理论有其内在矛盾,此矛盾典型地体现于斯宾诺莎学说中。斯宾诺莎认为实体表现出自因,自因表明本质包含着存在:"我把自身的原因理解为这样的,它的本质就包含着存在,或者它的本性只能被设想为存在的。"③自然世界带有机械性,它不以自身为根据,是被动发生的。自然最终以实体为根据,实体是其最终原因。实体是自发的,它能够以泛神论的方式表现于自然世界之中。但问题在于:"这意味着原因和结果必然是两个不同的事物,否则说因果性或因果关系就是无意义的。但是,自因意味着一个事物既是自身的原因,又是自身的结果。这在逻辑上显然是荒谬的。"④换言之,自因如何产生与它不同的内容?这在逻辑上如何可能?因为因果概念建立在差别之上:"如果我们固执着因果关系的本身,则我们便得不到这种关系的真理性,而只看见有限的因果性,而因果关系的有限性即在于坚持因与果的区别。"⑤在斯宾诺莎这里,自发的实体(思维)与被动的世界(存在)存在着区别。斯宾诺莎的自因依然建立在二元论基础上,它本身依然包含有外在性,斯宾诺莎无法克服它,因此斯宾诺莎对自因的把握并不真正地符合自因的概念。那么问题是,是否有一种哲学能够克服这种区别?并因此真正体现自因这一概念?本文试图论证,黑格尔对自因的把握有利于解决传统自因理论的这一矛盾,并且黑格尔还能凸显自因的内在性。

---

① 张志伟:《西方哲学视野下的因果关系》,《宗教研究》2016 年第 2 期,第 40 页。

② 海德格尔:《同一与差异》,孙周兴、陈小文、余明峰译,北京:商务印书馆,2014 年,第 85 页。

③ 北大哲学系外国哲学史教研室编译:《西方哲学原著选读》(上),北京:商务印书馆,2007 年,第 415 页。

④ 吴增定:《自因的悖谬——笛卡尔、斯宾诺莎与早期现代哲学的革命》,《世界哲学》2018 年第 2 期,第 68 页。

⑤ 黑格尔:《小逻辑》,贺麟译,北京:商务印书馆,2015 年,第 319 页。

实际上,对于黑格尔的自因观,一些学者已经有所发掘。Siep 认为:"实在是概念,呈现的是自因以及自身奠基(self-grounded)的过程。"⑥Marker 认为:"因此,对于黑格尔,逻辑学标志着历史哲学的圆满,以及完成了它的古典的任务,即提供对于绝对的绝对理解,绝对本身意味着永恒、神圣并且同样重要的,自因(causai sui),对于自身充分的原因和根据。"⑦他们虽然注意到了黑格尔的自因观,但是对于黑格尔如何克服自因本身存在的矛盾,并没有加以清晰地阐明。本文力图立足他们的探索,进一步探讨黑格尔自因观的内涵。

一、自因观的逻辑基础:自我意识结构

上文提到黑格尔的自因观有利于解决传统自因的矛盾,即自因如何产生与它不同的东西? 这在逻辑上如何可能? 那么问题是黑格尔如何具体地解决传统自因的矛盾。笔者认为,自因之所以存在是因为它本身克服了外在的差异,它立足于同一性之上。黑格尔能够很好地解决自因的矛盾,正是有赖于他对同一性内涵的深刻挖掘。问题在于,同一性的基础在哪里? 它本身如何可能? 笔者试图在这一节对此加以阐明。

自因的同一性基于自我意识之上。自我意识不只是《精神现象学》的一个环节,整个黑格尔哲学均可看作对自我意识的阐发。因为黑格尔无非是在不同层面阐述了自我与对象的内在相关性。此外,自我意识也不单指人的意识,它也是绝对本身的意识。绝对是认识发展的结果,一方面绝对本身离不开认识过程,它正是在认识过程中展现自身,达到对自己的自我意识;另外一方面,绝对作为结果是以意识的方式加以呈现,它本身也体现了意识所代表的主体性。因此,人的意识与绝对具有统一性。

自我意识不同于意识。意识认为对象独立于观念,对象无法为观念主体充分把握,它仍建立在差异之上。反之,自我意识则能够从对象上返回观念自身,返回自身是在中介中获得同一的过程。在自我意识这里:"自我意识则与此相反,是完成和建立起来了的自为之有;与他物、与外在对象的关系的那个方面已经去掉了。"⑧自我意识去掉了与他物的关系,他物的外在性已经被去掉。这并

---

⑥ L. Siep, *Hegel's Phenomenology of Spirit*, trans. Daniel Smyth (Cambridge: Cambridge University Press, 2014), p. 58.

⑦ Gray Carlson (ed.), *Hegel's Theory of the Subject* (New York: Palgrave Macmillan, 2005), p. 2.

⑧ 黑格尔:《逻辑学》(上卷),杨一之译,北京:商务印书馆,2001 年,第 159 页。

不是说,在自我意识里,我们没有了他物,如果这样的话,它只停留在自身之内,那么对应于自因,它仍不能作为原因而存在。因为原因要产生结果,原因与结果存在区别。它们二者存在着中介的关联,它们并非直接具有同一性。然而,自我意识能够建立他在,即差别,但差别本身又不是真正的差别,这种差别又包含同一性:"虽然在这里(自我意识——引者注)也有一个他在;因为意识区别出这样一种东西,但这东西对于它同时又是一个无区别的东西。"⑨自我意识意识到对象,但同时它又能够扬弃与对象的差别,如此一来,对象和观念自我便不存在分裂。对应于自因,即自因不会停留于自身之中,它会在结果之中表现自己。但自因的对象并不同于狭义的因果关系的对象,后者对我们具有外在性。之所以如此是因为在狭义的因果关系中,事物的发生是由他物所引起的,这就表现为作为原因的引起者与作为结果的被引起者之间存在差别。差别表明因果关系具有外在性,原因是从事物之外寻找到的。这根本上来讲,是因为狭义的因果关系把事物理解为静止的、不运动的物体。因果关系认识到了差别,但仍未充分把握差别中的同一性,所以它还缺乏真理性。自我意识视角下的自因却与之不同。自我意识作为原因会主动地构建出一个与它有差别的对象。但对自我意识而言,对象与自身的区别实际上并没有什么区别。因为自我意识不仅能够外化对象,而且能够把对象看作是对自身的规定,这就能够统握对象。因而,它通过再次的否定,便克服了与对象的差异,从而从对象上返回自身,建立起自身的同一性。正如黑格尔所说:"对于自我意识来说,对象的否定或它的自我扬弃之所以有肯定的含义(Bedeutung),或者说,自我意识之所以认知对象的这种虚无性(Nichtigkeit),一方面是由于它外化它自己——因为在这种外化中,它把自身建立为对象,或者说,为了自为存在的不可分割的统一之故把对象建立为它自身。另一方面,是由于这里同样还包括这样一个另外的环节,即自我意识同样也扬弃了这种外化和对象性,并将它们收回到了自身中,因而它在自己的他在本身里就是在自身那里。"⑩观念自我作为原因,它产生的对象本质上还是自己,它在对象上并不感到束缚,对象并不外在于它,原因和结果统一于自我,所以因果关系才能作为自因而存在。自我意识并不把事物理解为静止的存在,反之它把握到事物的自身性,事物是自身决定的,它并不带有惰性。

对于自我意识而言,观念自我在对象上还是自因的,这本身如何可能? 这

---

⑨ 黑格尔:《精神现象学》(句读本),邓晓芒译,北京:人民出版社,2017年,第109页。

⑩ 同上书,第477页。

之所以可能,就对象而言,黑格尔的对象既不是机械论视角下的对象,也不是不可认识的物自身。之所以不是前者,是因为机械论把对象把握为静止的对象,对象自己不会运动,它是为他物所推动的。因此,对机械论对象的认识必然导致外在的因果,即事物受制于外在的因果链条,它用与之有差别的事物解释这一事物的成因。事物本身是被动产生的,因而是被决定的。此种外在的关联正是自因所要克服的。黑格尔的对象亦不同于康德的物自身。康德的物自身是感性刺激的源泉,它不在现象之中。但我们的认识,亦即因果法则只能应用于现象之中。对于物自身我们不存在认识关系,因此也无所谓适用的因果关系。因果关系在此是阙如的。即便我们把康德的自由因当作一种原因,它似乎能够在本体的世界发挥作用,它也无法表达自因。因为在康德这里,自由只是一种形式的应当,它与现象世界相独立,因而它不会在内容中表现出来,不会建立差异,因而它无所谓作为原因而存在。因此,在这种两种情况下,自因都无从建立。

黑格尔的对象不同于以上两者,它本质上是思维,表达的是我们在对象上的思维规定性:"哲学的逻辑把指向以及理论考察的对象作为关于某物的概念而思考。"⑪此处的概念亦即作为观念的思维规定,它体现为某一特定的范畴。不仅精神的对象,而且自然的对象,它们都体现了范畴规定。黑格尔表明,对对象的认识虽然离不开感觉经验,但是感觉本身只是杂多而任意的存在,它并不能作为基础。作为对象基础的是思维规定。一方面只有思维才能表达对象的具体规定,思维在黑格尔这里并非是对对象的抽象把握。例如就对生命的认识而言,动物区别于植物的地方在于,它不像后者一样是一个静止的存在。动物不再受制于固定的路线,它能够摆脱固定条件限制,这就表达出不同事物有不同规定,因而把握到事物的具体性。这表明,思维对对象的规定并不是我们主观认识的结果,它是对对象本质的客观呈现。正如黑格尔所言:"这种观念性并不只是由我们的思考,而是客观地呈现于有生命的主体本身,因此我们应该把这种主体的客观存在称为一种客观唯心主义。"⑫另外一方面,对象并非不运动的,它亦会能动地发展自己,思维的能动性正呈现出对象本身的能动性,这带有客观性。观念才真正表达了事物的因果性,它已经不再是一种偶然的、主观的认识。因此,黑格尔的对象能本身够消解康德物自身理论的困境。因为对于黑

---

⑪ Francesco Berto," "Hegel's Dialectics as a Semantic Theory: An Analytic Reading," *European Journal of Philosophy*, vol. 15, no. 1(2007), p. 24.

⑫ 黑格尔:《美学》(第一卷),朱光潜译,北京:商务印书馆,2009 年,第 159 页。

格尔而言,第一,感性杂多并不在认识中发挥作用,因而并不需要预设物自身作为其刺激源;第二,对象本质就是思维,对象并不独立于思维规定,对对象的把握也无须外在地综合感觉材料;第三,思维世界并不与现实世界相对立,它并不是康德意义上的应当,也不独立于现实世界。

不仅对象体现了意识的规定性,黑格尔观念主体的本性是思维,它与存在状态无关,亦与经验无关。他继承了康德的思路,认为观念主体的本性是思维,思维本身才能为经验奠基,并且此种观念主体的认识具有能动性,它能够否定自身,在客体世界规定中表现自己、规定自己。但是需要注意的是,正如上文所指出的,黑格尔已经扩大了主体性的内涵,黑格尔的主体已经不单单是指人,这本身与康德有着区别。因此,第一,主体和客体都服从思维的规律,主体和客体本身带有同构性,它们都符合同一规律,所以黑格尔才会说:"由于两者(概念与对象——引者注)都是为同一个意识的,所以意识本身就是它们两者的比较;它的关于对象的认知是否符合这个对象,乃是对这同一个意识而言的。"⑬这种同构性使得认识的同一性,进而自因本身得以可能。第二,主体和客体规定性又不相同。客体能够表现出与观念的主观性不同的认识规定,这使得彼此的差异性得以可能。此种差异使得因果关系得以被构建。第三,思维根本上体现了主体的规定性,客体不过是表现了思维规定性,归根到底是观念主体统摄了客体,因此主体能够在客体上认识到自身。这对应于自因理论即,观念的主体作为原因,会否定自己,从而产生一个与自己不同的对象,这本身体现了因果关联,但是观念对象本质上也是思维建立的,主体能够在对象上返回自身,这就表明了自因的关系。

由此可见,黑格尔试图贯彻意识的内在性来阐明自因的概念,笔者认为黑格尔的自因是对自因概念最好的解释,因为它突出了意识的主动性,能够实现主体和同一关联,进而克服外在的差异。但也可能有人反驳说,我们在意识的直观中也能建立与对象的同一性,这似乎也表明一种自因。但是第一,在直观中我们是直接达到与对象的同一,我们在此并没有真正建立与对象的差别,因而并没有建立因果关系。既然没有因果关系,那么也无所谓自因的存在。第二,更为关键的是,在这种直观中,我们无法表明自因的自我认识。我们与对象始终是一种直接的关系,而不是一种中介的、反思的关系。

---

⑬ 黑格尔:《精神现象学》(句读本),第55页。

二、自因观的表现：内在目的性

上文表明自因立足于自我意识的结构之上，但是自我意识不会停留于个别对象，否则的话，它只具有个别的有效性，仍然有在它之外的内容限制它。自因会展现于整个世界之中，整个世界都是基于自因的自我意识的结构之上，这就体现出同一性的普遍性。这种普遍性呈现出自因的普遍性，因而更好地发挥出自因的内涵。黑格尔通过对内在目的论的发挥而使这一点得以可能。笔者在这一部分即力图阐明自因与目的论的关系。

内在目的论是把自己当作目的而去实现，它表现了自我意识的结构。因为在目的开始之前，并不存在任何先在的前提，如黑格尔所言："所以那假定在先的客体对于目的也只是一种观念性的自在的不实的东西（an sich nichtige Realität）。"⑭它并不是任何他物作用的结果。因此，在认识开端，黑格尔便排除了独断的假定，黑格尔使得一切先天的因果不再可能。它们对事物的解释并不是着眼于事物自身，而是着眼于主观的设定。这就表现出黑格尔对外在因果关系的否定。此种因果并不能真正展示因果的普遍性。在黑格尔这里，目的在开端还只是抽象的，此时目的还只是主观的、内在的，它仍与客观世界处于对立之中。认识会把抽象的目的表现于外，这便使得它转向客观世界。黑格尔在此表明，客观世界本身也具有合理性，认识并不处于客观世界之外，它并不是对彼岸世界的追求："哲学所研究的对象是理念，而理念并不会软弱无力（ohnmächtig）到永远只是应当如此，而不是真实如此的程度。"⑮相反，目的具有能动性，它会在现实世界中实现自身，从而克服主观和客观的对立，这造成的结果即目的的实现："在这个过程里，目的转入它的主观性的对方，而客观化它自己，进而扬弃主客观的差别，只是自己保持自己，自己与自己相结合。"⑯观念作为原因，它能够在客观世界中保持自己，亦即我们实现出来的依然是自己。在内在目的中，我们一方面有了客观的维度，因而克服了单纯主观目的的片面性，这就是说我们在客观世界中主动地建立了差别，扩展了自己；另外一方面，原因与结果具有同一性，它统一于作为自因的观念自我。这种同一性本身是基于自我意识的结构之上。对于它们的一致，正如邓晓芒先生所言："……但目的论概念的内在结

---

⑭ 黑格尔：《小逻辑》，第 389 页。
⑮ 同上书，第 44 页。
⑯ 同上书，第 389 页。

构已经奠定了,它其实就是自我意识的结构,或作为'我思'的思维本身的结构。"⑰内在目的论与自我意识统一于自因。它们都是自己作为原因,而在客观世界中实现出自己,自己以自己为原因的表现。

内在目的论从动态的角度展示了自我意识,这表现在目的实现的无限性。其实现并不是一步到位的,它要在一切对象上作为自因而存在。之所以如此是因为,目的会在某一客观内容上实现自身,但是这一内容依然有限。因为一方面,仍然有内容在它之外,它还可能受到限制;另一方面,它仍然包含着自身的矛盾:"如果它停留在单纯的矛盾上面,不解决那矛盾,它就会在这矛盾上遭到毁灭。"⑱在此,个别的自因并不符合自因的本质,因为在这一事物之外,仍然是他因的,事物是为他物所决定的,这便无法体现出自因的普遍性。它会继续发挥能动性,否定此一对象的有限性,并在新的对象上实现自身。此种实现会诉诸一个实现的过程。实现过程本身带有历史性。此种历史性,第一,提供了我们对对象的具体把握,它能够提供对于对象的具体认识。因为认识把对象理解为一个发展过程,它能够包含之前认识的规定,它表明事物本身是发展的产物。这就不同于狭义因果关系对于对象的把握。因果关系把对象理解为静止的存在,它是单纯抽象的产物,在这一过程中,它要求不断忽略对象的规定性,例如万有引力定律便是忽略事物具体条件的产物,这就包含了对对象的片面规定。第二,历史表明了认识的构建性。认识不仅仅是理论的,认识本身具有实践性,它能够构造新的对象,在新的对象上扩展自身。因此,因果不仅仅表达了认识论原则,而且表达出本体论原则。认识过程本身具有无限性,正如黑格尔所说:"从这向前的联系,它(精神——引者注)自己推动自己,因为它很丰富多产地从它本身又产生出其他东西,这样就让科学认识一直进展下去。"⑲这就是说,自因本身不会停留在个别对象上,它会不断扩展自身,实现对于对象更具体的把握。

自因的扩展即包括在自然对象的扩展,也包括在精神对象的扩展。相比较而言,精神对象更能体现自因的本质。这是因为自然世界并不是一个外在的、机械论的世界,自然世界也体现出目的性:"目的概念,作为内在于自然事物的概念,是这些事物的单纯规定性。"⑳自然世界表现出目的性的自我保持,因而表现出自我决定,这就体现出自因。但自然世界仍具有外在性,自然始终受制于

---

⑰ 邓晓芒:《论黑格尔〈逻辑学〉中从本质论向概念论的过渡》,载《德国哲学》2016 年下半年卷,北京:社会科学文献出版社,2017 年,第 120 页。

⑱ 黑格尔:《美学》(第一卷),朱光潜译,北京:商务印书馆,1997 年,第 124 页。

⑲ 同上书,第 31—32 页。

⑳ 黑格尔:《自然哲学》,梁志学等译,北京:商务印书馆,1980 年,第 8 页。

外部环境："仅仅抽象地保持概念的规定,将特殊东西的实现委诸外在的可规定性,这是自然界无能的表现。"㉑它无法真正地发挥出目的性。自然缺乏认识,它不会能动地实现出某一目的。自然只是自在地符合目的性,它并不是自为地出于目的。因此,它并没有内在地体现出自因。相反,只有在精神世界亦即人的世界中,自因的无限创造性才真正体现了出来。因为人是理智的存在,它能够通过主动地认识,积极地实现某一目的。

随着对象的扩展以及对对象的具体把握,自我意识也会深入到更内在的层面："但是,精神已向我们指明的是,它既不只是自我意识退回到它的纯粹内在性里,也不仅仅是自我意识沉没到实体中,沉没到它的区别的非存在中,而是自我的这种运动,自我自己外化它自己,并且自己沉没到自己的实体中,同样又作为主体而走出实体,深入到自身、并使实体成为对象和内容,作为主体而扬弃对象性和内容的这种区别。"㉒向外的扩展与向内的深入具有一致性。它表明自因在认识过程中能够不断地认识自己："这是精神的目的;精神就是要创造自己,使自己成为对象,以期它拥有自己,作为定在,以期它认识自己;它的存在是认识自己。"㉓这就深入到自因的反思性,自因指向的是对自身的把握。因此,随着认识过程的引入,黑格尔揭示了自因的不同层次,因而揭示出自因更内在的规定性。

需要提醒的是,自因的扩展并不是主观认识的结果,由于认识揭示的是对象的必然性,所以此种认识表现的也是对象的客观进程："因为这(方法——引者注)正是内容本身,正是内容在自身所具有的、推动内容前进的辩证法。显然,没有一种可以算作科学的阐述而不遵循这种方法的过程,不适合它的单纯的节奏的,因为它就是事情本身的过程。"㉔这种客观性之所以可能,还是由于思维本身具有客观性,思维能够揭示事物的内在必然性。它并不基于任何主观的任意想法之上,也不存在与感觉经验的外在联系。正是通过贯彻思维的客观性,黑格尔对自因的认识才具有了客观性。

自因要在一切内容上发展自己,其发展的结果为主体和客体的统一,这就是绝对。之所以如此是因为如果彻底发挥自因(目的)的能动性,那么它就会在一切对象上表现自身,因为如果还有外在的内容,那么就还有内容限制它,如此

㉑ 黑格尔:《自然哲学》,第 32 页。
㉒ 黑格尔:《精神现象学》(句读本),第 488 页。
㉓ 黑格尔:《世界史哲学讲演录(1822—1823)》,刘立群等译,张慎等校,北京:商务印书馆,2015 年,第 45 页。
㉔ 黑格尔:《逻辑学》(上卷),杨一之译,北京:商务印书馆,2004 年,第 37 页。

一来也就不存在真正的自因。没有任何内容在自因之外,这表明了自因的普遍性。在绝对这里:"通过绝对,我们是说,一个普遍的总体概念,而没有任何内容在其之外。"㉕

　　由此可见,整个世界都是建立在内在目的论的基础上。在内在目的论中,黑格尔更加看重的是实现过程,它能够解决传统自因观的矛盾,并且能够深入自因的内在性。对于内在目的论的运动过程,黑格尔认为:"实施了的目的或定在着的现实就是运动,就是展开了的形成过程;但恰恰这种不安息就是那个自我;而它之所以与开端的那种直接性和单纯性是同一的,乃因它就是结果,就是返回于自身的东西——但返回于自身的东西恰恰就是自我,而自我就是自己和自己相联系的同一性和单纯性。"㉖在黑格尔看来,目的处于开端时还是抽象的,它还不一定实现出来。对应于自因,即原因还不具有真理性,它还没有产生效果,它还没能证明自己是自己的原因,所以原因还具有片面性。如果原因带有本质性,那么实现过程便可有可无,因为结果不能大于原因,结果只是原因的呈现,它不会增加什么内容。传统的自因学说,例如在斯宾诺莎这里,即把这种自因的实体作为依据,它是认识的开始与基础。既然实体已经无所不包,那么它便无须去进一步实现自己,这就使得斯宾诺莎的实体成了僵死的实体。斯宾诺莎并未发挥出自因本身所包含的能动性:"如果斯宾诺莎进一步发展了自因里面所包含的东西,他的实体就不是死板的东西了。"㉗这就产生了自因本身的理论困境。因为虽然原因表达着统一性,但是它毕竟也与现实世界不同,此种不同如何克服本身就成了问题。反之,对于黑格尔而言,正因为目的在开端时还是抽象的,所以它还需要进一步实现自己,这就为黑格尔对能动性重视提供了可能。此外正因为黑格尔重视实现过程,所以对黑格尔而言,实现出来的结果才是为原因(主观目的)的依据,它才能作为真正的原因而存在,因而真正表现出自因:"只有在效果里,原因才是现实的,原因才是原因(in der Wirkung ist erst die Ursache wirklich und Ursache)。因此,原因真正讲来,即是自因。"㉘之所以如此,第一,是因为实现过程增加了认识的规定,因而一方面,它包含了真正的差异,这就使得整个因果链条得以可能,另外一方面,规定本身才表明了认识的客观内容,它才使得主观的目的具有客观性。第二,实现出来的才能够真

㉕ Philip J. Kain, *Hegel and the Other — A Study of the Phenomenology of Spirit* (Albany: State University of New York Press, 2005), p. 231.

㉖ 黑格尔:《精神现象学》(句读本),第13—14页。

㉗ 黑格尔:《哲学史讲演录》(第四卷),贺麟、王太庆译,北京:商务印书馆,2009年,第115页。

㉘ 黑格尔:《小逻辑》,第318页,译文有改动。

正表明主体的自我认识,它才能凸显认识的自身性,进而凸显了自因的内在性。换言之,黑格尔立足于对能动性的重视,颠倒了因果的次序。对过程的重视是黑格尔的独特贡献,正如罗克摩尔(Tom Rockmore)所言:"相反,根据黑格尔对笛卡尔乃至对费希特的线性推理形式的颠覆,合理性是在理论的发展过程中被创造或者被生产出来的。"㉙

这种实现过程最后会追溯至绝对。它构成了所有的依据与基础,绝对离不开实现过程,离不开现实世界,这也是对传统自因困境的克服。传统自因理论里,实体与现实世界存在差异,现实世界的外在性与自因的内在性并不相符,这使得自因本身缺乏根据。对于黑格尔而言,绝对本身是无限的,这与传统自因理论保持着一致。但是绝对本身离不开有限,离不开发展过程,换言之,绝对精神与认识过程具有一致性。过程增加了认识内容,它使得绝对与一切具体内容处于同一关系,它与任何内容不相外在,也没有任何内容超越于它之外。绝对与认识过程并不是外在的手段与目的的关系,它们是一个有机整体,是一种内在的关系。因为绝对正是诸环节而真正得到显现,离开了具体内容,绝对便不成为绝对。与一切内容相统一,这便表明了自因的总体性,因为它能囊括一切。正因为它与一切内容都处于同一关系,它都是目的主动实现的结果,如此一来,它就去除了机械论世界观的被动性、外在性,正如黑格尔所言:"——目的性在普遍的东西中具有较高的原则,即在其存在中的概念,概念自在自为地是无限和绝对的东西——这一自由的原则,它对它的自身规定,全然确定,对机械性外在的被规定,绝对决裂。"㉚

对自因实现过程的强调表明黑格尔发挥了主体能动性。黑格尔的主体已经不同于静态的主体。主体在笛卡尔为一个固定的点:"宾词通过一个运动被黏附在这个作为它们的支撑物的点上,这个运动属于对这个固定点的认知者的运动,而没有也被视为属于这个固定点自身的运动。"㉛在康德这里,主体虽然有了能动性,但是它的法则仍然是现成的,康德关心的只是认识能力的批判,它不需要主动地再去建立什么。并且康德只把握到了主体对客体的统握,而没有把握到主体在客体上的自我认识。黑格尔的主体则不满足于任何固定的内容,黑

㉙ 罗克摩尔:《黑格尔:之前和之后——黑格尔思想历史导论》,柯小刚译,北京:北京大学出版社,2005年,第 89 页。

㉚ 黑格尔:《逻辑学》(下卷),杨一之译,北京:商务印书馆,2009 年,第 426 页。

㉛ 黑格尔:《精神现象学》(句读本),第 14 页。

格尔的目的性拒绝(Absage)了康德对认识能力的批判(vermögenskritischen)㉜。
黑格尔关心的只是目的论的能动性,它要求在一切内容上主动地建立自身,一
切都为观念所建立,它已经克服了外在的因素。这便突出了观念本身的创造
性:"但这种存在与应当的符合,却并不是死板的、没有发展过程的。因为善,世
界的究竟目的,之所以存在,即由于它在不断地创造(herverbringt)其自身。"㉝
他能够把一切都纳入自因的世界之中,换言之,黑格尔主体性打开了一个内在
的自因的世界。由此,黑格尔把自因具体化、现实化了。自因不再仅仅是绝对
的自因,它也是具体事物的自因,自因也不再超越于世界之外。自因客观地体
现在世界本身之中,尤其体现在人这里。不仅如此,自因还要在一切内容上认
识自己,它能够从他物上进一步返回自身。自我认识还能够随着认识过程不断
深入。这就体现出自因对自身的反思性。在这种反思性中,它不仅能够提供对
事物更具体的解释,还能够呈现自因更内在的层次。因此,通过对反思性的把
握,黑格尔进一步凸显出自因的内在性。此种内在性更能表明自因的本质,因
为它更加突出了认识的自身性。

　　黑格尔通过其自因理论把哲学的特点深入地阐发了出来。哲学在某种程
度上即表明主体对自己内在的反思与认识。黑格尔通过其对自因的认识恰恰
把这一点表达了出来。此种哲学的解释并不否认科学的解释的有效性。但是
它一方面能够表明科学解释的有限性,因为科学只是站在特定角度对事物进行
的解释,它有其既定的前提,这种前提可能只是对于事物局部的把握,例如当我
们用科学分析的方法把握对象时便是如此,但是正如黑格尔所言:"用分析的方
法来研究对象就好像剥葱一样,将葱皮一层又一层地剥掉,但原葱已不在了。"㉞
另外一方面哲学则表明科学解释更内在的层次,它并不把事物当作僵死的存
在,而是认识到事物的自发性与能动性。哲学并不是对现成内容的分析,而是
阐明了内容的可能性。

三、结语:自因的困境

　　由此可见,黑格尔通过主体的能动性,更加凸显出自因的内在性。但是如

㉜ Anton Friedrich Koch, Alexander Oberauer, Konrad Utzm (Hrsg.), *Der Begriff als die
Wahrheit. Zum Anspruch der Hegelschen Subjektiven Logik* (Paderborn u. a. : Schöningh 2003),
S. 138.
㉝ 黑格尔:《小逻辑》,第 423 页。
㉞ 同上书,第 415 页。

果我们进一步考察便会意识到：黑格尔对自因内在性的挖掘本身也显示出自因问题本身的困境。这表现为黑格尔强调了自因的总体性。它的问题在于，第一，个别内容只能承担认识的一个环节，即它在其所承担的这一环节是自因的。黑格尔一方面忽视了这一内容的发展方式可能也带有多样性，事物表现其自因的方式并不具有唯一性；另外一方面忽视了这一内容本身，因而忽视了它在进一步发展过程中也可能是自因的。第二，自因只能达到当前所能认识的全体，在这里体现出能动性的一个矛盾。如果你追求彻底的能动性，那么你就要把一切都纳入能动性的实现过程之中，能动性能够在一切内容上实现自身，这本身使得自因走向全体。全体不包含任何外在的因素。但是如果强调全体，那么能动性的继续发挥便不再可能。因为全体已经是完成了的。因此，对自因的内在性的强调恰恰使得自因的进一步发挥不再可能。它外在于具体的、更进一步的自因活动。但是如果只是追求个别的自因，那么它又总包含有外在的因素，此种自因又不能称之为真正的自因。面对自因的困境，便不得不使我们重新思考，究竟什么是自因？黑格尔对自因的思考在多大程度具有效力？什么样的自因才是有意义的？

（责任编辑：刘剑涛）

作者简介：王运豪，南开大学哲学院外国哲学博士研究生，研究方向为德国古典哲学，特别是黑格尔哲学。

杜威的逻辑观概析[*]

陈伟

【摘　要】相较于罗素的数理逻辑观,杜威主张实用主义逻辑观。杜威始终把现实生活和实践经验放在首要地位,并用探究的经验性和自然化代替数理逻辑的先验性和形式化。在杜威看来,逻辑学是"自然的思想史"而不是"观念的思想史",它离不开其生物学母体和文化母体;逻辑学是"探究的探究",是以"探究"作为初始概念来界定、阐释和论证其他全部的概念和理论;逻辑学是经验的描述性科学而不是先验的规范性科学,它的目标是使逻辑理论和科学实践相一致,使理性与经验、演绎与归纳、形式与质料得以调和并统一于探究之中。作为"科学方法的逻辑",杜威的逻辑学不仅为不确定情境下的科学探究提供一种逻辑指引,而且启发我们深入反思真理和元逻辑的可能意蕴。

【关键词】杜威　逻辑观　科学方法　实用主义　探究

＊ 本文是国家社科基金重大项目"逻辑词汇的历史演进与哲学问题研究"(课题批准号:20&ZD 046)的阶段性成果。

在《确定性的寻求》中,杜威(John Dewey)对主体与世界之间的关系以相互作用中心论代替自我中心论,实现哲学的"哥白尼式革命"。而逻辑学是杜威的"最初与最终的爱恋",《逻辑:探究的理论》更是集其一生学术研究之要旨,它以描述性的探究理论取代规范性的真理理论,形成独树一帜的实用主义逻辑学体系。[①]

作为实用主义的集大成者,杜威在逻辑史上的地位却向来诡异,甚至在所有的西方逻辑史中都较少被提及。究其原因,与杜威同时代的著名逻辑学家罗素(Bertrand Russell)的观点颇具代表性,他说:"杜威从来不是那种可称为'纯粹'哲学家的人。"[②]"在我看来,他所讲的逻辑学根本不像是逻辑学;我应该叫它心理学。"[③]对凡此种种批判,如果采取一种宽容原则,我们也许应该先阅读内格尔(Enrst Nagel)的评论:"杜威被归属于哪个标签之下,没有多少意义。严肃的问题是:逻辑作为一种探究理论的概念,是否重要而富有成果,以及杜威对于构建这样一种理论是否作出了重要贡献——若答案是肯定的,那么他作出了什么贡献。"[④]现今,在这个不确定性日益增强而交叉学科研究成为重要突破口的大科学时代,"探究"重新成为科学理论与实践的一个基本概念,因此我们非常有必要回到杜威的探究逻辑观,以唤起和促进科学技术哲学与逻辑学之间的深层对话。

一、连续性:探究的生物学母体和文化母体

任何的逻辑理论背后都有其提出者的哲学立场和学术背景。杜威自然不能例外,他深受达尔文演化论的影响,[⑤]明确声称他的哲学是"经验的自然主义",或曰"自然主义的经验论"。[⑥] 在杜威看来,经验并不是将人与自然隔绝开

---

① 本文主要以杜威晚期著作《逻辑:探究的理论》为文本来解读杜威逻辑观。凡文中注释为《杜威全集·晚期著作》(第十二卷)之处,会一并参阅英文版。如果两个版本的涵义相同或基本相同,则采用中文版;如果出入较大,则以英文版为准并注明出处。

② 罗素:《西方哲学史》(下卷),马元德译,北京:商务印书馆,2015 年,第 409 页。

③ F. T. Burke, et al. (eds.), *Dewey's Logical Theory: New Studies and Interpretations* (Nashville: Vanderbilt University Press, 2002), p. viii.

④ 约翰·杜威:《杜威全集·晚期著作》(第十二卷),邵强进、张留华、高来源等译,上海:华东师范大学出版社,2015 年,"导言",第 14 页。

⑤ 参见约翰·杜威:《杜威全集·晚期著作》(第十二卷),"导言",第 4 页;罗素:《西方哲学史》(下卷),第 411 页。

⑥ 杜威:《经验与自然》,傅统先译,北京:商务印书馆,2014 年,第 1 页。

来的帷幕，而是源始地和连锁链，是揭示自然之秘密的唯一方法。"经验既是关于自然的，也是发生在自然之内的。……在一定方式下相互作用的许多事物就是经验；它们就是被经验的东西。"⑦换言之，有机体和环境构成同一个整体，经验是人类与其所处的物理环境和社会环境之间的互动过程及其产物。人类的所有活动，包括"常识探究"和科学探究，都是自然主义的经验；而且"自然主义的逻辑理论的基本设定是较低级（不甚复杂）和较高级（较复杂）的活动及形式的连续性。"⑧

首先，任何的理性操作都根植于有机体的生命活动，探究离不开它的生物学或生理学的母体。根据达尔文的演化论，有机体的生命活动本身具有连续性。"所有有机系统的行为——包括人类——与它们内部的变异，都能得到理解而无需设定非物质的或超自然的主体。"⑨即使人类自身，也只是现已发现的宇宙中的一个自然演化而来的成员，而不是一种足以"俯瞰世界"的特殊存在物。而且，有机体和环境之间也不是对立关系，而是统一关系，它们之间的相互作用过程具有连续性。"有机体不是生活在环境之中；它依靠环境生存。"⑩有机体只有和环境进行互动才能作为有机体存在，并且这一互动维持着生命活动的平衡。当任何的生命活动有不平衡出现时，就会展现出"需要—寻求—满足"的循环过程。在自然界中，这种连续性无处不在，它既存在于有机体和环境之间，也存在于有机体内部的诸器官之间；既存在于最原始的简单生物的简单行为之中，也存在于灵长类生物的复杂行为之中。

在本质上，人类的探究模式和有机体的生命活动模式在某些方面是相同的。从前提而言，能量和环境等生物学的功能条件内在于探究之中。探究是有机体的理智活动，它离不开有机体的生理结构及其运用的参与。"生理的运用与结构虽然不是探究的充分条件，却是必要条件。"⑪而且，它们暗示着探究的形态。从结构而言，生命—行为的结构和进程有确定的时空模式，并且这一受限模式预示着探究的普遍模式。"产生于先前稳定的适应状态，因为受到干扰而成为不确定的或有问题的（这相当于有张力活动的第一阶段），然后进入特定的探究（相当于有机体的寻求和探索活动）；当寻求在这一层面成功时，信念或断

---

⑦ 杜威：《经验与自然》，第4页。

⑧ 约翰·杜威：《杜威全集·晚期著作》（第十二卷），第19页。

⑨ 同上书，"导言"，第4页。

⑩ 同上书，第20页。

⑪ 同上书，第19页。

定就对应着有机层面的重新整合。"⑫因此可以说,探究从根底上来源于有机体的生命行为,探究与其生物学母体之间具有内在的连续性。进而,人类的所有探究活动,包括最为抽象的逻辑演算,都和有机体的生物学属性之间存在不可割裂的连续性。甚至,构成环境的时空也不在探究之外,而是在探究之中被建构。如此一来,杜威的"连续性"这一设定,既排除有机体活动和观念形式之间的断裂性,又排除把外在力量作为变化的原因,还排除把纯粹直观作为变化的根由。

其次,探究离不开它的文化母体。探究所处的环境不仅包括自然环境,还包括文化环境。即便人类的物理学意义上的反应,在很大程度上也受到其所处文化环境的影响,因为"人类生活、行动及探究于其中的环境,不仅仅是物理的,还是文化的。引起探究的问题是从一种存在物与另一种存在物之间的关系中产生的,而处理这些关系的器官不仅仅是眼睛和耳朵,还有生命进程中发展出来的意义,这伴随着通过其所有的组成部分,如工具、技艺、习俗、传统和日常信念等来形成并传播文化的各种方式"。⑬ 因此,探究活动既要借助于生物学上的工具,又要借助于文化上的工具。作为基于社会化条件并有文化后果的活动过程,探究必然有其文化自然主义或者"人文自然主义"的基础。"探究与最抽象的符号形式集合都不能逃脱文化的母体,它们在其中存在、运动乃至成形。"⑭可以说,文化母体是探究得以存在的另一个必要条件。

在文化母体中,语言占据特殊的位置。文化既是语言的前提条件,又是语言的必然产物。人类语言的意义受特定文化的直接影响,不同的文化背景往往赋予语言符号不同的含义。语言不仅是交流的媒介,而且能够形成概念、命题、推理和论证,产生丰富的意义。正是因为借助于语言的媒介,以及生活在文化环境的母体之中,人类才能够在具有严格时间性的有机体行为之外,有能力从事具有非时间性的推理关系,从而使有机体行为转换成以逻辑属性为标志的理性行为。可以说,"将动物活动转化为理智活动,它一形成就具有本质上逻辑的属性。"⑮而且,"推理的习惯一经建立,就能够靠自身得到无限的发展。意义之间相互关系的有序发展,会吸引人们对其产生兴趣。当这发生时,暗含的逻辑条件就显明了,因而产生了某种类型的逻辑理论。"⑯可见,逻辑理论有其生物学的和文化的母体,它具有描述性特征,而且能够在此基础上自我发展出具有规

---

⑫ 约翰·杜威:《杜威全集·晚期著作》(第十二卷),第 26 页。
⑬ 同上书,第 32 页。
⑭ 同上书,第 16 页。
⑮ 同上书,第 42 页。
⑯ 同上书,第 43 页。

范性的理论部分。

二、探究：逻辑和认识论的基本概念

"探究"概念贯穿并统领杜威的整个理论体系。杜威以"探究"作为逻辑和认识论的基本概念。在杜威的逻辑理论中，"探究"是初始概念，是定义、说明和论述其他所有概念和理论的出发点。

杜威对"探究"的定义是："探究是一种受控的或有方向的转变，是从一种不确定性情境到一种其成分的差异和关系都确定的情境，后者将初始情境的诸要素转变为统一的整体。"[17]其中，"受控的或有方向的"是指探究的方法，它本身在持续探究的过程中得到不断完善。情境是探究的语境，并且是探究的主题。情境是指任何对象或事件都处于有背景的总体的联系之中。"在现实经验中，从来没有任何孤立的单一对象或事件；一个对象或事件总是被环绕的经验世界——情境的特殊部分、阶段或方面。单一对象被明显突出，是因为在特定的时间，在总体的、复杂的环境呈现的使用和享受的某一问题的规定性中，它的特别地重要的和具有决定性的位置。"[18]但是，如果要观察和理解一个对象或事件，人类就离不开连接诸要素以构成唯一整体的普遍性情境。无论是经验领域还是观念领域，只有在相关的具体情境之中，才能获得整体性意义。质言之，探究是一种有方向的实存性转变，从不确定性情境转变到确定性情境；是一种操作性程序，借助于符号来进行推理、论证和讨论；是一种科学的方法论，用来解决任何的不确定性情境及其中的问题。

探究的结构（或探究的模式）通常包括五个阶段。（1）不确定性情境。这是探究的先行条件。没有不确定性情境，就引不起探究活动。所谓不确定性，是指情境的可质疑性、未定性、失常性等实际上的不确定状态，而不是指心理上的怀疑状态。不确定性情境是一种实存状态，诸如人的饥饿或文化冲突，它能够唤起探究而变成问题情境。（2）问题的设立。这一步骤意味着探究从问题情境向确定性情境的局部转变；并且，问题的好坏程度直接影响探究的结果。只有源自现实情境的问题，才具有"生产性"，否则就是无用之功。（3）确定一种问题解，即引入并考察解决该问题的假说或方案。在这个阶段中，特定的情形事实

⑰ John Dewey, *The Later Works of John Dewey*, *1925 - 1953*, Volume 12：1938, ed. Jo Ann Boydston (Carbondale：Southern Illinois University Press, 1986), p. 108.
⑱ Ibid. , pp. 49 - 50.

(the facts of the case)是不确定性情境中的确定性条件,是寻找问题解的先验限制条件,暗示着问题解的方向。这种方向是一种渐进式的理论性观念,它和事实形成互动,预测各种操作的可能后果。"暗示"是一种可能性连接,检验"暗示"能否成为观念的手段是推理。(4)推理。通过推理判定该假说或方案所蕴涵的内容,以及其可能对该问题的意义。在推理过程中,"思维表现为双向运动:从一些既定的局部性和凌乱资讯,联想到综合的(或包含的)整体情况;再从这一整体(一定的内涵、外延的意义,一种看法)回过来思索那些具体的事实,使它们互相连接,而且与留心联想到的事实相连接。粗略地说,前一种思维运动是归纳,后一思维运动是演绎。"[19]也就是说,先通过归纳推理得出一般性陈述,然后从一般性陈述结合其他知识或事实,再运用演绎推理得出特殊性结论。(5)形成判断。通过进一步的观察和实验,检验演绎推理的结论是否正确,从而形成判断,最终解决或者没有解决不确定性情境及其问题。判断是探究的确定性结果,是有根据的断定(assertion),它不同于上一阶段推理中的命题。命题是断言(affirmation),它的内容是"居间性的、表征性的,由符号所承载;而判断是最后才做出的,具有直接的实存重要性"。[20]命题是作为达至最终判断的逻辑工具,它们相当于各种建议,能够促进或阻碍判断的形成。命题在探究的过程中发挥手段或工具的作用,它们本身无所谓真假,仅仅是有效或无效、强或弱、精确或不精确的区别。因此,命题不是杜威要探究的对象,而是其居间性环节。如果的确需要探究命题,那么"我们探究的不是它们的真或假,而是它们的主题之于我们手头问题的相关性和功效性"。[21]但判断相当于判决,是一种实存性断定,有实存性指涉,故有真假之分。

在上面的推理阶段中,往往涉及一个非常重要的概念:逻辑形式。从数理逻辑的观点看,逻辑仅仅和形式相关,而和质料无关;逻辑形式具有先验性、本质性和外延性。但在实用主义者杜威看来,逻辑形式并不具有那些属性,而是相反地具有操作性、假设性和工具性。首先,逻辑形式具有操作性。杜威主张,知识是探究的产物,逻辑的形式系统只是探究理论的组成部分。因此,可把"逻辑形式"解释为"在正确控制的探究之中的手段和后果之间关系的实例"[22]。所

---

⑲ 杜威:《我们如何思维》,伍中友译,北京:新华出版社,2010 年,第 65 页。

⑳ 约翰·杜威:《杜威全集·晚期著作》(第十二卷),第 89 页。

㉑ 约翰·杜威:《杜威全集·晚期著作》(第十四卷),马荣、王今一、李石、马寅集译,上海:华东师范大学出版社,2015 年,第 131 页。

㉒ John Dewey, *The Later Works of John Dewey*, *1925 – 1953*, Volume 12:1938, p. 19.

有的逻辑形式都源发于探究的操作之中,并且与探究的控制相关,借助于逻辑形式的操作可得出有担保的断定(warranted assertion)。没有纯粹的逻辑形式,只有在探究的操作中发挥作用的逻辑形式。形式与质料统一于探究之中,那些认为形式和质料之间没有关系的理论,是纯粹的形式主义观点。换言之,杜威消除了逻辑形式在逻辑学中的先验性和首要性地位,认为逻辑形式不具有先验性,亦不独立于主题,而是和艺术形式、法律形式一样,都是主题经过受控探究之后的产物。其次,逻辑形式具有假设性。命题是"根据主题在探究中受制于为其目的——担保性结论的形成——所决定的条件而使自己获得了逻辑形式"。[23] 命题的逻辑形式取决于命题在探究中对于最终判断的功能,它们既不是命题在本质上固有的,也不是任意附加的,而是假设性的规定。为此,杜威还研究了形式关系出现的背景,包括历史的、社会的、生物的和心理的背景,以及科学探究的程序和结果,从而进一步证实逻辑形式的假设性。最后,逻辑形式具有工具性。在杜威看来,虽然探究活动先于逻辑理论,但探究活动要想大规模地实现,质料就必须能够表达为形式陈述,并使用好逻辑形式这一工具。逻辑形式是探究过程中命题的结构形式。"所有命题形式对于判断(它自身具有主-谓形式)而言,都是工具性的。"[24]工具性是逻辑形式的实质。杜威以对探究的工具性价值或者在探究活动中的不同功能来理解和界定主词、谓词、系词、单称命题、特称命题、全称命题、命题联结词、公设、同一律、矛盾律、排中律等形式逻辑的基本概念和基本规律,并根据探究理论的需要提出区分一般命题和类属命题,确定它们的形式对现代科学程序有多么相关,以及需要作出怎样的调整。

因此可见,杜威不是摒弃逻辑形式,而是把逻辑学彻底变革成以探究为核心,把各种类型的命题、推理及其逻辑形式,依据它们对于探究的不同功能涵盖于探究理论之中。"科学方法既构成又揭示了逻辑形式的本质。它在现实的探究实践中,构建了它们;一旦得以形成,它们就能被抽象:自身能够用于观察、分析和表述。"[25]或者根据语形、语义和语用的三分法而言,杜威逻辑学是在建构一种以语用为中心的逻辑理论,以之包括形式逻辑的语形、语义乃至其他全部理论,并把它们作为它的子理论。质言之,在探究的一般模式中,不同的推理形式发挥不同的工具性作用,它们共同构成探究的过程。首先,通过归纳推理和类比推理来观察、思考不确定性情境,设定最初的问题;其次,通过最佳解释推理

㉓ 约翰·杜威:《杜威全集·晚期著作》(第十二卷),第 283 页。

㉔ 同上书,第 236 页。

㉕ 同上书,第 298 页。

引入可能的假说或方案;再次,通过演绎推理从假说得出可检验的推论,并结合进一步观察、实验和归纳推理的结论来验证前面的推论,从而证实或证伪假说;最后,确立"有担保的断定"。其中,假说的证实和证伪都是一个复杂的历史过程。虽然假说自身在形式逻辑上能够被证伪,但从假说得出的推论在形式逻辑中既无法被有效地证实,也无法被有效地证伪,它们实际上是一个长期探究的过程。因此,探究的结果即"有担保的断定"在本质上具有可错性,它不具有恒定的真实性,而只是具有特定语境中的真实性。

三、意义重构:"真理"和"科学方法的逻辑"

杜威逻辑观对当时乃至现在占据主流地位的形式逻辑观形成极大的挑战,并因此受到数理逻辑学家们几乎一致的批判,甚至杜威逻辑学至今被拒绝在逻辑学的大门之外。[26] 罗素称杜威的逻辑学为"新逻辑",指责"杜威把探究当作逻辑的要素,不拿真理或知识当作逻辑的要素"。[27] 但是,杜威要破除的是真理的绝对必然性,并不是真理或知识本身;他的目标是把逻辑重构为一种实用的工具,使之有助于指导如何获得信念和知识。

杜威在回应罗素的批评时,对自己的真理观有一段重要论述:"所有的知识,或者有理由的断言,依赖于探究;而探究总是牵涉成问题的东西(被追问的东西),牵涉怀疑的因素,用皮尔士先生的话说,就是'可误主义'(fallibilism)。但是,探究也为可能性提供支撑,决定可能性的大小,拒绝所有宣称自己不证自明的独断声明。对于那些赋予一些命题自足性、自有性以及自明性的做法来说,唯一的替代就是根据结果来寻找检验和标志的理论。"[28]因此,从探究的立场而言,真理不仅是已经被接受的信念,而且是其所根据的特定方式。作为"有担保的断定",真理不再暗示一种认知上的恒定性(fixity),不再是某种超越性事物,而是意味着探究的过程,是探究的派生物。真理不再是经验之外的事物,而是"在经验之物中被经验到的联系",可以被社会分享。真理不再是一个主格名词,而是一个形容词,要理解一个真理或知识,就必须理解它们作为工具对过往

㉖ 参见 D. Hildebrand, "John Dewey", in Edward N. Zalta (ed.), *The Stanford Encyclopedia of Philosophy*, Winter 2018 Edition [EB/OL], [2018 - 11 - 06](2020 - 11 - 28), https://plato. stanford. edu/archives/win2018/entries/dewey;彭漪涟、马钦荣主编:《逻辑学大辞典》,上海:上海辞书出版社,2004 年。

㉗ 罗素:《西方哲学史》(下卷),第 414 页。

㉘ 约翰·杜威:《杜威全集·晚期著作》(第十四卷),第 127—128 页。

的探究的历史价值。因此,探究比真理重要,语用比语义重要,"有担保的断定"比信念和知识更可取。因为信念和知识都有歧义性:信念既可指客观设定条件,又可指主观精神状态;知识既可指探究的结果并依赖于探究,又可指自身的意义阐释并独立于探究。

进而,扼要对比来看,我们就会发现罗素真理观和杜威真理观有根本性区别:在出发点上,罗素是数学,杜威是生物学;在性质上,罗素主张真理具有先验性、绝对性和客观性,杜威主张真理具有经验性、工具性和情境性;在形态上,罗素主张真理是静止的、永恒的,杜威主张真理是动态的、时间性的。[29] 杜威驳斥存在诸如弗雷格的"第三域"[30]那样的思想空间,反对实在论和唯心论真理观的共同假设,即一个陈述在本质上就蕴涵其自身真理性的断言,认为那样只会带来独断论和怀疑论。杜威认为,"一个陈述,一个命题,在其具有真正理智性质的程度上而言,它所蕴涵的正是关于其自身真理性的疑问和对真理的探寻,即要探究其真理性。断言或假定了自身真理性的命题要么全然是偏见,是凝结了的独断论;要么根本不是理智的或逻辑的命题,而仅仅是用于直接提醒进一步行动的语言上的备忘录。"[31]

至此可以说,作为探究的理论,杜威逻辑学不是先验的、知识的,而是经验的、方法的,它不是一种作为规范科学的逻辑学,而是一种作为科学方法的逻辑学。这种逻辑学反对各种各样的"知识的旁观者理论",并认为它们都源于共同的假设:知识的对象先于并独立于认知行为。杜威主张,在主体和客体的一般关系上,主客是统一的,它们统一于探究之中。认识对象不在主体经验之外,它本身就是主体的认识活动的阶段性产物。因此,从认知过程而言,知识和信念作为认识的对象,只能后于而不可能先于探究的过程;只能借助探究来定义,而不是相反。但对于"先验"概念,杜威区分"外在的"先验和"操作的"先验。杜威反对有外在的先验之物作为理论的前提,但赞同有操作的先验法则在探究活动中发挥作用。不过,这种操作的先验之物并不是在探究的经验之外,而是来自先前的探究并因此在经验之中。鉴于此,杜威实际上反对所有的二元论,"被摒弃的二元主义包括那些客观与主观、本质与现象、精神与物质、科学的对象与感觉的对象、经验的对象与藏在经验之后的事物自身(经验被认为是一层不能穿

㉙ 参见罗素:《西方哲学史》(下卷),第410—411页。
㉚ 参见弗雷格:《弗雷格哲学论著选辑》,王路译,北京:商务印书馆,2006年,第129—156页。
㉛ 约翰·杜威:《杜威全集·中期著作》(第六卷),王路、马明辉、周小华等译,王路、江怡校,上海:华东师范大学出版社,2012年,第28页。

透的纱幕,阻止人们认识自然事物)等二分理论。"[32]

进而,杜威指出,"在逻辑与探究方法论、逻辑与科学方法之间设定某种二元论,其可行性源于一个未经否认的事实。为了达到有效的结论,探究自身必须满足逻辑的要求。从这一事实很容易推论出那种观点:逻辑的要求从一开始就强加于探究的方法之上。"[33]杜威反对这种割裂逻辑与科学方法论的二元论,认为探究理论可以把逻辑和科学方法统一起来,并且通过探究能够发展出逻辑的标准以及进一步探究将服从于之的形式。"作为科学方法的理论,逻辑的特别问题是如何处理事实与思想之间、实在与观念之间的关系。"[34]在杜威看来,在探究的过程中,事实不仅仅是外在的存在物,思想也不仅仅是心理的存在物,它们还都是存在的方式。也就是说,事实和思想都是处理整体性问题的工具,它们只是分工不同:一个是推断存在物的既定存在物,一个是推断存在物的可能存在物。事实对于逻辑的意义就是它对于科学的意义:它是被调查和思考的主题。思想对于逻辑的意义也是它对于科学的意义:方法。简言之,逻辑就是从科学探究自身出发,为认识、理解、检验和掌握事实建立明确的规则;而且,规则来自探究本身,对探究的探究不依赖任何超出探究的东西。因此,在本质上,逻辑和科学方法是同一个概念。

对于传统逻辑中的演绎和归纳,杜威认为,"传统经验主义逻辑的基本缺陷,是不能认识到抽象假说(其中有诸命题的演绎关系)对借以设立那些带有证据检验性的个体的操作控制的必要性。传统(形式上为理性主义的)理论的先天缺陷是:(1)不能认识到实验科学的程序对个体进行了转换,由之开展了归纳概括;(2)不能认识到假说对于个体的实验性确定来说,具有完全的工具关系。"[35]实际上,演绎和归纳的差别不在于探究的过程,而在于探究过程所选取的方向。演绎和归纳都是在探究中发挥居间性的工具作用,它们统合在以事实和问题为出发点的探究过程之中。归纳的可被解释为经验与特殊,演绎的则是三段论和形式,两者既相互竞争又相互关联,是事实与思想相互分离的两个方面,它们共同立破。因此,杜威主张废止形式逻辑作为科学真理的充分方法和标准,反对以培根和密尔为代表的归纳逻辑和经验逻辑,反对以康德为代表的"先验"逻辑,认为它们的失败在于把具有历史性或时间性起源的事物绝对而固定

———————————

[32] 约翰·杜威:《杜威全集·晚期著作》(第十四卷),第 8 页。

[33] 约翰·杜威:《杜威全集·晚期著作》(第十二卷),第 6 页。

[34] 约翰·杜威:《杜威全集·早期著作》(第三卷),吴新文、邵强进等译,上海:华东师范大学出版社,2010 年,第 105 页。

[35] 约翰·杜威:《杜威全集·晚期著作》(第十二卷),第 333 页。

地区分为存在和意义,而未能根据事物的效用来建构意义。

对于演绎逻辑和归纳逻辑未能对日常探究和科学探究提供完全有效的方法论,杜威归因于"它们都是前达尔文模式的逻辑"。杜威宣称自己的逻辑是后达尔文模式,和前达尔文模式之间有两个重大区别:前达尔文模式的注意力集中在个体的人(诸如"心灵"或"行动者"),后达尔文模式描述或评价认知活动在世界中的过程;"前达尔文模式的行动要求确定性,要求这些事情被完美地、绝对地、终极地完成;而后达尔文的逻辑则满足于在现有的人类能力范围里抓住它的结果,而不是努力把握太过遥远的东西"。㊱ 进而,杜威把其后达尔文模式的实用主义逻辑观明确表述为六个基本命题。㊲ (1)逻辑是一门渐进的学科。探究的目标是有担保的可断定性而不是终极的真理。逻辑会随着其他具体科学的方法的改进而发生相应的变化。探究的结果是动态的、可修正的和可放弃的。(2)逻辑的主题经由操作决定。操作包括实存材料的操作和符号的操作,前者基于实存的条件,后者基于符号。探究是实存情境的有方向的转变过程,符号是处理实存的进一步操作的预先条件,为探究提供一般性标准和形式。(3)逻辑形式是假设性的。逻辑的所有要素都是功能性的而非本体论的。正如几何学的假设并非自明的初始真理,而是处理具体主题的过程中必须满足的条件,逻辑形式在探究中亦是如此。(4)逻辑是一种自然主义理论。探究的主题内在地具有时间跨度。探究的理论不依赖于形而上学的假设,不存在离开具体探究和具体语境的知识。在探究活动具有可观测性的意义上,逻辑是自然主义的。先验主义和直觉主义无法通过公共性检测和证实,因此必须被排除。(5)逻辑是一门社会性的学科。探究不是纯粹理性中的活动,而是内在地具有非形式性和不可还原性。任何的探究活动都离不开既已设定的社会化条件,并且每一种探究都来自具体的文化背景,而后者总会对它施加或多或少的影响。(6)逻辑是自主性的。作为对探究的探究,逻辑是一种循环过程,它并不依赖于任何超出探究之外的东西。

四、结语

可见,相较于罗素的数理逻辑观,杜威主张实用主义逻辑观。杜威始终把

㊱ 约翰·杜威:《杜威全集·晚期著作》(第十六卷),汪洪章、吴猛、任远、马荣、谢静译,上海:华东师范大学出版社,2015年,第154页。

㊲ 参见约翰·杜威:《杜威全集·晚期著作》(第十二卷),第12—18页。

现实生活和实践经验放在首要地位,并用探究的经验性和自然化代替数理逻辑的先验性和形式化。在杜威看来,逻辑学是"自然的思想史"而不是"观念的思想史",它离不开其生物学母体和文化母体;逻辑学是"探究的探究",以"探究"作为初始概念来界定、阐释和论证其他全部的概念和理论;逻辑学是经验的描述性科学而不是先验的规范性科学,它的目标是使逻辑理论和科学实践相一致,使理性与经验、演绎与归纳、形式与质料得以调和并统一于探究之中。作为"科学方法的逻辑",杜威的逻辑学不仅为不确定情境下的科学探究提供一种逻辑指引,而且启发我们深入反思真理和元逻辑的可能意蕴。

　　尽管从数理逻辑的观点看,杜威的确很难被称作一位纯粹的逻辑学家,因为他没有建立并且反对建立一个严格的形式系统,他的逻辑理论也不是一个完成的自足体系,甚至还有许多可指摘的方面;而且他对形式逻辑的不少论断有失偏颇,甚至错误。例如,杜威没有对规范性逻辑和探究理论的方法等一系列重要概念给出足够的澄清。[38] 对此,杜威明确承认,"尽管四十多年来,对它们的论述一直在完善之中,但我非常明白该论述没有也不可能到达终点和达到理论上可能的完全性。"[39]但从广义逻辑学或科学哲学的视角看,杜威是一位致力于使"逻辑理论和科学实践相一致"的探索者,他的观点和思想对当代逻辑学和科学哲学,尤其是对科学逻辑、辩证逻辑、非形式逻辑、论证理论、批判性思维、认识论、认知科学、语言哲学、教育学、心理学和人工智能等领域的发展都有重要的影响。现在我们可以说,杜威的逻辑学是一个亟待挖掘和延续的进路,因为科技迅猛发展的时代正在不断证实他的基本判断:"逻辑理论之作为探究理论,承担并掌握着对于人类具有第一重要性的位置。"[40]

（责任编辑：王球）

　　作者简介：陈伟,哲学博士,复旦大学哲学学院科学哲学与逻辑学系副教授,研究方向为逻辑哲学、应用逻辑。

---

[38] 参见 C. S. Peirce, "Review of John Dewey's Studies in Logical Theory," in Arthur W. Burks (ed.), *The Collected Papers of Charles Sanders Peirce*, Volume VIII (Cambridge, MA: Harvard University Press, 1958), p. 146.

[39] 约翰·杜威:《杜威全集·晚期著作》(第十二卷),"前言"第5页。

[40] 同上书,第403页。

非概念性内容是盲目的吗？

——论《心灵与世界》中麦克道尔对经验的定位

杨健

【摘　要】麦克道尔为了应对近代哲学以来的认识论在主客体之间摆荡的问题而极力主张通过接受性和自发性的紧密结合可以成功地摆脱所与论和融贯论的困扰，这一思路大体上正确地解释了拥有概念性能力和内容的人的经验。但在面对非概念性内容时却有无法令人满意之处，主要体现在以下几个方面。第一，关于动物和婴儿拥有的非概念性内容是否就是作为单纯的在场的意义上的所与的和完全盲目的。第二，麦克道尔对概念性能力的进一步探究的回避不利于对自发性结构的探究，尤其是在解释动物的"原始主观性"时出现了含糊。第三，麦克道尔对于经验的定位有过高之嫌，以至于他忽略了前述谓的经验的可能。

【关键词】麦克道尔　概念性能力　经验　自发性

如《心灵与世界》一书的导言中所言，麦克道尔想讨论的并非是心灵和世界本身，而是"心灵与世界的关系"，这或许更适合作为这部作品的名字。对心灵与世界之间的关系的无法恰当处理所造成的问题在麦克道尔看来是近代以来哲学的主要忧虑，以往的解决方案从根本上来说只有融贯论和所与论两种（不否认比如康德式的方案既非典型的融贯论，也非所与论，不过就其作为一种设定了自在之物的先验唯心论这一点来说，这种不彻底性大概在麦克道尔看来犯了和融贯论一样的病症），不存在第三种方案①。而《心灵与世界》的作者正试图提出作为第三种方案的新框架。

这个新框架据麦克道尔本人的看法不能和上述两种方案一样被算作某种有着明确的构造，有着体系性要求的"框架"。它只是一种治疗意义上的方案。在这方面，麦克道尔的效仿对象是维特根斯坦，能获得"给哲学以安宁的发现"。② 尽管导言中也说了，如果读者喜欢，也可以把它当作一种构造性哲学，只不过那已经是在另一种意义上了。这到底是麦克道尔为了减轻因提出某种观点而造成的理论承诺后可能造成的负担而作的托词，还是只是这位为了解决主客体之间的长期摆荡的问题付出巨大努力的劳动者的自谦之词，我们不得而知。不过就麦克道尔所面临的问题而言，虽然那种摆荡的两端都是错误的并且亟须治疗，但是对心灵与世界的关系这一问题的持久争论肯定不只是一种一般意义上的形而上学的冲动，所以对它的"治疗"也不会是只求能不断地缓和或抑制住这种冲动即可，麦克道尔提供的框架显然实际上是希望我们能在这一正确的基础上继续下去，但在后面我们会看到，这非但不只是一种治疗性的态度能解决的，反而要求我们必须采取进一步的理论构造，更具体地说，就是需要进一步探究心灵的构造，否则以现有的麦克道尔提供的框架来看，它尚有不少不足之处，当然本文只讨论它对经验的定位。接下来我将从两种心智的对比、对概念性能力和自发性的分析和前述谓经验这三个方面来讨论这一问题，以便让我们看得更清楚：如果这三点能被很好地回应，那么对经验的定位乃至对整个心灵的构造分析是否会变得更合理一些。

---

① 普特南曾提出麦克道尔忽略了第三种可能，将经验内容还原为大脑功能的基础主义者们——主要有还原主义和取消主义两派——的观点，这在麦克道尔看来显然属于所与论和绝对自然主义，自然不会被他承认。具体可参见 Nicholas Smith(ed.), *Reading McDowell On Mind and World* (London and New York：Routledge, 2002)，其中普特南的 *Mcdowell's Mind and Mcdowell's World* 一文以及后面麦克道尔的回应。

② John McDowell, *Mind and World* (Cambridge and London：Harvard University Press，1996)，p. 86.

一、两种内容：概念性的和非概念性的

麦克道尔应对传统哲学中在心灵与世界之间摆荡的方案是提出"最小限度的经验主义"，它是指经验必定构造出一个中介着思想和要对之作出回答的事物之法庭，这一经验的法庭能使我们的思想对各种事物作出裁决。问题在于这种经验是何以可能的？如果仅仅偏向于世界的或实在的一侧，忽略了经验的规范性作用，在麦克道尔看来难免陷入所与论；反之，如果割裂了心灵与世界的联系，则使心灵显得有在空转的嫌疑，这是应予以避免的摆荡的另一侧。因此麦克道尔所建议的经验主义是由极具康德特色的接受性和自发性或者说感性与知性之间紧密结合的经验所构成的，这种经验已具备了规范性的特征，对各种世界之中的事物予以纳入理由的空间中来进行限制，它涵盖了一切，绝没有遗漏在理由的空间之外的东西。这里的自发性或知性意味着对概念的管辖，理由的空间是由概念领域的地形学及其推论关系所构成的。这样一种属于成熟的人的概念性的经验是非盲目的，这里的"概念性的"和"非盲目的"意味着成熟的人的经验凭借语言而得以是处于命题态度中的和述谓性的，并且这种经验一定处于理由的空间中，也即能为主体所主动地批评、修正和反思，否则与之相对的"盲目的"在麦克道尔看来就只是"单纯的在场"（bare presence），那只是一种所与，不可能进入到理由的空间中，而所与论在我们需要证成（justification）之处却只提供了辩解（exculpation），后者只是来自世界的因果性的影响，不属于理由的空间。麦克道尔并不否认那种盲目的内容的存在，动物和婴儿所具有的非概念性的盲目的内容就属所与论提供的内容之列，只是这种内容一定不可能被称作是经验。

在麦克道尔看来，动物和婴儿对事物的感知只是对环境的特征保持敏感性（sensitivity），但这种敏感性称不上是经验，动物没有成熟的人的意义上的感知经验。以疼痛为例，动物感知到疼痛也仅仅是感知到疼痛罢了，或者说这里的疼痛在表述中仅仅是副词性的，疼痛本身对动物而言并没有成为其感知的对象，动物也没有将之显示为对世界的一瞥，因为动物甚至无法将疼痛理解为是一种内部经验——自然也没有相应的外部经验，对动物而言无所谓内外之分，它们没有能力区分像麦克道尔在讨论颜色中常举的例子，"是红的"和"看起来像是红的"，在疼痛的例子中也即能否区分疼痛是否仅属于自身的主观感受，可动物无法做到这一点，它们是没有内部世界或外部世界的，因此它们的感知活动就只是保持各种敏感性罢了，仅此而已。

伽斯金（Richard Gaskin）对麦克道尔的说法提出了质疑，他认为后者关于动物的和婴儿的心智的解释是误导性的和有争议的。如果说动物和婴儿因为不具备理由的空间所以只拥有一种原始的主观性，那么这种原始的主观性是在何种意义上的？它和成熟的人的主观性的差别在什么地方？伽斯金认为非概念性内容和作为所与的单纯的在场之间不能直接等同起来，后者尽管也属于非概念性内容，但仅仅是在一个彻底的意义上说的，单纯的在场如果真的除了在场外什么都没有，那么它甚至就是一个无，不仅无法被第三方描述，甚至无法被拥有这种"意识"的主体所把握。以狗害怕它的主人打它或狗会刨坑找被埋的骨头为例，伽斯金质疑如果只是单纯的在场该如何解释狗的这种行为或意识？[3] 顺便可以指出的是，伽斯金还只是举了较为简单的例子，更复杂的情况是众所周知的动物的共同体中有相互合作的情况，那么这种情况又是何以可能的？是否涉及了主体间性的意识构造？仅靠单纯的在场显然不足以解释动物的心智。即便是麦克道尔口中的原始的主观性显然也有其精密和复杂之处，伽斯金指出动物也有其心智结构，比如有其指定（designation）和分类（classification）的能力来进行认识活动，尽管和人以概念性的方式进行活动的能力相较之下显得还很基础，但这在他看来似乎可以算是动物的心智结构中所包含的准概念性的能力，否则用单纯的在场去解释麦克道尔也承认的动物对环境保有的敏感性这一点明显是无力的。

进一步地，动物的心智或者说其敏感性在麦克道尔的刻画中仿佛是未被动机化的，也即单纯的在场中是不包含意向性模式的，没有构造出某个东西作为对象，伽斯金认为这使得我们很难看到动物拥有的心智及其内容在何种意义上和人所拥有的是属于同一个属的——它们是该属下不同的种。尽管麦克道尔依旧承认两种拥有同一个属的关系，并表示自己区别于笛卡尔式的认为动物是无意识的观点，[4]但无意识和只拥有单纯的在场之间的差别却依旧不明晰。在伽斯金看来，有三重条件是连锁的：如果 S 感到疼痛，那么 S 就感到了一个疼痛；如果 S 感到了一个疼痛，那么 S 就意识到了那个疼痛；如果 S 意识到了那个疼痛，那么它对于 S 的意识而言就是一个对象。现在麦克道尔的问题在于他既想否认第三点，又想承认第一点，[5]这在伽斯金看来是办不到的，上述三重条件

---

③ Richard Gaskin, *Experience and the World's Own Language* (New York: Oxford University Press, 2006), pp. 152 – 153.

④ McDowell, *Mind and World*, p. 116.

⑤ Gaskin, *Experience and the World's Own Language*, p. 158.

之间没有概念上的缝隙。虽然动物缺乏通过一种述谓经验来意识到各种事态，更不具备批评和反思的能力以将经验置于理由的空间中，但它们的知觉也不是完全"盲目的"，比如动物能意识到某对象并将该对象从周围中挑出来，以之为对象，说明它们能区别不同的对象，这种知觉能力是基础，包含概念性能力的知觉是在此基础上进一步地采取了命题态度。⑥尽管从麦克道尔的角度出发，他可以说自己就是要将"盲目的"定位在这样的高标准上：只要不是述谓经验，不能为主体所批评和反思，没有彻底地进入理由的空间，那就是盲目的。他当然可以如此定义，只是后面我们会发现这种定义的问题在于只适合说明人的经验，却无法有效地说明非人的。同时，这里并不是说对人而言两种能力是可以分离并依次运行的（比如非概念性地输入，然后概念性地输出），而是说在发生构造上是可以分离并各有其独立作用的。

对于上述主张，麦克道尔会有两个对他而言显得很重要的且常用的反驳。第一个是所与的神话或所与论的危险。他批评所与论最主要的一点就是它既然只是非概念性内容的单纯的在场，就不可能为主体提供在与世界有关的意义上，能为主体所批评和反思的表征性的内容，但这里麦克道尔提供的这种非此即彼的选择就像他对接受性和自发性那里粗简的二分法一样，其实中间留有一定的间隙未被填补和说明，正如伽斯金发现的那样，麦克道尔在《心灵与世界》的第一讲和第三讲中其实批评的是两种"所与论"。⑦在此我们必须提问：所与论提供的就是非概念性的内容吗？两者之间是否可以划等号？或者说得更清楚些，非概念内容只有单纯的在场一种吗？他在开篇提出的所与论是在单纯的在场意义上说的，尽管这也是一种非概念性的内容，麦克道尔批评所与论缺乏概念性能力而显得它只是一种纯然的接受性能力的产物，"……一个判断只有作为在概念的空间中的关系才能被保证：诸如蕴涵和使可能的关系，它持存于概念性能力的潜在的运用之间"。⑧而在第三讲中批评埃文斯（Gareth Evans）时，后者所提出的那种非概念性内容并不是单纯的在场，虽然在麦克道尔看来似乎没有区别以至于也将其当作所与论的一种，在这种批评中，麦克道尔的重点其实在于其非命题性的和非语言性的内容，因此前一种意义上批评所与论成立并不代表能使后一种意义上的批评也成立。依旧以动物或婴儿为例，它们尽管拥有的只是非概念性内容，但显然它们是对环境有一定

---

⑥ Gaskin, *Experience and the World's Own Language*, p. 162.

⑦ Ibid. , pp. 56 – 57.

⑧ McDowell, *Mind and World*, p. 7.

的"理解",这不是一般地用敏感性就能解释过去的——麦克道尔对敏感性也没有进一步的解释,仿佛所与的单纯的在场就能使得原始主观性具有各种敏感性似的。

第二个可能的反驳也与所与论有关,是麦克道尔会说这有堕入私人语言的危险。他颇具创见地将维特根斯坦的反私人语言论证解读为是反所与论的,而且强调:"因此,在它和语言的可能性有关的范围内,私人语言论证正好是对所与的拒绝;它不是把对所与的一般的拒绝应用到一个特殊的领域。作为对一般的观点的应用的东西是对像感觉之类所是东西的单纯在场的拒绝。"⑨甚至反所与论的意图在麦克道尔看来是最主要的,反私人语言只不过是用来借以行事的外壳:"维特根斯坦的攻击的基本的推力不是要去消除私人语言的观念,它只不过会自动地推动他反对这个观点的这一思路。"⑩这个论证中很重要的一点在于反对概念的形成是从所与中抽象而得的。这里我们不涉及对私人语言论证本身的讨论,就麦克道尔对它的使用来说,的确就像他说的,单纯的在场无法从概念系统之外向概念系统提供证成性的输入,可问题在于非概念性的内容不都是所与论的,后面我们会谈到恰恰是存在着一种作为非概念性的前述谓的经验来为概念系统乃至理由的空间奠基,尽管这还是会被麦克道尔划归所与论一派,但是这样的话就没有什么可以解释从接受性到自发性之间的过渡和结合了,两者之间的结合要经历一个发生构造的过程,概念和概念性能力的产生都不是一蹴而就的,前述谓的经验也有其公共性可言,虽然还不是在语言层面上的。倘若麦克道尔要以它无非仍是作为一种准概念的个别主体自身的抽象的产物这一点来反驳,那么我们倒是可以反问一下,不凭借这一点的话,那么为什么个别主体性若是原则上达不到的东西到了主体间性处却可以。我们不能过于对峙地看待接受性和自发性的关系,也即接受性只是纯然被动的感性接受,自发性只是概念性能力,如果坚持只从这样的角度出发来看的话,那么两者之间的裂隙将永远无法弥合。

综上所述,正像伽斯金指出的,麦克道尔缺乏对心灵的先验构造的刻画,所以在解释动物拥有的内容时陷入不准确乃至含糊之中,不过伽斯金也没有进一步追溯这种先验构造,接下来我将在这一方面继续下去。

---

⑨ McDowell, *Mind and World*, p. 20.

⑩ Ibid., p. 19.

二、概念性能力和自发性之辩

现在我们看一下麦克道尔对概念性能力和自发性的讨论,对这两者的定位直接影响着他对经验的定位,因此我们首先要进入到概念性能力和自发性的构造中去。首先要指出的是麦克道尔有意无意地,或许更多地是不知不觉地,在讨论自发性时陷入一定程度上的骑墙状态:摇摆于作为意识的自发性与作为语言的自发性之间。这一点是较为隐蔽的,隐蔽的原因多半是因为在麦克道尔看来它们几乎属于一种一体两面的关系,我们无需再画蛇添足地多作区分。所以在整本《心灵与世界》中,作者一直在兼具意识和语言的双重意义上来谈论和使用"自发性"这一概念。如果说"我开发康德的自发性的观念的这个方式指派我对像'概念'和'概念性的'这些词作一个高要求的解释。在高要求的意义上,这点对概念性的能力是必要的:它们能在主动的思考中被开发,思考是愿意接受对关于它自身的理由的凭据之反思的"⑪,那么下面这段话可以清楚地定位麦克道尔在这个摇摆中的一端:"人类不是(在理由的空间中的):他们仅仅是天生的动物,在达到成熟的过程中他们被转变为思考者和有意图的作用者。这个转变冒着有神秘外貌的风险。但我们可以大步朝前地接受它,如果在我们的作为人类的标准的成熟中的中心元素之教化的概念中,我们使语言的学习占第一位。"⑫在把人从无理性的动物变成有理性的动物,拉入理由的空间的这个过程中,语言的作用在麦克道尔看来是决定性的。⑬ 被他寄予厚望的语言中承载了教化、传统、经验等构成理由的空间的内容的东西。

然后我们来看摇摆方向的另一端。在批判所与论的时候,麦克道尔谈的概念性能力显然是更多地就意识的作用而言的,因为很显然,如果只用语言能力(这决不是在一般意义上谈论语言能力,它可以被理解为是严格意义上的概念性能力)和接受性打交道是得不出什么结果的。所以麦克道尔也得承认这点:"我已跟随康德把思考当作是一个对知性的运用:'心灵从它自身产生表象的力量,知识的自发性。'自发性的力量包含了被公认的理性的关系所联系的,有本

---

⑪ McDowell, *Mind and World*, p. 47.

⑫ Ibid. p. 125. 引文中的括号部分为笔者所加。

⑬ 在后来的这篇文章中,麦克道尔明确地把概念性能力和语言能力并置起来。John McDowell, "Subjective, Intersubjective, Objective," *Philosophy and Phenomenology Research*, vol. LXVII, no. 3 (November 2003), pp. 675 – 681.

质地受制于批判性的反思的联系的,一个概念性的能力的网络。"⑭概念性能力由自发性组成,自发性来源于知性。概念性、自发性、知性不应被视为同义词,仿佛它们相互之间只是换了个说法罢了。尤其是知性,在康德那里显然是站在意识哲学的角度来说的。既然麦克道尔在这点上是和康德站在一起的,那么他这种不易被察觉的摇摆现在水落石出了:在强调作为人的自发性和接受性的紧密相连时,他利用的是自发性中意识这一面;在对自发性或概念性能力定义时,尤其是要通过第二自然顺利地让人不神秘地拥有理由的空间时,他强调的又是另一面。当然,我并不是要把意识与语言截然对立起来,它们之间自然有着密切的联系,也确实在很大程度上可以看成是一体两面的关系(没有语言的中介,有些意识,如范畴的构造,往往被认为是不可能的)。就《心灵与世界》的主要意图来说,作者不细分自发性也无可指摘,在上文关于语言的那段引文中,自然也不可能排除其中意识的概念性作用,只是麦克道尔更倾向于在一个定位较高的、从概念性能力出发的角度来对待自发性。但是,在一些进一步的论述上,涉及一些其他问题时,这种不加细分的做法可能就显得可疑了。

当然,麦克道尔也表示过他不是要从进化论之类的角度来研究心灵、概念性能力的起源,在经验的意义上,我们对此也不多作追究。但是当他把语言看成是对人和动物作出分际的功臣时,任何有好奇心的人都会很想知道:没有意识在先的能力的话,语言能力是怎么成功植入的? 换言之,意识不但必定有其独立于概念性能力的构造和功能,而且必定为后者奠基。再如以麦克道尔花了一定篇幅讨论的自我意识问题为例,难道是有了语言能力之后我们才有了自我意识吗? 如果不是意识的作用,起码能够区分出主客体、能够定位自己,意识到我是我等等,我们是怎么可能进一步地通过自发性实行其观念化的作用并去习得概念性能力的? 自我意识的获得绝不依赖于概念性能力,过分地抬高概念性能力的不当后果在此显露无遗,因此当麦克道尔居然声称没有概念性能力的生物就不会有自我意识的时候,⑮他正犯了非常夸张的错误,这种错误的原因出自正像他过高地定义了经验一样也过高地定义了自我意识,并且这将使得他无法解释自我意识的起源。⑯

如果有人问:即便上面说的那些都对,把意识的概念性作用区分并凸显出

---

⑭ McDowell, *Mind and World*, p. 124.

⑮ Ibid., p. 114.

⑯ 有关自我意识问题的详细讨论可参见亨利希(Dieter Henrich)的论文,参见 R. Bubner and K. Cramer (eds.), "Selbstbewußtsein, kritische Einleitung in eine Theorie," *Hermeneutik und Dialektik I/II. H.-G. Gadamer zum 70 Geburtstag* (Tübingen: Mohr Siebeck, 1970), S. 257 - 284.

来,那又怎么样了呢？和麦克道尔阐述的问题有什么关系？我觉得在他进一步表达的观点中,有两点可能需要继续考量。

第一,关于麦克道尔拒绝对他以为的"概念性能力"(其实是自发性)进一步区分的问题。这里的"区分"我指的是譬如划分种种不同的自发性——如果自发性能力有高低的话,划分不同层次等等,我是在这个意义上说的。当麦克道尔劝告我们"最好拒绝承认在经验中什么概念性的能力被运用了这个问题。如果我们在这个语境中讨论概念性的能力的一个运用,我们就把我们坚持经验是被动的这个能力放在了危险中;如果我们要熄灭对所与的渴望,那是必要的事情"⑰时,他大概是出于此目的:为了坚决地克服所与论,必须保证经验的被动性,为了保证经验的被动性,干脆拒绝了对概念性能力的追问。仿佛一旦追问了这一点,他苦心经营的防线就要失守,概念性能力就变得太过主动,立刻会爬到接受性之上,所与论的病症就要故态复萌了。但麦克道尔这个做法多少显得有些蒙混过关。当然,从他的角度出发,我们也可以理解《心灵与世界》主旨是讨论两者之间的关系,重点在于治疗和摆正它们的关系,而不在于讨论心灵本身。然而,现在的情况是不深入地追溯心灵的构造就无法完成治疗的目标。何况既然要摆正心灵与世界之间的位置,那么对于一门心灵哲学或别的任何想对意识进行探究的学科来说,这个问题迟早是我们要面对的,不能因噎废食地仅仅为了防止所与论的可能就阻止我们对心灵的结构进行探究。麦克道尔既想让概念性能力是主动地被使用以保证区别于动物的人的主动性,又想它是一种被动性的能力以便它能顺利地和接受性一起被动地产生经验,因此自发性的乃至接受性的主动和被动之间的辩证关系都未被很好地探讨。关于这类问题,像胡塞尔现象学中的发生学研究可以为我们提供很好的可借鉴的资源,如果能够很好地探究概念性能力到底是怎么回事,对它以及经验有一个更为妥善的定位,才能更进一步地帮助我们理解麦克道尔一贯强调的自发性和接受性不可分离地相辅相成在多大程度上是成立的。

第二点和之前讨论过的内容关系比较大,也和第一点也有关,是关于"经验"的定位问题。如果我们对自发性的层次、结构有着充分的了解,就会知道什么样的经验是由概念性能力决定的,而这种经验的边界到底在什么地方以及边界之外又是如何的,也即提供概念性内容的经验是怎么样的,除此之外的经验又是怎样的。可是,麦克道尔在谈到经验以及人和动物的区别时⑱,有些地方就

---

⑰ McDowell, *Mind and World*. p. 39.
⑱ 具体可参见 *Mind and World* 的第三讲和第六讲。

表现得含混起来。上面曾提到过麦克道尔批评埃文斯堕入了所与论。尽管埃文斯也主张感知经验是使用概念和推理作用的概念性能力参与了感知能力，或用埃文斯的话来说是"信息性系统"之后的产物，单就这一点而言他和麦克道尔是一致的，但是令后者不满的地方在于前者确立了作为信息性系统的产物的"信息性状态"（informational states）的独立地位，并要求信息性状态的和作为概念性能力的判断保持较远的距离⑲，这一点必定不能为麦克道尔所同意。尽管埃文斯也没有完全令人满意地说明信息性状态的构造，仅仅将其归为感知能力并认为就此能获得某些内容，这是不够的，但他的思考不乏有价值之处：考虑了与概念性能力分离的独立地获得某种内容的能力，而且经验是概念性能力在此基础上"加工"后产生的，并指出对这种内容不能以概念的标准来作出普遍性限制的要求，⑳这种思考方向才能为解释动物的和婴儿的原始主观性留下了余地，或者至少说：为一部分属于意识的独立作用留下了空间。麦克道尔把非概念性内容视作只有认知心理学上的意义，仿佛在哲学上毫无地位似的，这种做法其实使他在批评埃文斯拉开了接受性和自发性之间的距离这一点上变相地和埃文斯没有区别，因为他也没能解释接受性和自发性这两者之间的缝隙，只是不断地强调两者的紧密结合却不能令人信服地解释这之间的联系，等于也是在拉开两者间的距离。麦克道尔提供的粗简的二分法不断地让试图破解这一困境的做法重新陷入其中：把自发性仅仅等同于概念性能力，那么心灵的其他构造或经验的另一部分来源只能被归为接受性的了，然而这一部分因为要提防麦克道尔意义上的所与论的原因又不允许有其独立的地位而被贬为只提供单纯的在场，由此另一种经验的存在方式在他那里总是被阻塞了。

麦克道尔总是把人和动物进行比较是一个能帮助我们更好地为人定位的做法。以人为理性的标准，动物显然不是，但它们是什么呢？麦克道尔把所与规定为受因果影响时，潜在地等于是把动物全描绘成了受机械因果律支配的包裹着血肉外衣的机器了。但是当他也不得不承认动物有感情、有感觉、有原始的主观性时㉑，我们则必须追问"原始的主观性"中应该包含的意识上的构造。现在情况很明显：在受因果律绝对支配的机器与理性和自由的人之间，动物就处于那个位置。如果说一个东西既有主观性，也即有主观的东西向它显现——

---

⑲ McDowell, *Mind and World*, p. 61.

⑳ Gareth Evans, *The Varieties of Reference* (Oxford: Oxford University Press, 1982), p. 104, note 22.

㉑ McDowell, *Mind and World*, p. 120.

麦克道尔所谓的"单纯的在场"——又是机械地受支配的，比如一台电脑就是这样一种东西，动物是这种东西吗？[22]

麦克道尔在"原始的主观性"这一点上是含糊不清的。他之所以在这点上显得有些尴尬是因为疏于对真正的自发性的讨论。现在可以完整地说明他在自发性中那种摇摆，尽管在这个摇摆中他更倾向于语言这一端，因为这个成熟的高标准既能很好地说明人的心灵，又能使其与其他东西清楚地区分开；之所以会摇摆是因为他不可能拒绝另一端意识的作用。在此应予以考虑的是"原始的主观性"就意味着有一定的非概念性能力的自发性，如果不像麦克道尔那样把经验的标准定得仅作为概念性内容那么高，考虑没有语言的情况下意识的某些独立作用——即便是非概念性的，至少我们可以填补从机器到人之间那个被跳过的空白，而不至于碰到像说某某动物有几岁小孩的智力、麦克道尔表示自己很赞同研究动物的心智（mentality）[23]时，被问这里的"智力""心智"又是什么意思时的窘境，否则麦克道尔能划归给原始主观性的东西其实是非常空洞的。我们明显能发现这里积累的大量问题都绕不开这点：必须进一步探究自发性能力以扩大对"经验"的解释。

因此，不但非概念性内容在不仅限于述谓经验的意义上不是完全盲目的，而且应该承认还存在着一种包含着这种内容的经验。否则对于一个具有原始主观性的动物来说，只要没有概念性内容就没有了麦克道尔意义上的"经验内容"，对它的心智来说几乎也就不剩什么了。如果只靠意识中关于对象的单纯的在场既不足以支撑起所谓的对环境的敏感性，也不足以支撑起原始的主观性。我们都知道，有些动物有团队分工合作的能力，有些动物有能简单地使用工具的能力，有些则会通过一定方式传递不同信息的能力。只有承认动物有某种包含着非概念性内容的经验才更能解释它们的原始的主观性，同时我们不能忘了从婴儿到真正意义上的人这件事，这相当于从动物到人。如果按麦克道尔的意思，即便承认动物有感知，那么它的感知和人的感知也是两套系统[24]。进一步的问题来了：婴儿起初有一套接受系统，掌握了语言之后就改头换面地彻底换了一套系统？难道不是在原有的某种基础上进一步构造的吗？因此区分概念性能力和自发性就是为了保证非概念性能力的自发性与接受性结合的作用，

---

[22] 对麦克道尔来说，动物几乎是一种纯然被动性的生物这一点在此文表现得更明显些："Subjective, Intersubjective, Objective," p. 677。

[23] McDowell, *Mind and World*, p. 183.

[24] Ibid., p. 121.

这两者的结合足以产生一种经验,这种经验是持有原始主观性的生物所具有的经验。

这里的论述无论如何不应和所与论联系起来。反对所与论的初衷是强调概念与直观的并肩而行才能成全理由的空间,光感觉材料之类的纯直观性的东西不可能成为知识或理由空间的基础,但这绝不等于说在无论什么情况下接受性和概念性能力都是密不可分地在一起的,何况还有在何种意义上的自发性问题,前面我一直提到的麦克道尔对自发性的不细分导致了我们仔细地把动物和人放在一起考虑时,有些地方总是显得发生了不明所以的跳跃。当我们设法弄清楚意识独立的自发性作用(这里不再局限于麦克道尔的意义上来谈论"自发性")或别的什么属于自发性的作用时,说动物或婴儿有某些"经验"或较低程度上的自发性,没有达到麦克道尔定义的标准,尚不足以构成理由的空间,不能进入自由的生活状态(比如麦克道尔从伽达默尔处引证的拥有世界的概念,而不是使"世界"对它们来说只是"环境"[25]等)的时候,麦克道尔的理论的局限性已经浮现在我们面前了:它如果只解释作为成熟的人的心灵及其经验,那么基本上没有问题,问题在于它无法解释非人的,也即动物的和婴儿的心灵及其经验,这里所涉及的正是前述谓的经验,它是关于非概念性内容的经验。

三、起奠基作用的前述谓的经验

通过之前的讨论,我们可以认识到不应把"自发性"和"概念性能力"混为一谈,实际上这一点上麦克道尔恰恰是失误地完全地跟随了康德:非此即彼地处理了自发性和接受性。[26] 尽管麦克道尔也主张在经验中概念性能力已经被动地发挥作用了,但他却并未顺着这一点继续深入下去追问这种被动构造,概念性能力的被动性是最原初的吗?如果不是,那么为其奠基的意识构造中的被动性又是怎样的?对于坚持不能把经验理解为非概念性内容而与判断相分离的麦克道尔来说,他似乎从未想到一种更朴素的经验。这里的要点在于:我们可以同意麦克道尔把非概念性内容定义为都是盲目的,也即无法被它所属的主体述谓性地进行批评和反思,不在理由的空间中,但是不能就因此直接走向了另一

㉕ McDowell, *Mind and World*, p. 115.
㉖ "直观"被麦克道尔误读为包含了概念性作用的(*Mind and World*, p. 9),但其实康德没有这层意思(康德:《康德著作全集(第 3 卷):纯粹理性批判》,李秋零译,北京:中国人民大学出版社,2004 年,第 70 页),而且即便是在康德那里也存在着一定的张力,比如康德的知觉或直观已经是一个综合构造的产物,这就意味着康德的接受性也不可能是纯然被动的。

端,认定拥有这种内容的主体就是对世界(这里"世界"仅指外界环境等对其产生作用的东西,对非述谓的主体而言当然无法具有"世界"这一概念,哪怕是表象)毫无经验或者说毫无理解可言,仿佛盲目的意识中只剩单纯的在场,因果性地在世界中生存着。换言之,麦克道尔可以提出这样的标准,但这无法解释非概念性的内容和经验的全部,如果我们认可不但概念和概念性能力需要奠基,即便是理由的空间也不是一蹴的话,而这一切正是通过前述谓的经验来奠基和过渡的。接下来我将借助胡塞尔现象学的有关论述,对前述谓的经验作一番简要的说明。当然,必须要提前声明的是,并不是说整个前述谓的经验(就其作为一门理论而言包含了许多内容)就一定能为动物和婴儿所完全具有,现在暂且不涉及更具体的要细分的问题,比如"动物"本身是一个很大的类,不能笼统地一概而论,这里只是就其原则上的可能性而言的。

如果包含着概念性内容的经验就意味着述谓性的判断,拥有经验的主体总是表现为对世界采取述谓性的判断,就像布兰顿描述的,麦克道尔的经验主义中的一维是"语义学的经验主义",[27]那么,这种经验判断的基础何在呢? 仅从狭义上来说,当然只有述谓判断才是判断,但从广义上来说胡塞尔认为完全可以忽略这一规定,一个对象化的行为就已经包含着判断了,[28]而且这种对象化行为本身已是接受性中的主动性行为,尽管还只是最低级的主动性,区别于作为高级主动性的自发性行为。[29] 因此前述谓的经验和感知行为本身已经是一种主动性的成就了,而且正是这种经验为狭义上的判断奠基。从发生构造上来说,对象化无非是针对个别对象的,个别对象构成了经验判断的基底,"个别对象的明证性产生了在最广义上的经验的概念。因此经验在最初的和最确切的意义上被定义为与个体的直接关系。这里,作为带有个别性基底的判断之最初的判断本身就是关于个体的判断,经验判断。经验的个别对象的明证的被给予性,也即前述谓的被给予性,先行于经验判断。因此经验的明证性是要被我们所寻找的最后的原初的明证性,而且因此是述谓判断的原初解释的出发点。"[30]这里的"被给予性"(Gegebenheit,或者更确切地说,述谓经验中的对象是被给予的话,

---

㉗ Smith (ed.), *Reading McDowell On Mind and World*, p. 93.

㉘ Husserl, *Erfahrung und Urteil* (Hamburg: Classen Verlag Hamburg, 1954), S. 62.

㉙ Ibid., S. 63 - 64. 这里我们可以看到胡塞尔对接受性和自发性更令人信服的处理,两者是相互间层层渗透的关系,而非两个极端僵硬地彼此间对峙着。对后期的胡塞尔来说,自发性仅指主动性中高级部分,也即与述谓或范畴行为有关的部分。限于本文讨论的主题,对此不多作扩展,并且依然使用麦克道尔的术语,尽量不插入被动性和主动性的概念。

㉚ Ibid., S. 21.

那么前述谓经验中的都属于"前被给予性"）不应在所与论的意义上来理解，而且有关个别对象的经验也不应被与私人片段产生任何不当的联系，对个别对象的意识是在前述谓的经验基础上形成的，前述谓的经验本身尽管未能形成一个统一的理由的空间——这只有在述谓经验中才是可能的，但它也已经形成了一定的视域，绝非全然"盲目的"，对此胡塞尔分析道，在前述谓的经验中不仅包含着个别对象的直接样式，也即作为简单信念的存在的确定性样式，还包括了它的诸变样的样式，比如可能的、猜想的、似乎的等等样式，这些样式都作为确定性样式的变样并与其一起构成了经验。[31] 这种前述谓的经验是这样一个视域，任何认识活动总是已经以之为前提了，而且它是关于世界的，胡塞尔甚至称之为"世界意识"，这里依旧不是说前述谓经验中构造出了与世界有关的概念或表象，而是说它包含的视域都是和世界这个形成我们经验来源的外部的环境有关的，不像麦克道尔说的那样完全在主体进行自我批评和反思的范围之外，没有对世界形成一瞥，恰恰相反，这一初步形成的视域已开始瞥见世界了，否则诸可能性的变样样式是主体所不可能提供的，只是这些还无法与述谓性的作为一个完全统一的视域之理由的空间相比。

前述谓的经验涵盖范围较广，涉及对对象的观察、注意的朝向、联想、想象、对不同规定性的比较和联结等等诸多方面（这里我们可以再次看到，这些东西不能被纳入作为概念性能力的自发性中的话，就只能统统被划到麦克道尔意义上的接受性中有多么不合适），限于篇幅这里不可能作详细的讨论，下面仅举几个要点说明前述谓经验中与判断关系较密切的方面：首先，所有对象及其内容或属性都是被类型化地认识的，经验总是类型的经验，对每个对象的认识不会是在完全未被规定的基底上仿佛初次被给予似的，哪怕其中有陌生的东西，依然会被主体从其已有的类型化了的经验来预期和认识；其次，与第一点相关的，经验视域总是体现着一种熟悉性的主观特性，也即在对象中总是划分已知的和未知的，以便可能经验对其的应用；再次，前述谓的经验的可能性认识中还包含了对主体自身能力的认识，以产生一种"我能"意识，这是对自我来说可能的（宽泛意义上）实践活动的规定，同时也可以看到，自我意识绝非概念性能力下才是可能的；再有，经验永远是一种超越性的意识，总是包含着关于对象的可能性的意识，在统觉中预先把握着任何对象。

我们并不否定严格意义上的关于对象的认识和知识只能是述谓的和概念性的，而非只是接受性的经验，尽管后者在广义上已开始形成认识，从此我们也

---

[31] Husserl, *Erfahrung und Urteil*, S. 23.

可以大致看到非概念性内容的独立地位以及它可以在多大程度上为主体的认识活动服务。

四、结论

通过上面的分析我们可以看到，尽管从现成的角度来说，麦克道尔提出的最小经验主义框架基本上能较好地处理人的心灵与世界的关系，但它还不是完美无瑕的。首先，他对概念性的和非概念性的内容不当的解释无法处理非人的心智，或者说非人的原始主观性以及对世界的敏感性。诸如动物的和婴儿的非概念性内容不能被完全等同于单纯的在场。在这些方面麦克道尔总是不可避免地有含糊之处。其次，麦克道尔在对接受性和自发性的解释上也陷入较为粗简的二分法，未能对二者之间的具体关系作出更明确的定位，主要在于他忽略了概念性能力和自发性之间的区别，如果这两者被等同起来，认识能力中就有相当一块是不清晰的，一个明显的例证就是动物和婴儿的"心智"或"原始主观性"，他没有考虑到非概念性能力的自发性。最后，从非概念性内容和非概念性能力的自发性出发，我们可以扩大经验的范围考虑一种前述谓的经验，尽管仅在严格的述谓经验的意义上来看待这种经验及其内容，可以说它们依然是盲目的和没有进入理由的空间中，但从广义上说，它们并非完全不能为主体自身进行批评和反思，从发生构造上来说，述谓经验和判断都是由前述谓的经验奠基的，并且前述谓的经验在构造上也摒弃了在麦克道尔那里其实存在着的接受性和仅作为概念性能力的自发性之间的截然对立的问题，相比仅用概念性内容来定义经验的较为狭隘的框架，前述谓的经验也能更好地解释人的经验的发生构造与动物的心智或原始的主观性。

（责任编辑：先庆熊）

作者简介：杨健，复旦大学博士生，研究方向为胡塞尔现象学。

摩尔的"自然主义谬误"
与"是-应当"推论*

罗亚玲

【摘　要】"自然主义谬误"经常被等同于"是-应当"的推论错误（如果这是一种错误），这种做法虽然可以被约定俗成地接受，但若回到 G. E. 摩尔的语境之中则需要有所警惕。摩尔的自然主义谬误基于善不可定义的判断，是一种认识论意义上的错误。其之所以被等同于"是-应当"推论错误，是因为人们误把用以给善下定义的排他性判断当作断言何物为善的关联性判断。摩尔的自然主义谬误与"是-应当"推论错误其实是不同层面的错误，其哲学基础和包含的元伦理立场也可能相异。

【关键词】摩尔　自然主义谬误　"是-应当"推论

　　"自然主义谬误"一词可以说是当代西方伦理学文献中的高频词，在规范伦理的讨论中，尤其是在一些具体应用伦理学问题的讨论中，某种道德主张若被

＊ 本文为本人主持的国家社科基金项目"责任伦理视角下的康德道德哲学研究"（项目编号：20BZ092）阶段性成果。

认为基于一种从"是"到"应当"的推论,经常会被指责犯了"自然主义谬误"。这种指责方式预设了一点,即"自然主义谬误"就是"是-应当"的推论错误。如此约定俗成虽未为不可,但若回到该概念的提出者 G. E. 摩尔的语境之中则需要有所警惕。摩尔本人未曾在论述自然主义谬误时提及"是-应当"推论问题,更未将两者相提并论,他在元伦理学上的道德实在论与直觉主义立场也有别于很多基于"是"/"应当"或事实/价值的区分而得出的主观主义和相对主义立场,这些都提示了摩尔的"自然主义谬误"不同于"是-应当"推论错误。本文即旨在阐明这两者的不同,首先结合摩尔的论述表明其自然主义谬误是一种认识论意义上的错误(一),然后援引休谟区分对"是-应当"推论作出界定和限定(二),在此基础上,分析摩尔自然主义谬误被等同于"是-应当"推论错误的原因,并指出两者其实是不同层面的错误(三),其哲学基础和包含的元伦理立场也可能相异(四)。我们希望,以此澄清对"自然主义谬误"的误解,以便更好地理解摩尔的思想,以及其所开创的作为一个伦理学学科分支的元伦理学的特点和意义。

一、"自然主义谬误"与"善之不可定义"

摩尔提出"自然主义谬误"概念之后,这个概念就得到了广泛的流传,但不幸的是,一直以来,这一概念不是被误解,就是在很多莫衷一是的讨论中显得困难重重。误解主要就是这里说的被等同于"是-应当"推论的问题,这并非最近出现的情况,而是自始就有的问题。在比摩尔稍晚、但与摩尔有直接人生交集的艾耶尔那里,我们就可以看他援引摩尔以批评自然主义伦理学那种"把伦理的词的整个领域归结为非伦理的词"或把"伦理价值的陈述""翻译成经验事实"的做法[①],这隐含了他对摩尔自然主义谬误概念的理解。其他很多学者,包括像黑尔这样知名的元伦理学学者,在运用摩尔的自然主义谬误概念时,也预设了同样的概念理解。[②] Bruening 指出,这与摩尔在《伦理学原理》一书后面几章容易引起误解的文字有一定关系[③],本文第三部分将对此展开论述,认为其说法是有道理的。也如同 Bruening 所言,《伦理学原理》第一章对于准确把握摩尔的观点有着重要意义,据此虽不难得出自然主义谬误并非"是-应当"推论,但围绕自

---

① 艾耶尔:《语言、真理与逻辑》,尹大贻译,上海:上海译文出版社,2015 年,第 83—84 页,"第一版序言"及"第一章"。

② 参见黑尔:《道德语言》,万俊人译,北京:商务印书馆,1999 年,第 82—83 页。

③ Williams H. Bruening, "Moore and 'Is-Ought'," *Ethics*, vol. 81, no. 2(1971), p. 49.

然主义谬误究竟是何种错误以及摩尔的开放问题论证是否充分等等的争论,也表明了人们理解这一概念的困难。因此,这一部分阐述摩尔的"自然主义谬误"概念的工作,将主要依据《伦理学原理》第一章的文本,通过对该章深入细致的解读,指出摩尔的"自然主义谬误"是一种认识论意义上的错误,为下文的分析铺垫,同时也对一些相关的批评作出回应。

摩尔在第一章中明确表明,他提出"自然主义谬误"的概念是用来说明"善之不可定义"。他认为善是一个单纯的概念,不可分析,任何给善下定义的努力难免都会陷入自然主义谬误。因此,要理解其"自然主义谬误"是一种怎样的错误,就有必要追究摩尔在何种意义上认定善之不可定义,以及给善下定义是一种怎样的错误。

摩尔在《伦理学原理》一书的序中指出传统伦理学的两类问题,第一类问题是"哪种事物应该为它们本身而实存"或"就其本身而言是善的",第二类是"我们应当采取哪种行为"④,而他强调,作为科学的伦理学⑤在回答这两类问题之前需要先追问:"当我们探讨一事物是否应该为它本身而实存,一事物是否就其本身而言是善的,或者是否具有内在价值的时候,我们关于该事物究竟探讨什么;当我们探讨我们是否应该采取某一行为,它是否是一正当行为或义务的时候,我们关于该行为究竟探讨什么。"⑥这也就是说,在追究和解答"何物为善"以及"何种行为是正当行为"的价值问题和规范问题之前,需要先澄清"善"和"正当"概念本身,这体现了元伦理学的"元"问题意识。当然,除了"善"和"正当"的概念问题,摩尔指出的元伦理学问题还包括规范伦理的方法问题,即:"惟一能够证明和反证伦理命题,能够使其得到肯定和遭到怀疑的证据具有什么性质?"不过在此我们聚焦"善"和"正当"的概念问题。此外,摩尔把正当行为理解为实现某种自身而言的善的手段⑦,所以两个概念问题最终归为"善"的概念问题。因此,他在该书第二章总结指出,一切伦理学问题都可以归于三类之中的一类,其中第一类只包含一个问题:即"善"是什么意思?⑧ 另两个问题即前面所说的哪些事物就其本身而言是善的以及哪种行为是正当的行为。

"善"是什么意思? 或:善是什么? 这一问题不同于"什么(东西)是善的"问题,前者追问的是善的概念涵义或善的定义,后者则是问何物具有善的特征,前

---

④ 摩尔:《伦理学原理》,长河译,上海:上海人民出版社,2005 年,第 1—2 页。

⑤ 同上书,第 3 页。

⑥ 同上书,第 2 页。

⑦ 同上。

⑧ 同上书,第 39 页。

一问题更加基础。摩尔针对这一基础性的问题给出了一个明确的答案：善不可定义，若给善下定义则必定会犯自然主义谬误。为了说明善之不可定义，摩尔提出了著名的"开放问题论证"（open-question-argument），他指出，针对任何善的定义（比如把善定义为所欲求的东西，或把善定义为快乐），我们都可以追问这个东西（所欲求的东西或快乐）是善的吗。但这一开放问题论证一直饱受质疑，经典的有弗兰克纳（W. K. Frankena）的"乞题"（beg the question）批评，弗兰克纳认为，如果我们接受给定的善的定义（比如善即所欲求的或善即快乐），那么"善是所欲求的"或"善即快乐"就是一个分析性的结论，如此则不可能在不乞题的情况下去追问所欲求的或快乐是否为善⑨。

这样的批评其实是基于对摩尔所谓给善下定义的误解。后来的元伦理学在追问道德术语的时候经常用语言分析或语义分析的方法，但摩尔追问善的定义与此有别。摩尔在书中对"定义"作了明确的概念区分，他以给"马"下定义为例提出了三种不同的"定义"，其一被称为"任意的文字定义"，这种定义大致就相当于当我们说"马"时预设听者明白这是意指"一匹有蹄四足兽"；其二被称为"正当的文字定义"，比如根据词典指出大多数人说"马"的时候意指"一匹有蹄四足兽"，摩尔说他并非在这两种意义上认为善不可定义。他所说的"定义"是指第三种："当我们给马下定义的时候，我们可以意指某种更重要的东西。我们可以意指某一客体，而我们全都知道，它是按照某种方式组成的：它具有四条腿、一个头、一颗心、一只肝等等，而这一切是按一定的相互关系排列起来的。"⑩摩尔说："正是在这个意义上，我否认'善'是可以下定义的。我认为，它不是由若干部分组成的，当我们想到它的时候，就可以在我们心里用这些部分来代替它。"⑪这第三种定义是要对下定义的对象进行分析，"陈述那些必定构成某一整体的各部分"⑫。马由四条腿、一个头、一颗心、一只肝等按照一定的方式排列组合而成，因此马在这种"定义"的意义上也是可以下定义的，而"善"则是不可定义的，因为"它是单纯（simple）的，没有若干组成部分"。⑬

据此，弗兰克纳等人对开放问题的质疑显然是有问题的，他们是在"文字定义"的意义上理解摩尔的"定义"。但摩尔这些明确的界定和观点依然让人费解："善"何以单纯不可分？当我们断言某物为善时，我们用以表明其为善的那

---

⑨ W. K. Frankena, "The Naturalistic Fallacy," *Mind*, vol. 48, no. 192(1939), pp. 472 - 473.

⑩ Ibid., p. 13.

⑪ Ibid.

⑫ Ibid., p. 14.

⑬ Ibid.

些东西似乎可以视为"善"的组成部分。但这恰恰犯了摩尔所说的"自然主义谬误",摩尔在指出善之不可定义后写道:"伦理学的目的在于发现什么是属于善的事物的其他各个性质,这是事实。然而许许多多的哲学家们认为:当他们说出这些别的性质时,它们实际是在给'善'定义,并且认为这些性质事实上并不是真正'别的',而是跟善完全相同的东西。我打算把这种见解叫做'自然主义的谬误',并且我现在就试图对它加以处理。"⑭这里的关键还在于摩尔所说的"善"或"善本身"和"善的东西"或"善者"的区分,"善的东西"或"善者"是"善"这个形容词所适合的东西,这个东西除了"善"还会有其他适合的形容词,比如"充满快乐的"或"理智的",我们可以说充满快乐或理智的东西是善的,但不能说这些特征就是善或惟有具有这些特征的东西是善,若以这种方式给善下定义,就是用善的事物具有的别的性质去定义善,就是摩尔所说的"自然主义谬误"。

由此也就可以理解,摩尔说他给善下定义并非要分析"善"这个词的字面意义,而是要追问"善的观念"的本性。虽然摩尔在书中也会用"属性"(property)或"性质"(quality)这样的概念来谈论"善",但我们不能在物理的意义上理解这些概念,"善"对摩尔来说是一个客体(object),一个理念(idea)或一个观念(notion),追问能否给善下定义是希望发现"这一客体或理念的本性"。⑮ 因此,他说善是"单纯的,没有若干组成部分",就是说善的观念是一个单纯的不可分析的观念,这完全是一种认识论的主张。聂文军指出摩尔继承了英国经验论的传统,他认为摩尔认定善不可定义,就是把善的观念视为洛克意义上的简单观念,而摩尔所说的可定义的复合观念就类似于洛克的复杂观念。⑯ 也有学者将摩尔的"善的观念"与休谟的"因果性观念"相提并论,并强调若无内在或外在的感觉,就不会有观念。⑰ 这种理解合理地把握到了摩尔有关善不可定义的思想的认识论意蕴,在《伦理学原理》中也能够获得一些印证。在这本书中,摩尔把"善"与"黄"进行类比,他指出,尽管我们可以描写黄在物理上的对等物,可以陈述哪种光振动刺激正常的眼睛才能使我们知觉到黄,但这些光振动并非我们所知觉的"黄"——即作为一种知觉观念的黄。摩尔在此书中没有对此展开更为详细的阐述,但顺着前述理解的思路,则不难理解他的意思,他认为黄作为一种知觉观念,并不仅仅是某一波段的光波振动这一物理运动,还有我们的感觉,前

⑭ W. K. Frankena, "The Naturalistic Fallacy," p. 15.

⑮ Ibid. , p. 11.

⑯ 聂文军:《元伦理学的开路人——乔治-爱德华-摩尔》,河北:河北大学出版社,2005 年,第 31 页。

⑰ Glen O. Allen, "From the 'Naturalistic Fallacy' to the Ideal Observer Theory," *Philosophy and Phenomenological Research* , vol. 30, no. 4(1970), p. 533.

者是属于对象的物理方面,后者则是属于主体的意识方面,黄的知觉观念是一种一种难以进一步分析的"综合",这两方面难以拆分。不过这种对知觉观念的理解恐怕不仅仅体现了经验论的思想,在某种意义上已经具有了现象学的意蕴。在摩尔看来,"善"尽管不是像"黄"那样的知觉观念,但就其不可分析而言与"黄"一样。

《伦理学原理》发表于 1903 年,在此之前,摩尔还发表过一篇题为 The Refutation of Idealism 的论文,这篇论文尽管后来被摩尔本人认为"非常混乱",有"许许多多再明显不过的错误"[⑱],但对于理解《伦理学原理》中"善"与"黄"的类比却是非常有帮助的。在那篇文章中,摩尔试图准确地表达自己的认识论立场,他一方面接受洛克有关人类知识以观念为对象的观点,另一方面又对贝克莱式的唯心主义立场保持高度警惕,从而较为明确地表现出一种接近现象学的认识论立场,此处无需对此展开详细论述,值得指出的是,摩尔在其中明确指出:"在每一个感觉或观念中,我们必须区别两种因素:(1)'对象',或者说一个感觉或观念不同于另一个的地方;(2)'意识',或者说所有感觉或观念共有的东西——使它们成为感觉或精神事实的东西。"[⑲]据此,摩尔在论述蓝色的感觉时指出,蓝色的知觉除了蓝色(即光波的振动)还包含另一种因素,即他称为"意识"的东西(包括感觉和思想[⑳]),它使对蓝色的感觉成为一种感觉。如此也就可以理解他在《伦理学原理》中说某种光波振动并非我们所知觉的黄(即黄的感觉或观念)。类似地,"善"——摩尔认为"善"虽然不是感觉的对象,但可被视为一个思想的对象(思想客体)——也不能还原为善的事物所具有的别的性质,这种还原同样是一种自然主义还原,忽视了善的观念中意识(思想)的因素。

由此可见,"自然主义谬误"并非推论错误,而是一种认识论错误。颜青山教授通过考察摩尔的"自然主义谬误"概念和胡塞尔的"自然主义谬误"概念也指出了这一点[㉑]。摩尔在《伦理学原理》将之视为给善下定义时所犯的一种错误,即"把善这个并非同一意义上的自然客体跟任何一个自然客体混淆起来"[㉒]。他所说的"并非同一意义上的自然客体"是说善并非一个"自然客体",而是"思想客体"("自然客体"与"思想客体"的区别在于前者是经验的对象,凭本身而在

[⑱] 摩尔:《哲学研究》,杨选译,上海:上海人民出版社,2009 年,第 2 页。

[⑲] 同上书,第 18 页。

[⑳] 同上书,第 8 页。

[㉑] 颜青山:《"自然主义谬误":从摩尔到胡塞尔》,《哲学研究》2008 年第 2 期。

[㉒] 摩尔:《伦理学原理》,第 17—18 页。

时间内实存，而后者不是[23]）。但摩尔同时也说，即便善"是一个自然客体"，"也丝毫不能改变这种谬误的性质和减少它的严重性"[24]。这也就是说，如果把"黄"定义为某一波段的光波振动，其错误与"自然主义谬误"是同样的。

二、"是-应当"推论

在展开对摩尔的"自然主义谬误"和"是-应当"推论的对照之前，为避免一些可能无关主旨的质疑，在此有必要先对"是-应当"推论的涵义做出一些限定。

"是-应当"推论的提法始于休谟，他在《人性论》中指出："在我所遇到的每一个道德学体系中，我一向注意到，作者在一个时期中是照平常的推理方式进行的，确定了上帝的存在，或是对人事作了一番议论；可是突然之间，我却大吃一惊地发现，我所遇到的不再是命题中通常的'**是**'与'**不是**'等连系词，而是没有一个命题不是由一个'**应该**'或一个'**不应该**'联系起来的。这个变化虽是不知不觉的，却是有极其重大的关系的。因为这个应该或不应该既然表示一种新的关系或肯定，所以就必须加以论述和说明；同时对于这种似乎完全不可思议的事情，即这个新关系如何能由完全不同的另外一些关系推出来，也应当举出理由加以说明。"[25]这里说的有关"是"与"不是"的命题与有关"应当"与"不应当"的命题表达了不同的关系，就是一般理解的"休谟区分"，也被称为事实与价值或规范的区分。正是基于这一区分，"是-应当"的推论（以及"事实-价值"的推论）被认为是一种错误的推论。

事实与价值的区分，以及"是-应当"推论为错误推论的观念可以说是当代广为接受的观念。尽管如此，也存在各种质疑的声音。有休谟研究者结合休谟的其他文本质疑他是否确实把事实和价值或规范截然相分，这不在本文讨论的范围。此外，当代也有关于"事实-价值二分法"之合理性的各种讨论，普特南的《事实与价值二分法的崩溃》就是一个经典的例子，此处也不拟对此展开讨论。本文关心的不是事实与价值的二分是否成立，或"是-应当"的推论是否为错误的推论，而是摩尔的自然主义谬误是怎么回事（甚至也不致力于追究其是否为一种"谬误"），以及它是否等同于"是-应当"的推论。

但这里还是可以作出一点明确的限定，即我们所说的"是-应当"推论并不

---

[23] 摩尔：《伦理学原理》，第 42—43 页。

[24] 同上书，第 18 页。

[25] 休谟：《人性论》，关文运译，北京：商务印书馆，2005 年，第 509—510 页。

等同于从一个表示事实的句子推导一个表示价值或规范的句子的情况。塞尔在质疑"是-应当"推论时曾经举了一个例子:一个叫琼斯的人对一个叫斯密斯的人说:"我向你保证我会付给你五美元",这是一个"事实",而基于这一事实,我们完全可以得出"琼斯应当付给斯密斯5美元"这一包含"应当"的判断。[26] 但这个例子其实不足以否定"是-应当"推论的错误,塞尔所举的例子是典型的"以言行事"的例子,这种以言行事的效力在于它预设了一些前提条件,比如这个琼斯必定是在清醒的时候根据他和斯密斯的交往以及相关的规范做出这一承诺的。就此而言,这个"事实"并非纯粹的事实,而是本身包含了对既定规范的认同。因此,这里所说的"是-应当"推论不以语言形式论,而是指那种把规范判断或价值判断还原为纯粹的事实判断的做法。

三、不同层面的"问题"

摩尔在《伦理学原理》中讨论自然主义谬误问题时并没有提及"是-应当"推论的问题,但他从第二章开始对各种自然主义伦理学和形而上学伦理学(即那种用"一个仅仅被推想实存于一个超感觉的实在的世界之中的客体"去定义善的伦理学理论)的批评,都很容易让人联想到"是-应当"的推论错误,甚至让人误以为自然主义谬误就是"是-应当"的推论错误。

我们不妨以摩尔对各种自然主义伦理学的批评为例,看看何以会有这种联想和误解。摩尔分析了斯多亚学派、进化论伦理学和快乐主义三种自然主义伦理学,他认为这些理论的自然主义谬误分别在于:斯多亚学派主张"自然的就是善的";进化论伦理学主张"进化的(比较进化的)即是善的(比较善的)";快乐主义的情况相对复杂,其自然主义谬误最为典型地体现于"所欲求的就是善的"这种主张之中。结合摩尔在这部分的具体论述,我们很容易把这三个命题分别视为三组三段论推论的大前提,从而把其"自然主义谬误"与"是-应当"推论联系起来,具体如下:

斯多亚学派:

大前提:自然的就是善的

小前提:健康的/必需的是自然的

结论:那么,健康的/必需的是善的(那么,就应当追求健康/必需的东西)。

---

[26] John R. Searle, "How to Drive 'Ought' from 'Is'," *Philosophical Review*, vol. 74, no. 4 (1964), pp. 43 – 58.

进化论伦理学：

大前提：进化的(比较进化的)是善的(比较善的)

小前提：某种状态 A 是进化的(或相比于状态 B 处于进化的更高阶段)

结论：那么，A 就是善的(或比 B 更善的)。

快乐主义：

大前提：所欲求的就是善的

小前提：快乐是人们所欲求的

结论：那么，快乐就是善的。

在上述这些三段论推论中，去掉大前提，剩下从小前提到结论的推论其实就是典型的"是-应当"推论。而"是-应当"推论之所以被认为是错误的，也正是因为其所预设的大前提并非不证自明。如此看来，自然主义谬误与"是-应当"推论似乎就是相同的问题，即便要作出区分，两者似乎也是一个硬币的两面，一面展现三段论推论的小前提和结论，一面聚焦三段论的大前提。

但实际是否如此呢？既然摩尔认为自然主义谬误存在于上述三段论的大前提之中，那么，我们不妨聚焦于这些大前提。前文已经指出，自然主义谬误是在给"善"下定义时所犯的认识论错误，那么，如果要断言这些大前提都犯有自然主义谬误，就必须把这些命题理解为对善的定义。按照这样的界定，"自然的就是好的"就等于说"自然即善"，这是一种同一性断言，不同于说"自然的东西具有'善'这一性质"，后者是关联性断言。同一性断言意味着"自然(的)"与"善(的)"的同一，也可以反过来说"善(的)即自然(的)"，这一命题具有排他性，排除了其他事物是善的。关联性断言则表明自然的东西与"善"的性质的关联，这种关联不是同一的关系，不具有排他性，主张自然的东西是善的并不排斥同时主张其他事物也是善的。"进化的(比较进化的)是善的(比较善的)"以及"所欲求的即是善的"这两个命题，同样可以有同一性和关联性两种不同的理解，而摩尔所针对的善的定义必定是同一性断言。

结合前面提到的摩尔对伦理学三个层面的问题区分，就能更加清楚地看到上述三段论大前提中的命题的两种不同意义。同一性断言用于回答摩尔说的第一层面的问题，即回答"善是什么"的问题；而关联性断言则是针对第二层面的问题——即"何物为善"的问题的回答。而按照前文分析的"善不可定义"的观点，根本就不存在从一个善的定义出发去推导何物为善以及何种行为正当的可能性，这也能解释为什么摩尔根本不提"是-应当"的推论。"是-应当"推论回答的是摩尔的第二层面和第三层面的问题，其大前提只能是一个关联性断言。

由此回到前面给出的三组三段论推论，则可以得出，(1)它其实不适用于摩尔的自然主义谬误,摩尔的自然主义谬误是给善下定义时的错误,而给善下定义与断言何物为善不在一个层面;(2)它在形式上适用于"是-应当"推论,但其中的大前提必定是关联性意义上的断言,即关于何物为善的断言,这种断言不同于给善下定义,它可能存在问题,但其问题不同于摩尔的自然主义谬误。简言之,自然主义谬误出现于给"善"下定义的元伦理层面,而"是-应当"推论的"问题"出现于规范伦理的层面㉗。

摩尔很清楚,伦理学必定要对何物为善以及何种行为正当做出断言,这可以说是伦理学的最终目的,但他反对给善下定义,他说:"如果我们一旦认识到我们绝不能从一个定义来开始我们的伦理学,那么,在我们采取任何伦理学原理以前,我们就会比较善于警惕自己得多;而我们越警惕自己,我们采取错误原理的可能性就越小[……]如果我们认识到,就'善'的意义来说,任何一事物都可以是善的,那么我们开始会虚心坦怀很多。"㉘从中不但可以看到摩尔元思想的反教条主义和批判性色彩,也能加深理解其"善是什么"和"何物为善"两个不同层面的区分。同时,我们还能进一步得出,摩尔一方面认为善不可定义,但另一方面完全可能同意做出"某物是善的"的判断。就此而言,摩尔的自然主义谬误概念甚至不意味着一种反对自然主义伦理学的立场。

在讨论"快乐主义"的问题时,摩尔指出:"当我抨击快乐主义时,我仅仅抨击这样的学说,它主张**只有**快乐作为目的或者就其自身而言是善的。我既不抨击这样的学说,它主张快乐作为目的或者就其本身而言是善的;我也不抨击关于什么是我们所能采取的最好的手段,以获得快乐或达到任何其他目的的任何学说。"㉙所谓"作为目的或者就其自身而言是善的"即摩尔所说的"目的善"或"内在善",相对于"工具性的善"而言。"主张只有快乐作为目的或者就其自身而言是善的"是一种排他性的主张,是摩尔所说的对善的定义;而"主张快乐作为目的或者就其自身而言是善的"则可以理解为一种关于"何物是善的"的关联性主张。接着上面这段引文,摩尔还写道:"一般说来,快乐主义者们所推荐的行为方针跟我所推荐的是十分相似的,我同他们争论的,并不是关于他们的大多数经验性的结论,而仅仅是关于他们似乎认为足以证明其结论的那些理由。"㉚摩尔以此表明他在规范伦理层面上与快乐主义相似的立场,直白地说,他

㉗ 如前文所述,关于"是-应当"推论是否成问题依然存在争议,故此处给问题两字加了引号。

㉘ 摩尔:《伦理学原理》,第23页。

㉙ 同上书,第62页,黑体为笔者所加。

㉚ 摩尔:《伦理学原理》,第62页。

同意"快乐作为目的或者就其自身而言是善的"主张，只是他并非基于善的定义得出这一结论，而是基于对"快乐"和"善"之关联的直觉性判断。这也就是为什么他对西季威克的直觉主义快乐主义思想有较高评价。有学者据此认为，摩尔基于有关"快乐"和"善"之关联的直觉性判断（这表现为一个事实）论证其规范伦理学应然主张，这本身就是一个"是-应当"的推论。[31] 这也就是说，批判自然主义谬误的摩尔本人在规范伦理论证中采取了"是-应当"的论证。这同样表明了自然主义谬误与"是-应当"推论的不同。

四、可能不同的元伦理主张

摩尔在规范伦理上与快乐主义相似的立场其实也引出了另一个判断，即摩尔与那些反对"是-应当"推论的哲学家可能会有不同的元伦理主张，摩尔持一种道德实在论和认知主义的立场，而反对"是-应当"推论者则不少主张道德非实在论，持主观主义和相对主义的立场。

前文提到，摩尔所谓"善不可定义"意思是说，善的观念是一个简单的、不可分析的观念。为了凸显其不可分析性，摩尔提出了"开放问题论证"，前面我们提到过弗兰克纳等人对开放问题论证的误解。开放问题论证是一种归谬式的反证方法，他在表明善不可定义之后，退一步假定善并非单纯的观念，如此则"善要么是个复合体（因此就是可定义的），要么根本就不意味着任何东西"[32]，然后他通过对善的两种常见定义（把善定义为所欲求的或定义为快乐）的检验，得出一个结论：对于任何善的定义我们都可以合理地追问这个东西（所欲求的东西或快乐）是否为善，以此表明善之不可定义。摩尔认为，开放问题的可能性就意味着，我们在思考什么是善之前总是先有了一个不可定义的"善"的观念。否则，以"善即所欲求的"为例，如果这可以作为对善的定义，那么"所欲求的就是善的吗？"这一问题可以转化为"所欲求的就是所欲求的吗？"或者"善是善吗？"这样的问题，但这两个问题显然并不相同，并且都没有意义。[33] 同样，针对"善即快乐"这一给善下定义的同一性命题，我们也还总是可以追问快乐是否是善的，这表明快乐和善不是同一的观念，而是两个不同的观念。摩尔由此强调我们在思考快乐是否为善这一问题时总是先有了善的观念。这种善的观念，其实就是

---

[31] Williams H. Bruening, "Moore and 'Is-Ought'," pp. 147 – 149.

[32] 摩尔：《伦理学原理》，第 19 页。

[33] 同上书，第 20 页。

柏拉图意义上的徒具形式的"善自身"或"善的理念",摩尔在书中也用了这些概念。这种观念实在论,加上直觉主义的思想,使得摩尔在元伦理学上的基本立场上迥异于其后盛行的主观主义和相对主义。

而反对"是-应当"推论的哲学家则不少走向了道德主观主义或相对主义,尽管其中也有例外,比如阿佩尔就曾试图在坚持休谟区分的基础上论证普遍道德之可能性㉞。在此我们只需要举出几例便足以表明他们与摩尔之间可能不同的元伦理立场。首先是休谟本人,他用同情心等情感来解释道德,他尽管不像艾耶尔等后来的情感主义者那样彻底否定道德的意义,但我们知道,其所谓道德最终只能局限在习俗的意义之上。艾耶尔和斯蒂文森两位情感主义的代表人物,都在其论著中引用摩尔的自然主义谬误概念,并且都把自然主义谬误当作"是-应当"的推论错误,借此表达反对自然主义伦理学的立场。艾耶尔是彻底的逻辑实证主义者,他基于其所谓可证实原则,认定道德判断只是主观情感的表达,完全否定道德判断的意义和有效性。㉟ 斯蒂文森虽然通过发掘道德判断的劝导性意义,肯定了道德判断在人际互动中的意义,但他那里道德劝导与宣传鼓动之难以区分依然表明了其鲜明的主观主义立场。㊱ 此外,黑尔也坚持休谟区分,他认为道德语言是一种规定语言,其普遍规约主义与情感主义不同的地方在于他强调道德判断所包含的普遍性要求,他甚至把自己这种普遍道德的思想与康德的普遍主义相提并论,但其哲学的经验主义方法㊲是反观念实在论思想㊳,这使其终究难以逃脱约定主义的藩篱。实际上,艾耶尔和黑尔等人自己也都注意到了其与摩尔不同的元伦理立场,因此总是一方面援引其自然主义谬误概念,另一方面又与他划清界限。

以上分析表明了摩尔自然主义谬误与"是-应当"推论的不同。最后,本文

㉞ 阿佩尔:《哲学的改造》,孙周兴、陆兴华译,上海:上海译文出版社,1997年,第278页。

㉟ 艾耶尔:《语言、真理与逻辑》,第83、94页。

㊱ C. L. Stevenson, "The Motive Meaning of Ethical Terms," *Mind*, vol. 46, no. 181 (1937), pp. 14 - 31.

㊲ 比如从黑尔在《道德语言》中对"善"和"应当"的评价性意义和描述性意义此消彼长过程的描画和分析中,可以看出其所思考的只是作为习俗的伦理规范,不涉及康德意义上与习俗存在张力的道德原则(参见黑尔:《道德语言》,第112—120、152页)。

㊳ 黑尔在书中以人们可以通过经验观察习得"红的"一词的意义(比如通过观察英格兰和爱尔兰的邮筒、成熟的西红柿、伦敦的货车等),而不能通过同样的方法习得"好的"一词的意义,反对把"善"理解为可用以表示某些事物之"共同属性"的概念,这与亚里士多德反对柏拉图"善本身"的观念如出一辙(参见黑尔:《道德语言》,第91—92页)。此外,黑尔也在书中直接批评了摩尔的观念实在论思想(参见黑尔:《道德语言》,第83—85页)。

还想据此简单提示合理地理解摩尔思想和元伦理学这一学科的意义。摩尔的
《伦理学原理》一直被认为是作为一个学科分支的元伦理学的开山之作，摩尔也
因此被奉为元伦理学的鼻祖。但因受逻辑实证主义的影响，元伦理学在很长时
间内主要以语言分析的方法探讨道德判断之有效性问题，并且对此多持怀疑和
否定的态度，元伦理学也招来了诸多批评，被认为"既不通达天理，也不脚踏实
地"，这种批评连带也波及摩尔㊴。但摩尔对伦理学不同层面问题的区分清楚地
说明了元伦理学问题的性质和意义，元伦理学虽然不直接处理规范伦理的问
题，但它对伦理学自身的概念和前提的追问恰恰体现了伦理学作为道德哲学应
有的反思性。而本文对其自然主义谬误和"是-应当"推论的区分则一方面表
明，摩尔的思想不管在观点上还是方法上，都不同于其后那些受逻辑实证主义
影响的元伦理学家；另一方面也表明，元伦理学可以有不同的观点和进路，逻辑
实证主义影响下的所谓分析进路的元伦理学只是其中之一，这种进路的伦理学
可能存在的问题不足以否定元伦理学本身的意义。进一步地，我们还可以从上
文的分析得出，这种不同进路的争论最终需要回到诸如观念论和经验主义等最
为根本的理论哲学问题之争。

（责任编辑：孙小玲）

作者简介：罗亚玲，哲学博士，复旦大学哲学学院副教授，研究方向为对话
伦理学、康德道德哲学、元伦理学等。

㊴ 邓安庆：《分析进路的伦理学范式批判》，《中国社会科学评价》2015 年第 4 期。

关于美德的倾向主义解释*

张孟雯

【摘　要】美德是令人赞赏和值得追求的品格。对于什么是美德,亚里士多德的中道说最有影响力:美德是一种状态,它在两个极端中取中道。按照厄姆森的理解,亚里士多德的伦理美德是一种适中的倾向。在当代关于倾向的语义学和形而上学研究的基础上,本文尝试进一步推进和辩护对美德的倾向主义解释。倾向的语义学和形而上学特征使得以倾向解释美德具有一定的理论优点,但同时也面临一定的困难。美德不仅是一种适中的倾向,主体还应显现出相应的感受和行动。

【关键词】美德　倾向　中道　亚里士多德

一、引言

人应该过什么样的生活?从古希腊时期起,哲学家们就开始回答这一问

---

* 本文系上海市哲学社会科学青年课题"基于科学实践的倾向本体论研究"(项目编号:2019EZX005)和上海财经大学基本科研项目"社会科学定律的倾向主义进路研究"(项目编号:2019110133)的阶段性成果。

题。在亚里士多德看来,最值得过的生活是一种幸福的生活。同苏格拉底、柏拉图一样,亚里士多德同意,要想过一种幸福的生活,具有伦理美德是至关重要的。慷慨、正义、勇敢、坚强等等伦理美德是复杂的社会品质。不同于柏拉图认为对科学、形而上学的学习是了解善所必须的,亚里士多德认为要具有伦理美德,需要培养好的生活习惯,需要通过实践掌握这些复杂的品质。

但是哪些品质是伦理美德? 伦理美德是什么? 在对这个问题的回答中,亚里士多德的中道学说(doctrine of the mean)最有影响力:美德是一种状态,是在两个极端之间取中道,这两个极端是美德的对立面,它们要么是过分,要么是不足。按照厄姆森(James Opie Urmson)[①]的理解,亚里士多德的伦理美德或品格的优点[②]是一种倾向,而且是一种适中的倾向。这意味着伦理美德需要满足以下两个条件:

(1) 倾向条件:伦理美德(品格的优点)是一种倾向;

(2) 中道条件:伦理美德(品格的优点)是一种指向感受和行动的适中倾向。

这是关于亚里士多德的伦理美德的一种倾向主义解释。(1)是说伦理美德是一种倾向。亚里士多德主张伦理美德不完全取决于一个人是否做出好的行动,同时也依赖于这个人是否喜爱做他认为正确的事,他是否是高兴地、愿意地去做,还是他是强迫自己去做。所以,伦理美德关系到行动、正面和负面的情绪反应,关系到喜好和厌恶。一个人通过自律做出了不偷盗的行为,而一个人顺应理性、愉悦地去做不偷盗的行为,后者是亚里士多德更赞赏的价值。按照亚里士多德,最好的生活不包括摩擦、内部冲突、强迫自身,它应该是毫不费力地、自愿地按照理性命令来行动的倾向。这虽然未必是天生的自然倾向,但却也是一种实践训练产生的自然而然的倾向。

(2)是中道条件,这一条件受到很多争议。[③] 厄姆森认为亚里士多德的中道学说被现代哲学家粗鲁地误解了。中道学说被理解为中庸的学说(the doctrine of the moderation):一个有好品格的人会致力于做出那些既不会展示太多、也不会展示太少的情绪和害怕、欲望、生气的行动,所有感受和行动都展

---

① James O. Urmson, "Aristotle's Doctrine of the Mean," *American Philosophical Quarterly*, vol. 10, no. 3(1973), pp. 223 - 230.

② 亚里士多德的"êthikê aretê"英文被翻译为"ethical virtue"或"excellence of character",前者本文翻译为"伦理美德",后者翻译为"品格的优点"。

③ Lesley Brown, "What is the Mean Relative to Us in Aristotle's ethics," *Phronesis*, vol. 42, no. 1 (1997), pp. 77 - 93.

示一个适度的量。厄姆森认为这是对中道学说极大的误解,他认为品格的优点是一种指向感受和行动的适中倾向,而不是一个指向适中感受和行动的倾向。

乍看起来,对亚里士多德的伦理美德的倾向主义解释似乎清晰明白,伦理美德(品格的优点)就是倾向条件与中道条件的结合:伦理美德(品格的优点)就是一种指向感受和行动的适中倾向。但事实上这一定义并不明晰:究竟什么是一种倾向,什么是一种倾向的适中。厄姆森并没有对这些问题给出更进一步的解释。本文尝试利用当代关于倾向问题的语义学和形而上学研究的进展,对此作出进一步的阐释:首先,从倾向条件和适中条件两方面表明对伦理美德的倾向主义解释的理论优点;其次,表明倾向性解释的问题在何处,这些问题需要我们对伦理美德的倾向主义解释进一步优化。

二、倾向条件

"倾向"在当代哲学的各个领域得到广泛应用,哲学家们用倾向来解释"自然定律""心灵状态""因果性""可能性"等当代哲学中的各项重要议题。按照厄姆森的理解,伦理美德是指一种适中的倾向。似乎,倾向主义解释也适用于伦理美德。用倾向来解释伦理美德,首先需要了解什么是一种倾向。倾向概念的最初含义离不开亚里士多德的形而上学,当代的语义学发展对倾向概念进行了更为细致的刻画。

(一)亚里士多德的"倾向"

倾向概念可以追溯到亚里士多德,事实上,当代倾向主义也常常被称为新亚里士多德主义。亚里士多德曾注意到,倾向(或能力[powers]、潜能[potentials])是一种特别的性质,它似乎包含着一种内在张力,它们既是"真实的",又是"潜在的"。一方面,倾向是某种隐含的自然属性,它不需要具有它的主体显现出来,事实上,它常常是潜在的。然而,另一方面,当某些条件满足时,它将会使得具有它的主体表现出某种行为。例如,盐有易溶于水的倾向,当把盐放入不饱和的水中时,盐就会溶解于水中。这是盐的真实属性,但是盐未必要展现出来,例如当盐没有被放入水中时,它也具有易溶于水的倾向。而且,亚里士多德认为,事物都遵循且应该遵循自身的自然倾向,或者说本性。例如,树有向上生长的本性,就会顺从树的本性向上生长。同样,人也有许多自然倾向,当一定条件满足时,这些潜在的自然倾向就会表现出来,使人做出相应的行动。亚里士多德更偏好于符合自然倾向的行动,它们具有更高的地位。根据亚里士多德的想法,倾向意味着顺应本性,在某种条件下自然地做出某种行为;与倾向相对立的是,经过理性或非理性思考,违反本性,在某种条件下强迫自己做出某种行为。

亚里士多德将伦理美德刻画为"hexis",意为一种状态,一种受习惯引导的、能够产生合适感受的倾向。[④] 不同于康德强调如果一个行动是按照自己的倾向做出的,则没有任何伦理价值,亚里士多德认为最好的生活不包括摩擦、内部冲突、强迫自身。自律的生活尽管也是善的,但它是违背自己本来的倾向,强迫自己去行动,它没有顺应自己倾向而行动的方式好。譬如一个自律的战士和一个顺应倾向的战士,他们表现出来的行动都是坚持战斗,但他们却属于不同的情形。自律的人前进和战斗但心里却渴望逃跑,如果他顺应倾向的话,他就会逃走。而真正顺应倾向战斗的战士不会想到逃跑,所以从某种条件来说他是自愿地前进和战斗。他希望他不用牺牲,但到那种紧急情形下时,他丝毫没有怀疑和犹豫。因为他觉得这样更容易,不同于那些人需要强迫自己来坚守——按照康德的观点,强迫自己坚守的人才具有伦理美德;但是亚里士多德主张那些顺应自然倾向的生活更有伦理美德。

(二)当代语义学的刻画

当代语义学的发展,使我们有更多资源来对倾向进行刻画。通常来说,倾向性质的归属蕴含了反事实条件句,这也被认为是关于倾向性质的蕴含式定义:

> D 是一个倾向性质,当且仅当,有一组与之相联系的刺激条件和展现,必然地,其他条件等同,如果 x 有倾向 D,那么当 x 处于刺激条件下时会有相应的展现。[⑤]

譬如说,易碎性是一个倾向性质,一个玻璃杯具有易碎的倾向,那么必然地,当其他条件等同时,如果这个玻璃杯从 2 米高的地方掉落在地的话,它就会破碎。同样,如果关于伦理美德的倾向主义解释是正确的,那么说一个人具有

---

④ Aristotle, *Nicomachean Ethics*, trans. Terrence Irwin (Indianapolis & Cambridge: Hackett Publishing Company, 1985),1105b25 – 26.

⑤ Sungho Choi and Michael Fara, "Dispositions," *The Stanford Encyclopedia of Philosophy* (2012), http://plato. stanford. edu/entries/dispositions.

某种伦理美德(品格的优点),无非是表达这个人具有某种倾向性质。这就意味着,在其他条件等同时,当他处于某种特定条件下,必然地,他会做出某种行为。譬如一个人具有慷慨的美德或优点,其他条件等同,当他面前有一个饥饿的乞丐时,他就会做出施舍乞丐的行为。

要注意的是,x具有倾向性质不代表x一定处于显现它的状态,比如一个杯子具有易碎性,它不必要是碎的。事实上,大部分具有易碎性的杯子都处于完好的状态。因而,可以说倾向是一个潜在的状态。它不过是意味着,当某些情况发生时,x一定会有什么样的展现。这样的潜在性的特点使得倾向是适合解释伦理美德的。具有慷慨美德的人不需要一定时时处于施舍别人的状态,而只是当其处于需要施舍别人的情况时,比如面对一个乞丐时,他能够显现出施舍别人的行动。

另外,倾向的语义学常常要求"其他条件均同",比如火柴有划出火光的倾向,但火柴一定是放置在有氧的条件下,火柴不能是湿的等等。当这些条件不满足时,可能使得具有某倾向的对象不显现其倾向,但这不意味着该对象就不具有该倾向了。⑥ 比如当玻璃杯被包裹了厚厚的保护材料时,如果它掉在地上,它就不会破碎,但是它依然有破碎的倾向。伦理美德也是一样,"其他条件等同"意味着在没有其他条件阻碍倾向价值的正常发生时,x有倾向D,在某种条件下,就会展现出相应的行动。譬如那个具有勇敢品质的人,在有人落水时,假如他当时自己也没有身处危难之中,假如他当时没有处于万米之外等等特殊情况的话,他就会跳入水中救人。这一品质是一种倾向意味着,在所有需要体现其勇敢品质的情况下,他都会做出相应的行动。但是,如果是因为背景条件不满足,比如他距离被救的人太远,他无法表现出相应的行为,也不意味着他不具有勇敢的品质。

因此,从当代语义学对倾向的刻画来看,对美德的倾向性解释至少具有这样两种优势。首先,倾向的显现具有某种必然性,这与亚里士多德的观点是一致的。事物顺应本性或倾向来表现其行为,有伦理美德的人在刺激条件满足时,必然会做出相应行为。其次,倾向的实现要求其他条件均同,这意味着在倾向显现的过程中,会有很多其他条件会产生干扰,但是这些条件的不满足并不能对美德的存在造成反例。

---

⑥ Stephen Mumford, *Dispositions* (Oxford:Oxford University Press, 1998), p. 74.

三、适中条件

在了解了倾向是什么之后，我们已经发现将伦理美德解释为一种倾向具有一定的理论优点。不过伦理美德不只是一种倾向，它是一种适中的倾向。坏品格也同样是倾向，但它却不是适中的倾向，而是过分或不足的倾向。那么，什么是一种适中的倾向，以及适中的倾向如何解释中道学说？

我们首先来看亚里士多德所说的中道是什么。亚里士多德认为美德伦理是关于感受和行动的，也就是说美德不仅依赖于他是否做出好的行动，还依赖他是否愿意去做。去做某行动的愿望有两种类型：一种他称作"epithumia"，即欲望（desire），另一种是"boulêsis"，即理性的愿望（rational wish）。欲望是非理性的，并且根据定义是针对愉悦感的；理性的愿望的定义则是为了善，且需要思考。亚里士多德承认人类心灵中既存在理性的也存在非理性的欲望，美德是一种中道，是因为它必须恰当地安排两种欲望之间的关系，美德既不同于完全沉湎于非理性的欲望中，也不同于完全压制这些欲望。"美德关系到感受和行动，在感受和行动中，过分和不足都是错误的，并且招致责备，而中间状态是正确的，并且赢得赞扬，是美德的真正特点。因此，就其目的在于中间状态而言，美德是中道。"⑦

那么如何来判定什么是中道呢？亚里士多德认为，伦理美德就像技术性的技能：每个有技巧的工作者都知道如何避免过度和不足，能够处于两种极端的中道。有勇气的人会判断有些危险是值得去面对的，而有些不是，并且会体验到在某个情景下合适的害怕。他处于懦弱和鲁莽之间，前者面临每个危险都会逃跑而且感受到异常的害怕，后者在每个危险来临时都判断应该去冒险，而且丝毫不害怕。他认为，这种中道所有的伦理美德都适用。不过，中道不是一种数学计算，比如在10和2当中选择6。美德无法用精确的原则来测量。伦理的中道是要根据具体的情景，根据不同的个体来决定的。找到中道，不是一个机械化的或不经大脑思考的过程，而是需要完整详细的对情境的了解。

他举了很多例子来说明什么是中道："在信心的范畴（感觉和行动）下，勇敢是中道，鲁莽和懦弱分别是过分和不足；在自我评价的范畴下，诚实是中道，吹嘘和自贬分别是过分和不足；在友谊的范畴下，友善是中道，谄媚和阴沉分别是过分和不足；在肉体快乐的范畴下，节制是中道，放纵和麻木分别是过分和不足

---

⑦ Aristotle, *Nicomachean Ethics*, 1106b25.

等等。"⑧所谓的中道就是在两个极端之间取中道，而这两个极端都是美德的对立面即恶品，它们要么是过分，要么是不足。美德是介于两者之间的一种状态。

倾向在说明适中条件上也具有优势。倾向具有程度之分，因此谈论倾向的适中看起来是合理的。我们说易碎性是一种倾向时，它显然具有程度性。例如，一个玻璃杯对于我们来说是易碎的，而一幢高楼对于怪兽来说也是易碎的；尽管都是易碎，却有程度之差。同样，说一个人有勇敢的倾向，勇敢也有程度性。对一个小孩来说，伸手去抓一只甲壳虫就是勇敢；对一个成年的战士来说，英勇无畏地站在沙场才是勇敢；尽管都是勇敢，却也有程度之差。按照维特尔（Barbara Vetter）⑨的想法，具有倾向就意味着有表现某种行为的可能性，可能性从小到大有一个范围。例如玻璃杯和一幢大楼都具有易碎性，是因为它们都有破碎的可能，但显然玻璃杯破碎要比大楼破碎要容易多了。

倾向的程度性可以对美德的适中进行解释。不过，这里要注意的是，美德的适中是一种指向感受和行动的适中倾向，而不是一个指向适中感受和行动的倾向。后者是一种中庸的学说，一些人错误地认为它就是中道的学说。这种中庸学说认为，一个有好性格的人会致力于做出那些既不会展示太多、也不会展示太少的高兴、害怕、欲望、生气的行动。打个比方，一个人不管何时行动，都应该始终要展示一个中等量的愤怒，以及其他所有的情绪，这显然是不可能的。如果一直要保持适中的愤怒或当某人正在愤怒时让他保持中道的愤怒，这是很荒谬的。而且，适中的情绪是否始终合适？如果他在队伍中受到了推挤，或者他的孩子受到了折磨呢？显然，一点点的厌烦在前一事例中是合适的，但任何严重的愤怒在后一事例中都不为过。

事实上，亚里士多德没有要求我们必须要么不展示任何情绪，要么展示一个适中的情绪。亚里士多德认为我们有时可以有很强烈的感受，比如有时可以很愤怒，但只要不超过理性的控制，那就是允许的。所以，适中的倾向实际上指的是：它是感受情绪并付诸行动的倾向，并且被智慧的人的正确推理所决定。以愤怒和有关愤怒的行动为例子，一个有关于愤怒方面的美德意味着，他有一个指向愤怒的适中的倾向，它的展现就是根据每个情形的需要，有时是适当的生气，有时是一点点生气，或十分发怒，或完全不在乎。换言之，要对那些合适

⑧ 程炼：《伦理学导论》，北京：北京大学出版社，2008年，第196页。
⑨ Barbara Vetter, *Potentiality：From Dispositions to Modality* (Oxford：Oxford University Press, 2015), pp. 63–67.

的人发火,不要对不合适的人发火。适中的倾向就是在正确的时间、正确的地点、对正确的人、发合适的火。在每个情形下什么是合适的,美德本身不能决定;要决定这些事情则是智慧的范围了。性格的优点是非理性的,但是按照亚里士多德的说法,它听从于理性。

四、可能的困难及回应

对美德的倾向主义解释虽然有其优点,但是也存在一些困难。适中的倾向似乎缺乏明确的标准;而针对过分和不足的品格,也有相应的适中的倾向。另外,那些从来没有显现过的适中倾向算不算是美德? 不过,这些反驳也并非是致命的,我们将针对这些困难一一回应。

(一)标准的模糊性

如果说伦理美德的适中是指倾向的适中,那么什么是倾向的适中,什么样的倾向算是"适中"。考虑前面说的易碎的例子,假如玻璃杯的易碎性是最低的易碎,而大楼的易碎性是最高的易碎,那么适中的易碎性大概是一个书架、一个孩童、一棵大树的易碎性。针对物理的倾向性比较容易,可以设想一系列测验来测试。然而,对于伦理的倾向性来说,评价标准则变得非常复杂。什么是最低程度的勇敢? 什么是最高程度的勇敢? 有没有处于中间的勇敢?

我们已经知道,适中的倾向并非是指向适中感受的倾向,比如将人类情绪分为 0—10 的等级,那么有伦理美德的人应始终表现 5 或 6 的情绪,始终保持中度的高兴、愤怒等等,这是荒谬的。但是,按照我们以上对适中倾向的分析,说一个人具有适中的勇敢倾向的人,他会根据情形判断,在有些情况下展现出勇敢,而在另一些情形下没有展现出勇敢的行动。也就是说一个有勇气的人会判断有些危险是值得冒的,有些则不是,他会经验到在他的处境下适当的恐惧。换言之,勇敢要根据具体的情境来考虑,会随着具体的情境改变而改变。然而到底什么是值得冒的危险,什么是适当的恐惧呢? 诉诸具体情境则会导致模糊的标准。甚至,它是否意味着,勇敢的美德或优点,就是他在所有合适的情形下做出合适的勇敢行为;什么是关于愤怒的美德或优点,就是他在所有合适的情形下对正确的人发正确的火。这样一来,中道变成了在所有情形中做正确的行动,表达正确的情绪。这使得中道之说变成了贫乏的真理。

假如说中道是中度的倾向,那么意味着此人在一些情形中能表现出该倾向,而在另一些情形中没有。例如,一个在遇到甲壳虫时敢于伸手抓一只甲壳虫,而在其他情形中都表现退缩的人是最低程度的勇敢;而在所有情形,哪怕是在敌人的行刑架上也能英勇不屈的战士才是最高程度的勇敢。在两者之间的便是适中的勇敢。需要考虑这样一个困难,如果一个人在一些关键情形之下,没有显现出该倾向,那么还能够称为具有该倾向吗? 如果一个人在一些危急关头没有表现出勇敢的行动,他还能称作勇敢吗?

适中的倾向似乎意味着,比如说一个人的一生中面临有 10 次考验他是否勇敢的情形,如果他做到了 4—7 次那么他是适中的勇敢,假如他只做到了 0—3 次则是不足,假如他做到了 8—10 次则是过度。考虑这样一个反例,一个人在其一生当中,面临了 10 次需要表现勇敢的情形,其中 5 次都是危急关头救助别人的情形,其余 5 次都是帮邻居家孩子够树上的风筝或伸手抓一只毛毛虫的情形,他在前 5 次情形中都没有表现出勇敢的行动,而在后 5 次中都表现出了勇敢的行动。在这种案例中,这个人的行为属于适中的倾向,但却很难说他具有伦理美德。考虑另一个人,在他的一生当中,面临了 10 次需要表现勇敢的情形,每次都是危急关头拯救他人生命的情形,他在 10 次情形中每次都表现出勇敢的行动,按照我们之前的分析,他不属于适中的倾向,而是鲁莽的倾向,但他的行动难道不是表明他具有勇敢的伦理美德吗? 因此,有人可能会质疑适中的倾向能否构成伦理美德的标准。因为如反例表明,有些行动符合适中的倾向却不是伦理美德;有些人具有伦理美德,却不符合适中的倾向。

但是,这种批评不只是针对倾向主义解释的,也是针对中道说本身的。亚里士多德本身也承认,中道并没有准确的标准,它不像数学一样可以测算。换言之,美德本身就具有强烈的情境依赖性。所以,即使我们承认,倾向的适中确实是模糊的,那也不构成对倾向主义解释的挑战,因为中道说中的美德本身就具有这样的特性。不过,亚里士多德认为,在具体的情境下,中道是具有检验的标准的。比如在孩童落水时,在战场打仗时,面对具体的情境,具有美德的人应该会在理性的判断下做出相应的行为。也就是说,即使没有一个明确统一的标准,也不影响实际的行动。不过一般来说,亚里士多德的伦理美德论,也不在于提供一个作决策的程序,而是让我们更深地理解什么是美德,什么是美德的吸引人之处,让我们识别出伦理的本质。

(二) 过分和不足

以上我们讨论的例子都是些勇敢、正义、善良等美德的倾向,然而当我们考虑一些负面的倾向时,比如当我们考虑淫欲、虐待、憎恶、吝啬等品格,我们会发现这些倾向不可能算是伦理美德。但是,作为人的感受和行动的倾向,它们也有适中的倾向,比如在一些情形下表现出虐待的倾向,而在其他情形中没有表现出虐待的倾向。我们会发现,对于这些倾向,只要表现出任何的行动或感受,都是错误的,而不可能算是伦理美德或品格的优点。如果说勇敢展现的过少就是懦弱,勇敢展现的过多就是鲁莽,我们同样可以反过来说,懦弱展现的过少就是勇敢,而懦弱展现的过多就是无能。吝啬的不足就是慷慨,吝啬的过多还是固守财产。那么对这些倾向取中道时,取的都是这些过分或不足的品格。

不过,对于亚里士多德来说,他并不认为所有负面的感受和行动都是不允许的。比如,愤怒和害怕在一些时候是合适的,不仅如此,他认为对人来说在适当的时候感受这些情绪,并学会掌控它是必要的。有些时候,吝啬也未必是不可取的,比如一个人对奢侈品消费很吝啬,但是对朋友很慷慨。当然,他承认有些原则是神圣不可侵犯的、有些行为永远是错的。像虐待、谋杀这种价值永远是错误的,它并不是根据语词的用法得来的,而是从社会习惯或习俗或习规得出的。另一方面,从广义上来看,不是拿一个品质和另一个品质相比较找出一个中道,而是就某一种类型的品质来说,它们是展示过多或不足。比方说,就性欲这一倾向类型而言,淫欲是过分,麻木是不足;就支出这一倾向类型而言,吝啬缺乏,挥霍是另一个极端,等等。所以,从广义上来看,在吝啬和挥霍这两个极端中,取中道是好的品格。

(三)未显现的倾向

假如说美德是一种倾向,而且是一种适中的倾向。现在设想这样一个人,他在许多情境中都有勇敢的倾向,他在一些情境下经过理智思考,有救落水小孩或奋战沙场的倾向。在另一些情境中他经过理智思考,没有相应倾向。他似乎符合适中的倾向的解释,也就是说他具有勇敢的美德。但是在所有这些情境下,他都仅仅有倾向,所有的倾向都因为他的其他一些心灵状态或者现实条件所阻挠,而从未实现过。那么,我们能说他具有勇敢的美德吗?

这一反驳显然挑战的是美德到底是不是仅仅是一种倾向。换言之,如果一个人从来没有做过勇敢或慷慨的事,我们能不能说他是一个勇敢或慷慨的人?美德似乎同信念、欲望等其他心灵状态不同,对这些心灵状态的倾向性解释,不一定要求他一定展现过相应的行为。但是,就像赖尔(Gilbert Ryle)[10]曾经表明的,爱抽烟的人虽然表达了人的某种倾向,但这种倾向要求一个人曾经抽烟,并且可能频繁抽烟;说法语的人也不仅要求一个人有说法语的倾向,而且也要求

---

⑩ Gilbert Ryle, *The Concept of Mind* (London: Penguin, 1949), p. 118.

他曾经说过法语。美德也和这些性格和能力一样，它不仅是一种适中的倾向，它也暗示，有该美德的主体曾经展示过相关的感受和行为。例如在一个关键的危急时刻，他挺身而出，展现了他勇敢的美德。否则我们很难说，一个拥有该倾向但从未做出相应展现的人真的具有美德。

五、结语

当代关于倾向的语义学和形而上学的研究为关于美德的倾向主义解释提供了支持。对美德的倾向性解释既保留了亚里士多德所说的发自本性的必然性，但也允许在一些情境中，当条件未满足时不显现相应行为。倾向所具有的程度性特征也能够为倾向的适中提供说明：伦理美德，就是在具体情形当中经过理智的判断，在一些情形当中显现相应感受和行动的倾向，而在另一些情形当中不显现。伦理美德是具有情境依赖性的。不过，区别于信念、欲望等心灵状态，美德是人的好的品格，它的归属要求人曾经现实地有过相应的行动表现。换言之，一个勇敢的人不能在所有情境中只有倾向，而还要求他曾在一些关键的情境中将倾向适中地显现出来。就像亚里士多德所说，所谓美德是一种中道，就像是一件精心雕琢的工艺品，既有用又美好，一点也不能增加，一点也不能减少。人们需要在理性的指引下，在实践中通过不断地学习和训练来追寻这种美好的工艺品，主动拒斥它的反面。

（责任编辑：王聚）

作者简介：张孟雯，哲学博士，上海财经大学马克思主义学院讲师，主要研究方向为科学哲学、形而上学。

亲身的他异性

——论默会知识的二重因素

沈易泽　王航赞

【摘　要】"默会知识"最早是由波兰尼提出的、用来表示那些以常识形式出现在行动中而没有精确可描述性的自明知识概念。实际上，这类知识在多个哲学家那里都有过表述或主张，比如，维特根斯坦和胡塞尔等。那么如何以默会知识为主题，探讨语言哲学和现象学就观念领域提出的看法，似乎非常有必要。我们以维特根斯坦的思想为基点，结合胡塞尔的具身理论，来阐述默会知识的躯体默会性和知识公共性，意图表明它的主体间特征和躯体性的个体基础，这有助于我们更全面地理解这种知识概念。

【关键词】躯体　默会知识　确实性　公共性

在给那些出现于人的行动中的自明性知识进行哲学上的刻画时，人们常用的一个概念就是"默会知识"（tacit knowledge）。维特根斯坦和胡塞尔等都以与此概念相似的术语来探讨语言哲学和现象学中的"观念"问题。本文认为，默会知识以个体为基础，它在个人层级上表现出二重因素，即知识的个体亲身性（躯体默会性)和在其中必然蕴含的主体间性(知识公共性)。

一、躯体及一种默会特质的构成

如果把"默会知识"看成一种虽不具有反思的直接内容的那种明晰性,但毋宁也作为主体认识能力之本质性组成的东西,我们就可以在相对广泛的语境下去谈论它。有鉴于此,我们对其作如下定义:默会知识,具有这样的两点特征,既对一个人的行为来说是不可或缺的,却又时常隐而不显,逃逸于反思。具言之,一方面,它直接从个体的躯体性现象那里得到凸显,从而显示出不同的形态;另一方面,在这些形态各异、内容直接实行的背后,也一定存在某种开端和引导性的公共指号。由于默会知识的最大特征在于"默会性",因此,在探讨它时,可结合以维特根斯坦的内在理解和胡塞尔的动机化理论,去分别把握其中个别类型的可能构成方式。

依照格里门(Harald Grimen)的理解,从维特根斯坦的思想中可辨识出"弱默会知识"与"强默会知识"两种类型的默会知识来。① 其中,"弱默会知识"偏向于静态的分析,从"可能性"角度去呈现默会的特质;而"强默会知识"则更具机能性色彩,它将默会知识看成为"实践"的相关物,主张从具身行为的实行上来体现默会的特质,因而是非常确切的默会知识。

就弱的默会知识而言,它具有"格式塔"的特点。② 具体而言,在某个单一行为中,除对意向所指的对象有意识外,我们还总持有一种关于该对象所处背景的意识。对这种背景的意识虽未成为意识的主题,但一种"留意"作用却先在进入到当前意识各部分的那种"统一体"当中。③在此意义上,"留意"可被称为"主动的",因为在这样的统一体内,背景意识作为对语境的辨识,必然同意向的主题相辅相成。用胡塞尔的话说,非实显部分若离开实显部分的指引和激发作用,就无法"进入意识"。反过来,实显部分若缺乏非实显部分的基奠,就无法让自身得到凸显。

关于这一点,也可用胡塞尔的"视域"概念来解释。"视域"原被用以表示理性意识在其具体实行中所遭遇的天然界限:根据"意向性"的本质,自我的每一

---

① 郁振华:《人类知识的默会维度》,北京:北京大学出版社,2012年,第17页。

② 同上书,第18页。

③ 这里的"统一体"是依据胡塞尔来使用的。由于意向性的"注意"特征,现时的意识内容在结构上可被分成"实显"和"非实显"两部分:在一个当下行为中,前者为注意力所实际朝向的内容,即一个"主题",后者则是注意力同时不能及的内容——但它一方面是对象实显的具体形态的必要背景,另一方面也是实显内容持续突显的结构性前提,并且自身具有成为实显的可能。

行为都必定在其自身运动中包含相应的"晦暗视域",此"晦暗视域"能够在注意目光的转移中被"照亮",而此前被照亮的区域又堕入晦暗。因此,现时行为中总不可避免地包含着尚未被注意的内容,并且它们当然也潜在地处于注意目光的可及范围内——尽管这种"可及性"的范围受语境的限制。这样,晦暗视域是在特定的"主题化行为"之下被一同引动的,对这种意识的可及但尚不及者,我们总有一种"预存意识"。④ 所以,依照弱的默会知识,在具体行为中就必然同时存在"默会"与"非默会"两部分,体验内容就以排中的方式在其间滑动。不过,一经移位,原本现时此在的行为就难以维持原有的特性,这正如具体行为的命名往往是围绕其主题部分进行的那样。

如果说弱的默会知识是现时认知活动中言语的"退行"或注意力在面对事物本身时的"无暇顾及",那么与此相关的"认知局域论"则认为,存在某些我们在前反思的生存中信以为真但又无以言表的东西。⑤ 维特根斯坦对"客观确实性"的定义同这一点是完全符合的:存在着一种"生活形式",它规范了部分认识活动的一般模式,也是引导其进一步具体化的基本底色,因此,和知识的内容一样,该"形式"对于个人知识的形成而言也是必不可少的。生活形式为确凿的信念增添了客观和主体间的色彩。这种意义上的默会知识包括那些先在地被置入到我们思想中的信念,如民族性信念。因此可以说它也包括那些先验地建构我们当下行为的"意识形态"。虽然诸如此类的信念只是"现时地"在我们的观察系统中被隐去,而非本质上不可把握,可一旦我们对它了解过甚以至伤及其有效性时,就会造成"生活形式"流动性的阻滞,于是再没法以"正常"⑥的形式展开日常活动。

在整个弱的默会知识都在当下层面否认了"表达"的可能性的条件下,它如何与"躯体"相关? 这是一个非常值得探讨的话题。因为一种在时延上被实行的现时性主题变换所依赖的"目光转离"其实正预设了能力意义上的"躯体"。⑦ 在胡塞

---

④ 胡塞尔认为,意识的本己结构表现为时间性的"活的当下",其中包含"滞留""元当下"和"前摄"三部分,而前摄同时表明在意识的每一当下实行中都潜在地涉及某种对未来的预期,这正是我们所说的"预存意识",它作为意识的本质结构打开了未来内容显现的可能性。

⑤ 郁振华:《人类知识的默会维度》,第 19 页。

⑥ 这是在"主体间证实"的意义上讲的:即区别于绝然的"真"而至多是主体间行为的"约定俗成"。根据此"正常"显示出的"真"特性本质上是人为确立的封闭区间,唯有符合此区间内约定者方被称作正常的,它具有与社群主义近似的相对特质。

⑦ 这样的躯体在相应于意识主体"能思"(Noesis)和"所思"(Noema)的本质能力时就显示出以下两种相互有所依属的功能:一方面,它在对物的关系中有步骤地展开侧显,实行一定的"侧显化";另一方面,它也实行理性的"动机化",因此躯体是自发运动的直接手段,主体不仅在被刺激的状态下接触到显现物,而且还通过"动机化",以渐进的方式增进对侧显的直观。详见胡塞尔《现象学的构成研究》。

尔看来,这样的躯体,一方面是"感觉场的载体"或"方位性零点的载者",可在物理因果联系中被引动,我们由此来获得一个空间内的确切视点;但另一方面,"躯体"更为重要地被看成是意识主体"理性能力"现实化的条件,即作为主体的"意志器官"或"自由运动的载体",我们也因此在空间内部持续地改变自身视点与它物的相对关系。[8]

由此可见,默会部分当然能够成为反思的对象。一如尚不在此的潜在"侧显"会在自由运动的主体那里表现出来那样,只要我们承认躯体的意志属性,其目光的转变就会逐渐被突显,因此就得承认一种在"能力"上恒久的主题朝向及环绕在主题周围的各种"前主题的"边缘域。后者正是在自身形式稳定的基础上,依据具身主体的处境来改变其内容的。就波兰尼在"焦点觉知"和"辅助觉知"的关系问题上的论述来看,我们同样可以找到这种关于躯体的预设。[9] 如其所述,在一般性的认知活动中存在着"焦点"和"辅助项",它们一并构成了默会知识的"from-to"结构:一边是具有"to"的朝向性的焦点觉知,另一边则是作为"from"的辅助觉知。前者类似于意向性的朝向,表明我们的认知总有其着落,从而给出指引性的主题;后者则是实际支撑起这种聚焦活动的实在条件。并且"from-to"是动态的结构:"辅助项"和"焦点"在同对方的关系中保持为自足的,它们本身不过是一些空乏的结构要素或相对位格,从而容许具体的内容在其间以类似于上述的排中方式进行移动。

就"排中"而言,它并不会排斥对立项转换的可能,正如同一的内容既可以被安置在"焦点"的标题下又可以被安置在"辅助项"的标题下那样。这样的"转换"与主体的认知能力直接相关,主体如何确定一个内容究竟该作为"焦点"还是"辅助项",取决于他的"整个(现时)行为"。也就是说,"转换"发生在自行为依从于"实在条件"而变的那个时刻。比如,我口渴时,面前正好有一杯水,于是它就主导了我此时的焦点觉知。然而,这又依赖于对"水"的辨识而来的辅助觉知,于是当我察觉到这被我现时地认作为"水"的东西有些异样时,那么对它的辨识就成了焦点,而此时"喝水"的愿望则成了促使我进行辨识的必要辅助项。可是,不管怎样,我们之所以生发出对奠基性的"实在条件"的感受,其前提恰恰是存在一种作为运动和刺激中心的躯体。它作为现时此在的中心,持续地为人提供指引性的"主题",进而能将结构上对立的两项统一起来。

与此同时,我们不得不考虑这样的问题,即单一躯体的状态并不总是"同一

---

⑧ 胡塞尔:《现象学的构成研究》,李幼蒸译,北京:中国人民大学出版社,2013年,第132页。

⑨ 郁振华:《人类知识的默会维度》,第58—59页。

的"，尤其在主体间环境中，当我们侧重于默会知识的"知识"方面或公共特质时，作为可表达性乃至主体间正常对话基础的"协约关系"以及被用以领会它的"私人方式"间的对立就愈发凸显。后者符合波兰尼所谓的"能力之知"，它现时地发挥着将各种作为"辅助项"的知识联合起来以应对主题性目标的功能。这就是默会知识之所以"默会"的原因：协约关系作为"公共之物"在具身主体处被内化的独特方式，虽然扩展了它的先天内涵，却也导致了其本身在殊异个体处得到言说时的困难。而"强的默会知识"恰恰和这相关。⑩

首先，"强的默会知识"涉及到"感觉质"（sense qualities）或者所谓的"私人感觉"问题。在维特根斯坦看来，假使某人 A 受到伤害并说出"我痛"，那么听者其实并不能单凭这句话来判定 A 是否真的感觉到痛。⑪ 要理解这一点，就需得区分个人性的"感觉"和以个人为载体的公共性的"能指"。因为后者自身无"内容"⑫而独立于事实性的感觉——虽然它的运用无不预设感觉的既然实行。

一般来看，我们只能在前述"协约关系"的意义上谈论能指，即只能把它当作某种虽然以确定方式被规定，但仍在具体的应用中保持"开放性"的东西。它之所以能够被确立、采用，原因就在于它是无实质的空名：它根据所处的能指的关系，及通过与实在环境间的功能依属性找到相应的可行域，进而能为一定范围内任何符合条件的内容所充实。然而，任何一种对能指而言有意义的运用，都必须回指作为基底的"私人感觉"，因为这才是认识过程中唯一原初的因素，也就是说，能指只有在作为具体人——使用主体/赋义主体的"相对者"时才有价值。因为只有"感觉"能向无境遇的空名提供语境，即某种具有"此处"和"现在"特征的条件，这也是我们之所以采取"这个"特定的能指而不是其他能指的原因。用胡塞尔的话说，这就是直观对符号等非直观的充盈。

能指是开放的"X"，与之相对，感觉则是经验中必然的自给予者或"私人之物"，双方通过主体间的表达联系在一起，但又存在根本的不同。因此，当 A 对 B 说出"我痛"时，B 所直接理解的，一方面只可能是"痛"在公共语境中被确立时所附带的基本但也是匮乏的"含义"，这种理解未必导向 A 的真实感受。基于这样的理由，在严格意义上就连 A 自己也不能表达出"我痛"的真实感受。另一方面，B 只能根据自身的经验联想对公共的"X"加以充实。然而，每一个人的躯体

---

⑩ 郁振华：《人类知识的默会维度》，第 24—25 页。

⑪ 维特根斯坦：《哲学研究》，陈嘉映译，上海：上海人民出版社，2005 年，第 403—408 节。

⑫ 所谓的"公共含义"在个体化的实行中必定是不充分的，因此对表达活动而言多具有实用的意义。相应地，我们对它的运用是一种"空洞姿势"，正如若不这样做就没法实现主体间的"交流"，它的第一性功能是协约性质的，即作为能够先行开启语境的，具有特定象征含义的"指号"。

状况又不尽相同,大到健全与否,小到细微的生理之差。由于每个人的这种天然的"性向"差异很大程度上与实在环境相关,因此与 B 的感觉样态相关的环境很难与 A 的保持一致,这样我们就无法保证 B 最终与 A 在"感觉"上得到同等的反馈。在维特根斯坦看来,虽然我们具有关于感觉的私人图像,但为了在"传诉"活动中对其加以表达,我们又不得不使其符合于某种公共图像。也就是说,言说主体只能依靠一个相对独立的语词来"锚定"个人的体验。这昭示出"私人感觉"难以证实和难以相互理解的特点。

其次,是"面容识别"(physiognomy recognizing)问题。这种"识别"的对象不仅限于面部特征,同样也包括体态乃至行为方式等方面。对于一位极为熟识的朋友,即便是在杂乱的人群当中我也能很快找到他,但我却没法在同一时间对"发现"的过程本身给以描述。用现象学的话说,这一事实与我们日常生存中惯常运用的"精神性的统握"有关。胡塞尔认为,在精神科学的标题下,任何人都在前反思的知觉中被整合成"双侧统一体"。[13] 一方面因基于躯体表象成为"物质显现者",另一方面又基于心灵移情成为"意义客体"。前者是相对于纯粹科学意义上的躯体的,它在我们提供的外部把握目光中因后者的存在而直接得到意向性的赋义,即意义渗透着此在的物理表象,这是"心理的物理"式的联合。

在面容识别的例子中,躯体性个人正是作为这种表达和被表达的统一体而被给予的。这样,作为识别对象的个人并非单纯遵循物理因果性的"肉体"。相反,通过某种基于躯体感觉的、赋义式的把握,"我"得以在经验中直接"看见"那蕴含于物理表象之下的殊异精神现象。这意味着肉身早就在日常生活的主体间经验中,为符号生命所浸透。应当注意的是,各种在物质精神上相统一的现象起初又都是前构成和前主题的,或者说不是反思或"主动性"的产物。[14] 例如,在那种面容识别中,我对友人的辨认过程本就是前反思的,并且我只是在事后被要求解释这一过程时才会使用联想,借此将辨认活动与友人的部分实在特征联系起来。

事实上,我们从来都第一性地生存于同他人、它物的关系中——依从于需求或习惯性的积累,我们将后者把握为与自己的相关者。基于同样的理由,友

---

⑬ 胡塞尔:《现象学的构成研究》,李幼蒸译,北京:中国人民大学出版社,2013 年,第 204—206 页。
⑭ 关于"主动性",我们应在胡塞尔现象学和默会知识论之间作出区分:在前者那里,这是指确切意义上注意力的朝向及根基于此的意向性构造,所以不明显涉及潜在背景或非主题内容——尽管在另一方面也承认非主题作为主题性朝向的前提;在后者那里,主动性概念则更贴近于某种以当前"目的"为导向带动的一系列知识应用,故也应当包含前主题或默会的辅助项,后者虽未被注意,但仍作为达成目的所需的必要知识而在现实活动中被引动。此处我们是在胡塞尔的意义上使用的。

人之所以为友人,而不仅仅是相关者的深层原因正在于此。这样看来,面容识别当然是默会的,但这种操作具体是如何实现的? 对此,胡塞尔明确区分了"一般类型"和"个别类型"。一方面,我们对个人的理解涉及"一般类型"。也就是说,个人行为会受到各种一般性因素影响而在"受先前行为规定"这一点上展现出某些规律。例如,我们可以从正在"喝水"的躯体运动中直观到"口渴"。另一方面,同样存在着"个别类型",例如某个"一般人"在因循其需要而意欲取水时突然看到身边口渴难耐的另一个人并出于自我意愿而决定分享水源,这种非原生的决策正指向其特殊性——虽然这种特殊性也有可能具有一般性的形成基础,比如意识形态的影响。

可见,个别类型遵循的是以其内容之本质的"或然性"颠倒了一般类型的判别方法。具体来说,它并非借助"主题"对当前的直观内容进行赋义。相反,它本身不过是一个"空乏视域"而已,正如我们仅具有对它的直觉那样。作为一种单纯的"倾向"依赖于对作为被判断者的特性历史的先在体会——具体涉身而非抽象的狭窄主体间体验,而不自觉地调动这些知识直至形成关于"他应该会……"的预存意识。[15] 这样,对个别类型的判断是积淀的"历时"而非在与当下环境因素关系中实行判断的"共时",从而也就不适用强调恒常表达功能的形式化语言。

第三,"强的默会知识"涉及到"技艺"问题。例如一位传统手艺人能够娴熟地制作他的作品,但他却没法说明个中原因,这是因为技艺本质上作为一种实践能力,很大程度上是通过躯体直接得到运作的。因而成为一种适应于特定个体的"习惯性"。此外,由于在现实周遭环境的影响下不同认知主体的躯体状态各异,而这又导致了他们以躯体为中心形成的感觉环境的差别,所以我们无法在现实中判定一个理想的考察区域。所以,纵使技艺确有它的理论基础,但要使其从主体间的表达中内化到个人,却有赖于某种通过亲身实践发展出的"诀窍"。然而,这样的"诀窍"本质上是无法传授的,即便它在一定的程度上被说出,听者也必须通过与自身躯体相适的联想才能从中解读出有价值的信息来,但这种解读本身已是某种在全新躯体及其周遭内完成的"再造"。

基于同样的理由,技艺主体在教授他人时往往会诉诸"悟性"。[16] 可以说,似

---

[15] 在某人过去向我开放的经验中,我首先(不自觉地)形成了"因为他是……所以他才……"的观念,在此意义上,他已经在我的"前反思"进程中先行被"主题化"了。

[16] 对此,我们可以联想到康德的"悟性"(Intelligibelia)概念,即一种同"知性"(Verstand)相对,而只关乎那些溢出感性范畴的对象的直观能力。

乎在个人那里的确存在一种名为"技艺"的默会知识,但由于这些观念本身缺乏固定的感性内容,因此不存在能够对其施以充分反映的公共概念;另一方面,亦如在弱默会知识中的情形那样,悟性本身在具体行为中又必定隐而不发,否则当前主题就会在对悟性的反思中被替换。这样,虽然悟性确实处在行为的当下实行内,但它却不能被表达。这样的不可能是结构性的。

至此,我们已从躯体的视角对维特根斯坦思想中的弱默会知识和强默会知识进行了一些阐释。由此可以看出,一种默会知识之为"默会",很大程度与作为第一人称实行的承担者的躯体相关。因为从唯我论层面上讲,个人的躯体相对于其当下行为的主题只能一次性占据有限的内容,而他在对这些内容进行理解时又不得不首先借助某些背景的映衬以便其成为注意的对象;从主体间层面上看,这不仅是因为各自躯体本身的差别导致感受性的不同,还由于每一躯体都作为单一的感觉场而处于相异的实在环境中。就这样的结果来看,我们似乎能将默会知识类比于胡塞尔的"显象",即一种在前反思意义上,相应于实在环境变化的第一显现。在胡塞尔看来,这当然并不包含物的真正实在性,因为我们至多只是在这样的感性连续进程中持续与之"发生关联"。

单就"默会"的特质来讲,在默会知识的私人性层面,它具有"非转译性",是显象式的;但它另一方面却又是"知识",这表明其虽涉及私人的内容但仍能进入公领域的意义交流当中,所以,应当存在一种在"实用"意义上激发或引导私人之物建构的"公共之物"。但假使默会知识总已且只能在躯体性的个人中有所显示,我们又该如何通过"公共之物"确认它的客观性并将它确实看作为一种具有必然价值的知识呢? 其实,由于躯体的参与,默会知识的"真"特性已然是"情境的"。换句话说,逻辑上的"必然性"现在更切近一种行为或关系上的"合宜性",即在具体主体间条件下共识性的"应当",[⑰]默会知识能够被见证为知识也正源于这一点。此外,还要注意,公共之物的功能其实隶属于更深的层次。虽然我们完全也可以在不依赖社会性的表达情况下完成一定的现实活动,但该具体活动之所以在此就表明它已然是社会性的,亦如本文后面谈到的,一旦我们试图排斥这种公共之物的可能作用,就会失掉某种比"显象"空乏但比"实在"更确实的东西。

---

⑰ 例如在需要两人协作完成的体力劳动中("两人三足"),双方为了做出最佳的动作(这是共同目标)而指意动作或神态,对身体感受实行并不明晰的表达。类似梅洛·庞蒂的"身体间性",在跳交际舞的两个人之间,动作的协调一致并不是通过说出的语言指令,更不是通过预先计算达到的精确对应,而是双方以其躯体为中介达到的"耦合"。

二、亲身内容的公共源头

以上表明,默会知识的"默会特质"在躯体中得以建立,它扎根于个人行为的亲身性当中。但这只是在形式或单纯操作显象的角度来讲的,假使我们深入考虑默会知识的构成,就会发现某种本质上内在于这种亲身性的他异性。这一部分的目的正是在此语境下指出公共之物同私人之物的可能联系。

从维特根斯坦对语言及其规则的使用问题的理解中,我们就能看到那种"非转译性"。一般来讲,它意味着我们在理解语词的过程中并不依赖对另外表意系统的先行理解,但在考虑到躯体因素后,情况就发生了一些变化。一方面,视域特性的存在,使实显与非实显目光的单束统一体只能现时地朝向个别的对象,以至于在此过程中被运用的言述规则只能作为背景性的底基来起效,这是根源于主体能力的非转译性。另一方面,默会知识本身也不具备转译的可能性,因为它本质上源于对个人性躯体的适应,因而恰恰是自足的"诀窍"。这是个人独属的、与本己躯体相适的理解进路,因此,尽管有公共的源头,但自从被个人理解、即同个人具身的实行相结合那一刻起,它就立即脱离了公共源头,而是以主体特有的方式朝向对象,因而在本质上外乎于任一种公共的表意系统,其自身暂不具有被公共表意系统转译成意义融贯者的条件,这根源于默会特质的非转译性。用约翰内森(Kjell S. Johannessen)的话说,纵使语言的运用有规则可寻,但对它的运用本身倒不必依从于另外的公共规则,因此我们理应设定其具有某种"非转译性理解"的源头,并且后者只能在非命题的个人性的实践中被建立。语义和语用是截然两种层面上的话题。[18]

可以看出,内森显然是在既已通过躯体得到发展了的规则意义上讲的。这一点应当得到承认。但与此同时,我们还需注意,那种"诀窍"虽反映出前反思精神生活中的第一性事实,可它实际上并不能囊括这种事实的全部意义。这里的问题在于,它作为既已在个人处得到发展的规则究竟根源何处?关于这一点,我们应当关注一种"公共之物"。"公共"意味着什么?这是我们对非转译性理解作进一步的考察才能回答的问题,个中关键在于澄清"转译"的内涵。[19]

如果"非转译"指向主体间环境内的封闭性,那么"转译"则反过来呈现了这

---

[18] 郁振华:《人类知识的默会维度》,第 31 页。

[19] 为了进入对它的讨论,必须先将"知识形态的塑造"与上一节中"知识的亲身表达"两种论域明确区分开,前者才是本节的主题。

样的过程：即在个体行为中始终包含着某种起到指引作用的公共指号。比如，起初我这里产生了体验 A，如果我试图将它传达给他人，就要借助一个双方都能理解的概念 a——它可以有足够宽泛且相对固定的内涵，[20]但其真正的功能却仅是一种"指向性"。可以设想，如果没有这种指号就无法开启交流。换句话讲，虽然限于种种条件，他人的体验 B 最终总与 A 形成一定程度上的不对称，但他人却能通过 a 的引导、在 A 的基础上以联想等准现前的方式"唤起"本己的体验 B。就此而言，指号是开启交流的指示符，它起到将未定目光共同"锚定"在同一处的作用——作为一种对谈论的规制，其具体实行也可通过更加精细的技术得到进一步的完善。因此，就算 B 与 A 本来是不对称的，双方也会通过 a 将各自的体验视作同对方共属的，从而同处于一个语境下。

但是，为什么只有通过指号的中介作用，才能实现体验的同属并置乃至有共识的交流？公共之物的必然性在何处？这种中介性对主体来说究竟意义何在，或"走形式"一定是不必要的吗？就第一个问题而言，我们可以回到维特根斯坦对"私人语言"的批判上。实际上，他借此向我们表明了语言表达活动中固有的公共维度。胡塞尔曾在《逻辑研究》中提出"孤独心灵中的表达"，以指代某种内在性的含义浮现。维特根斯坦并未否认这一现象的存在，但他也极力强调该现象本身绝非私人语言，因为前者作为一种内在表达，只有在特定的主体间言说-思维规律的基础上才是可能的。所谓"私人语言"，实际上是指某种虽同样以私人感觉为基础，但最终完全只能在说者那里得到领会的表意序列。[21]

首先，我们必须意识到"语言"的主体间本质，这涉及"遵守规则的活动"与"规则本身"的区分。语言是遵守规则的活动，它应当符合某种规则的要求；"规则"本身并不是个体的行为，相反，它蕴含"协议关系"的潜在特质——交流中的不同主体由此才得以忽略实际显象的差异从而彼此将对方视作正常的，但只有当语言进入"语境"后，这一特质才凸显出来。所以，"公共之物"虽享有在个别信念的实行中的证实，却又必然脱离个人的领地而显示出相当程度的自在，这就是作为一种形态固定的"准信念"，它可以在任意时刻唤起同属信念。比如，假如我随意写下 P 并声称它代表水，那这就不具有规则的特点，而只是缺乏主体间证实的、主观的态度采取。就像维特根斯坦认为的那样，当主体对某个语

---

[20] 对它的主体间释义一方面占据足够意义上的"归纳性"，另一方面也因受到了以之为基础的推论规定而成为普遍可想的，这里涉及对同种体验的经验直观和想象直观的此消彼长：例如人们从蚊虫叮咬到孕妇分娩对"疼痛"实行分级，这不仅包含实际可感的经验内容，还包括相应的推论形式，于是我们能够从一定经验和由这些经验组成的层级化联想中得出对"疼痛"本身的约定俗成的理解。

[21] 维特根斯坦：《哲学研究》，第 243 节。

词作出私人定义，他实际上也无法以自己曾如是认定的方法运用该语词，因为它欠缺"运用"的主体间基础。具体地讲，它缺乏"真"的合法性论证，进而不具有施行的效力。㉒ 用现象学的话说，这是由于狭义上的私人语言是在外在于协议关系的自我表意活动中被运用的"辅助性表象"，因此本质上不可能进入传诉活动当中——现实的活动都预设了协议关系，任何不遵守其内部规则的因素都作为非正常因素而先天地被排除在外。但假使我们将"表达"定义为主体间的，它就不可能脱离规则而自在。于是，一旦我表达出某物，就意味着我已然对这种表达所依赖的"公共之物"有所认同——任何私人定义都在时延上后于这一过程。

上述的结论又将我们引向另一个要点，即公共之物之于主体的地位问题。我们称其"总已"塑造了我们的经验形态，但它于我而言如何必需呢？这种在维特根斯坦那里被当作显然预设的东西有待于进一步的说明。维特根斯坦从"生活形式"（form of life）中识别出一种"客观确实性"，这样的客观确实性为我们指明了现实个体身上担负的主体间性，或主观中的客观性。

我们将通过对"知道"与"确信"的辨析来阐明这种主观中的客观。"知道"，自身便蕴含着知道的内容和知道的行为的二分，率先把我们引向知与行的区分。维特根斯坦在行为中识别出"客观确实性"，以指代个体偶然行为中无可辩驳的那部分，但他也讲到，虽然我完全遵照（客观的）确实性行事，这种确实性又毋宁是"我的确实性"，㉓ 即是说，它同时涉及客观的和主观的两个侧面。可以区分这样两种行为，一者是我对知识的客观理解，一者是我选择以客观规定的方式去理解知识，前者的对象是可怀疑的，后者则不然，因为它甚至规定了怀疑行为本身，所以对它的怀疑会导致整个行为的不可能。故知道在形式上相关于中立的客观事实，主体在此被化约为在与对象关系中的纯粹位格，即一个"anyone"。而作为一种现实的行为，知道却建基于主体积极投身的"认之为真"，后者把客观事实锚定在语境内，由此，虽然被置于有限的可行域，事实性内容却变得可说，主体也不再是无确定人称的任何人，而是享有现实现在特征的、现身情态化的"anybody"。

"我所知的是我所信的"，㉔ 在这里，"我所信"占据着主观的真理的位置。它

㉒ 维特根斯坦：《哲学研究》，第 202—204 节。

㉓ Ludwig Wittgenstein, *On Certainty*, trans. Denis Paul and G. E. M. Anscombe（Oxford：Basil Blackwell, 1969), p. 25.

㉔ Ibid.

不仅在内容上与知道的内容同一，而且为这种客观内容赋予了坚实的基底，即成就其"确实性"：首先，在对特定内容的"获知"以前，主体还必须经历"得知"的过程，我们可以设想一个人最初听闻偷窃犯法或珠穆朗玛峰是世界第一高峰的场景。这就是他和客观知识的第一次照面，在这里，他至多享有"选择的自由"，即可以依从主观判断去选择相信或不相信，这种选择只能存在于前-行为的思想中，即私人领地内。其次，确信，作为对知道内容的确信，则发生在第一次照面以后，是主体在面对客观知识背后无限的不确定性时，近乎信仰的飞跃的自我牺牲：放弃了肆意的质疑和无限遐想的可能性，却没有任何实证的收效。就这一点来说，它从属于"语言游戏"，即作为一个人日常生活的基本姿势，在他每一次对事物、言语的运用中得到彰显，并由此成为语境化的预先被给予。㉕

这种运用是主体和客观知识的第二次照面，在这里，他通过献祭选择的自由，换来了"行动的自由"，即说话的自由或话语权——只有当建基于一定程度的共识，发言才有机会"被听到"，唯独在直接行动中，客观知识才成为确实的。更进一步说，只是由于这种行动含有他者乃至历史性的先在呈示，主体才能通过作为皈依或仪式性表达的行为，而实在地参与到社会协约之中。社会协约包含了那些被我们当作实有之物的、行为的条件性观念。其中，一个人始终可以在知的层面阐发怀疑，但这样做的前提却是，他已经在行的层面无可救药地相信，换句话说，适当的行为是一切有意义思想的担保——它是我证明自己身份的标志，由之，主体得以进入主体间的语境，他的思想也就能成为规则和价值判断的相关项。只有当我在特定语境下"作为……"时，我的观点才会被正视，㉖在此以前，并不存在确切意义上的真和假。㉗

可见，在日常的认知行为中，知道与确信有着内在的联系，这正呼应了维特根斯坦自己对"客观确实性"和"主观确实性"的区分。根据定义，前者被认为是先天地排除了命题错误的可能性，而后者似乎是与此相应的，个体化的结果，即主体对命题为真的完全相信，或全然不作怀疑的情况。㉘ 这是从不同视角对同

㉕ 在研究日常语言时，如果不将"语境化生存"明确区别于"主题性反思"，就会面临无穷回溯。因此有必要重提胡塞尔的"悬搁"（epoché）方法，正如此时，人们也应当将事实性的"知道"，即所得知的具体内容排除在考察的语境外，因为实际上是信念最初构筑起了现实生活的可行性根基。
㉖ 类似的情况也在奥斯汀的"适当性"概念中得到体现，例如，当我是一名勘探专家，却意图对诗人的工作提出批评建议，这时，我的观点就会因为和我的身份乃至所处的语境之间不相适而被忽略。此即与奥斯汀所说的，适当性的 A 类规则相悖的现象。
㉗ Ludwig Wittgenstein, *On Certainty*, p. 67.
㉘ Ibid. , p. 27.

一过程的两种描述，但若不严加区分，可能会招致下述误解，即把主观等同于个体的确信，把客观等同于由个体确信叠加成的、整体的确信，在主观和客观之间仿佛有着历时增长的过渡，如此一来，确实性本身的先天因素就倾向于被忽略。为此，在将双方联系起来以前，必须首先进行严格的区分，故我们要更进一步，从"我的行为"和"我作为……的行为"的角度出发把握二者。

一方面，主体有"主观确实性"，这是存在于个人运思中的中性的主观事实，维特根斯坦将其描述为怀疑的完全缺席和在此基础上说服他人的企图。但一个人在何种状态下是完全不作怀疑的？作为掌握一定知识或自认为如此的行动主体，他对命题实施断定，至少在发生的前反思层面上，这必然归为他"自己的"断定，因而是无可置否的——否则行为根本不会出现。对此，可以用一句话概括：自欺者不作欺骗。㉙

另一方面，也有一种"客观确实性"，维特根斯坦将其描述为在逻辑上直接对怀疑或谬误可能性的排除。这是一种既然性，即"只能如此而不可能不如此"的情况，正如若不是对自身不可能性的压抑，若不是这种先行的、在自身和自身反面之间的建构性切割，包括怀疑在内的一切预设了区分的姿势都不能成立——客观确实性作为标准，为它们划定了对象的区域。所以，我们在此遇到的是（被预先设置为）自在的真理性标准，其在一定语境下享有不可还原的权威性，为了使言说被听见，主体只得选择与之相适，向其投诚。在这里，自由选择既可能又不可能，即在实施上是自由的，但在实施的对象上则是不自由的，可选项的范围是随选择行为本身一同被划定的，双方必然有着共同的主题。用一句话概括：受骗者必须受骗。例如"母语"就是一个人为了开启交流乃至达到自识，不得不玩的语言游戏，尽管，就像在索绪尔那里能指与所指的链接是任意的一样，并不存在任何实证的理由为我提供支撑。

职是之故，假如把"主观"定义为在个人维度上的、发生性的事实，能够令行为成为无人称之"我"的行为，那么"客观"则指明了在这种发生的表层之下的、更具规定性的东西，即某种总已渗透在行为当中的主体间因素，通过对它们的即便只是行为和假装性质的确信，主体能够在特定语境下实现一些行为，因为他已经不再是单纯的言说者，而且是语境化的"某人"。㉚

㉙ 值得注意的是，即便在行为中连带地存在某些未被注意到的奠基性行为，也隶属于行为整体，并因而是"属我的"，在发生的意义上顺遂于我的能动性。

㉚ 就在主体以此方式进行言说，并由以获得其行动在主体间环境下的担保效力时，他已不再单纯是作为"他自身"，即一个被形式化的、纯粹能力性的个人，而是承载着一定的"历史性"，后者作为语境因素，赋予他一个"身份/位格"。

客观确实性的内容一般不是怀疑或反思的对象,[31]甚至在很大程度上还塑造了"怀疑"本身的形态。就此而言,我们称其默会地建构了第一性的意义形态。所以,客观确实性其实内含于胡塞尔所谓的"交互主体性"当中。具体来讲,它包含在代际共识的可能性中。对此,胡塞尔主张从生活世界,即主体所处的历史语境中寻求解答。在日常生活中,存在着这样的叙事前反思建构,它首先发生于家庭中,并通过语言文字使自身效用进一步向超时空的可能性范围延伸。这样,它作为奠基性的历史组成,就直接影响到主体的初级滞留或第一性经验,乃至记忆和预期的方式。[32] 任何个体性的现实都得通过交互主体性的信念系统直接得到架构。

总体来看,作为"信念",客观确实性正隶属于一般生活的前反思领域;在前者这一前提下,确信行为的具体形态又是在主体间环境内被交互限定地构成的。关于第一点,维特根斯坦承认存在某种植根于个人问题及其回答中的信念根源,以至于任何后发的"命题性知识"也只不过是对这种初发信念的进一步论证和默会性强化。例如我习惯性地在口渴时饮水,这首先是对"水能解渴"信念的体现,它能够在各种经验联想和生物学知识中被确证,同时也通过我长期如是的默会实践而不自觉地被加强。这里的情形同样适用于更深层的信念,比如"水可以饮用""这是水"等。也就是说,"信念"是一种有根基的结构。用胡塞尔的话说,它是"根基化的"。不论是否与当前事实相符,信念总有其基础并能够自为基础,因此我们总能回溯性地从中找到具有对象性关联的意识基础。至于那总是并且普遍地作为基础的信念,被维特根斯坦称作为"思想的框架"。在此意义上,客观确实性塑造了行为的一般形态。

关于第二点,可把它表述为,各种信念的确立又必须依靠具体的"他者",甚至对于思想的框架而言,它也有着具体主体间经验的基础——这样一种主体间性,在形式的层面上讲,甚至不依赖于一个实际存在的他人,而只要有一个被假定为"知情者"的、空洞的他者的位置就足够了。[33] 这在孩童早年教育中是最为常见的。一个孩童怎样才能获得"不得伤人"的信念? 就其有限的理解力而言,

[31] 但这并不意味着说客观确实性本质上是不可怀疑的,只是对它的怀疑一定会伴随相应的代价,即造成现成生活形式和正常生活的阻滞。基于这一点,我们不去怀疑,并且理所当然地认定它不可怀疑,这就是日常生活中难以免除和必不可少的先见。故实际上,这种必然特质是回溯性地被赋的,即一种解释性的赋义。我们站在"总已"的立场上,反过来设置的,自身的前提。

[32] Joona Taipale, *Phenomenology and Embodiment* (Evanston Illinois: Northweastern University Press, 2014), pp. 100–105.

[33] Ludwig Wittgenstein, *On Certainty*, p. 26.

我们会通过辅以特定的联想，比如威慑、奖惩等来加深印象，而非理论证明的方式以使他牢记这一点，并且教导者总也是不断以这种信念本身回应孩童的追问。在这方面，我们将"不得伤人"视作某种为主体间正常交流所必需的"社会协约"，[34]因为它的合理性完全是由"实用性"或日常意义所赋予的，在有些问题上你只需照做而不究其因果，因为怀疑会令你什么也做不了。在后一语境下，我们称客观确实性塑造了那相应于个人的主体间位格的行为的具体形态，而不必显示出"思想的框架"的那种一般性。反之，由于涉及个体间关系的丰富组合，同一事实可以在不同人那里具有完全相反的价值，正如"伤人"对刽子手等群体而言显然有正常的意义，并且他们对此委任的实际遵守也丝毫不影响其"符号身份"的证成。

现在我们可以将确实性的两个侧面联系起来：一方面是"自欺者不作欺骗"，另一方面是"受骗者必须受骗"，前者针对的是能力的不可能性，后者则针对逻辑的不可能性，但二者却都是围绕确实性作为日常生活中的"不可能不如此"讲的。易言之，在行为过程中，不论是陷入对该行为亲身性的怀疑，还是陷入对该行为本身合理性的质疑当中，都会令我们举步维艰。这恰好也是"失语症"的症状之一，即前反思维度的短路：由于不能立刻投身到社会性隐喻当中，导致在每一次行动前都会思虑过度，结果根本不能行动。

三、结语

本文主要以维特根斯坦的理论为出发点考察了默会知识在"个人"层级上表现出来的两重内涵，即亲身性与在其中必然蕴含的主体间性。对于前者，我们看到作为"非转译性"根源的躯体。由于任何个人都具有躯体而成为自足的知觉场，从而因处于不同的实在环境中，使体验各不相同；对于后者，我们认为存在某些主体间的同一者或"公共之物"，其作为本质上空的能指能够为相应的感性内容所填充，它们的存在本身被我们直接接受下来，对这些空无之物的信念是维系社会生命、进入主体间生活的基础，这就是所谓的"社会协约"。然而，一种协约式的公共概念能否直接对私人躯体起效？换句话，这如何在前反思的层面上进行？对此，一如第一节中所看到的那样，在躯体之间之所以会产生或

---

[34] 在这个意义上，"信念"最初的奠基就无涉论证-理解式的"习得"，而只是在观察基础上的"模仿"的结果。例如，通常情况下，当孩子观察到只有穿校服的同学才能进校门，不穿就会被拦下来接受批评，即便不理解个中用意，他也会照做。

多或少的差别,很大程度上同躯体所置身于其中的实在环境相关。这类似于植物和土壤的关系,我们不能将生长环境从植物自身的生命本质中剥离出来。事实上,就如佛学讲的因缘那样,躯体正通过在自身之中包含与周遭奠基性的联系而"不自生",于是,我们不必另外借助反思去通达它,因为这些"公共之物"其实就内含在我活生生的当下。例如,一个人因缺水而感到口渴,虽然没有关于"口渴-缺水-低钠"的知识,但他仍对自己的境况有近似的理解,这就是"我缺少……"。正如信念本身可被转化为根基那样,一种已然同个体性相适的知识,由于确切被置于"认之为真"的语境下,也就可以成为信念性质的根基,进而在"前反思"的领域起效。所以,回到前述公共之物依赖于私人之物的奠基性这一点上,我们当然可以称实显的躯体活动中内含"知识"的直接渗透,但这也仅仅是在回溯和预设了公共之物的引导的前提下才成立。

（责任编辑：孙小玲）

作者简介：沈易泽,山西大学哲学社会学学院学生；王航赞,哲学博士,山西大学哲学社会学学院副教授,研究方向为科学哲学、分析哲学。

当代艺术本体论中的原真性论题*

李智微　陈常燊

【摘　要】原真性论题是当代分析美学中的核心论题之一，对我们理解艺术作品的本体论地位问题具有特别的重要性，同时也与我们关于艺术作品的原作（原件）与它的复制品（副本）或赝品（伪作）之关系的日常困惑密切相联系。本文结合古德曼、柯里、萨戈夫等人的美学理论，首先厘清了原真性、正确性与不可纠正性之概念区分，然后从作品的生产历史角度区分了原作与副本、赝品之本体论地位；接下来，对于古德曼捍卫"副本-例示同一性怀疑论"的三个论证、无名氏的"不确定性异议"以及萨戈夫的"副本的独特性异议"，柯里逐一回应或驳斥了上述观点，旨在捍卫他关于原真性的消极论题。本文认为，必须结合整个艺术本体论，才能深入理解上述争论。

【关键词】原真性　艺术作品　艺术本体论　分析美学

＊ 本文受国家社科基金重点项目"分析的西方哲学史研究"（项目编号：19AZX013）支持。

我们参观画廊,因为我们希望并相信画廊里有原创作品——由作品所属艺术家所画的"画布"(canvas)。对艺术家亲手创作的东西的直接鉴赏,似乎是我们对作品的美学体验的一部分,换言之,如果我们看到的是一件仿制品,即便是一件得到授权的仿制品,我们的鉴赏体验便要大打折扣。这种情况对于绘画、雕塑等"亲笔艺术"(autographic arts)或"单一例示艺术"来说尤其如此,而诸如音乐、文学等"代笔艺术"(allographic arts)或"多重例示艺术"则有所不同。譬如,虽然博物馆确实展示文学作品的原创性手稿,但它们这样做是出于历史原因,而非美学原因。一旦文学作品的文本确定下来,我们就不认为阅读手稿比阅读正确抄写的文本更重要。换言之,在某种意义上,画廊展览是"艺术世界"(artworld)不可或缺的一部分,而手稿展览则不是。

何为原真性(authenticity)[①]? 简单来说,它指艺术作品的原作区别于其副本(复制品、仿制品)或赝品的一个本质特征。我们之所以乐意去画廊欣赏原作,而不满足于在网页上浏览它们的技术复制品,正是因为特别在意原作身上独一无二的原真性,它是不管如何惟妙惟肖的复制品都无法替代的。本文聚焦于当代分析美学视域下的艺术作品的原真性论题,特别是从艺术本体论的角度看,围绕艺术作品的原作与它的"完美副本"或"完美赝品"之间的同一性问题,介入以下学术论争之中:一方以古德曼(Nelson Goodman)为代表,他在《艺术的语言》中强调原真性的本体论地位,反对原作与副本之间的粗粒度同一性,转而支持一种超细粒度的同一性理论,即原作只与其自身同一,不与其他任何的副本(更遑论赝品)同一;另一方以柯里(Gregory Currie)为代表,他在《艺术本体论》中批判古德曼的超细粒度同一性理论,主张原真性不应该成为原作与副本之间的本体论差异。

本文的论证思路是:第一节,澄清笼罩在"原真性"之上的概念疑云,厘清它与其他相似概念的区别与联系;第二节,进一步从作品的生产历史和时空-因果链条来刻画副本、赝品与原作之关系;第三节,讨论柯里就赝品问题(the problem of forgery)对艺术作品的殊型同一性(token identity)的干扰提出的处理策略;第四节是本文主干,重构古德曼捍卫"副本-例示同一性怀疑论"的三个论证、无名氏的"不确定性异议"以及萨戈夫(Mark Sagoff)的"副本的独特性异议",柯里逐一回应或驳斥了上述观点,旨在捍卫他关于原真性的所谓"消极论题"(negative thesis)。

[①] "Authenticity"一词,还有"本真性"等译法。本文译为"原真性",乃是就艺术作品的原作(相对于复制品或赝品)所特有的真实性而言。

一、原真性、正确性与不可纠正性

一个哲学概念越是重要,理解上的分歧往往越大。在不同的学科中,甚至在艺术哲学内部,对"原真性"的理解也存在分歧。为了避免概念混乱,以便能相对清晰地讨论原真性论题,首先需要对相关的概念进行必要地澄清,特别是原真性、原始性(originality)、真实性(genuineness)、正确性(correctness)这四个概念。同属于"真"(truth)这个概念大家族之下的,还有"真诚性"(truthfulness)等,在此暂且不论。很难说它们彼此有绝对泾渭分明的界限,离开了具体语境的区分是徒劳的。在此仅就当代艺术本体论语境,结合柯里对它们的用法作一个简要区分。这些概念从不同的侧重点假定了原作相对于副本或赝品的某些独特性或权威性:

(1)原始性:侧重于原作的历史性和物理学属性,即相对于副本或赝品[2],它的诞生时间更早,它与副本或赝品之间存在真实的因果关系,原作是因,副本或赝品是果。例如,对于绘画来说,这种原始性集中于所谓"画布"之上——相对于副本或赝品,原作所使用的画布是独一无二的。[3]

(2)真实性:侧重于原作的合法性或合道德性,其对立面是赝品。

(3)原真性:不同的人对它的理解稍有不同。柯里对"原真性"的理解是相当清晰可辨的:"我指的是艺术家最初创作的对象的属性。"[4]宽泛地说,它包括原始性和真实性,因为原作的相关特征也可以被视为其"最初创作的对象的属性"。但值得注意的是,在柯里的艺术本体论中,"原真性"往往是个消极论题,亦即更多地从消极一面来理解作品原真性对于其本体论地位和审美鉴赏的重要性或权威性。

(4)正确性:这个词一般指副本相对于"作品本身"的属性。但根据柯里等人的观点,乐谱和文学作品的原稿具有可纠正性,因此原稿与副本一样,都有正确性的要求,原稿不再具有理所当然的权威地位。

---

[2] 赝品的情况比较复杂,因为有时它所假冒或寄生于其上的"原作"并非真实存在或真实存在过,后文将对此展开反事实分析。

[3] 当然,对于这里的"画布"不能作过于字面化的理解。毕竟存在这样的可能性:作品使用的画布是真的,但作品本身是假的。比如,某个伪造者在被毁坏(如遭遇擦拭)的原作画布上伪造一个"新"作品。

[4] Gregory Currie, *An Ontology of Art* (New York: Palgrave Macmillan, 1989), p. 5.

关于原真性论题，柯里提出了两个假说：(1)正确副本假说，即如果原作和副本拥有完全相同的图片属性，那么我们可以说，副本就是原作的正确副本；(2)复制-例示同一性假说，即任何对原作的正确复制都是作品的例示，正如原作也是对作品的例示那样。⑤ 在原真性论题中，"正确性"一般与复制和例示联系在一起，形成"正确副本"或"正确例示"这样的搭配。在现实世界中，正确性是例示特别是复制的一个识别条件。如果对某个作品的例示并不正确，那么就不能被视为对它的例示。关于这里的"正确"，既有定性问题，亦即判断正确与错误的标准是什么；也有定量问题，亦即多大程度上的正确才算正确，抑或，正确究竟是细粒度的(它要求复制品与原作的极大相似性)，还是粗粒度的(它要求复制品与原作的"足够"相似性)。

根据我们之前的分析，例示是一个更加严格、也更加抽象的概念。我们经常讨论作品的跨世界例示问题。作为行动类型的作品是可以跨世界的，它的两个主要构成要素，即抽象结构和启发式，也都是允许跨世界同一性的。在一个世界内部，也有例示的问题，即使对于柯里这样的艺术作品的模态实在论者来说也是如此。

(1) 跨世界例示(trans-world instance)；这是一种艺术本体论上的模态实在论观点。

(2) 世界约束下的跨语境例示(world bound trans-contextual instance)：这是模态现实主义者更加支持的观点。

(3) 世界约束下的原作-副本例示(world bound original-copy instance)：这是主张复制-例示同一性的人所支持的观点。

如果一个人对于例示的标准持有细粒度的甚至是超细粒度的观点，同时又对复制的正确性持有怀疑论观点，那么他就倾向于否认上述第三个论述，也就是否认复制-例示同一性观点。在柯里看来，古德曼就持有这种细粒度的例示观，以及怀疑论的正确复制观。

正确性与"可纠正性"(correctability)概念密切相关。可纠正性在某种意义上是对原作或"被例示物"提出的要求，而正确性是对复制品或例示物提出的要求。这里的被例示物概念是有歧义的，比如，有人可能认为，在音乐与文学中，

---

⑤ Gregory Currie, *An Ontology of Art*, p. 85.

被例示物与原作并不具有同一性，而在绘画作品中，两者之间具有同一性。持有这种同一性观点的人，既可以是像古德曼这样的唯名论者，也可以是某种版本的柏拉图主义者。"原作－被例示物同一性"与"复制－例示同一性"是两种不同的同一性论题，注意避免混淆。比如说，关于复制－例示论题，在文学和音乐中，我们有可能发现作品的某个例示在某种程度上是不正确的，而这对于原作和其他任何例示都是正确的。从一种粗粒度观点看，那个在某种程度上不正确的例示仍然是对某个作品的例示；但是从细粒度看，只要两者之间存在些许差异，就不能被视为是对作品的例示。

在原作－被例示物论题上，我们不再假定原作就必然同一于被例示物，这样，不管被例示物是否与原作一模一样，都不能算作是错误例示的理由，因为原作本身就可能是"错误"的。在绘画这种视觉艺术与文学这种非视觉艺术作品之间，柯里看到了这样的区别："作者的手稿可能拼错，作曲家的乐谱可能在错误的地方有音符（让我们暂时忘记作曲家的乐谱实际上并不是作品的例示，而是施行作品的配方[recipe]的例示）。在这两种艺术中，艺术家制作的对象都有可能被纠正。"⑥

这种可纠正性的确是文学和音乐乐谱这种非视觉艺术的特权，但是修改它们并不是艺术家（作家或作曲家）的特权，因为除了艺术家本人，在必要之处，媒体（杂志社、出版社、电视台、网站等）也可能对原作进行某种程度上的纠正。⑦ 在这里，原稿并不扮演那个被例示的"作品本身"的角色，因此，在文学和乐谱中，作品的"原始性"并不占据特别的权威地位。

但是柯里认为，在绘画、雕塑等视觉艺术中，作品的"原始性"就扮演了权威角色，它代表了那个可能被例示的作品本身。简单来说，因为艺术家的画布不能以同样的方式进行纠正。在绘画的过程中，艺术家可能会改变各种元素，但是一旦他完成它，说我们可以改变作品让它"正确"，这种说法是没有意

---

⑥ Gregory Currie, *An Ontology of Art*，p. 89.

⑦ 手稿整理或编辑人员对于原作的纠正，通常应该遵循"最低限度原则"。以文学作品为例，通常只是对些字词、语法、文体、格式上的技术性修改，这一方面并不伤害原作的同一性（编辑不能将原作改得面目全非），另一方面增强了原作的可读性。但是在具体作品中，这种最低限度的纠错原则并不足够清晰，譬如，作品中在编辑看来属于错误的字词、语法、文体或格式，恰恰是作者特意为之的某种创作手法，对之强加修改可能伤害作品的同一性和可读性。在这个意义上，柯里说，所谓的"意图谬误"（intentional fallacy）并非真正的谬误。他实际上同时反对以下两个极端看法：(1)作者的意图是无关紧要的，"如果我们要改善作者的拼写，那么为什么不改善他的隐喻呢？"(2)拿"作者的意图是什么"规范我们的实践，并借它为文学、乐谱作品的不可纠正性辩护。参见 Gregory Currie, *An Ontology of Art*，p. 92。

义的,即使我们有理由怀疑,艺术家会改变自己。因此,我们认为完成的画布是不可侵犯的,但是在某种程度上,我们不认为作者的手稿或作曲家的乐谱亦是如此。

由此可知,尽管《艺术本体论》(*An Ontology of Art*)的主旋律是一元论的,但是柯里在原真性论题上仍然保留了某种意义上的二元论痕迹:首先是可纠正性与不可纠正性的二元论;其次是与之密切相关的本质具身化(essential embodiment)与非本质具身化(nonessential embodiment)的二元论:造型艺术作品是本质具身化的。[8] 绘画这一类的作品不能不由艺术家使用适当的媒介来完成,而一首诗或一段音乐可以不经任何地方的题写(inscribed)或施行而存在。绘画和雕塑的内在本质是,艺术家不仅要对作品有一个心理上的概念,而且要对作品的完成有一个概念。相较而言,在文学和音乐中,通过题字是可以实现具身化的,当它发生时,可以通过许多方式实现,但是任何可以恢复拼写或顺序的注释都可以,因此具身化特征对于文学和音乐来说并不具有本质上的重要性,这是它们与绘画、雕塑等造型艺术的一个重要区别。

在柯里看来,绘画、雕塑等造型艺术的本质具身化过程属于作品的启发式的不可或缺的一部分,但对于文学、音乐等非造型艺术来说,由于其具身化过程是非本质的,相应地就不属于作品的启发式的重要内容。但是即使如此,我们仍然无法用上述两种二元论为艺术本体论上的其他二元论提供辩护,特别是柯里着重反驳的两个二元论:艺术作品的类型-殊型二元论;单一例示-多重例示二元论。柯里指出,即使造型艺术作品的本质是具身化的,也不能因此而得出结论说,它们不是单一例示的艺术。[9]

沃尔特斯托夫(Nicholas Wolterstorff)看到了视觉艺术与非视觉艺术之间的上述不对称性。他将之当作反对多重例示假说的一个证据,但柯里驳回了这个异议:我认为不对称性与多重例示假说(IMH)是一致的。[10] 因为画布的不可侵犯性肯定与画布不是作品,而仅仅是作品的一个示例的想法是一致的。我们接下来要说的是,画布是这幅作品不可纠正的实例;是原始作品的视觉模式为其他作品的正确性设定了标准。要想成为一幅作品的正确实例,其他任何一幅画都必须具有同样的视觉模式,无论我们多么确信原作存在错误。

---

[8] Gregory Currie, *An Ontology of Art*, pp. 125 – 127.

[9] Ibid., pp. 126 – 127.

[10] Ibid., p. 90.

二、副本、赝品与作品的生产历史

副本(在电影中也称"拷贝")是"copy"一词的名词形式,也就是对文本进行复制的产物。复制所依据的文本既可以是原作,也可以是副本,在后者的情况下,我们称之为"再复制"(recopy)。通常来说,区别原作与副本的是一种物理关系:在被复制之前,作品(原作)业已存在,在作品诞生之前,作者业已存在,作品在被再复制之前,副本业已存在,所以这种物理关系是一个涉及"作者-作品(原作)-副本-再复制"的时空-因果链条:

(1)从时间上看,先有作者,后有作品,创作过程伴随着作者的时间流逝;对于复制和再复制来说也是如此:先有被复制物或被再复制物,后有副本或再复制物。

(2)从空间上看,作者与作品之间在一定的物理距离之内,两者都是某个更大的空间的子部分,即使在"遥控创作"的特殊情况下,作者与作品仍然同处于一个物理世界;对于复制和再复制来说也是如此。

(3)从因果关系上看,作者的前期训练、构思、准备过程,与后期的作品之诞生这两类事件之间存在因果关系。对于复制和再复制来说也是如此:复制和再复制通常不属于狭义的艺术创作过程,但复制或再复制者的行动,与副本或再复制品的诞生这两个事件之间同样存在因果联系。

在绘画与文学作品之间也有某种不对称性,画家与他的画作之间的物理关系,在性质上要比作家与他的手稿之间的物理关系更加重要。至于这种不对称性在艺术本体论上该如何理解,这是一个有趣的问题。

我们不能单纯依据作品的图画属性识别出一幅作品,因为启发式是一个同等重要(如果不是更加重要的话)的构成要素。我们不能仅仅从图画属性中读出作品的艺术史和艺术哲学,那些不懂艺术史和艺术哲学的观众,他们眼中视网膜上的作品的视觉图象与专业的批评家是一样的,但前者不仅无法形成正确的审美评价,甚至无法识别出一个作品来。这对于副本和再复制品来说也是如此:在最理想的情况下,依据细粒度的(fine-grained)同一性标准,我们有了完美的副本(complete copy);而在更常见的情况下,依据粗粒度的(coarse-grained)的同一性标准,我们有了正确的副本(correct copy)。但不管是哪种副本,我们都不能期望从中读出比原作(包括经过纠正的原作)更多的东西——不管是认识论上的,还是本体论上的。

原真性在于作品的历史信息,而不只是物理区别。经验论者无法真正把握作品的原真性,这不是因为它们拒绝承认完美的副本与原作之间的那种复制上的同一性,而在于他们忽视了作品的启发式。一个正确的副本,可以将作品的历史信息"复制"到副本之中,这不是由于这种历史信息"随附"于它的图画属性,而是基于人们明确所持有的"复制-例示同一性"观点。换言之,对于那些否认这种同一性的人来说,他们从副本中无法欣赏到一个作品的历史信息或启发式。如果在正确复制的情况下,副本甚至再复制品都享有与作品同样多的图画属性和启发式,那我们就没有理由认为原作拥有相对于副本或再复制品的美学特权了。而这正是柯里的观点。

我们知道,副本源于与原作之间的一种物理上的时空-因果联系,尽管二者之间的本体论联系超越了单纯的物理层面。从因果关系的角度看,我们知道,大卫·刘易斯(David Lewis)主张借助"反事实依赖"的方式理解因果关系。柯里在处理"正确复制"的条件时,也是这样做的。在他看来,如果原作看上去与实际有任何不同,那么(正确的)副本的外观就会与它的实际样子有所不同。复制的过程保持了因果之间的连续性。原始文件中的任何变化都会导致副本中相应的变化。总之,正确复制的一个条件是,复制品必须反事实地依赖于原作。

正确副本的"反事实条件"是世界约束的,换言之,不存在跨世界的原作-复制关系,也就不存在整体的正确性论题。这样就可以借助反事实依赖关系处理下述"不可分辨性"问题:假如地球上的《格尔尼卡》$_1$有一个副本《格尔尼卡》$'$,孪生地球上的《格尔尼卡》$_2$有一个副本《格尔尼卡》$''$,由于《格尔尼卡》$_1$和《格尔尼卡》$_2$对于同样的行动类型的例示,那么如何将《格尔尼卡》$'$与《格尔尼卡》$''$区分开来,从而将《格尔尼卡》$'$而不是《格尔尼卡》$''$识别为《格尔尼卡》$_1$的副本呢?从反事实角度看,如果没有《格尔尼卡》$_1$,就不会有《格尔尼卡》$'$,但是仍然可能会有《格尔尼卡》$''$,因此《格尔尼卡》$'$才是《格尔尼卡》$_1$的正确副本,尽管仅从外观上看,《格尔尼卡》$''$也与《格尔尼卡》$_1$很像。这表明外观上的相似性,对于正确例示来说充其量只是一个必要条件,但无论如何都不是一个充分条件。

此外,这种反事实依赖不仅发生在副本与原作之间,还发生在副本与复制媒介(技术手段)之间。副本反事实地依赖于复制媒介或技术手段:如果复制手段与实际上有所不同,那么正确副本的外貌就会与它的实际样子有所不同。柯里建议我们想象比较以下两幅原画:它们之间有惊人的相似之处,都包含一条同样宽度和弯曲方式相同的线。但是，其中一幅画是用传统的方法用画笔画出来的，另一幅则是用技术绘图工具画出来的，这使得画线更加容易。⑪ 这个例子不仅适用于对原作的识别要素（启发式）的证明，也适用于对副本的"启发式"的证明。不管对创作来说，还是就复制而言，在图画属性上的微细的、微妙的相似性——两个不同的原作之间的相似性或者不同副本之间的相似性——都无法在经验上作出区分，它们之间的差异性（distinctness）主要表现在历史信息或语境线索方面，在结合极度相似的情况下，进行本体论识别、区分或审美鉴赏判断的标准只能寄托于达成结果的过程之上了，也就是它们在广义的启发式路径上的差异。副本对复制媒介的反事实依赖，以一种类比的方式证明了启发式对于作品之识别和同一性的重要性。鉴于副本中并不存在一种区别于原作的启发式，所以这里同样只是在一种类比的意义上讲副本的"启发式"——打上引号，以免误导。

原作相对于副本的权威性根本上来自其在历史上的独特性。关于这种历史独特性的本体论地位，有两个极端看法：一种观点是经验论，它将原作与副本的审美价值等同起来，丝毫并不在意原作的历史独特性；另一种观点是，将原作与副本的审美价值对立起来，过于抬高了原作的历史独特性。柯里则持有一种中庸观点，"我们既不能像经验论者那样把美学的界限划得太窄，也不能划得太宽。"⑫此处所谓"太窄"，是将历史独特性完全排除在美学的领域之外；而所谓"太宽"，则是将有关原作的一切历史事实都囊括进美学领域中来。但实际上，并非所有具有历史价值的东西都具有审美价值，也并非所有关于作品的历史事实都有审美价值。拿破仑在滑铁卢穿过的战靴在博物馆里被展出，这具有重要的文物价值；我去参观时希望看到的是它的原件而非副本。但我这个想法与审美无关。关于艺术作品的某些历史事实也是如此。那么，从美学上看，作品的历史独特性是指哪些事实呢？

历史独特性只要转向艺术家的成就、贡献、作品的启发式路径，就具有审美价值。美学鉴赏是对艺术家成就的一种鉴赏。如果一件对象所具有的任何特征对评价艺术家的成就没有任何贡献，那么它就不是一种美学特征。而将那些与上述因素无关的历史独特性，称为其实用性的一面。原作的实用性更强，源于其历史独特性，但实用性不等于审美属性。我们更喜欢原作，就像我们喜欢古董的原件而非其副本一样。因为这种偏好不必被视为一种美学偏好；它是一

---

⑪ Gregory Currie, *An Ontology of Art*, p. 101.

⑫ Ibid. , p. 102.

种对具有特定历史联想的对象的偏好。毕竟，人们往往喜欢拥有小说和诗歌的手稿著作权。像建筑这样传统上一直兼顾其实用性的艺术门类，其所谓"单一例示"性质实际上与它的纯粹历史兴趣相关，如果不考虑这些因素，完全可以将它们视为多重例示艺术。

三、赝品与"亲笔艺术"

赝品问题(the problem of forgery)形成了对艺术作品的殊型同一性的干扰。柯里特别注意到赝品问题对他的多重例示假说(IMH)产生的干扰。[13] 他依次考察了这个问题的提问方式。

首先，赝品问题不是或不只是美学问题，而是伦理学问题。赝品在本体论上是寄生性的，在伦理学上是欺骗性的，它与合法的、非欺骗性的复制之间存在伦理学上的本质区分。所以我们不应该这样问：一幅现存画作的"完美赝品"(perfect forgery)是否与原作一样具有美学价值？甚至"完美赝品"这个表达式就自带悖谬色彩：既然是赝品，就自带了先天的道德缺陷，它就没有"完美"可言。因为这个问题容易与下述问题混淆起来：一幅现存画作的"完美复制品"是否与原作一样具有美学价值？这两个问题在美学上无法分辨，但它在伦理学上仍然是两个不同的问题。

其次，赝品问题也不只是伦理学问题，因为关于赝品在讨论中引入了很多与"欺骗"无关的概念，或者说它涉及了不同类型的"欺骗"概念，而且因为大多数的赝品都不是现有作品的复制品；这些作品是按照另一位艺术家的风格画的。如果一幅作品的原作从来没有被生成出来过，那么对它来说并不存在字面上的赝品问题，但也可能是这种情况：某个赝品是以一种反事实的方式，按照某个作品本来所具有的风格而被"复制"(实际上是伪造)出来的。也就是说，假如画家本人真的生成过这幅画作，那么将会是完美的赝品制造者所期待我们看到的那个样子。与赝品发生反事实依赖关系的那个原作是一个"无"，赝品的动机是"如果原作是某个样子的，那么我就是某个样子的"，但那个所谓的原作事实上并不存在；而与副本发生反事实关系的原作是一个"有"，副本的动机是"如果原作不是如此这般的外观，那么我也不会是如此这般的外观"。这是从事实角度上所看到的赝品与副本的区别。

最后，我们应该问的问题是：无论复制品的创作者的动机是什么，原作和完

---

⑬ Gregory Currie, *An Ontology of Art*, pp. 10 – 11.

美的复制品之间是否存在美学上的相关区别? 这个问题与多重例示假说 (IMH)到底有什么关系? 这里有如下备选的回答:严格地说,一个人可以承认完美复制品在美学上与原作是不可区分的,并且仍然认为原作与作品是同一的。在这种情况下,原创性版本在逻辑上具有特权地位,但在美学上没有特权。与之相反,我们可以认为这些都是这幅作品的真正的复制品,但从美学角度来看,它们总是、也必然不如原作。在这种情况下,原作在美学上享有特权,但在本体论上没有特权。

柯里的观点是,我们应该警惕这种试图将艺术本体论与有关美学价值和鉴赏的问题分离开来的尝试。为便于理解,笔者将柯里的相关论证重构如下:

> (1) 我们可以质疑完美赝品在技术上的可能性;如果它在技术上就是不可能的,那么它的随附于其图像属性的审美价值也是不同的。通常来说,原作具有美学上的特权。

> (2) 如果技术上的可能性被实现了,那么还有一个逻辑上的问题,因为既然赝品很多时候是以一种反事实的方式按照被假定的原作原本具有风格炮制的,那么,那个处于反事实状态下的原作,在逻辑上优先于其伪造品,而不管其那个现实的赝品与反事实的"原作"在审美价值上孰高孰低——由于"原作"从未被生成过,这个比较无从进行,当然也可以在相对抽象的意义上比较这个赝品的"风格"与那个被冒充的那个画家的风格之间的异同或高下之别。

> (3) 从本体论上讲,如果赝品所仿冒的原作是真实的,那么原作在时间上一定要早于其仿冒品。可是这种诞生时间上的先后关系,与美学价值上的高下优劣之间有什么关系? 换言之,我们在一个作品与在外观上与它酷似到几乎无可分辨的物品之间,如何识别出那个真正的艺术作品呢? 这里的相似物有两种情况,一种是缺乏道德敏感性的相似,它被制作出来并非意在欺骗或以假乱真,而是出于其他目的,或者纯属巧合;另一种相似性是具有道德敏感性的,我们所讨论的赝品问题就属于这个情况。

对于上述第(3)点,柯里与其他一些人(如杰拉德·莱文森[Jerrold Levinson]),都拒绝将艺术本体论与作品的美学价值割裂开来讨论作品的识别或同一性问题。我们来看看他们具体是怎么论证的。

在《艺术的语言》中,古德曼是这样定义"亲笔艺术"的:某件艺术作品是亲笔的,当且仅当这件作品的原作与赝品之间的差异是有意义的;或者更准确地说,当且仅当即使这件作品的最精确的复制也不能因此算作是真正的作品。⑭拉马克(Peter Lamarque)则进一步认为,我们应该将"亲笔"(即历史或来源相关的)因素对作品同一性的影响程度,以及文学和音乐作品是否允许指示伪造的问题分开考虑,他将其解释为一个关于个体殊型的地位和同一性的问题。⑮ 在前者问题上,他倾向于站在莱文森一边反对古德曼,在后者问题上,他也倾向于站在古德曼一边反对莱文森。制造一幅绘画或雕塑的复制品和冒充原作的仿制品,以及制造一首诗或音乐作品的"复制品"和冒充原作的仿制品,这两者之间有重要的区别。莱文森本人承认两者存在差异,但认为这只是程度的不同。拉马克认为,两者之间的区别更深一些,因为它建立在一个非常基本的关系上,即作家和读者对诗歌的复制,表演者和听众对音乐的表演的复制。拉马克同意莱文森(以及柯里和阿瑟·丹托[Arthor Danto])——反对古德曼和埃尔金——的观点,即作品和文本之间有区别。诗歌是一种语境化的文本结构。两个不同的作品可以(尽管在非常特殊的情况下)共享相同的文本结构。

四、正确复制与"副本-例示同一性"的怀疑论

在某些情况下,作品的副本和赝品都可能与原作之间存在一种外观上的不可分辨性关系。如何看待这种不可分辨性,在当代美学界带来了大量争议。这里的"不可分辨性疑难"大致是这样的:如果莱布尼茨律中的"不可分辨物的同一性"(the Identity of Indiscernibles)⑯原则是对的,那么,如果两个外观上不可分辨的物品之间具有一种本体论上的同一性——它们是同一个东西。这样,那些否认正确副本或"完美赝品"与原作之间外观上的不可分辨性蕴含了它们之间的本体论同一性的哲学家们,就不得不面临一个难题:要么否认这里存在真正的不可分辨性,要么否认"不可分辨物的同一性"命题的正确性。

此外,我们应该看到,由于这种不可分辨性的复杂性,它既可以表现在艺术品与"纯然物"之间,也可以表现在副本(或再复制品)与原作,或者赝品与原作之间。并且,所谓的不可分辨性,或曰"看起来一样",这些概念自身就可能引起

⑭ 纳尔逊·古德曼:《艺术的语言——通往符号理论的道德》,彭锋译,北京:北京大学出版社,2013年,第92页。
⑮ Peter Lamarque, *Work and Object* (New York: Oxford Uniersity Press, 2010), p. 93.
⑯ 亦即,如果 a 和 b 是性质上同一的,那么它们具有数目上的同一性。

怀疑论者的凝视。下面讨论的古德曼关于"副本-例示同一性"论题的怀疑论观点，与副本的审美价值论题密切相关，包括古德曼的三个论证，以及萨戈夫的一个观点。古德曼否认了副本与原作之间在外观上、技术上和审美上存在的不可分辨性，他认为原作总是比副本"多"了某些东西；而萨戈夫同样否认这种不可分辨性的存在，但他反过来主张副本比原作"多"了某些东西。柯里分别给予了批评性回应：

（一）古德曼的"不融贯论证"（incoherence argument）

该论证亦称为"非决定性论证"（indecisive argument）：副本没有审美价值，并不存在正确复制的标准。在正确复制与非正确复制之间并不存在融贯一致的判断标准。原作与副本，或者同一原作的两个副本之间的相似性是个程度问题，从物理学上看，它们并不存在分子对分子层面的完全相似，目前的复制技术无法做到这一点。分子与分子一一对应的复制目前还不能实现，也许是某些自然律阻止我们做到这一点。如果分子对分子的复制是实现复制正确性的唯一方法，那么在物理世界中，画作就不可能有不止一个的正确的例示。那既然如此，就并不存在一个决定性的、非任意的界限，来判断正确复制的临界点划在何处才是合适的。删节版的《查泰莱夫人的情人》是作品的一个例示吗？《楔槌键琴奏鸣曲》糟糕得可怕的演奏（错误的音符比正确的音符多）是这首作品的一个例示吗？一个学生习作的质量低劣的《格尔尼卡》副本是艺术作品的一个例示吗？对于古德曼来说，避免陷入某种两难困境或无穷倒退的策略，就是一概否定复制品作为原作之例示物的合法性地位。这种观点可以说是"超细粒度"观点。

（P1）副本被视为原作的例示，仅当它是对原作的（分子级别的）"完美复制"；

（P2）自然律和技术水平决定了"完美复制"是不可能的；

（C）所以，副本不能被视为原作的例示。

对此，柯里提出了以下反驳意见：

（a）即便是原作，它在不同的光照条件下，或者伴随着时间流逝而在物理属性上的褪色、老化，都不可能维持其分子级别的"自我同一性"；这就没有资格要求复制品做到这种如此完美的同一性了。

（b）古德曼混淆了模糊性（vagueness）与不连贯性。关于对《格尔尼卡》的拙劣副本算不算是《格尔尼卡》的副本，或者对《古钢琴奏鸣曲》的尴尬演奏算不算是它的合法副本，我们可以凭借直觉来判断，尽管在理智上，我们不得不承认它是一个模糊性的问题，我们一方面无法在正确复制与不正确复制之间划出一个决定性的、非任意的界限，另一方面，其中暗含的连锁悖论也让人不胜其烦。柯里的应对策略是，先将古德曼的非连贯性问题转换为模糊性问题，再将模糊性问题视为一种仅凭直觉就能解决的琐碎问题。

（c）柯里的第三个反驳是，正确复制的标准应该是美学上的，而非物理学上的；在物理学上，分子对分子的"完美复制"确实不太可能实现。但这对于"正确复制"来说并不必要，因为它只要求副本与原作之间的相对粗粒度上的相似性。至于相似程度的最低标准是什么，还是留给艺术鉴赏识别的实践、惯例或直觉吧。

（二）古德曼的"让步论证"（concession argument）

让步论证给出的是另一些理由：即使"完美复制"在技术上是可能的，它也只能是艺术作品在经验物理层面的完美复制，而不是美学层面上的完美复制。在古德曼看来，甚至在本体论上就已经杜绝了这种审美上的完美复制的可能性。原作与副本的本体论区别是绝对必要的，不管在美学上还是在实用性上，而将原作从一堆副本中识别出来的过程，就是寻找它与副本之差异的过程。

柯里对此批评说，这种对于原作与复制品之审美属性差异的"让步论证"（实际上先验论证的一种），实际上犯了一种"先入为主"的毛病。"完美复制"的问题不应该与"完美分辨"的问题相混淆，因为前者更多地属于美学领域，而后者就具有更多地属于技术问题。为了将原作从正确的副本中识别出来，一个人需要必要的美学上的知觉训练，培养一些"明察秋毫"的鉴别能力。但在柯里看来，这种事情完全可以由具有高分辨力性能的机器人代劳，这种分辨能力不应该被视为一个人审美判断力的基础部分或核心部分。尽管在客观上，这些知觉训练的确有助于提升一个人的审美能力，但它仍然只是一项副产品，就好比我在比较两个哑铃孰轻孰重时，客观上锻炼了我的肌肉力量一样。

（三）古德曼的"赝品可能性论证"（argument from the possibility of forgery）

借助赝品的可能性论证，古德曼首先论证了绘画作品的单一性特征，以及与之相应的，文学作品的多重性例示特征。其次，在此基础上进一步论证了复制-例示的非同一性、副本的非美学性或正确复制的不可能性——上面我们表明，这三个论点是相通的。

如果画作是多重例示的，那么就没有办法判定什么是该作品的真例示（genuine instance）。而在文学和音乐中对依从性（compliance）在理论上具有决定性的检验。一本书只有拼写正确的情况下，才是对该作品的正确例示；当且仅当在按照乐谱演奏的情况下，音乐表演才是正确的。鉴于绘画作品的不可纠正性特征（这是柯里所愿承认的为数不多的绘画相对于乐谱或文学作品的独特性之一，当然也是被古德曼认可的），只有一件作品——也就是作品的"画布"——是真的。古德曼这里使用了"仅当"甚至"当且仅当"，表明他对于例示（复制、表演）的正确性持有一种极细粒度的观点：只要与原作存在稍许差别，就不算是对于原作的正确例示。

（四）不确定性异议（uncertainty objection）

值得注意的是，正确复制所要求的相似性并不具有可传递性。这种非传递性特征最终伤害"正确复制"的确定性。我们称之为不确定性异议，它迫使柯里承认"看起来一样"（looking the same）是一个"高度无效"（highly non-effective）的概念。对此，柯里诉诸了两个回应策略：其一我们称之为"时间内在性质"（temporary intrinsics）回应策略；其二是"主体间有效性"（inter-subjective validity）的回应策略。

"看起来一样"肯定不是一个传递关系。假设有画作 A、B 和 C，A 和 B 看起来一样，B 和 C 看起来一样，但 A 和 C 并非如此：只要传递的链条足够长，在第一项与最终项之间存在足够多的中间项，不管其中任何一项与它的相邻项看起来多么相似，最终仍然无法避免悖谬性结果：A 与 C 看起来不一样。对于一个原作 O 的两个完美副本 C1 和 C2 来说，也是如此，C1 和 O 看起来完全一样，C2 和 O 看起来完全一样，但是 C1 和 C2 可能看起来就不一样：只要 O 的复制品足够多，总有找到两件看起来不一样的副本；倘若考虑到再次复制，也就是"副本的副本"的情况，这种悖谬色彩将会更加明显。所谓不确定性异议就是，鉴于"看起来一样"的非传递性质，基于这个概念的"正确复制"也就不可避免地带有模糊性和不确定性——从逻辑上看，这种不确定性不仅涉及原作与副本之间的"正确性"关系，还可能殃及原作自身的性质同一性。对此，笔者构造了下述"多外观论证"（many looks argument）：

（P1）原作 O 由于具有外观 A_1 而与副本 C_1 看起来相似；
（P2）原作 O 由于具有外观 A_2 而与副本 C_2 看起来相似；

（P3）原作 O 由于具有外观 A_n 而与副本 C_n 看起来相似；

（P4）副本 C1 由于具有外观 A_{c1} 而与 C_2 或 C_n 看起来不相似；

（C）因此，具有外观 A_1 的原作 O 与具有 A_2 或 A_n 的原作 O 看起来不相似。

上述论证的结论不仅表明了"看起来相似"的非传递性性质，还进一步证明了同一个原作 O 在外观性质上的非同一性。如果上述副本 C_2 是再复制品，C_n 是 C_{n-1} 的再复制品，那么这种非传递性质将会明显得多，最终得到的原作 O 非同一性问题也就麻烦得多。

上述不确定性似乎是不容否认的，柯里也并不试图否认它。但他并不因此否认正确复制的可能性，则是引入"必要程度的可容忍性"（necessary degree of tolerance）概念来继续捍卫他的"正确复制"概念。柯里暗示的第一个可容忍性辩护来自形而上学，笔者重构如下：尽管具体个体物（包括像绘画这样的艺术作品）不得不承受随着时间流逝而导致的内在属性（intrinsic properties）上的变化，但仍能维持其自身的数目同一性（numerical identity）。所谓内在属性是一个对象仅仅根据其自身之所是，而非与他物之关系的方式而具有的属性。整存论（endurantism）主张，一个对象整体地、完全地存在于不同的时刻而在时间内持续，它在时间中始终保持和为一个整体的历时同一性（diachronic sameness）。分存论（perdurism）则主张，具体个体的时间同一性肯定不是事实同一性，因此昨天的某物与今天的某物没有指称数目上同一的个体，它相信时间部分（temporal parts）的存在。不同复制品之间的差异，类似于同一个作品在不同环境下的性质差异，这些差异并没有根本上伤害作品的数目同一性。最终结论是，既然在不考虑副本的情况下，作品自身都仍能承受"多外观"的性质变化而能维持其数目同一性，那么在考虑副本的情况下也是如此——甚至仅仅诉诸直觉就能表明，一个作品不会仅仅因为多了几个副本而丧失其自身同一性。

另一种可容忍性辩护来自"主体间的有效性"。艺术鉴赏和批评要求对于作品之性质变化的一种必要程度上的可容忍性。既然公共的艺术批评是可能的，那么在容忍范围内的波动也是不可避免的："艺术批评被视为一种共同体活动；一个批评家的判断可能会被其他人反驳、肯定、完善和发展。这个过程是由论证和反论证支持的，包括这样的论证，即另一个评论家只是在作品的外观上漏掉了一个细节。但是，如果这是一种判断的主观间比较的条件，那么这种批判性的互动就不可能存在，因为批评家们都是基于对一种视觉模式的感知，而这种视觉模式在所有的视觉场合都是完全相同的。"⑰

（五）副本的独特性异议（uniqueness objection）

萨戈夫不同意柯里的观点，他认为副本不仅是原作的复制品，还是原作的代表，它具有不同于原作的审美价值。⑱ 在他看来，副本与原件的关系是一种指代（denotation）关系，而不是相似性。如果说，在古德曼看来，副本中总是缺少了某个至关本质的要素，即原真性，那么，在萨戈夫看来，副本反过来比原作多出了一些东西；它不仅能全权代表原作，还具备了某些原作阙如的功能，比如艺术媒介功能。柯里对此回应道，副本具有与原作相同的审美价值。副本代表原作，而不只是原件的复制品，这只能表明副本具有一些独特的艺术社会学功能，而无法表明它拥有某些独特的美学属性。副本的美学属性是派生的，或者更准确地说，副本和原作的美学属性都派生于那个作为行动类型的、能够被多重例示的、具有独特的启发式的、具有粗粒度的跨世界同一性和世界内同一性标准的艺术作品。

五、结语

综上所述，本文首先澄清了笼罩在"原真性"之上的概念疑云，厘清了它与其他相似概念的区别与联系；本文还进一步从作品的生产历史和时空-因果链条来刻画副本、赝品与原作之关系；接下来，我们讨论了柯里就赝品问题对艺术作品的殊型同一性的干扰提出的处理策略；在本文主干部分，笔者重构了古德曼捍卫"副本-例示同一性怀疑论"的三个论证、无名氏的"不确定性异议"以及萨戈夫的"副本的独特性异议"，并且阐述了柯里对它们的回应或反驳。在笔者看来，柯里在这里表面上是为了捍卫关于原作与副本的粗粒度同一性观点，实际上是旨在捍卫他关于原真性的所谓"消极论题"。柯里在《艺术本体论》中捍卫了一个"积极论题"（positive thesis），即作为行动类型的艺术作品，同时驱散了笼罩在两个"消极论题"上的疑云，一个是经验论美学的随附性论题，另一个则是本文讨论的古德曼式的原真性论题。柯里为了捍卫自己的行动类型假说和多重例示假说，而不得不采取某种紧缩论的态度看待这两个消极论题：它们只

---

⑰ Gregory Currie，*An Ontology of Art*，pp. 119 – 120.

⑱ Mark Sagoff，"The Aesthetic Status of Forgeries," *Journal of Aesthetics and Art Criticism*，vol. 35 (1977)，p. 145.

是艺术本体论中的琐碎论题,过于重视它们将会错失艺术作品的本体论实质性。本文的结论是,原真性论题显然是重要的,古德曼的论述极富洞察力,柯里的反驳论证更是扎根于其整个艺术本体论。对各家各派所理解的原真性进行综合考量和深入分析是一个非常有趣的话题,遗憾的是它的广度和深度都超出了本文的目的。

(责任编辑:王球)

作者简介:李智微,山西大学新闻学院教师,研究方向为分析美学;陈常燊,山西大学哲学社会学学院教授,研究方向为分析哲学。

胡塞尔对设定物的经验关联－ 存在论阐释

张睿明

【摘　要】通过对超越物的悬置，胡塞尔揭示出纯粹的意识领域：物只是通过具有协调性动机的经验关联体被给予的意识物，并以区域的实质存在论与形式存在论对意识的本质关联体作出了描述。通过对体验流时间形式的分析，胡塞尔达到建立在本质中的设定物之确定性，并以名词化的方式在命题逻辑的含义句法结构中表达出作为句法对象的设定物。但是在意识中纯粹自我并非一开始即作为实行此本质的自我而生存，而是经由一种本质可能性的变样转换为被实行的我思；意识于此被区分为中性的或者是设定性的，前者不再关切存在或者非存在，而只耽于单纯的、真实的审美体验。

【关键词】经验关联体　存在论　本质　设定　中性化

　　"我们关于自然态度的所与物（Gegebenheit）特性以及关于由此获得的该态度本身的特性所作的说明，是一种前于一切'理论'的纯粹描述。……这里我们把理论当作任何一种在先的认识。理论只有作为我们周围世界(Umwelt)中的事实(Fakta),而非作为现实的或臆想的正当性统一体时,才属于我们的研究范围。"①胡塞尔自此转出《逻辑研究》中对超越的客观-观念真理的描述,而转入对经验中意识本质的描述。

一、现象学还原

在作为经验的体验中"所与物"被给予我们,这种所与物唯一地通过经验被描述。这种经验没有经过"理论"的规训,从而在"朝向事物本身"的旗帜下我们得以实现着在事物本身的"自身所与性中探索事物并摆脱一切不符合事物的偏见"。②

这种经验首先是作为知觉给予着所与物,比如我看着一株开花的树。此时,这种"看"并不只是单个的"看",而是处于"看"的知觉系列中。在这里,每一个知觉都表现出"树"的一个侧面,每一个侧面作为知觉杂多体(Wahrnehmungsmannigfaltigkeiten)都包含着颜色、形状等等内容。"树"就在"如此等等"的这种彼此融合的知觉杂多体之连续正常流动中作为同一和统一的东西在连续的意识中被"侧显"。

从"树"的这种作为"在此存在着的"③现实性中,一切对经验的理性把握皆被排除,表现为"虚妄"和"幻念"的那类不符合事物的偏见也得以被消除。经验实现了它自身自发的完全自由性。

问题在于,我们是否可以在知觉中达到对"树"的绝对认识? 答案是否定的。尽管在知觉杂多体彼此不断地相互融合汇为一个知觉统一体的过程中,在此统一体中连续延存的(dauernd)物在一永远更新的侧显系列中显示着永远更新的侧面,"无限地不完善性"④仍然是"物"和物知觉间相互关系的不可取消的本质。为此,"任何不论多么广泛的经验都留存有这样的可能性:所与物(das Gegebene)不存在,尽管有关于它在机体上(leibhaftig)自身现前(Selbstge-

---

① 胡塞尔:《纯粹现象学通论》,李幼蒸译,北京:商务印书馆,1992 年,第 93 页。参见 Edmund Husserl, *Ideen zu einer reinen Phänomenologie und phänomenologischen Philosophie* (Den Haag: Martinus Nijhoff, 1976), p. 60。

② 胡塞尔:《纯粹现象学通论》,第 75 页。

③ 同上书,第 94 页。

④ 同上书,第 122 页。参见 Edmund Husserl, *Ideen zu einer reinen Phänomenologie und phänomenologischen Philosophie*, p. 92。

genwart)的连续意识。物实存(dingliche Existenz)因而绝非某种按其所与性是必然所需的东西，反之，在某种方式上它永远是偶然的，即，永远有可能的是，进一步的经验展开要求放弃已根据经验的合法性被假定的东西。其后人们会说，这只是一种幻想，一种虚妄，一种有连贯性的梦境等等。"⑤

当"无限地不完善性"是"物"和物知觉间相互关系的不可取消之本质特性时，认识如何可能达到实存物？就这一认识的趋向，胡塞尔讲："我们人类经验的事实历程是，它迫使我们的理性超越直观所与物（笛卡儿的形象物），并使它们以'物理学真理'为根据。"⑥这样，属于现实地被知觉物的整个本质内容，因而"在机体中"存在的一切物体和一切性质，以及一切那些可被知觉的东西，都"只是显相(Erscheinung)"。⑦ 这些显相只是作为记号(Zeichen)或者形象(Bild)指示着作为"真的物体"的物理学的物体，即某种相对于存在于机体中的整个物体内容的超越物。

但是将感性的被知觉物当作是某种神秘的超越物之单纯显相同样是荒谬的，因为除了感性的所与物以外我们并不能知道任何实在的东西，因此如果我们期望获得任何认识的话，我们就必须遵循一切原则之原则："回到事物本身"，即"每一种本原地(originär)给与的直观都是认识的合法源泉，在直观中本原地（可说是在其机体的现实中）给与我们的东西，只应按如其被给与的那样，而且也只在它在此被给与的限度之内被理解。……每一理论只能从本原的所与物中引出其真理"。⑧ 一切超越物都需要被排除。

回到事物本身并没有取消实在物。胡塞尔讲："我们并未放弃我们的设定……然而设定却经历着一种变样，虽然它本身始终是其所是……设定是一体验，但我们不'利用'它……我们将该设定的一切存在性方面都置入括号：因此将这整个自然世界置入括号中……我在实行'现象学的'悬置，后者使我完全隔绝于任何关于时空事实性存在的判断。因此我排除了一切与此自然世界相关的科学……我断然不依靠它们的有效性。我也不使用属于它们的任何一个单独的命题，即使它是完全明见的……只有当我为它加上了括号以后，我才有权接受这样一个命题。"⑨

通过现象学悬置，胡塞尔揭示出一个绝对无可怀疑的存在领域——意识领

---

⑤ 胡塞尔：《纯粹现象学通论》，第 128 页。

⑥ 同上书，第 129 页。

⑦ 同上书，第 114 页。

⑧ 同上书，第 84 页。

⑨ 同上书，第 95—98 页。

域："我的多方面变化着的意识自发性活动的复合体（Komplex）……同样，多种多样的情绪和意志的行为和状态……所有这一切都包含在一个笛卡儿的用语cogito（我思）中了，它包括单纯的自我行为，在这些行为中，我以自发的注意和把握（Zuwendung und Erfassung），意识到这个直接在身边的（vorhanden）世界。"⑩

物为此只能在对它的意识的给予方式中被给予，比如在对它进行着侧显的知觉中被意识到，因而就总是通过某种经验联结体（Zusammenhang，关联）被给予的。意识故此总是对某物的意识。意识物（比如知觉物）由此就与超越物区分开，前者是不可怀疑的、内在的实项（Reelles），后者则是不能够摆脱怀疑的、超越的单纯现象。胡塞尔就此讲："内在的存在无疑在如下的意义上是绝对的存在，即它在本质上不需要任何'物'（res）之存在。另一方面，超越'物'的世界是完全依存于意识的，即并非依存于什么在逻辑上可设想的意识，而是依存于实显的（aktuell）意识的。"⑪这个意识含有"禀具某种程度的秩序性的经验联结体"。⑫

因此称"事物存在着"就是在表示："我们可以从带有现实显现着的背景场的实显知觉开始，将可能的以及具有连续协调性动机（kontinuierlich-einstimmig motivierte）的知觉序列随着不断更新的物场（作为未被注意的背景基础），引向那样一种在其内有相关物显现着和被把握着的知觉关联体。……欠缺通过协调性动机关联体而与我当下实显知觉发生上述联系的超越性就是一完全无根据的假设。"⑬所以，"物的超越性的真正概念……本身只能从知觉的本质内容或我们可称其为证明性经验的一定性质的联结体中推出。"⑭

在此意义上，"一切实在的统一体都是'意义统一体'。意义统一体预先设定一个给与意义的意识，此意识是绝对自存的，而且不再是通过其他意义给与程序得到的。……实在和世界正好是某些有效的意义统一体的名称，这些'意义'统一体相关于某种绝对的、纯粹意识的关联体，后者按其本质赋予这种而不是别种意义，并指明意义的有效性。"⑮另一方面，"现象学决未在其内在性中设定这类本质（超越的本质）的存在，决未论述它们的有效性或无效性，也决未论

⑩ 胡塞尔：《纯粹现象学通论》，第91页。
⑪ 同上书，第134页。
⑫ 同上书，第130页。
⑬ 同上书，第126页。
⑭ 同上书，第130页。
⑮ 同上书，第148页。

述与它们相应的对象的观念可能性,而且未确立与它们相关的本质法则。"⑯具有超越性的实在物只是作为设定变样被建立在意识这一绝对领域中。

二、经验联结体的本质结构与动机

超越物因为只是绝对的、纯粹意识关联体的相关项,对直观物的意义分析为此就须返至对绝对的、纯粹意识关联体之本质的分析。

因为对某物的知觉始终伴随着一个随同此被知觉物的背景场,为此,意识就特别是对一切事实上存于被注意物之一同被看的对象性背景中的东西的意识。比如,我可以自由地从最先被注意的树朝向那些先前已显现的、因此"隐含地"被意识到的对象,这些对象在目光转向它们之后,就成为明显地被意识到的、在注意中被知觉的或被偶然注意的东西。而一个在注意中朝向被知觉物的、醒觉的自我的体验流的本质在于:"连续不断向前的思维链索连续地为一种非实显性的媒介所环绕,这种非实显性总是倾向于变为实显样式,正如反过来,实显性永远倾向于变为非实显性一样。"⑰而从实显性体验向非实显性体验的改变无论怎样彻底,"被变样的体验仍然与原初(ursprünglich)体验具有一种重要的本质共同性……意识的普遍本质属性仍然保留在这个变样中。共同具有这些本质属性的一切体验也被称作'意向的经验';就它们是对某物的意识而言,它们被说成是'意向地关涉于'这个东西。"⑱

但并不是在一意向体验本身的具体性统一体中的每一实项的因素都有"对某物之意识"的这一意向性特征,比如在对物体的知觉直观中起着作用的一切感觉材料(Empfindungsdaten)。仍如上例,在对这株开花的树的知觉体验中,更准确说,在这些知觉活动与此树的白色性质有关的组成成分中,我们通过适当的目光转向发现了这个感觉材料——白色。作为当其向我们显现时呈现着花的白色的这个内容,它是一种意向性的载者,而不是对某物的一种意识,并作为一种实项的具体内在组成成分不可分地属于该具体知觉的本质。

对于其他体验材料,如所谓感官感觉也完全如此。这些感觉材料是具有确定属的特殊(eigen,本己)区域的材料,这些属在每一个这样的属(本己区域)的范围内彼此联合起来以构成特殊的(sui generis)具体体验统一体(感觉场)。而

⑯ 胡塞尔:《纯粹现象学通论》,第 156 页。
⑰ 同上书,第 105 页。
⑱ 同上书,第 105—106 页。

这个区域就是这些感觉材料的诸最高属（比如广延、颜色）的本质上统一的联结体。为此，"任何具体的经验对象连同其实质性本质都存于一种最高的实质（material）属、一种经验对象的'区域'中。"[19]这种区域在意向性的织体中提供附从于意向构成（Formungen）的可能的质料（Stoffe），或者说构架（Einschläge）。

同时，这些属将在知觉的具体统一体内通过"统握"被活跃化，并在这种活跃化中练习"进行呈现的功能"（die darstellende Funktion üben），或者说，这些属借助这个呈现功能而一致地造就出颜色、形状等等之显现（一般对象的形式构成因而也在活跃化中得到显现）。这一显现与其他特性相联合，就造就出知觉之实项的组成成分；后者是对同一个物的意识，这不仅在于诸统握都由于在这些统握的本质中已有基础的联合性联合为一个统握统一体，而且进一步在于这样一种朝向同一化之综合的可能性，这种基础性的可能性正是存在于那些种种不同的统一体的本质之中。[20] 这种在活跃化中得到练习的呈现功能因此正是使质料形成为意向体验和引出意向性特性的东西，由之，意识本身方指向某种它为其意识的东西。这种呈现功能为此作为体验中的意向作用因素（Noesen）得到突出，并在最广的意义上按照它所有的一切实显的生活形式使我们返回诸我思（cogitationes），然后返回一般意向体验，并因此包含着作为规范理念（Idee）本质前提的一切东西，并且本质上只包含它们。

在这一基础上，当我们专注于事实对象的类，"我们就达到作为一切句法构成核心的最终实质性基底。基底范畴属于这些核心，并位于两个相互排斥的项下：'实质的（sachhaltig）最终本质'和'此处这个'，或纯粹的、无句法形式的个别单一体（Einzelheit）。"[21]

"实质的最终本质"是本质的单个体，是最低的种差，或者说是具体项（当它是独立的实质性的本质时），它可以向上穿过种本质和属本质又可达到最高的属。[22] 因为它属于实质的存在论（Ontologie），是本质，所以必然在自己之上有"更普遍的"本质作为其属，但不会在自己之下有任何特殊体，否则其本身就是相对于此特殊体的种（或者是最近的种，或者是中间的、较高的属）。

"此处这个"属于形式的存在论，但因为它独立于任何句法形式，因而具有无限的句法规定的可能性，所以它区别于抽象项，因为抽象项总是被包含在某

---

⑲ 胡塞尔：《纯粹现象学通论》，第 60 页。

⑳ 同上书，第 116—117 页。

㉑ 同上书，第 69 页。

㉒ 同上书，第 66 页。

一句法形式之中,离开某一句法形式将无法想象该抽象项。当"此处这个"同时具有独立的实质性本质时,即作为"一种其实质本质为一具体项"㉓的"此处这个"时,"此处这个"就变成一个个别项(Individuum)。"统握"正是藉由个别项展开的,所以总是带有某一区域的气质(Einschlag)。

为了描述区域中的诸对象,即诸个别物(Individuen),"范畴"被引入进来。"范畴""一方面……是这样一个词,它在'一个区域的范畴'这个词组中正好指所谈的那个区域,比如物质自然区域;然而另一方面,它使某种一定的实质区域与一般区域的形式相关联,或者同样地,与作为一般对象的形式本质,以及与属于此本质的'形式范畴'相关联"。㉔ 对于形式范畴所从属的形式存在论来讲"任何东西都是对象",㉕形式存在论为此是关于一般对象的本质科学,也因之"我们才能确立分布于普遍科学内众多学科中的各种各样无限多的真理"。㉖ 但这些真理的全体都被归结为少量直接的或基本的真理,后者在纯粹逻辑学科中起着"公理"的作用。在这些公理中出现的纯粹逻辑的基本概念被定义为"逻辑范畴或作为一般对象的逻辑区域范畴"。㉗ 借助这些概念,一般对象的逻辑本质在全部公理中被确定,或者说,这些概念表达了对象本身的、即任何一种东西(只要它一般地能够是某种东西)的无条件必然的和构成的规定性。

指称区域的范畴关联起某一实质区域与一般区域的形式,指明形式本质作为一种单纯的本质的形式,即一种空的本质,并不作为形式区域而存在,相反,它只是一般区域的空形式,并使一切具有其实质的本质特殊物(Wesensbesonderungen,本质殊相化)形式地在自己之下。㉘ 形式存在论从而"为诸实质存在论规定一种它们共同具有的形式组合(Verfassung)"。㉙

对于形式本质的把握并不能代替实质把握,相反,只是在实质把握中,形式本质才具有其有效性。因此,虽然通过形式本质必然导致的类推可能在现实直观之前,即在该形式通过直观的质素被充实以内容之前,使我们提出关于本质联结体的假想,并可从它们得出进一步结论,但"本质联结体的现实的看最终必

㉓ 胡塞尔:《纯粹现象学通论》,第 70 页。
㉔ 同上书,第 62 页。
㉕ 同上书,第 63 页。
㉖ 同上。
㉗ 同上。
㉘ 同上书,第 62 页。
㉙ 同上。

定认可该假想。只要情况不如此,我们就未获有现象学结果"。㉚ 因此一切都是
在一切原则之原则下进行的。这里并不是单纯地使质料适应于形式,并将形式
单独地抽离出来使其绝对化,在这种对形式的绝对化中质料被归为物自体对我
们单纯的感官刺激所造成的结果。相反,质料所从属的实质本质是可以直接地
被直观地把握的,后者正是在作为"形态学"(Morphologie)的描述概念下被实
行。所以,与表达着某种不能被"看"的、纯粹作为"理念"的形式本质不同,凭借
描述概念的本质把握是通过纯"抽象"成立的:"在此纯抽象作用中,一个被抽出
的'因素'作为原则上模糊的东西,作为典型的东西,被提升到本质区域中去。"㉛
所以"现象学只是忽略个别化,而在对全部(ganz)本质内容的具体化之充实中
将此本质内容提升到本质的意识,并将此本质内容当作一种观念上同一的本
质,这一本质如同任何其他本质一样不仅是立即地,而且应能够在无数例子之
中被单一化。"㉜

　　故此"只有当我们返至绝对最高的属,因而返至有关区域和区域的属之组
成成分,即返至在该区域属内统一着并可能互为基础的诸最高属时,才能达到
一种彻底的统一体"。㉝ 在这种彻底的统一体中,形式本质是作为这类最高属之
组成成分被把握的,在一种不严格的意义上说,也是作为"抽象属"被把握的。

　　由此,当我们返回区域范畴和由这类范畴所规定的研究,当我们说物是可
经验的物时,这种可经验性"绝不意味着一种空的逻辑可能性,而是在经验联结
体内有动机的一种可能性"。㉞ 这种有动机的可能性在这里表现为本质规定下
的作为统握的这种呈现功能。同时,只是在达到这样的意识的本质关联体时,
先验关系㉟作为规范理念对我们来说才成为先天地(a priori)可理解的。

　　故此,被意识物的确定性是在本质中被建立起来的。"物"如何在经验联结
体中被把握的问题完全是一个"有关这类联结体的本质结构的问题"。㊱ 在本质
上,任何现实中存在的、但还未被实显地经验的东西,即在背景直观中的东西,
都可变为所与物;因而具有某种模糊的非规定性的、围绕着被知觉物的边缘域

㉚ 胡塞尔:《纯粹现象学通论》,第182页。
㉛ 同上书,第180页。
㉜ 同上书,第181—182页。参见 Edmund Husserl, *Ideen zu einer reinen Phänomenologie und phänomenologischen Philosophie*, p. 157.
㉝ 胡塞尔:《纯粹现象学通论》,第175—176页。
㉞ 同上书,第131页。
㉟ "先验"在这里特别指康德所讲的先于经验、作为规范性理念的主体的先天认识形式。
㊱ 胡塞尔:《纯粹现象学通论》,第131页。

意味着一种在严格规定的方式下的可规定性，这种可规定性预先指出了诸可能的知觉杂多体。换句话说，边缘域是"本质上与物经验本身联系在一起的未规定成分的相关物；而且这些未被规定成分——永远按本质方式——敞开着被充实的可能性，这些可能性绝非完全任意的，而是按其本质类型被规定的，有动机的。一切实显经验都超出自身而指向可能的经验，它接着指向新的可能经验，如此以至无穷。而且这一切都是按照本质上规定的、与先天类型相联系的方式和规则形式进行的"。㊲ 为此，"每一体验本身是一生成（Werden）之流（Fluß），是在一种不可能变化的本质型（Wesenstypus）的原初生成中所是的东西"。㊳

而一般意识的特性在于："它是一种在不同维面上流逝的波动，因此不可能谈论任何关于本质具体项的精确的概念确定性或关于一切直接构成着它们的因素的精确的概念确定性。"㊴换句话说，每一作为知觉的体验都有在再生（Reproduktion）的不同形式中的平行物，比如在回忆中、在可能的预期记忆中，在可能的纯想象中的对应物，而且"我们自然地把一切相互平行的体验看作具有共同本质组成成分的体验"。㊵ 因此随边缘域而出没的"物"就是在来回变动的明晰性和断续的晦暗性中、在或大或小的直观的远距中浮动的东西。这样，用于本质把握的单一体直观，当它尚未明晰到可达至作为主导性的意向之程度，即在对相互联结的（mitverflochten）本质的更详细规定方面还欠缺明晰性时，就有必要"使例示性单一体更近些或重新提供更适当的单一体，由此可使在含混性和晦暗性中所意向的单一特征突出出来，并因而能达到最明晰的所与性"。㊶ 而在这种情况下，自由想象往往获得优先于本原呈现的（originär-gebende）知觉的地位，因为这种自由性为现象学家展开了达到本质可能性的广阔区域，这个区域具有着"无限的本质认识的边缘域"。㊷ 而在超出直观所与物的把握，把空的把握与实际直观把握结合起来时，越来越多的空表象物在一种"准分级"（quasi-graduell）的方式㊸中就可成为直观的，同时反过来说，越来越多

㊲ 胡塞尔：《纯粹现象学通论》，第 131 页。
㊳ 同上书，第 190 页。Edmund Husserl, *Ideen zu einer reinen Phänomenologie und phänomenologischen Philosophie*, p. 167. "原初性"（Ursprünglichkeit）侧重指物的所与性方式，即一切原则之原则，区分于"本原"（Originalität）；后者相应于变样，侧重指实显的知觉。
㊴ 胡塞尔：《纯粹现象学通论》，第 181 页。
㊵ 同上书，第 191 页。
㊶ 同上书，第 171 页。
㊷ 同上书，第 173 页。
㊸ 同上书，第 170 页。明晰性的等级差别完全是所与性方式中所特有的差别。

的已直观物可成为空表象的。㊽ 这里，"明晰化发生于两种彼此联合的过程中：直观化过程和已直观物明晰性增加的过程"。㊺

如此，物理物的超越性就在现象学领域中获得了理解：建立在自然的经验行为基础上的物理学思维，依据提供予这种思维以经验关联体的理性动机，被强制执行作为理性地被要求的某些统握方式，即某些意向的结构，以至于后者成为感性地被经验物之理论的规定。因此一种经验科学越接近"合理的"(rationellen)阶段，即"精确的"法则科学的阶段，这种经验科学越加以发展了的本质学科作为其基础并利用这些本质学科作为其论证的根据，该经验科学之认知实践功效(Leistungen)的范围和力量就越大。㊻

因此，被称作经验的事实性的偶然性之意义是有限制的，因为它与一种必然性相关，此必然性具有本质必然性之特性，并因此具有一种涉及本质一般性的关系。为此，"经验的或个别的(individuell)直观可被转化为本质看（观念化作用）——这种可能性本身不应被理解作经验的，而应被理解作本质的。于是被看者就是相应的纯粹本质或 Eidos(意向对象)，无论它是最高范畴，还是属于最高范畴的直到包括完全具体物的特殊物。"㊼按照在个别对象和本质间存在的本质的关系，每一个别对象都有一种作为其本质的本质组成属于它，正如反过来说，作为其事实的单一化的诸可能的个别物对应着每一本质。因此，本质直观意味着在直观中作为所与物被把握的每一个别对象都是原初地被把握的，即在本质中被明见的；换句话说，通过每一直观中的个别对象我们都洞见到本质。

三、意向体验流之时间形式与物设定

"物"只能在诸种显现方式中，借助于侧显功能以及其他诸如回忆行为等这样的能在此起作用的东西被看。但是在我的目光注视"物"时，我未看到该"物"之显现方式、侧显材料和统握；而且在把握该"物"之本质时，我并未把握诸如显现方式等等及其本质。对此，"需要某种反思的自觉转向"。㊽

通过这种自觉转向，"从作为对象的所与物开始，永远能反思给予着的意识及其主体；从被知觉者，从机体上的'在此'开始永远能反思知觉行为……如此

㊺ 胡塞尔：《纯粹现象学通论》，第170页。
㊺ 同上。
㊻ 同上书，第61页。
㊼ 同上书，第51页。
㊽ 同上书，第196页。

等等。"⑩这样，在反思行为中体验流连同其诸体验因素以及诸被意向物（Intentionalien）就成为明见地（evident）可把握和可分析的。⑩ 这种明见性是在于："体验流之统一性是纯粹由诸体验本身之固有本质决定的统一性，或者说……一个体验只可与诸体验结合以构成一个整体，其（属于该整体的）全体本质包含着这些体验之固有本质并以其为基础。"⑩而内在地相关的意向体验（内知觉，如反思），被理解作那样一些行为，"其本质是，它们的意向对象，如果存在的话，与它们属于同一体验流"。⑩

这样，意识和其客体（内知觉与被知觉者）本质上构成了一种直接的纯粹由体验构成的个别统一体，即单一的具体我思（cogitation）的统一体。而属于每一来而复去的体验的自我（他的"目光"通过每一实显的我思指向对象），就是某种原则上必然的东西，尽管它作为一种本质的内在的超越性不能被看作是体验本身之实项的部分（Stück 块片）或因素（这些在反思中作为材料的实项部分或因素，就实显的意义来说，毋宁是诸我思，而非纯粹自我）。⑩ 因为，自我相关于意向的全部体验，即"纯粹自我在一特殊意义上完完全全地生存于每一实显的我思中，但是一切背景体验也属于它，它同样也属于这些背景体验；它们全体都属于为自我所有的一个体验流，必定能转变为实显的我思过程或以内在方式被纳入其中"。⑩ 因此，是整个体验流，以及在未被反思的意识之样式中被体验的体验，方才经受一种"科学的、目的在于系统的完全性的本质研究"。⑩

体验为此并不是抽象的，而是作为一种绵延性的（dauerndes）体验随此绵延存于一种无限的诸绵延之被充实的连续体中。这种把体验与体验结合在一起的必然形式，不仅是属于每一单一体验的东西，⑩而且是由时间性所表示的一般体验之本质特性。就此而言，实显的现在（Jetzt）就是一种即时性因素（ein Punktuelles），一种不断更新的质料之持存着的（verharrend）形式。而"当下"（Soeben）之连续性则是一种永远更新的内容之形式连续性。与之相应，一种作为印象的时间位相相当于滞留（Retentionen）连续体之限界位相（Grenzphase）。

⑩ 胡塞尔：《纯粹现象学通论》，第 198 页。
⑩ 同上书，第 189 页。
⑪ 同上书，第 111 页。
⑫ 同上书，第 110 页。
⑬ 同上书，第 152 页。
⑭ 同上书，第 151 页。
⑮ 同上书，第 188 页。
⑯ 同上书，第 205 页。

这些滞留则在连续中和意向关系中彼此相关着——是不同诸滞留间的连续综合体(Ineinander)。这种滞留连续综合体之形式永远包含着新的内容,因此连续地联接于每一现在体验在其中被给与的印象。这一印象相应于属于绵延的一个连续地更新的点的新印象;这个印象连续地变为滞留;后者连续地变为一种被变样的滞留,如此等等。除此之外,在这种连续变化之反方向中,滞留连续体对应于预存(Protention)连续体。⑰

在体验连续流中,于现在体验我们获得印象,这一印象在当下转为滞留。所以作为一种不可能变化的本质型之原初生成中所是的每一体验,它是一种以本身流动的本原体验位相(Phase der Originarität)为中介的滞留和预存之连续流。⑱ 正如伴随着每一实显的现在都有一个包围着它的边缘域,这种边缘域以一种统一方式进入了过去样式,因而,每一现在体验必然有其在前边缘域(Horizont des Vorhin):每一种新开始的体验都必然有其时间上在先的体验。这一时间上在先的体验具有一个已过去的现在意义,即作为被变样的现在的在前,类似于当我们说,"我知觉了 A",并因此,属于这种体验的过去性(Erlebnis-vergangenheit)是连续被充实的。同时,每一现在体验也具有其必然的在后边缘域(Horizont des Nachher),这个边缘域也不是空的。一方面,因为没有任何体验在终止时能够没有对终止行为(Aufhören)的意识以及对行为已经终止了(Aufgehörthaben)的意识,而这个意识是一个新的被充实的现在;同时另一方面,正如知觉涌现于体验背景中,类似于当我们说"我将知觉 A"时,A 在我们知觉它以前已经被知觉了,尽管只是在预存之变样中被知觉。由此,某一意向性的体验能够从被确定的体验通向其体验边缘域中的诸新体验,并从新体验之确定化通向新体验边缘域之确定化。

此外,每一体验都在回忆中以及在相反方向的预期中,在可能的纯想象中,并在这类变异之重复中,有其"准确对应的"和彻底被变样的对应物,它们被看作是对原初体验的、在理念上"运作的"转换。⑲

因为一切相互平行的体验被看作是具有共同本质组成成分(Bestandstück)的体验,在这种本质设定中我们就能够达到物的设定(Dingsetzung),即物的设定是在本质设定中被维持的。这在上述之相反意义上得到理解:当经验联结体

---

⑰ 同上书,第 206 页。Edmund Husserl, *Ideen zu einer reinen Phänomenologie und phänomenologischen Philosophie*, p. 183。

⑱ 胡塞尔:《纯粹现象学通论》,第 190—191 页。

⑲ 同上书,第 191 页。

失去由侧显、统握、显现等作用构成的固定的规则秩序，那么继续协调地维持物的设定这一要求就会被抗拒，构成着"物"的意向形式会被取消，从而就不能够有任何物被设定，或者说，就不会有"物"存在，留下来的只有纯粹的体验。然而，虽然通过现象学还原对现实进行了悬置，意向对象因素（Noemen）作为被包含在体验中的意向作用因素之相关项仍然在还原中被保留了下来。

另一方面，当同一质素复合体（stofflicher Komplex）在经受种种不同的、间断地相互融合之跳越的（diskret ineinander überspringende）统握时，可以有不同的对象按此统握被意识到。因此，本质性的差别（Unterschiede）是存于作为体验因素的活跃化统握本身中，而且本质差别随着它们跟随其变化的侧显和通过侧显的活跃化作用而构成着、区别着对象意义。后者并不是意向对象之全部组成中的一个具体的本质，而是一种内在于意向对象之中的抽象形式。⑩ 它是作为意向对象之核心，并从而可以有围绕着该核心的、可用纯同一的客观词语来描述的东西作为对象被描述出来，因为在种类不同（artverschieden）但平行的体验中有某种同一的东西。

同时，意向对象因素并不直接就是意向对象，⑪ 正如我们在被奠基的（fundiert，具有根基的）判断行为中⑫所看到的，判断内容不应与被判断者相混。前者是"关于什么有关的对象"（Gegenstände worüber），尤其是关于具有主词形式的对象（Subjektgegenstände）。⑬ 由判断内容所形成的整体，即在该整体之所与性样式中、于体验中被意识到的被判断的全体东西（das gesamte geurteilte Was），构成了完全的意向对象的相关物，构成了判断体验之"意义"。⑭ 当我们对此实行现象学还原，那么判断体验之完全的具体的本质（或者说，作为本质被掌握的［gefaßt］判断意向作用）以及从属于该意向作用且必然与该意向作用一致的判断意向对象（即作为 Eidos 被实行的判断）就处于现象学的纯粹性中。所以"意向对象的艾多斯指示着意向作用意识的艾多斯，二者在本质上互相依属"。⑮

---

⑩ 胡塞尔：《纯粹现象学通论》，第 319 页。

⑪ 同上书，第 227 页。

⑫ 判断行为之所以是被奠基的，在于它必然地建立在它所判断的内容之上，比如关于表象的判断必然基于表象之上。在判断行为中，表象作为表象行为之意向对象进入判断行为之完全具体化中（正如进行表象的意向作用变成了具体判断的意向作用之本质组成成分一样），并在其中采取某种形式，比如具有命题逻辑主词的形式或命题逻辑谓词的形式，或某些其他形式。同上书，第 237 页。

⑬ 同上。

⑭ 同上。

⑮ 同上书，第 249 页。

由上可知,"物的设定"始终相关于作为对"某物"的意识(Bewußtsein von)的意向体验,即作为"某物"在其中显现的具有共同本质组成成分的所与性方式,比如知觉、回忆等等。这些意识之基本种类按其本身固有的本质而预先规定着一切存在可能性(以及存在不可能性),⑯从而,作为该被完全规定的本质内容之意识关联体之相关项的这样一个存在的对象,"某物",才可能按照绝对固定的本质法则被确定下来,作为在种类不同但平行的诸体验中的某种同一的东西。

而当我们说某物确定地存在,我们所表达出的是某种信念特性,它与该物的存在特性相应,因此是"存在设定的"行为特性。这种"确定的"信念方式可在所相关的同一现象中通过实显的变样被变换,即变为仅只是估计、推测、询问或怀疑的方式;与此相平行的是,那种显现的东西现在采取了"可能的""或然的""有疑问的""可疑的"诸存在样态(Seinsmodalitäten)。

所以,信念确定性是作为"原信念"⑰(Urglaube 或 Urdoxa)起着未改变样态的信念方式之原形式作用。正是从原信念中引出了一切基于它的意向性变体。这些意向性变体作为相对于原信念的非原初样式,当按此意向性与原信念相关涉时,意向性一词的意义就要求一种多重目光方向的可能性,这种可能性一般属于较高层级意向性之本质。比如在或然性意识中(在猜想中),一方面,我们可以注视什么是或然所是的东西;而另一方面我们能够反思地注视着或然性本身,即在由推测的意向作用赋予该客体的特性中注视该意向对象的客体。在此反思的、第二次的目光朝向中,这个"客体"连带其意义组成和或然性特性就作为存在被给予,而与此客体相关的意识则为在未变样的意义上的信念本身(第三次的目光朝向)。所以在第二次的目光朝向中,或然性本身这一客体就是作为根基于未变样的信念的一种附加的新的意向作用特性层被注视的,或者说作为一种旧的意向作用特性之变样:它不仅构成了新的意向对象特性,而且正好为意识构成了新的存在客体。⑱

---

⑯ 胡塞尔:《纯粹现象学通论》,第219页。

⑰ 同上书,第260页。

⑱ 这样的分层作用一般而言:整个现象的最上层可以取消,比如或然性本身,而其余层次仍然是具体的、完全的意向体验,比如客体层;反过来说,一种具体的体验也可采纳一个新的意向作用的全部层次,如上述之或然性本身在一个具体表象中成为附加层,或反过来说,被再次取消。同时,每一意向体验的本质,不论在其具体组成中情况可能如何不同,都包含有至少一个,而往往是多个"设定特性"(Setzungscharaktere)、"设定"(Thesen),它们按根基等级关系联结在一起;于是在这类多设定特性中必然有一个所谓的主存在的设定特性,它统一着和支配着一切其他的设定特性。同上书,第240、287页。

信念特性表现的确定性不同于"是"所表现的肯定行为，后者是"通过'同意作用'来'确认'一设定"的。[69] 与"是"相应的"否"(nein)和"不"(nicht)所表现的否定行为则会抹消某一存在样态，即对相应被设定的特性的抹消，这种抹消特性于是呈现为对某种其他东西的变样。而当我们把实行把握作用的目光指向被抹消者本身时，被取消者就作为一新的"客体"而存在于纯信念的原样式中。[70]同样地，当抹消特性加于其他特性层时，其他特性就会在此抹消特性作用下被变样，比如"可能的""或然的""有疑问的"变成了"不可能的""或许不的""无疑问的"。

肯定特性与抹消特性与诸如或然性这样的特性不同。在肯定或否定的新的态度中并未产生新的存在客体，但是只是在这一新的态度中，肯定特性或否定特性才成为意向对象的意义核心之可述谓的规定。

四、一般对象之形式构成

同一性的东西，一时被"知觉地"意识到，一时又"以记忆方式地"被意识到，同时又在可能的、或然的诸样态中被意识到。它们在意向对象上不同，但是在意义核心方面等同，即我们在信念特性以及诸信念样态中看到了某种同一的东西，这个东西作为 X 是诸谓词的联结点或载者：诸谓词本身都是它的谓词，没有它是无法设想的，尽管它们与它相区别。

这样，如果我们把属于一个作为整体的行为之内在绵延的每一个部分范围(Teilstrecke)看作一个"行为"，并把全体行为看作连续地被组合的(verbunden)诸行为之某种和谐的统一体，那么我们就可以说：若干行为意向对象在这里处处有不同的核，然而它们却结合在一起以形成一个同一性的统一体，即形成这样一个同一体，在其中"某物"，存在于每一核中的可规定者，被意识作同一的。故此，没有某物就没有意义，没有意义也就没有规定着的内容，正如每一对象都有它的意向对象结构，诸意向对象只是在此结构中才构成意义。[71]

就此而言，从单设定行为可以扩展到综合的、多设定的行为。在一多设定的分节意识中，每一分支组成(Glied)均有一被描述的意向对象结构；每一分支组成有其带有它的"规定性内容的 X"；但除此之外，综合的全体行为之意向对

---

[69] 胡塞尔：《纯粹现象学通论》，第 263 页。

[70] 同上。

[71] 同上书，第 319 页。

象,关系于主存在的(archontische)设定,都有综合的 X 和其规定性的内容。在行为实行中,纯粹自我目光射线在分化为多条射线时,达到成为综合统一体的 X。由于"名词化"的改变,综合的全体现象如此变样以使得一种实显性射线达到最高的综合的 X。[72]

"名词化"即"某种名词的东西对应着每一命题和该命题中可区别的每一组成形式……从名词化中产生的那些概念被设想作只由纯粹形式规定的,它们构成了属于一般对象之理念的形式范畴之变换,并提供了属于形式存在论的基本的概念材料和它所包含的一切形式数学学科"。[73] 名词化是与由多设定行为向单设定行为的转换相关的。多设定行为是在综合的意识中发生,一种综合的整个对象(Gesamtgegenstand)就在综合意识中被构成。此时,综合意识或在其内的纯粹自我,沿很多射线指向该对象物,因而区别于简单的设定意识沿一条射线指向对象。综合的汇集行为是由若干单一意识聚集而成的。

另一方面,通过使一种简单设定在特殊的意向作用中联系于刚被原初地构成的综合,该综合从而成为一简单信念设定之对象,一个多数性意识按其本质便转换成为一个单个意识,后者从作为一个对象、作为单一体的多数性意识中取得多数体。多数体从而可以通过作为名词化的单一体与其他多数体以及其他与其相关的对象结合。为此,单一体是可以通过"句法形式"从其他对象中导出的句法对象,并因而通过句法形式与其他对象相关联。同时,较高阶对象是作为规定性思维之相关项被构成的。如果这一思维是述谓性的,就逐步增加了表达和所属的命题逻辑的含义结构,该含义结构在准确对应的含义句法中按照诸句法对象之一切综合的联结方式(Gliederungen)和形式反映着诸句法对象。所有这些"范畴对象"(句法对象)都可再次起范畴结构之基底的作用,范畴结构再次也可起类似的作用,如此类推,从而可以有更高阶的句法范畴结构。反之,每一个这种结构显然都指涉最终基底,指涉一阶或最低阶的对象;因此也指涉那些不再是句法范畴结构的对象,即最终词项,这些对象本身不再包含任何那些仅是思维功能(归属、否定、使相关、使联结、计数等等)之相关项的存在论的形式。

而"命题"概念是从意义和设定的特性统一体中得到的,[74]从中有单成分的(eingliedrig)命题(如在知觉和其他设定的直观中)和多成分的、综合的命题,如

---

[72] 胡塞尔:《纯粹现象学通论》,第 319 页。

[73] 同上书,第 294 页。

[74] 同上书,第 320 页。

述谓的信念命题(判断),等等。由此,分析-句法的运作程序就是对一切可能意义或命题的可能运作程序,这些可能意义或命题之规定内容是由意向对象意义(意向对象的意义实际上只是"被意指的"对象本身,并且存于其规定内容之各个所与性方式中)可能"非说明地"(nicht-expliziert,非分析地)包括在自身之内的。然而永远有可能对其加以说明,即纳入范畴结构之中,而且某些本质上与说明联系在一起的运作程序也能够被实行。这样产生的综合的形式是完全确定的,它属于一个固定的形式体系,可以通过抽象被突出,并在概念表达中得到把握。[75]

五、理性设定与中性变样

在意向对象中存在的对象被意识作直接意义上的同一物,但是对它的意识,在其内在绵延的不同片断中则是一些非同一性内容,一种只是相互联接在一起的、由于连续性而统一起来的东西。因而,当"对象"的同一性是在意向对象的相关物中被给与时,"在功能上"统一着杂多性因素并同时构成着统一体的这个意识并不指示一个同一物。[76] 故此,比如,如果我们想从一种确定的判断体验出发去获得完全的意向对象,就必须把"该"判断正好当作在该体验中被意识的东西;而对于形式逻辑而言,"该"判断之同一性范围却要大得多。一个明见判断"S 是 P",以及"同一个"不明确的判断在意向对象上不同,但在意义核心方面等同,这个意义核心本身从形式逻辑的观点看是决定性的。那么,体验之流是否会使这一决定性的意义核心沦没为丧失设定性的单纯现象?

物的设定是在本质设定中被维持,即在由侧显、统握、显现等这样的设定行为构成的固定的规则秩序中被维持,这指示出设定特性所具有的其自身特定的理性特性。理性特性只能纳入到意识当中来理解,特别是被纳入本原的直观中来理解,当且仅当设定特性是根据一被充实的、本原地给予着的意义,而不只是根据一般的意义成为一设定时。正如直观中的每一个别对象都有一种作为其本质的本质组成属于它,反过来说,在本质看中"本原地"所与的本质或本质事态,其设定属于在其所与性方式中的"意义"。它是理性的和作为信念确定性的原初地有动机的设定,并具有一种"洞见的"特殊特性。[77]

---

[75] 胡塞尔:《纯粹现象学通论》,第 322 页。

[76] 同上书,第 250—251 页。

[77] 同上书,第 330 页。

洞见（Einsicht）是一个理性设定与在本质上推动该理性设定的动机之统一体。这种动机意味着理性设定总是通过给予着意义的非寂灭意识（nicht totes Bewussthaben）在该设定之充实中被确证，因而"动机"一词特别适用于意向作用的设定行为和在其充实性方式中的意向对象命题间的关系。另一方面，这种动机意味着在意识流中的一种逐步地被实现的综合之本原性生成的特殊性（Eigentümlichkeit），⑱即当纯粹自我实显地采取步骤和每一个新的步骤时，设定和综合就生成着，自我本身在诸步骤中生存并随其"向前"。设定，在某某之上的设定，在先设定和在后设定等等，表现了自我的自由的自发性和活动性。自我"并非像被动的内包存在（Darinnensein）那样生存于设定中，如一种单纯逻辑的自我，相反，设定是从作为一种生产源泉的纯粹自我中的放射"。⑲ 每一设定以起始点与根源设定点开始；且第一个设定就像综合联结体中每一个其他设定一样。这些"起始"（Einsetzen）正属于设定本身，属于作为原初实显性特殊样式的设定。因此，它像是某种类似于决心的东西，如意欲和行动的起始点。但是自我的自由的自发性是被限制的，如果某种本质上共同的东西仍然被保持；从意向对象上说，一个"某物"保持着同一的意义。为此，在自我目光所投射的具有某种光亮度的光的射面中存在着"自在"的物本身。物的这种"自在性"并不意味着"物"在我们意识之外的实存，相反，它只是意味着完全的物意义，或者说物之完全的所与性。这种完全性毋宁只是存在于理念中的，后者作为一固定的本质法则秩序通过其本质于洞见中呈现出其本质类型。因为"物"只能不充分地显现，这种"自在性"就只是表示体验连续体被更精确地规定为在一切侧面是无限的。但是该连续体正是由属于同一可规定的 X 的诸显现的一切位相所组成，并具有这样一种首尾一贯的秩序；该秩序依据本质内容如是地确定，以致它的任何一条路线在其连续进程中都产生着一种一致性的显现关联体，在其中永远作为同一物被给予的 X，"更精确地"和永不"以其他方式"被连续而一致地规定着。从而直观永远一再地要转化为直观连续体，而且已经呈现的连续体还会再扩大。正如没有任何物知觉是最终完结的；永远存在着新的知觉可能性，它将更详细地规定未被规定者，充实未被充实者。随着每一进程，永远属于同一物 X 的物意向对象之规定内容被丰富了。所以，一种本质洞见是，每一知觉和知觉杂多体都可继续扩展，此进程是无限性的；因而，没有对物本质（Dingwesen）的任何直观把握可以如此之完全，以至于其他的知觉不可能从意

---

⑱ 胡塞尔：《纯粹现象学通论》，第 298 页。
⑲ 同上。

向对象侧向它再增添什么新东西。同时另一方面，作为本质类型的理念（区域理念）规定着确定完结的显现系列，这个显现系列是完全被规定的，具有严格秩序的，无限地前涌着的，并被当成观念性整体。[30]

但是正如"物"不存在的可能性并不能够被消除，在知觉流中会出现一致性之局部断裂，因而存在着不同于原初意义给予所显示的东西："属于较早的知觉流的设定成分遭受到它们的意义抹消，整个知觉从而迸发和分裂为'冲突的物之统握'，分裂为与物有关的诸假设。"[31]因此现象学不仅是理性的现象学，理性特性只是附属于设定的一个标记。"对于一门'真正现实'的现象学来说，'空虚假象'的现象学也是必不可少的。"[32]这种必不可少性越出理论理性的支配地位，使现象学指向其本真的纬度：一切原则之原则。这尤其凸显在如下表述中："实际显现出的意识的不可比较的独特性为如下事实所表明，真正地非中性的意向作用按其本质是以'理性的合法性'为依据的，而对于中性化的意向作用而言，关于理性和非理性的问题是无意义的。"[33]

"中性化"是现象学在悬置本质之后对意识状态的描述。正如在此悬置中我们使设定"失去作用"，我们"排除了它"，"将其置入括号"；相应地，中性化以一定方式完全消除着它所相关的每一信念样态，并使其完全失效。但它并未抹消，而只是未"实行"任何东西，从而是一切实行行为在意识上的对立物。

所以一般意识按照一种彻底的区分法被划分。首先，在意识中纯粹自我并非一开始就具有我思的形式，即作为实行此意识的自我而生存。属于每一意识的是这样一种本质可能性的变样，这种变样将意识转换为我思的形式，从而有显现的意向体验——被实行的"我思"。但是同一个我思可通过注意的改变转换为一种"未被实行的"我思，即当注意"完全"转向某种新体验时，或者说自我完全"生存于"一个新的我思中时，先前的我思"消退"，堕入"暗处"。这种"未被实行的"我思或者是"脱离实行"的行为，或者是行为引动者。后者是连同其一切意向关系被体验着的，因而例如一个信念被引动就意味着"在我们知道它之前"已经相信了。因而对于后者来说，"潜在设定"之实显化，即通过相应的目光朝向，必然导向永远更新的实显设定，这种必然性正是在这类情况的本质中所含有的。但是对于前者，即当我们转到平行的中性变样时，一切都转换为准变

---

[30] 胡塞尔：《纯粹现象学通论》，第 361 页。

[31] 同上书，第 334 页。

[32] 同上书，第 365 页。

[33] 同上书，第 268 页。

样,甚至潜在性本身。这种潜在性意味着边缘域中的内容以某种或大或小的充实性和某种变化的明晰度涌现,但未以实显的设定之形式被实行。所以属于一般意识之基本本质的独特性正是表现于对实显的原信念的可设定性或不可设定性的态度上。正是这种态度将一般意识区分为设定性的或者是中性的。为此,每一个我思都有一个与其准确对应的这样一种对应物属于它,即它的意向对象在平行的我思中有其相应的对应意向对象。这样,一方面有被构成的意向对象的实行,它具有未变样的现实的实行的特性,另一方面有准确对应的实行的"单纯思想"。现实的实行和变样的实行在观念上彼此绝对准确地对应,但不具有同一本质。实际上变样影响到本质:与原初本质对应的是作为同一本质的"影子"的对应本质(Gegen-wesen)。[84] 对于后者来讲,并不存在任何理性动机,因而没有任何自由的自发的自我的设定行为,不再关切于"存在"或者"非存在",而仅只耽于单纯的、真实的审美体验,尽管后者作为中性的体验仍然保持着它的意向对象。[85]

(责任编辑:刘剑涛)

作者简介:张睿明,哲学博士,兰州大学哲学社会学院副教授,研究方向为现象学、新儒家、康德哲学。

---

[84] 胡塞尔:《纯粹现象学通论》,第 277 页。

[85] 这些中性体验包含着一种特别的信念的设定性,即这些体验作为内时间意识的材料而包含着该信念的设定性。因为,正如一个原初本质有其作为"影子"的对应本质,或者说,一个设定的对象必然有其对应对象,对于后者来说,中性体验正是作为对一个变样了的意向对象的变样了的意识而具有着规定性。

斯蒂格勒技术哲学的现象学维度
——《技术与时间》第二卷第四章研读会纪要

邓文韬 王嘉 王庆节 等

　　自 2020 年 10 月 9 日至 2021 年 2 月 7 日，逢星期五下午，澳门大学哲学与宗教学系王庆节教授和他的研究团队在线举办了十六次以"斯蒂格勒技术哲学的现象学维度"为主题的读书研讨会。研读会以当代法国著名哲学家斯蒂格勒 (Bernard Stiegler)的名著《技术与时间》的第二卷《技术与时间：2. 迷失方向》(*Technics and Time*，*2*：*Disorientation*)[①]的第四章为基本阅读、研讨文本，固定参与成员十四人，其中有资深教授、年轻教授，还有博士后研究员和博士、硕士研究生，分别来自中国澳门和内地、欧洲。读书研讨会分为两个阶段：第一阶段主要研讨斯蒂格勒技术哲学的现象学背景，分别梳理和交代了胡塞尔、保罗·利科、德里达和海德格尔的哲学要旨以及其与斯蒂格勒技术哲学的关系；第二阶段则针对斯蒂格勒《技术与时间》卷二精选的章节，对概念、章句和主要论点的论述进行重点的分析和讨论。具体而言，在报告讨论中，大家力图从不同的基本概念入手，例如以"技术""时间意识""图像意识""滞留""本原问题""第三记忆"为纲要和线索，厘清斯蒂格勒的时间现象学、记忆哲学以及技术哲学现象学的内涵。研讨会的阅读文本以英译本为主，辅以法文原典和中译本。在当前全球疫情肆虐的背景下，通过线上阅读研讨会的方式，师生学者相聚一堂参读经典、解析学问、交流心得，已是过去一年来在世界与中国进行哲学和人文学科学习和研究的一个新景观。本纪要从此盛况择一场景片段进行记录，并把研讨

---

① Bernard Stiegler, *Technics and Time*，*2*：*Disorientation*，trans. Stephen Barker (Stanford：Stanford University Press，2009).

发言的内容摘要整理,记录历史,同时以飨学界。

一、斯蒂格勒《技术与时间》的现象学哲学背景

马迎辉:报告主题为"胡塞尔时间意识与《技术哲学》"。马迎辉以胡塞尔的"时间意识"引入。作为早期时间意识研究的最主要的成就之一,绝对意识流的双重意向性首先展示为滞留的具体流逝样式,即滞留的横意向性和纵意向性;在"贝尔瑙时间手稿"中,基于对前摄与滞留间的关联之专题考察,双重意向性获得了完整的表达形式。在胡塞尔的整个时间意识研究中,我们至少可以找到三次对此直接或间接的说明:首次说明是在 1910 年左右,胡塞尔在对原感觉意识的描述中提到"多个同时共在的原感觉次序"这一令人困惑的事态;在"贝尔瑙时间手稿"中,胡塞尔在探讨绝对流的被意识性时第二次提到了一种相似事态,即原同时性中的连续次序的统一性;而在后期的时间意识研究中,他再次提及,"在(原流动的)原现象的生活之原构建中,作为时间化的流动,这种生活就是流动的'原共在'"。② 这种原同时性或原共在是一种在原融合的基础上对融合相位的存在前史的说明。因此,对胡塞尔来说,时间意识是在最终意识中被构造的。在现象学发展史上,是以活的当下为基础来探讨存在,还是以活的当下为被构造者来探讨存在,已经成为区分经典现象学与非经典现象学的最主要的尺度。如此看来,斯蒂格勒对胡塞尔的批评延续了德里达的基本框架,仍然将存在建立在已然在场的活的当下的基础之上,这种理解不仅忽视了胡塞尔对活的当下自身的生成史的考察,而且也无视胡塞尔对时间结构的二维连续统的构造,而有趣的是,一旦着眼于二维连续统的构造,斯蒂格勒的工作其实可以重新纳入经典现象学的范式。

杨庆峰:报告主题为"利科与斯蒂格勒:从记忆的角度看保罗·利科与斯蒂格勒"。杨庆峰分析了"技术""记忆""遗忘""海德格尔""胡塞尔""保罗·利科"等关键词在《技术与时间》三卷本中出现的频次,并以此阐述了斯蒂格勒与上述哲学家的关系。从名字的出现频率说,一位哲学家的名字出现频率越高,一般就说明此人对斯蒂格勒思想的影响就越大。利科是较少出现的哲学家,斯蒂格勒只是引用了他的一本著作《时间与叙事》,这似乎意味着与胡塞尔和海德格尔相比,利科对其影响并不大。但若从记忆话题本身来看,他对记忆的理解与利科更为接近,而不是胡塞尔和海德格尔。他与利科都一致指出了技术时代

---

② Husserl, *Späte Texte über Zeitkonstitution*(*1929 – 1934*),*Die C-manuskripte*, S. 76.

人类的"傲慢"（hubris），而且他们都将记忆作为抵抗理性计算与技术傲慢的有效武器。例如，在第二卷"技术作为发明的问题"中，对失向（disorientation）的讨论与傲慢有着内在的联系。然而，这种关联很快淹没在他对技术的人类学分析中。最后，杨庆峰经分析得出了三个结论。（1）总体上来说，利科对斯蒂格勒的影响明显弱于胡塞尔和海德格尔，是"有限影响"，主要表现在斯蒂格勒借助《时间与叙事》的部分观念做出三种记忆划分。（2）利科的反思强大且具系统性；而斯蒂格勒的反思并不系统，有着考据的特征。在其著作中，哲学、古人类学、医药学等术语和概念随处可见，这加大了读者理解的难度。（3）他们都从诊疗学的角度展现出了某种程度的批判性。利科的批判是指向现代理性的，他将现代理性的傲慢的反思特性剖析出来，并且从病理学-诊疗学的角度进行分析，建立了一个基于伦理-政治的规范视角，从而试图构建"负责任的记忆"；斯蒂格勒的批判是基于药理学的，试图为被计算的时代开出药方，但最终成为谜题。

方向红：报告主题为"胡塞尔、德里达和斯蒂格勒论《几何学的起源》"。方向红通过引入胡塞尔的《几何学的起源》的思路以及德里达和斯蒂格勒对这一思路的反思展开对问题的思考。在胡塞尔看来，几何学的点线面体及其公理和演绎系统通过文字记录保存下来，构成后世更大系统。德里达指出，作为技术的文字不仅对最初的几何学家的意识具有构成性的作用，而且还会引发共同体的出现，导致被记录下来的几何理念不断地被阅读。这不仅会产生理解上的偏移，还会导致几何学的本质本身在实现上的无限延迟。无论是对新的几何论述的"制造"还是对旧有的几何学源头的遗忘，都是作为技术的文字以自身存在的方式对几何学的起源的"（补）充（代）替"（supplement）。斯蒂格勒借用他的老师德里达的术语解构人的状况。正是由于爱比米修斯对人的遗忘以及普罗米修斯为人类盗来火与技术，人类才成为人类，在这个意义上，人是双重过失即遗忘与盗窃的产物。斯蒂格勒进一步指出，在《几何学的起源》中，胡塞尔确证几何学从一开始就是先验主体的成就。如果我们把它当成客观事实乃至客观规律，那么，几何学必然会遗忘自己的基础而使自己乃至欧洲科学陷入危机。这种对自身基础的遗忘，对重新激活自身构造过程的不理解，正是斯蒂格勒所谓的"爱比米修斯式的过失"。

王庆节：报告主题为"海德格尔对技术本质的发问与斯蒂格勒"。王庆节指出，海德格尔从希腊人关于"技术"本质的存在论思考出发来探究现代技术的本质。就这一点而言，斯蒂格勒明显属于海德格尔学脉的延伸。在海德格尔那里，"技术"过程与其说是某种围绕和朝向某个特定目的和设定目标展开的工具性实现过程，倒不如说是更加原初的"技艺性""制作"（poesis）的真理性显现、闪现和展露过程。关于这种真理性的展开,海德格尔不仅区分了"自然性"的开放(physis)与技艺制作(poesis)的"带上前来",还区分了古代技艺式的"带上前来"与现代技术的"促逼"(Herausfordern)式的"带上前来",而后者则是对作为"存置物"(Bestand)的货品的"订制"(Bestellen)。正是通过对后一点的分析考察,海德格尔向我们展示出以控制论为特征的现代技术的"集-置架"(Ge-stell)本质。海德格尔关于技术本质的追问不仅关涉到真理的本质,同时也和海德格尔关于时间与存在的学说不可分割。技术作为"带上前来"的开显过程,不仅是真理性的"去蔽",而且也同时是奠基于"时间性"的存在和生存过程。按照《存在与时间》的分析,亲在(Dasein)"时间性"的存在与生存过程又被区分为"本真"与"非本真"两种样态。一种是海德格尔描述的以"(过去的)现在-(当下的)现在-(将来的)现在"为核心展开的无限性延伸的数理线性时间观,另一种则是植根于亲在"亲临存在"与"存在亲临"的有限性的生发和爆发性时间,以融汇"曾在-现在-将在"三维相生相争,相契相合于一体的"向死而在"的生存在世时间观。海德格尔将后者视为本真的源初性的时间,而前者则是衍生的、特殊的、非本真的时间。我们将会看到,斯蒂格勒关于"技术"与"时间"本质的思考不仅接续着海德格尔的上述思路,也是对当代技术发展过程中所出现的问题和挑战的回应以及尝试性解答。

二、斯蒂格勒《技术与时间》第二卷导论和
第四章的阅读与理解

邓文韬:报告并领读《技术与时间》第二卷的导论部分(英文版第 1—11 页)。斯蒂格勒从胡塞尔的现象学中挖掘出"滞留有限性"学说。滞留有限性意指存在论的遗忘。人的记忆生而受限,本质地衰竭,这是人的 défaut。在法语中,"défaut"有两重用法和含义:从计算机用法而言,"défaut"意味着原初既有的设定;从法律而言,"défaut"意味着无力去做法律要求的事情。海德格尔早在《存在与时间》的第二部分就 Schuldigsein 已然谈及这说法。海德格尔区分 être-en-défaut 和 être-en-faute:前者表示此在原初的存在结构,后者表示此在的会犯错性(fallibility)。受胡塞尔现象学和海德格尔存在分析的启发,斯蒂格勒提出,日常意义的遗忘意指记忆缺失。这是一种错失,无力去做某些应该做到的事情。这一种错失奠基于我们原初既有的存在结构,这是一种既定的有限性状态。斯蒂格勒进一步剖析这导致犯错、过失的有限性状态,并提出突破限制方法。正如计算机初始内置既定的设定有错误,假如人们不修改,则既有错误的

设定继续持存，必然影响日后的运作。这开展了古希腊神话中"爱比米修斯的错失"的哲学解读：爱比米修斯接受众神的委托，分配技能给各受造的动物。爱比米修斯完全忘记了分配技能给人类。幸好，普罗米修斯从赫菲斯托斯和雅典娜两位神祇那里盗来技术的创造能力和火。在这个意义上，人类天生有限，而且是神祇犯错、过失的产物；但凭借技术，人类才得以强化并突破其有限性，寻求自身以外辅助谋生之道。无可否认，斯蒂格勒提倡的哲学是站在胡塞尔和海德格尔两位哲学巨匠的肩膀上。但他的批评是否恰如其分，值得进一步商榷。

惠贤哲：以"有限性与本原问题"为题报告并领读《技术与时间》第二卷第四章（英文版第 188—198 页）。通过观察新型信息技术对公共生活的渗透，斯蒂格勒使用"光速"（space-light-time）、"事件化"（event-ization）、"当下"（now）等独创性概念刻画了变动中的时间物体的特征。斯蒂格勒指出，当认识科学试图以计算机指令和程序模式来理解一般认识和时间物体的时候，碰见了意向性这个难题。当下认识科学中最尖锐的问题在于意向性问题，确切地讲，是机器意向性问题（machinic intentionality）。依斯蒂格勒之见，认知科学虽然关注到机器意向性，却误解了意向性的涵义，因其试图以一种命题分析的方式去理解意向性，并认为所有心智现象都可以被自然科学的话语方式同化。然而在胡塞尔看来，机器意向性只能是图像流、数字流、无意义的记录流，也就是说本质上非意向性的被动综合。由电子数字建构起来的当下是模拟的假物，只是一种虚拟存在，人们真实的生活被这种数字化的虚拟现实所替代。这种数字化的技术"既没有任何在场的生命，也没有任何生命的在场，亦没有时间对象显现于其中的作为'大当即'（large now）的活生生的在场"。[③] 在斯蒂格勒看来，认知科学和现象学都忽视了滞留有限性。尽管当下我们拥有很多的载体去帮助我们储存记忆，尽管这种载体在不断地完善，但是滴水不漏的记忆是不可能的。胡塞尔虽然意识到了三重记忆的区分，但他把技术或者说第三记忆置于现象学考虑之外，因而没有意识到超越的第三记忆所具有的构造性功能；但如果滞留本质上受到工业综合的"选择"影响进而影响到我们的当下体验，那么胡塞尔忽视第三记忆这种做法必然会受到质疑。斯蒂格勒认为，如果要对胡塞尔甚至是现象学的做法提出批评，重新思考技术问题，需要回到胡塞尔对本原和时间问题的分析。

郭世恒：以"时间意识与时间对象"为题报告并领读《技术与时间》卷二第四章（英文版第 198—206 页）。斯蒂格勒发现早在《逻辑研究》第五研究中胡塞尔

③ Bernard Stiegler, *Technics and Time*, 2：*Disorientation*, p. 189.

就承认了内在感知不一定是相即的感知,这相当于承认了感知与被对象化地把握的感知之间的差异。如果对某一感知的内感知是一个新的感知,那么对这个新的感知的感知又是另一个体验,以至无穷。如是,我们如何能把一个曾经的感知把握为一个内在的时间对象?为了解决这个问题,胡塞尔在《内时间意识现象学》里区分了滞留和再回忆:前者是对消逝现象及其相位的意向;后者是对过去的时间对象的意向。基于这个双重意向性(斯蒂格勒分别称之为第一记忆与第二记忆),我们既可以认出当下看到的房子是昨天看到的房子,但不会混淆了两次体验的时间相位。然而斯蒂格勒认为这个理论错误地把时间物体(Zeitobjekt)的变化还原为时间意识(Zeitbewusstsein)的变化,因而忽略了时间物体对时间意识构成作用。斯蒂格勒认为,内感知的不相即性恰好说明时间不能还原为内在的时间意识;相反,由于滞留的有限性,意识的建构与生成必须依赖外在的时间物体,这些时间物体由外在的技术(如乐器、录音机等)构造。正是通过各种技术,我们才能反复地回到过去的时间,从而构成当下对世界的理解。斯蒂格勒与胡塞尔的表面分歧因此可以表述为:后者认为必须先有一个纯粹的时间意识,才能把握各种时间对象(想象的、回忆的、感知的对象);前者则认为必须先有第三记忆构造起的时间物体才能有各种时间体验。

石润民:以"变态与材质"为题报告并领读《技术与时间》卷二第四章(英文版第 206—214 页)。在这一部分,斯蒂格勒继续此前对乐曲的分析,他认为胡塞尔对听音乐时发生的滞留现象分析仍是对声音的分析,而不能称之为对乐曲的分析。对滞留的分析将声音细分成在时间中流动的时间点,而构成的乐曲成为声音事件的结果。但斯蒂格勒认为,无疑是先有了对乐曲的预期,带着这种预期去听乐曲,而不是听声音,才有了对乐曲的听。关键即在于感知(perception)与想象(imagination)在听乐曲中起到的作用。斯蒂格勒认为,感知与想象在听音乐过程中不仅不可分离,而且感知始终受到想象的中介作用,不存在纯粹的、没有想象中介的感知——胡塞尔那里的纯粹感知。之所以说人是在听乐曲而不是听声音,正是由于听的活动已经带有关于乐曲的预期,或者说关于乐曲的想象。否则,能听到的将只是声音而不是乐曲。正是在对乐曲的想象性建构中,作为第三滞留媒介的记忆技术的巨大影响彰显出来。例如,录音技术即便能够精密到完美复制现场演奏的声音,对听者而言,听现场演奏和听录音的经验仍然是不相同的。原因即在于,通过录音"回到"的过去是经过当下的技术客体所中介的过去,其中已经包含了与技术客体相关的想象过程。正如郭世恒所说,斯蒂格勒认为通过各种技术可以"回到"过去的时间。然而在他那里,完全相同地"回到"原初情境是不可能的,发生的真实事件是:人基于特定的技术客体对原初情境进行重构。斯蒂格勒不仅未将不可回返的过去视作遗憾，而且关注到正是由于不同技术客体的中介，创造性地生成历史与未来的可能性得以激活。

周菁：以"滞留的持续性"为题报告并领读《技术与时间》卷二第四章（英文版第 214—221 页）。在这一部分内容中我们首先要考虑"遗产"的角色和作用。对斯蒂格勒而言，"遗产"的内核在于它的"非体验性"。然而，胡塞尔时间性分析的一个要点在于严格区分初级滞留与第二滞留，并与之相应地将图像意识所代表的第三滞留搁置一边。这就带来一个问题，即时间的每一个当下体验如何保证滞留的连续性？即便之前的体验成了第二滞留的"遗产"，第二滞留也反过来留住了当下体验，但所谓体验与回忆仍系于个体自身内部。通过观念化的运作，所有对"外"的感受都被收归自身之"内"，成为自我的一部分。胡塞尔忽略了滞留的不可还原性，但滞留固有其自身限制，并非所有化约入意识内部的内容都可以完全得到还原，斯蒂格勒就在这里提出了第三滞留的必要性。记忆是意识中极为私己的存在，也是主体性观念化运作力量的体现，然而，正是那些"不可忆起"的部分，才导致了观念化运作的裂隙，甚至反过来，当第三记忆的维度进入，那些"不可忆起"才成为激活本己记忆的触发，而不再仅仅是本己记忆的流向黑洞的剩余。斯蒂格勒区分出"活记忆"与"死记忆"。死记忆是技术的记忆，是器具和载体的记忆。它在"谁"之前就已经发生，已被保存，可以不依赖于"谁"本人的当下体验就已经存在的记忆。照片或摄影所记录的影像既可以将我已经遗忘的记忆重新唤起，也可以将我从未经历过的曾经给予我，构成我当下体验的一部分，重构我的记忆的过去。在这一点上，记忆就可以不再仅仅是我个人的记忆，而是先于我个体记忆的"过去完成"，它可以是代际的、群体的、属于历史的记忆。正是通过那个"过去完成"的记忆由"外"而"内"地推挤我、唤醒我，才得以明了——并非我的当下直接体验才可以构成时间，也并非我的意识构造世界，而是我向来就已经在世界历史之中；我是历史中的个体，是群体中的个体，我是属于这一"过去完成"的一部分。

张怡怀：以"记忆缺失与事件重现"为题报告并领读《技术与时间》卷二第四章（英文版第 221—227 页）。在这一部分，斯蒂格勒强调，惟有引入图像意识所代表的第三记忆（tertiary retention），才能弥补人类记忆缺失的有限性。然而遗憾的是，在《内时间意识现象学》中，胡塞尔对"图像意识"（Bildbewusstsein）这一问题的分析仅仅停留在主观的体验流结构内部之中，从而错失了对依赖于载体即客观记忆的图像意识的追寻。在斯蒂格勒看来，图像意识的第三记忆只有以技术为载体才能实现客观化，通过技术载体使得图像对象成为后种系生成的纹迹（epiphylogenetic trace），从而起到对过去的见证作用。第三记忆经过工业化手段的大量储存及处理之后，才能最终形成人类的集体记忆。因此，正是在这个意义上，图像意识开启了人类第三记忆的时间性维度，也打破了胡塞尔处理内时间问题的主观自我的区域。基于此，斯蒂格勒批判胡塞尔抹消了由"what"的客观第三记忆给出"who"的主观第二记忆这一事实，而强调应从技术实在论出发弥补主体的有限性。另一方面，斯蒂格勒也突出差异性的无意记忆，在与胡塞尔和海德格尔关于时间记忆问题的对比中，他认为"有意记忆"（automnésia）是自身不可能的，由此也暗中将无意记忆指涉海德格尔。无论是前期思想在"存在论差异"背景中讨论此在因沉沦而遗忘存在本身，还是后期思想中对作为动词的此-在本质化（wesen）之条件的遗忘状态（Vergessenheit）的重视，我们都可以看到，当海德格尔强调人因其生存有限性而注定对存在遗忘时，斯蒂格勒也认为人类有意记忆因无法完全实现而必然导向无意记忆，而这种无意记忆恰恰表明了记忆有限的人类若无技术支持注定会遗忘的事实。

王嘉：以"滞留的有限性"为题报告并领读《技术与时间》卷二第四章（英文版第 227—232 页）。斯蒂格勒想要阐明的是，记忆之所以可能，恰恰是由于第三记忆的支持。无论是在休谟、康德、胡塞尔那里，乃至我们在今天所理解的经验科学中，经验都被理解成了当下世界给予我们的东西，休谟他们都忽略了作为记录的第三记忆。用斯蒂格勒的话来说，他们都误解了滞留的意义。任何经验科学所获得的经验都不过是一些关于过去的记录，比如几何学就是起源于测地数据的记录。并且，第三记忆绝不仅仅是简单的辅助记忆的工具，好像我们背书时候需要有本实实在在的书一样。人类的一切知识、观念的产生，都有赖于第三记忆的支持。通过激活第二记忆和第二前摄，第三记忆使当下得以继承历史的过去。斯蒂格勒的哲学证明了技术对于获取知识、成就心智的重要性。只有在这个意义上，我们才能理解何谓"技术重新（re-）构造心智"，即人类与第三记忆的建构关系。于是，"人工智能"也就不是什么神秘之物，一切人类的智能都必然已经且只能是"人工智能"。并且，任何的"经验科学"也都必然已经是"非先验"（atranscendental）意义上的"观念科学"。这也就意味着，所谓自然科学的规律，作为观念科学，实际上已经是某种意义上的形而上学知识。进一步说，我们必须从技术环境的角度来考察人类心智的演化与生成。正是因为直立行走并使用工具，初民才演化成我们今天的样子。人类身心演化的历史是如此，个体从初生儿到成年的发育过程也是同样如此。斯蒂格勒始终没有把心智、心理、灵魂看作现成的东西，而是从这个心理发生的过程出发去研究人之成为真正个体的条件，并且反过来探究抑制这个过程从而导致"去个体化"的原因。当然，这绝不是说，一切活动都可以被还原（reduction）为它的技术条件，毋宁说，技术的作用只是转导（transduction），而不是单方面的决定（determination）。

张程业：以"本原问题与技术延异"为题报告并领读《技术与时间》卷二第四章（英文版第 232—240 页）。斯蒂格勒首先指出了胡塞尔现象学的三个困境。（1）绝对终始的困难：由于胡塞尔囿于有始有终的空间性的世间客体的绝对同一性，无法解释一种无始无终的连贯性的综合构造。（2）绝对内在性的困难：胡塞尔以滞留的无限性，而非以人的记忆的有限性为前提，因此囿于超越论（transcendental）的立场，而排除了超越活动与事件的发生。（3）绝对客观性的困难：在胡塞尔的现象学中，重新记忆具有一种自由因果性，它不断偏离重新记忆的客观性，因此无法实现一种重新给予与给予之间的相即性。斯蒂格勒追随德里达对胡塞尔的现象学诠释，将欧洲科学的起源问题进一步回溯到了超越论共同体中的技术之物与传统性。首先，斯蒂格勒认为，人所具有的爱比米修斯的过失这一本源性的缺陷——个体经验在遗传中的必然丢失，自我意识的有终性——意味着我们的生命历史有着根本的断裂。不可能有无终无始的自我意识，因此现象学不仅需要主动生成的还原方法来构造一种原初的意识中的综合结构，更需要通过重新回溯与再激活的方法来揭示在自我体验之外的意义的生成。个体通过将自身意义的纹路置于自身之外，亦即置于代具（pros-thesis）之中，从而造就了向来已经在此的"传统的积淀"。这些载体、代具、文字以精准无误的方式再次激活了时间物体，确保了重复的可能性，这就为后来者重新追溯其意义造就了一条通道。可以说，作为意义在其中生成的"实际性"的技术之物（文字、测量术、磨光技术）实现了现象学"回到源初的基础之上"的诉求。技术就是以生命之"外"与之"后"的方式将记录在代具中的生者经验转导给下一代人类存在。斯蒂格勒提醒我们注意这种"代际之间"发生的"断裂与重构"的转导关系（transductive relation），后者不是单纯的遗忘、断裂与有限，而是与重新记忆、激活、延异一道构成了真正的无始无终的连续性。从这个意义上说，技术不仅有力地揭示了人的深渊，也弥缝了存在的罅隙。

黎梓淇：以"程序工业的时间物体"为题报告并领读《技术与时间》卷二第四章（英文版第 240—243 页）。斯蒂格勒认为胡塞尔虽然提出了初级滞留和纵向意向性的概念，但由于把客观综合的记忆排除在意识流构成之外，所以胡塞尔并未能将工业时间物体纳入考虑范围。胡塞尔以活的在场为出发点对时间进行思考，那么在现时代的活的在场就必须要考虑到工业时间物体，因为活的在场的内涵发生了改变。在当下工业化记忆的时代，如果不对工业时间物体做出思考，是难以对这个时代做出准确认识的。斯蒂格勒认为工业时间物体有两个特性,接受的同时性与传播的世界性。这两个特性会带来背景解体化的全面普及,使得事件的相关差异不再出现,这对斯蒂格勒而言意味着"无未来",因为没有新的差异性事件发生。工业时间物体由于其接受的同时性与传播的世界性,会趋向于同质化、拒绝差异化。传播的渠道与方式遵循着经济与技术的逻辑,虽然理论上存在着丰富的可能性与差异性,但实际上很有可能会限制在单一的表现形式中。这种被杂多的表象所掩盖的无差异性,就是斯蒂格勒所想要表达的"无未来",也就是再没有事件发生。

三、关于斯蒂格勒哲学讨论的几个重点话题

2月7日,研讨会另外举办了一场总结报告与讨论,参与成员都分别提交了阅读心得和分析总结,讨论了几个重要话题:

(一)斯蒂格勒与现象学哲学的关系

大部分成员都同意,现象学(包括胡塞尔、海德格尔和德里达)对斯蒂格勒有很大程度的影响。从问题意识而言,胡塞尔的滞留学说、海德格尔的科技批判和德里达的本原问题都是斯蒂格勒重点讨论的课题,并力求突破它们。相比之下,虽然斯蒂格勒讨论技术和书写时引用利科,但当中的影响仍需进一步研究。除现象学外,康德、马克思、尼采、西蒙东(Gilbert Simondon)、勒华-古兰(André Leroi-Gourhan)和瓦雷里(Paul Valery)对斯蒂格勒的影响亦不容忽视。斯蒂格勒对胡塞尔和海德格尔的批评引起参加者激辩,现引录部分发言。

杨庆峰: 理解斯蒂格勒本人的思想脉络需要深入到现象学中。所以,对斯蒂格勒与其他现象学家的关系讨论就显得非常必要了。在斯皮尔伯格(Herbert Spiegelberg)所著、王炳文先生翻译的《现象学运动》一书中,法国哲学家加布里埃尔·马塞尔(Gabriel Marcel)、梅洛-庞蒂与萨特位列其中。斯蒂格勒并没有被写入其中,这给我们留下了一个学术问题:斯蒂格勒在现象学运动中的地位及其与经典现象学家的理论关系是什么?

张程业: 那就不得不提及斯蒂格勒与迪克陶(Tran Duc Thao)及德里达的关系。迪克陶在1951年出版的《现象学与辩证唯物主义》曾给一代法国知识分子留下了深刻的精神印记。他认为,现象学不得不被"真理得以产生的实际条件"所吸引,因此,在胡塞尔道路的结束处,向"技术和经济学的创建形式"的回溯已经成为不可避免的。阿多诺曾说,历史唯物主义是对起源的回忆。从迪克陶到德里达,再从德里达到斯蒂格勒,法国现象学一直坚持"实际性"的立场,与

"唯物主义"保持着独特的关联。这为解答"综合何以可能"这一人类精神史中最关键的问题之一提供了一条可资借鉴的理路。

德国现象学对斯蒂格勒亦至关重要,特别是胡塞尔现象学。斯蒂格勒对胡塞尔现象学的复杂态度可以从他对后者思想的五个阶段的辩证发展的划分来说明:一方面,斯蒂格勒指出了胡塞尔中早期坚持以活的在场为唯一的意义构成性场所所造成的断裂,这个阶段的胡塞尔不断扩大超越论领域,力图发现更本源的综合,以至于"作为我们的超越论的历史"(the transcendental history of a We),但是这种静态结构与主动综合却阻碍了胡塞尔对深层的生成问题的发现;另一方面,斯蒂格勒又认为晚年的胡塞尔在对几何学的起源问题的探索中发现了重新构造"超大综合"与"超大当即"的方法论道路。正是"事后"而非"先天","被动综合"而非"主动综合","回溯"而非"还原",构成了《几何学的起源》中的"回问"的方法论转向意义。在此基础上,传统的经验与超越论之区分被克服,而在这种纯体验的超越之物与非体验的事实起源的再度契合中,斯蒂格勒本人的技术现象学之境也得以呈现。可以说,斯蒂格勒"视域下"的胡塞尔既在早期排除了,也在晚期开启了对技术现象学解释的可能性,而技术现象学又能够反过来弥补胡塞尔现象学的不足,开启现象学对新型时间结构的研究。与古典哲学视域下的先天综合相比,斯蒂格勒呼吁我们关注的是技术之物在自我之中造成的被动综合,即"内在之中的超越"的问题。斯蒂格勒甚至认为自己比胡塞尔更忠实于现象学的意图,即在工业时间物体普及化的时代下重思"综合何以可能"的问题。

张怡怀:胡塞尔自己对图像意识的解读却与斯蒂格勒的理解进路恰好错位,他并未聚焦于斯蒂格勒所看重的《内时间意识现象学》,而是在《想象,图像意识,回忆》中结合知觉的表象、感知与想象的综合活动,详细分析他的图像意识现象学是如何可能的,并将该任务称作一门"面向直观当下化的现象学"。胡塞尔的整体思路是以表象为核心,围绕图像表象(Bildvorstellung)-想象表象(Phantasievorstellung)-知觉表象(Wahrnehmungvorstellung)的三维结构,从多重意向活动和多种立义模式出发来阐释图像意识,其中又包含了对感知意识、想象意识和符号意识等多个层次的复杂讨论。胡塞尔的重点是要揭示奠基在知觉活动立义中图像意识与想象意识的关系,他们的共性在于都需要在知觉的当下化活动中进行把握。由此可见,在胡塞尔对图像意识的思考中,显然带有早期思想如《逻辑研究》中的主体表象立义模式的痕迹,他在抵达绝对的纯粹意识形态的"观念"阶段之前,是无法脱离主观的回忆、感知与想象等表象意向性的意向活动而思考图像载体,从而不能拓展到斯蒂格勒所理解的作为载体的第三记忆。换言之,胡塞尔对图像意识的重视旨在揭示主体的知觉活动中当下化的固有能力,在这一角度上,他对图像意识的界定反而应该对应于斯蒂格勒讨论第二记忆的层次。

郭世恒:这个错位正好展示了胡塞尔和斯蒂格勒的根本差异。虽然他们表面上都在试图澄清时间意识的发生和构成,但他们的前提和目的都不同。在心理学和人类学意义上,斯蒂格勒对胡塞尔的补充是有道理的,因为我们不可否认滞留的有限性。如果要反复地回到一个作品以得到日渐增进的理解,我们需要乐谱、录音机等技术手段。但胡塞尔对时间意识的追问始于对客观时间的悬置,因此对胡塞尔来说,时间意识的追问只能从明见的当下开始。这个问题意识可以追溯到奥古斯丁对过去和未来的实在性的疑问。在这个问题意识之下,第三记忆的载体就变得可疑了,因为既然客观时间本身都是可疑的,事物如何被理解为存在于客观时间之中就是一个重要的问题。因此在胡塞尔看来,值得追问的不是意识本身如何在心理学和人类学的意义上发生;问题反而是,一切被立义为客观外在的事物,包括这些承载记忆的技术,是如何在时间或时间意识中构成的? 我们如何在当下的意识里获得关于这些技术的观念?

方向红:我们可以参考斯蒂格勒对胡塞尔的《几何学的起源》的讨论。他所做的德里达式的移位看似深刻而有说服力,却是站在先验与经验、形式与质料、理论与实践、逻辑主义与心理主义这种简单二分、截然对立的立场上对胡塞尔现象学的肢解和曲解。殊不知,现象学通过意向性早已越出了这种二元对立的近代哲学框架。试问,连先验自身都有其经验,何来“经验论与先验论的划分之危机”?

张怡怀:正如方老师所言,其实胡塞尔哲学内部已然完成了经验与先验的统一,只不过这里的“经验”并非是出自器具技术层面的外在素朴的经验,而是一种与先验主体的主动与被动建构相关的纯粹经验。在某种意义上,胡塞尔依然在承接和反思先验哲学传统中德国观念论对“Erfahrung”的总体理解,他从先验出发,基于观念论的立场,就必然拒绝自身给予领域之外的单纯事实性(Faktizität)。退一步讲,即使胡塞尔诉诸发生现象学的分析来探索意识最底层的被动成就,也依然是通过前意向性的主动与被动相关联的原始综合或原始时间化而达成客观性,抑或通过多重单子之间先验交互主体性的意向关联来保证自我与世界的客观性。正如芬克(Eugen Fink)的判断,胡塞尔对现象性的理解必然奠基在先验生活的世界构造之上,因而本质上是一门“建构现象学”(Konstruktive Phänomenologie)。总之,现象学中主观构成的客观性绝不同于技术所开启的经验事实性,因为这种客观性的背后所折射出的恰恰是胡塞尔对

"观念"与"本质"的追求。所以,只要胡塞尔从先验主体的意向构造出发来探究图像意识,就注定会与斯蒂格勒的作为客观载体的图像意识失之交臂。

郭世恒:这个失之交臂并不代表胡塞尔现象学对技术的理解更少。现象学的悬搁方法从来不只是回到超越论主体(transcendental subject);相反,它的目标是获得对象本质的观念(Eidos)。因此,现象学没有取消技术的事实性;相反,它在此基础之上进一步追问技术观念的构成。事实上,胡塞尔在时间意识的构成问题上并没有忽视客体(物体)的作用。在《贝尔瑙手稿》中胡塞尔区分了时间客体(Zeitobjekt)和时间对象(Zeitgegenstand),前者是在时间流中有绝对位置,不可当下再造的东西,后者是在诸种流形(Mannigfaltigkeit)的统一性中被给予的东西。比如,我们不可以重复走过一条小巷而有绝对一模一样的感受,但我们可以把小巷立义为存在于某城市空间中的同一条小巷,从而把它把握为一个在流变的经验中统一的对象。在这个意义上,斯蒂格勒强调的载体的客体性同样能够得到说明,但不同之处在于,图像意识有能力建构不同的流形:当建构了城市空间的概念,一条未走过的小路也能被相对定位,以至于我们不会在其中迷路。因此胡塞尔和斯蒂格勒的根本区别在于:斯蒂格勒认为时间的对象化是在同一个现实世界的技术历史中"事后"产生的,是普罗米修斯对爱比米修斯过失的补救;但按照胡塞尔现象学,时间的对象化可以一直"往前"建构不同的时间形式和对象区域,以新的概念把握尚未成为事实的世界。他们因此代表了两条不同的对象化或者观念化的道路。

惠贤哲:另一个需要关注的问题在于斯蒂格勒对胡塞尔"自我"理论的分析。斯蒂格勒在对胡塞尔的"纯粹自我"理论进行分析时,援引的文本分别来自《逻辑研究》第五卷和《观念Ⅰ》。根据文本,可以看出斯蒂格勒在第四章中对胡塞尔文本的引用来自《逻辑研究(第一版)》(1901)的内容,主要探讨作为"体验复合"的自我理论,此时的现象学自我与体验自身的联结统一是一致的,不需要一个特有的自我原则。[④] 在其后处,斯蒂格勒又转向《逻辑研究(第二版)》和《观念Ⅰ》中胡塞尔对"纯粹自我"的论述;而此时作为"自我极"的"纯粹自我"则显然与前面作为体验复合的"现象学自我"有所区分。[⑤] 斯蒂格勒对于胡塞尔的这一转变似乎未多加评述,而是由胡塞尔对于自我问题的探讨过渡到对内感知中的不相即性以及时间性的问题的讨论中。

王庆节:除胡塞尔现象学外,海德格尔现象学亦极大地影响了斯蒂格勒关

---

④ Bernard Stiegler, *Technics and Time*, 2: *Disorientation*, p. 192.

⑤ Ibid., pp. 196 - 197.

于技术与时间的思考。首先,在现象学时间观内部,海德格尔所代表的以"向死而在"的"到时"生存论时间观实质上可被视为是对胡塞尔早期传统"流形论"意识时间观反叛的开端,而斯蒂格勒关于希腊神话"普罗米修斯"和"爱比米修斯"神话的解释以及对后者存在论地位的强调,实质上是呼应和加强了海德格尔以来的这一"叛逆"。普罗米修斯神话代表的是人类历史中技术进化演进的发展趋势。在这个趋势下,"'技术系统'不停地演进并不断地凸显出别的系统在建构'社会凝聚'方面的失效和无能"。⑥ 显然,这一关于技术本质理解的背后是"时间的延伸"。爱比米修斯神话则不然,它揭示了一种"迷失方向的原初性",因为这种"迷失方向"源自于人类本性的"缺失"。

彭洋:是的,如王老师所言,斯蒂格勒的思想是对爱比米修斯和普罗米修斯这对兄弟的神话的深度解读及其寓意的扩展。斯蒂格勒用爱比米修斯的神话作为象征来阐释自己的思想,在这个神话中爱比米修斯在给各种动物"分配'属性'"时,忘记了给人留一个属性,以致人赤身裸体,一无所有,所以人缺乏存在,或者说,尚未开始存在。它的存在条件就是以代具或器具来补救这个原始的缺陷"。⑦ 这人类本性的缺失也意味着此在自身根本就没有规定性,它需要向外求索自己的规定性,人的这种原初特性体现在海德格尔的生存论上就是此在与生俱来的世界性,即此在向世界的敞开。"世界的亲临性在沉陷中变得在自身以外存在,这就是爱比米修斯式的处境。"⑧

杨庆峰:人的显现概念一般情况下被忽视,而在现象学视野中,回到人自身、"人如其自身般地显现着"就会成为描述人的重要范畴。

张怡怀:此外,遗忘又是另一个理解海德格尔如何影响斯蒂格勒的关键概念。在第12节中,斯蒂格勒以"遗忘性不可命名"的原则解释遗忘自身的不可回忆性。乍看之下,斯蒂格勒对海德格尔的分析似乎扣合了后者自己的观点——海德格尔本人不仅基于此在的有限性而承认遗忘的必然性,甚至还发展出一种以存在之被遗忘状态(Seinsvergessenheit)为核心的"遗忘存在论"。然而值得注意的是,虽然斯蒂格勒看到了海德格尔思想中对存在遗忘之必然性的揭示,从而强调遗忘自身的不可回忆性,但是,二者观点表面相似的背后实则隐藏了他们各自思想倾向的本质差异。

---

⑥ Bernard Stiegler, *Technics and Time*, 2: *Disorientation*, p. 2.

⑦ 贝尔纳·斯蒂格勒:《技术与时间1:爱比米修斯的过失》,裴程译,南京:译林出版社,2000年,第155页。

⑧ Bernard Stiegler, *Technics and Time*, 2: *Disorientation*, p. 6.

那么,该如何理解这种背后的差异？斯蒂格勒承认遗忘是为了突出主体的记忆缺陷,所以才需要技术代具的补充以克服人的有限性,从而形成一种人与技术共构的关系。但是,海德格尔肯定遗忘恰恰是要通过对存在之被遗忘状态的分析而守住人类对于存在而言的有限性本质。比如在其后期作品《尼采的第二个不合时宜的沉思之阐释》中,正是遗忘才敞开了存在与非-根据(Ab-grund)之一体两面的关系:虽然存在作为不在场的非根据无法被人所把握,但其反而构成了此在本真生存得以可能的根据,而人因其有限性会遗忘,恰好是要置身于存在之被遗忘状态中和存在成为"邻里关系",人被召唤到其近旁从而守护显-隐二重化运作的存在本身。由此可见,人与存在之间呈现出一种互相"归属-需要"的关系。倘若技术载体能够弥补存在本身"空缺"的位置,那么海德格尔也无须对现代技术的宰制持悲观主义的态度了。所以,两者的问题意识在根本上依然是错位的。

邓文韬: 是的,海德格尔在许多研究尼采的文献中显示他对遗忘的重视。海德格尔更强调遗忘的存在论基础,他提出一个非常重要却为人所忽略的概念区分,日常忘记(gewöhnliche Vergessen)和源初遗忘(ursprünglichen Vergessenheit))。前者是一般意义下的日常忘记,忘记意味着不再记得、不能回忆,它显然跟记忆对立;相反,后者是存在论的遗忘,不是跟记忆对立的,反而是使忘记得以可能的存在论基础。但两者的问题意识真的是错位吗？斯蒂格勒似乎洞悉遗忘在海德格尔的基础存在论的独特地位。人(此在)本质地遗忘,记忆受限,进而发掘突破有限性状态的技术。

王庆节: 如果斯蒂格勒仅仅停留在将"技术"的时间性本质泛泛理解为伴随着本质性"过失"而来的"迷失方向",那么他并未真正超出海德格尔,甚至并未超出他的老师德里达"延异"的洞见。我们知道,海德格尔《存在与时间》第二篇关于亲在生存在世的"向死而在"或者"向死而生"的分析中,让人叹服之处更多的是前半段的"向死",而非后半段的"而在(起来)"或"而生(下去)"。海德格尔依据"良心的召唤"而来的、在直面由于畏死情态而展露出的虚无中的"决心状态",向来被认为是《存在与时间》的最为薄弱之处,甚至败笔。这也许就是斯蒂格勒建议我们从《存在与时间》54—60 节讨论"良心召唤"和"决心状态",直接切换到 73—75 节讨论世界历史的部分去探究海德格尔生存论的时间观、历史观之奥秘的原因。

海德格尔的"世界历史"概念说的是亲在"在-世界之-中-存在"的"历事"生发过程(Geschehen),又被称为"内世界的历事发生"。这是与胡塞尔的"内在时间意识"(das innere Zeitbewusstsein)相对应的概念,甚至可以说是对这一概念批判的结果。这里，"内世界历事发生中"的"世界历史"和"世界历史物"就不再是"与世隔绝的"无世界、无历史的"诸个主体的相续的体验流"，而是在世界之中存在着、发生着、有起伏生灭、悲欢离合的亲历存在的生存在世，以及与这种生存在世密切相关的作为遗存物的"遗产"和"遗留"。正是部分地借助于海德格尔"世界历史"和"世界历史物"的在世时间性的概念，斯蒂格勒才得以在《技术与时间》第二卷第四章中对胡塞尔的第三"滞留"（Retention）或"记忆"（Erinnerung）的说法进行批判性反思，并发展出他的关于"技术与时间"问题的核心思路。

邓文韬：斯蒂格勒的诠释真正示范了一门遗迹药理学：诠释先哲既保留了先哲过去的思想痕迹，亦有可能歪曲其原初想法。

杨庆峰：这证明了他与利科的关联，对于后者来说，依然存在着一个"历史是毒药还是解药"的悖论。如果从这一点出发，还会发现斯蒂格勒遗留给学术界的一个悖论难题：记忆是毒药还是解药？在这一难题面前，只有我们自己可以依靠。

（二）技术"与"时间的关系

《技术与时间》的书名跟海德格尔的《存在与时间》、萨特的《存在与虚无》和伽达默尔的《真理与方法》同出一辙，都用了"与"去联系两个核心概念，但各哲学家对"与"的理解和用法却大相径庭。《技术与时间》中的"与"是"补充""共存""等同"，还是"叠续""断裂"或"撕开"的意思，成员纷纷选取某些文本的观点作为证据，各有理据。虽然未有定案，但显然丰富了大家对斯蒂格勒的文本及其整体了解。技术和时间，以及两者之间的关系引起了各师友的激辩，现引录部分观点。

王庆节：在斯蒂格勒的眼中，"技术"或"技术体系"不再是人类用来克服自身功能性"欠缺"的"工具"，而是在更深的层次上彰显这种本质性欠缺的"义肢"或者"代具"。基于这一理解，在"时间"境域笼罩下的"技术"过程就首先不是什么"连续""流淌""延伸"，而就其原始本质而言，是在"延-异""撕裂"、派生变形和迷失方向中的经由"溯行"（retro-activity）而来的"再-激活"（re-activation）。换句话说，斯蒂格勒和海德格尔一样，坚持"技术"的时间性本质不再是连续性的"生生不息"般的绵延流淌，而是布满断裂或断层的接续性的"向死而生"，是不断的创生和再生的"叠续之流"（the montage of flux）。

杨庆峰：是的。斯蒂格勒抓住了技术时代的人类的困境，但其意义并没有被完全揭示出来。相对于宇宙和地球的历史而言，人类自身显得如此年轻，但也遭遇了一些困境。《技术与时间》这本书中"时间"本身就展现了他的影响，存在以技术化的方式显现自身，技术将自身表现为存在，但并非存在样态意义上的、而是作为根据的存在。

彭洋：同意，若没有技术就没有时间，正如动物没有死亡意识与时间观念一样，没有此在的生存就没有时间。脱离人与技术来谈论时间是无意义的，而且从根本上就不可能，因为语言本身已经是技术，"技术的出现以语言的出现为标志。这种外在化过程包含的运动之所以具有矛盾性，就是，在勒华-古兰看来，工具——即技术——发明了人，而非相反，人发明工具。"⑨所以事实上是技术"生产时间"。

郭世恒：然而，技术虽然是观念化的必要条件，却不是充分条件。按照胡塞尔，乐谱、录音机等技术各自都有不同的时间形式和对象区域，这些时间形式不能跟日常态度下的客观时间混为一谈。

周菁：人们对观念化的运作抱以太高的期待，仿佛一切具体事务都可以通过抽象化约为观念。斯蒂格勒将观念化运作比作图灵机原理——图灵机就是一种理想形态的数学逻辑机，设想可以通过计算模型来模拟人的计算过程，比如先设置机器运行程序，继而在一条无限长的纸带上读取数字或符号，再根据读取到的信息匹配已设置的程序重新进行记录。也就是说，无论读取到的信息是什么，都可以被化约成机器设定的程序指令，再还原为程序语言进行输出，由于记录的纸带无限长，这一程序化的运作理论上足以展现计算过程。也是通过这种输入-转换-输出的方式，每一信息都丧失了其具体性，转而变为程序的输入材料，再以程序语言得到还原，在理想化的机器设置中，这种还原应该是完全的，即输入怎样的信息，就有怎样的记录，反之亦可倒推。但是，意识的观念化运作毕竟不等于设想的机器，即便逻辑的抽象运作机制本质无异，人也是有限的，这个有限在将来的向度上体现为会死，在过去的维度上体现为遗忘，滞留在其向过去的流逝中必然会流向不可还原，一是伴随流逝的自身折损，二是流向不可忆起的黑洞。如果说第二滞留是通过回忆，让原初体验内化为"己"有，成为主体自我意识的一部分，则第三滞留的存在就是使得记忆外化，并让记忆由"外"向"内"的击破成为可能。斯蒂格勒将第三滞留寄托于技术，亦是借技术性的第三记忆击破观念化。

邓文韬：同意，斯蒂格勒所提出的"第三记忆"是遗迹透过外在化或外显物质化记忆此非物理的东西。书写、录音机、雕塑等技术都分别是使过去经验物

⑨ 贝尔纳·斯蒂格勒：《技术与时间 1：爱比米修斯的过失》，第 79 页。

质化,成为滞留(原初记忆)与回忆(派生记忆)之外第三种型态的记忆。遗迹在当今技术时代帮补了人类挽救遗忘或滞留有限性的可能缺失。

惠贤哲:尽管当下我们拥有很多载体去帮助我们储存记忆,尽管这种载体在不断地完善,但是滴水不漏的记忆是不可能的。

黎梓淇:我也认为滴水不漏的记忆确实是不可能的。而斯蒂格勒将记忆的"折损"或者"不可忆起"看作是缺陷,我对此抱有一丝疑问。在斯蒂格勒看来,是爱比米修斯的遗忘导致了人类的缺陷。首先,缺陷总是有所指向的,预设了一条"无缺陷"的标准线,而这就不可避免导向对标准线的追问,从而导致多重解读的可能。例如,斯蒂格勒认为相比于动物,人类没有任何特质,所以是有缺陷的。但也可以如此解读:动物虽有一技之长,但也为此而固化,如在空中飞翔的小鸟难以在海洋中生存;而人虽有所谓的"缺陷",却自如地上天、遁地、入海,几乎无所不能。相比之下,还能说是缺陷吗?是什么意义上的缺陷呢?

彭洋:梓淇的这个想法很有趣。人类没有被赋予特性,这使人相比于动物似乎缺少了什么,但事实上使人具有了近乎无限的具有各种特性的可能,因为人没有像动物那样被规定为只具有某种确定的本性,而人的本性由于未被规定所以是不确定的。这种不确定性不应该被理解为通常消极意义上的"缺陷""缺点",而是向各种确定性开放的可能性,所以斯蒂格勒所说的"缺陷"也不应该被理解为消极的,而是积极意义上的开放性和可能性。

彭洋:因为人本身没有像动物那种借以安身立命的特性,人需要通过技术来确立其生存,所以人的这种不确定性也就通过技术体现出来,正如斯蒂格勒所言,"不确定性是现代机器固有的属性,但它也体现了一切技术物体的本质"[⑩]。为了突出人和技术的不确定性,斯蒂格勒特意用"who"和"what"这两个疑问代词来指称通常意义上的人和技术,还能有什么比直接用疑问代词更能表现不确定的呢?在斯蒂格勒看来,what 就是 who 的存在,但却是 who 身体之外的存在,who 与 what 的这种彼此对应与相辅相成的关系就是转导关系。因为 who 与 what 的这种对应关系,就不能再像以亚里士多德为代表的古希腊思想那样,把技术物体视为自身无动力的、受人支配的无生命的工具,完全从属于目的与方法的范畴;而是必须把技术视为像人一样有生命的,因为技术本身就是人的存在,所以斯蒂格勒说:"在物理学的无机物和生物学的有机物之间有第三类存在者,即属于技术物体一类的有机化的无机物。这些有机化的无机物体贯穿着特有的动力,它既和物理动力相关又和生物动力相关,但不能被归结为

---

⑩ 贝尔纳·斯蒂格勒:《技术与时间 1:爱比米修斯的过失》,第 20 页。

二者的'总和'或'产物'。""它是有机化的无机物，正如生命物体在与环境的相互作用中演变一样，它也随着时间的推移而演变。"⑪

周菁：斯蒂格勒把技术和第三"记忆"联系在一起，初衷就是为了克服"遗忘"这个缺陷。但是，比起普罗米修斯所代表的用具欲望的超前，爱比米修斯指示的遗忘才是人与生俱来的不可磨灭的本性——在我"已经在此"之时，总有一个属于我过去的开端，必然已被忘记。技术的死记忆承载着一个人未被经历的过去的可能性，但又总已经是他过去的一部分。如此，时间就不再仅仅是接续的流体，而是在死记忆的触发中颠倒了结构。麦克卢汉（Marshall Mcluhan）在《理解媒介》中提出的核心观点就是"媒介是人的延伸"，在此而言，"延伸"就不仅仅是所谓感官的延伸，也不仅仅是媒介作为工具对世界"超前"的把握，而是回返到那个已经过去的过去，重构时间。

彭洋：在神话里，象征技术的普罗米修斯为了弥补其弟爱比米修斯的过失，而让人类有盗取的火得以生存，因此，火就是与人类的起源绑定在一起的原始工具。人类凭借火的力量成为自然生灵中的佼佼者和征服者；但事实上人类只能在一定程度上利用火，并不能完全地控制火。时至今日，火的不可控性依然对人类构成威胁，人类依然经常被失控的火反噬。

黎梓淇：你这理解令我想起张一兵教授指出，斯蒂格勒关于技术的定位是从非实体主义的关系存在论的一种倒退。倒退听起来带有一丝退步的意思，但这种"倒退"反而隐含了向某个方向进化的思想可能。我倒认为斯蒂格勒对技术的思考是具有启发性的，特别是将技术作为一种有机化的、个性化的无机物，带来了对技术的全新思考。与其说是一种倒退，倒不如说是分岔，走出了另一条小道，展示出技术的另一种解蔽方式。

郭世恒：斯蒂格勒的理论（如他自己所说）终究只是人类学；它或许能让我们通过技术来理解人，却不能让我们真正理解技术。

石润民：斯蒂格勒对技术与人的存在论解释让我联想到米歇尔·福柯在《词与物》以及《临床医学的诞生》中所做的工作。他在《词与物》的末尾所言，"人将被抹去，如同大海边沙滩上的一张脸"，揭示了与知识型递变一致的过程是被称为"人"的主体的衍变；而在《临床医学的诞生》中，福柯则是通过医学知识型的转变揭示了与临床医学知识相关的主体的衍变。那么，斯蒂格勒的版本则是作为媒介的技术与人的主体衍变之关系。只不过，斯蒂格勒将技术要素的影响置于了本体论的位置。在他那里，技术当然构成主体转变的重大要素；

---

⑪ 贝尔纳·斯蒂格勒：《技术与时间 1：爱比米修斯的过失》，第 55 页。

然而,将技术视作最为重要的要素是否走得太远,以至于将技术本体论化了?与之相较,福柯那里的主体受到错综复杂要素的影响,以至于难以构造一种人与外在要素简单化的本体论关系。从这个意义上说,斯蒂格勒对技术的本体论式理解是否失却了以差异化的方式理解技术的可能性?

四、小结

最后,王庆节总结了这次横跨 2020 年和 2021 的读书研讨会。互联网的存在使得身处异地的不同背景的学者和学员能够相隔千里参与讨论。研读会缩小了大家之间的空间物理距离,也超越了时间和世代限制,甚至还可以保存相关的研讨记录供日后参考。哲学探讨受益于技术的发展,而斯蒂格勒哲学对技术本质的反思又使人们得以同时较为深刻地理解技术的积极和消极作用。技术仿佛是一把双刃剑,既突破人的有限性,又唤醒人的有限性。人就是徘徊在这有限制约而又突破有限的过程之间。时间性使得这一过程发生,也见证这一过程。故此,斯蒂格勒眼中的人并非确定、一成不变的东西,反而是充满着存在之不确定性的时间性"存在者"。

（责任编辑：刘剑涛）

作者简介(按发言顺序):

马迎辉,哲学博士,浙江大学哲学系、浙江大学现象学与心性思想研究中心"百人计划"研究员,研究方向为现象学、心性哲学与现代西方哲学思潮。

杨庆峰,哲学博士,复旦大学生命医学伦理研究中心教授,复旦发展研究院研究员,研究方向为技术现象学、记忆哲学与 AI 伦理。

方向红,哲学博士,中山大学哲学系教授,研究方向为现象学。

王庆节,澳门大学哲学与宗教学系特聘教授,主要研究领域包括海德格尔哲学、当代欧陆哲学、东西方比较哲学和伦理学。

邓文韬,哲学博士,中山大学哲学系(珠海)助理教授,研究方向为当代欧陆哲学、记忆与遗忘哲学。

惠贤哲,澳门大学人文学院哲学与宗教学系博士研究生,研究方向为政治哲学。

郭世恒,哲学博士,澳门大学哲学与宗教学系博士后,研究方向为现象学、中国哲学和跨文化哲学。

石润民,南京大学哲学系硕士研究生,研究方向为国外马克思主义哲学。

周菁,弗莱堡大学哲学系博士研究生,研究方向为海德格尔、列维纳斯与谢林哲学。

张怡怀,德国乌珀塔尔大学先验哲学与现象学研究所博士研究生,研究方向为德国现象学、海德格尔哲学与哲学人类学。

王嘉,南京大学哲学系博士研究生,研究方向为马克思主义哲学与技术哲学,尤其关注海德格尔、西蒙东与斯蒂格勒的技术思想。

张程业,澳门大学人文学院哲学与宗教学系博士研究生,研究方向为比较哲学和现象学。

黎梓淇,华南师范大学科学技术与社会研究院硕士研究生,研究方向为科学技术哲学。

彭洋,哲学博士,黑龙江大学哲学学院副教授,研究方向为现象学与技术哲学,重点关注时间与技术问题。

如何"活得智慧且好"？*

欧根·凯利 著

胡文迪 译 郑辟瑞 校

【摘　要】张伟教授的英文著作《舍勒的苏格拉底主义》（*Scheler's Socratism*）以舍勒对现象学伦理学的探索为中心。这部著作使世界关注现今被部分遗忘了的舍勒伦理学。这种伦理学考察我们自身和我们居住的世界，寻求一种以价值知识为基础的生活方式。张教授称这种努力为"苏格拉底主义"。书里的分析加强了"活得智慧且好"这一隐含命题。本文的讨论从此书最后一章开始，这一章表明，在回答"我们应该如何生活"这一苏格拉底问题时，舍勒拒绝普世主义伦理学，选择了价值现象学，并揭示了心的秩序。此书既结合了舍勒和苏格拉底，也结合了舍勒哲学与中国传统哲学，分五章讨论了情感、人格性、人格的"超越论"本质、价值人格主义和"什么是善"这一规范问题。

【关键词】舍勒　苏格拉底主义　价值现象学　人格

* 本文为欧根·凯利（Eugene Kelly）教授为张伟（Wei Zhang）教授的英文著作 *Scheler's Socratism*：*The New Perspective of His Phenomenological Ethics*（Würzburg：Königshausen & Neumann，2021）一书所撰写的导言。感谢中山大学哲学系博士研究生李明阳校对本译文，并提出诸多修改建议。——译者注

张伟教授在着手进行两项颇具雄心的计划。首先是呈现在我们面前的这一系列原创英文论文，这些论文的中心是舍勒为一门现象学伦理学——这门伦理学也被舍勒和其他在 20 世纪初从事写作的德国哲学家称为"质料的价值伦理学"（material ethics of value）——开发平台所作出的尝试。在出版英文论文的同一年，张教授将出版相似系列的德文论文①，这些论文研究的是伦理学人格主义——舍勒最伟大的著作《伦理学中的形式主义与质料的价值伦理学》就以此短语为副标题——的本质和应用。这些英文论文和德文论文会一道使世界关注一门伦理学理论，现今除了专家们它已部分被遗忘了，这门理论在人类的道德经验中有深厚基础，对 21 世纪我们面对的道德谜题有实际作用。

看到这部著作的题目中包含苏格拉底的名字，读者刚开始可能会感到惊奇，因为舍勒很少与其他现象学家围绕某种有争议的现象展开辩证交流，以此寻求揭示和展现包含在此现象中的诸含义断片（the shards of meaning）和诸含义关系。他在其著作中也不常提及这位希腊哲人。然而，就像所有真正的哲学家一样，舍勒无疑也受到他的激励，去尝试这样一些困难任务：考察自身和我们居住的世界，总是寻求一种以价值知识为基础的生活方式——这种价值知识将引导他获得一个人格（a person）②及其世界所能达到的至善和至高，并且通过这种智慧成为他能成为的最有德行的、最幸福的人。张教授把这种努力称为"苏格拉底主义"（Socratism）。根据他的这些文章，我们所有人都可以扮演苏格拉底和舍勒二人的同行者，去彼此追问：关于如何生活得好，舍勒和我们自己是否真的知道我们认为我们知道的东西？

考虑到对舍勒宽范围哲学的这一狭窄聚焦，这本书中提出的批判问题因其深度而引人注目，其原创性更是如此。它们没有局限于舍勒的文本，而是研究了大量他早期的东西方批评者和阐释者。张教授在这里分析的所有这些现象学的、伦理学的和方法上的技术性问题，都加强了"活得智慧且好"这一基础的实践性苏格拉底问题，这个话题在本书最后一篇文章中被直接加以讨论。如果从理解这本书如何结束开始，我们就会更加清楚地看到，在通向最后一篇文章

---

① 这里提到的德文著作已经出版：Wei Zhang, *Schelers Personalismusim Spiegel von Anderen* (Würzburg: Königshausen & Neumann, 2019)。——译者注

② 原文中的"person/personality"在与舍勒伦理学有关的译著中通常都被译为"人格"。但是这个词本身在中译中有"人格"和"人"这两种不同译法，并且在中文语义上也有微小差异。译者原本按通常译法将这个词统一译为"人格"，由读者自行决定究竟理解为"人格"还是"人"。但是综合校对者和编辑等各方专家学者的建议，最终根据上下文对其做出了调整，有时候将其译为"人格"，有时候译为"人"。——译者注

的其他文章中所分析的、在现象学和一般价值论中的每一个技术性话题是如何获得严肃性与价值的：它们都关系到"学会生活"这个过程。由此表明，质料的价值伦理学和伦理学人格主义提供了自身考察（self-examination）和道德成长的实质基础。

所以，我们从最后一篇文章开始。张教授引用了《理想国》352d 中苏格拉底的主张，即他的朋友们关于"什么是有价值的"的讨论绝不是一件无关紧要的小事，因为借助"正义的生活可能具有最高价值"这个假设，他们在间接地为"人应该以什么样的方式生活"这个问题寻找答案。这个问题不是指向随便哪个人（anyone）、城邦中的随便哪个公民，不是指向常人（das Man），而是指向我和你，指向我的人格和你的人格，指向一个单个的人格，这个人格依据对"何为有价值之物、何为他的人格之本质"的理解而生活，并做出行动决定，无论这种理解是多么混乱。如果我们理解了苏格拉底的这个问题，即人应该或应当如何活出他的存在，我们就走近了舍勒关于"伦理学应该做什么以及它如何能达到这一目标"的构想。我们每一个人整理自己关于何为有价值之物的知识，理解自己的类型价值评估的来源，"收拾"身心，关注我们每个人迄今已成为什么样的人以及现在必须成为什么样的人的问题，这样，我们就可以回应苏格拉底之请（the Socratic demand）（《申辩篇》29e），去追求灵魂的完美。活得好需要合理奠基的价值知识的引导和自身知识的引导。

然而，如果常人（average person）面临这个问题："我应该如何生活？"，他可能会觉得这个问题很幼稚。"我应该如何生活？为什么这么问，对于一个人的生活而言，有无限种选择；苏格拉底期待的是唯一最佳答案吗？"的确，不存在唯一的答案，因为有很多种人，也有很多种活得好的方式。但是，这并不意味着所有答案都有相同的价值。在此，舍勒在伦理学中的新方案具有格外的重要性。在《伦理学中的形式主义》中，根据价值的相对值，舍勒以现象学的方式展现了一个价值尺度。将这一想法直接应用到苏格拉底的问题上：我们应该通过努力实现更高价值、摧毁更低价值来规划我们的生活。如今，许多人将这种主张当作幻想而不屑一顾。但这一点毫无疑问是正确的：我们的情感——我们的爱，我们的恨，我们的偏好——意指不同层级的价值。对我们的情感的关注可以揭示出诸多价值领域和它们之间迄今为止未曾考虑过的层级。张教授所强调的在舍勒那里的问题不是"对一个人而言什么是最好的生活？"，而是"对我而言，并且或许只对我而言，什么是最好的生活？"。根据从舍勒的"价值尺度"那里借鉴来的方法，尼古拉·哈特曼（Nicolai Hartmann）也试图表明为什么对"我们应该如何生活"这个问题的单一答案是不可能的。因为在同一个支配性的价值王国中共同存在着多种生活方式，它们在价值和有效性上相等，但是无法在单个人格中调和为对苏格拉底问题的最终答案。无疑，我们常人可以告诉苏格拉底，存在着很多对的或错的生活方式！这个人当然是对的。

舍勒回应苏格拉底问题的要点在于他拒绝了普世主义者的责任伦理学，比如康德的伦理学。对康德而言，只有一条道路——配享幸福的生活要通过遵循正义而获得，也就是说，通过意愿为了道德法则去行动而获得。但是多数人想要获得幸福，而并不仅仅是为了配享幸福——只追求这种"配得上"的做法被舍勒贬斥为法利赛式的伪善（pharisaism）。舍勒相信，幸福是活得正义的一个条件；它不是道德善的偶然的副产品。那个幸福的人知道何为有价值之物，他不需要道德诫命把他引向正义。诚然，很多像苏格拉底及其雅典追随者这样的人，他们没有"摩西五经"（the Torah）和"福音书"（the Gospels）这样的犹太-基督教遗产。舍勒认为，任何形式的责任都源自价值知识。如果价值不先于责任，那么就无法说明为什么一个给定的责任能够命令一个人的意愿而不仅是他的心智。显然，比如我们有责任酒后不开车，但不是如康德所说的，是因为"不要喝酒又开车"这条诫命是一个理性人格必须要肯认的融贯的道德规则系统之一部分；而是因为相比于喝酒的快乐，醉酒驾车所危及到的人的生命的有更高价值。如果缺乏"人类生命的相对价值高于享乐的价值"这种知识，一个清醒的司机就不知道为什么他所意愿的东西（道德法则）有价值，因此，他的行为和生活就缺少自律。

因此，对苏格拉底问题的任何形式的回答都必须依赖价值现象学。舍勒对规范伦理学的诸形式及一般价值论或价值理论的反思始于他的《伦理学中的形式主义》。价值是什么，它们如何在西方已得到发展的规范伦理学的主要形式中发挥作用？舍勒拒绝了所有的"幸福主义"（eudemonistic）伦理学，这种伦理学根据行为在人的幸福、快乐或者健康方面的促进功能来衡量行为之正当性。此外，他也拒绝了"道义论"（deontological）伦理学，这种伦理学衡量行为之正当性的依据在于某种内在于行为中的东西：实行它的意愿的纯粹性，或者它作为其范例的道德规则（moral rules）的有效性。舍勒继续指出，价值不来自人类欲望。一件物品或一个行为不能只是因为上帝、国王或某个个体人格喜欢就被看作是善的。毋宁说，价值自身——除了它们在某些事态中的外表——及其相对等级才是情感行为的意向对象，它们可以在现象学的反思中被给予。除了关于价值的具体例子：受苦的价值、恭顺的美德和敬畏的美德、羞耻的价值和懊悔的价值、被许多西方人称为神的价值人格，舍勒的著作中充满了对价值的反思。现象学让我们看到了这些价值、它们的相对贬值以及它们之间的关系。它们召唤我们，但不命令我们。

　　带着和舍勒一样的实践目的：不是为了命令人遵守道德箴言，而是证明，一个人作为创造价值对象的中介和促进承载着积极价值的行为的中介，他可以成为什么，尼古拉·哈特曼对源自古代、现代和当代世界的人类美德进行了现象学研究。借此，尼古拉·哈特曼试图补充舍勒朝向质料的价值伦理学的第一步。之后，舍勒把人类美德等同于一种能力，这种能力恰恰被认为是一种手段，通过它，承载积极价值的这类事物得以出现，同时，具有消极价值的对象被摧毁。一门质料的价值伦理学寻求一个连续的价值美德表，这个价值美德表使个体能够规划他的生命进程。然而，就其作为理性人格而言，不存在所有人格都能服从的单个法则表。一个人格可能有真实的洞察，鉴于他所是的人格以及他所处的情形，没有任何已知的道德诫命要求他服从：他必须发现新的价值。我们是自由的，必须依赖我们自己对自己的洞察、对价值的洞察，以及对在我们行动之前的此时此刻何为最有价值之物的洞察。

　　如果是这样，那么似乎舍勒在宣扬道德无政府主义：我们啜饮同一价值之源，但是饮得的却不同。的确，他在宣扬每个人格的道德自律，但是这样一种自律，它在每个人类人格施加给他自己的限制中实行着。"我应该如何生活？"，在苏格拉底的这个问题之前，我们必须首先回应同样的苏格拉底之请：考察你的生活！我们无须害怕道德混乱，如果人们具有何为有价值之物的知识和自身知识，那么它不过是我们同伴们的性格多样性。

　　当一个人考察他的生活，舍勒认为他会发现什么呢？首先他发现他是一个爱着的或恨着的存在者。人是爱的存在（ens amans）。出于这种与价值世界的原初协调，他在他的心里发现了一个独一无二的人格价值秩序，一个主观的爱的秩序。这个秩序将决定他的道德基调（basic moral tenor），他生命中的使命感，以及他的命运，或者一种持续的生命意义感。即使当他自己直接的偏好盖过了他"对何为有价值之物"的更深感觉，他可能依然会发现一种对"何为他生命中客观的更高之物和更低之物"的感觉。一个渴望一双好靴子胜过莎士比亚的作品的穷人依然知道——或者通过观测他自己的感受能够知道——人类精神的伟大作品，比如莎士比亚的作品，比身体的舒适有更高价值。即便如此，如果某种舒适层级没有得到满足，就不可能享受精神价值——享受真理的价值、美的价值以及人之善的价值。

　　此外，任何人都会被那些展现出最高价值的人吸引，那个人能够以一种不成熟的方式在他自身中模糊地看到这些价值。这一点对教育意义重大。舍勒认为道德教育通过与榜样人格（model persons）的遭遇而得到促进，这类人格给予年轻人某种关于人们可以实现什么价值的理念。这个年轻人不是要去模仿这个榜样,这通常是不可能的,但是在为他自己构想各种理想、长大"成为他之所是"、成为一个他能够达到的最高价值的人格时,他可以把这个榜样看成是一个助手。如其所是,每个人和每种文化都使这些"榜样和领袖"发挥作用。如同阿喀琉斯和奥德修斯对古代的年轻希腊人的作用,这两个神话人物投射了两种不同道德成就的理想,这些理想的差异就像价值自身的层级差异一样。在舍勒的价值尺度中,我们可以找到与每种价值层级相对应的榜样人格,从神圣的人(圣人[the saint])到寻求享乐的人(喜爱锦衣玉食之人[the bon vivant]);与这些榜样相对应,在消极价值一侧,有憎恶神圣的人(渎神者)和克制肉体享乐的人(禁欲的僧人,清教徒)。

由这些榜样人格具体化的价值是否在某种文化中起作用,这与他们在其中被仰慕的真实人格和文化有关,但在他们身上被具体化的价值是现象学所探究的连贯一致的价值领域的一部分。尽管世界文化多种多样,但是其形式却源自这样一些普遍的价值:受苦和克服苦难,高尚和粗鄙,美丽和丑陋,聪明和愚蠢,强健和虚弱,神圣和世俗。在由一个人格的道德基调所施加的限制中,在他对更高的和更低的价值的感觉以及在他的文化中起作用的人格性价值中,一个人可以并且必须寻找一种生活方式,在这种生活方式中,他可以在思想和行为中清晰地感觉他自己、价值和世界。所以,对"我应该以何种方式生活?"这个苏格拉底之问,一个舍勒式(Scheler-like)的答案必须再次等待每个人深入的自身考察。

这些表面上的道德相对主义的关键在于舍勒相信,这些在不同文化、不同时期被教导的各种道德义务(moral obligations)之间明显的矛盾是同一个道德价值领域的诸多沉淀(precipitations)。舍勒相信,这些差异可以追溯到对某些价值的洞察,这种洞察由一种文化在其日常生活中所面对的各种"真实的"社会因素、地域因素和经济因素所塑造。因此,在福祉依赖狩猎的文化的道德生活中与在通过贸易谋生的另一种文化的道德生活中,对何为有价值之物的洞察可能就会以不同的方式沉淀。人口过剩或人口稀少,维生环境的动荡不安或安全无忧,都会导致同一系列价值以不同方式起作用。因此,例如,在地位建基于勇气之上的贵族成员中和在对决斗习以为常的人群中,"荣誉"的价值起作用的方式不同于其在青年学生或政客中的方式。除了以知识社会学的方式,价值自身——一个人的精神生命中的"理想"因素——还必须以现象学的方式被考察,这样我们就可以看到一个人格的或者其文化的活的精神起源。因此,我们能够在两者之中起作用的具体义务背后端详,并把握到它们的道德生命之源:它们认为什么是正确的,什么是值得争取的。实际上,关于个体和共同体的爱恨秩序的知识,以及关于这种秩序在多大程度上与普遍的价值秩序相符合的知识,能使我们理性地理解和批判其他时代和地区的价值。舍勒认为,他自己的时代正在进入一个"均衡"(balancing out, Ausgleich)时代,在这个时代,这些表面上如此不同的各种文化的基本洞察将被看作是与在所有文化中起作用的诸价值相衔接的。通过在人类情感意指价值时慎重地追复体验这些情感,这些看似混乱的东西揭示了一种内在的和谐、一种不仅仅是主观秩序的心之秩序。

因此,这一点十分重要：在这些文章中,张教授不仅把舍勒与希腊哲人苏格拉底联系起来,也把舍勒与中国传统哲学以及他自己所在的汉语传统中的当代思想家联系起来。对于像我这种不懂中文的读者而言,张教授就苏格拉底问题促成了舍勒言说所在传统中的代表人物和孟子、当代中国哲学家等人物之间的对话,让我很受启发。

让我们来考察一下贯穿在张教授这本书五个章节中的各个步骤。在每个步骤中,当进一步解释舍勒对苏格拉底问题的回应并评估其合理性时,他分析了舍勒的价值现象学的各个细节。有这些文章为自己发声,我就只选择性地对《舍勒的苏格拉底主义》的内容做简短陈述。

第一章从情感开始。质料的价值伦理学与是否接受情感有认知价值这个论题休戚相关。正是通过它们,价值在日常观点中被给予给情感,并在现象学的观点中被"呈现"。这个论题对胡塞尔、舍勒、哈特曼以及其他许多早期现象学家来说司空见惯。因此,通过在意指对象的和不是意指对象的感受之间、在意指被给予之物的和不是意指被给予之物的那些心智行为(体验)(mental acts, Erlebnisse)之间进行必要的逻辑区分,张教授批判性地评价了情感的认知本质这个论题。此处,胡塞尔的构造概念在舍勒那里逐渐发展,舍勒认为,本质(essence)并非构造于心灵中,相反,复杂的本质是本质领域自身的客观特征：心灵,舍勒说,"不创造什么,不生成什么,不形成什么。"

情感行为的地位及作为此行为对象的价值的地位随后被带入到与康德的联系中。这位启蒙哲学家坚持认为,如果道德要成为普遍的和绝对的,那么它就必须要奠基于理性而不是感受(feeling)之上。但是舍勒认为,人类情感自身具有一种结构,这种结构就像理性范畴一样具有秩序。感受不是随意的,而是有秩序的;如果怨恨和仇恨没有扭曲一个人的感受,那么,就像我们明显察觉到的那样,他会通过他的感受去意愿普遍的价值秩序,这种普遍价值秩序甚至是我们平时评价人格、事物以及人类行为的基础。张教授能够表明,对胡塞尔和舍勒二人而言,一个奠基在帕斯卡所发现的"心有其理"(l'ordre du cœur)之上的道德理论能够具有普遍的有效性，即便不是施于所有人类人格之上的绝对权威。

第二章开始于人格的观念，以及它如何能够自身被给予而既不会成为理性的意向对象，也不会成为情感的意向对象。因为，即使在爱这样的情感行为中，一个人格也无法被给予给另一个人格，所以我们永远不能完全清楚地认识到，他或她，作为一个人格，怀有什么样的价值，他的行为或她的行为承载着什么样的价值，因此，他或她不能成为任何终极道德判断的对象，或者，他或她的行为不能被收归在任何绝对的道德规则之中。关于自身意识的原则，尤其像胡塞尔所论证的看起来逻辑上陷于"解释学的"循环中的自身意识原则，张教授引入了一些非常精细的分析。除非在我之中存在着一种双重性（dualism），否则我如何成为反思的对象，甚至成为我自己的对象呢？自身意识表明我既是主体也是我自己的对象。通过考察舍勒对人格的同样精细的现象学解释，张教授处理了这个问题。值得注意的是，张教授把人格描述为"动态的-具体的主体性"（dynamic-specific subjectivity），因为它有助于直观地理解当我们反思自己的思想过程时我们在做什么，而且这些反思对苏格拉底式的自身考察十分重要。

在第三章，张教授从人格的"超越论的"本质开始，这个概念被胡塞尔赋予了一个技术性含义，而后被舍勒改变以适应他自己的目的。这一分析的要点是，舍勒认为，爱的秩序是个体人格之道德存在的构造性成分。因为主观秩序的质料内容，即揭示出一个人的爱或恨的价值，支配着他的日常评价。通常，人格的秩序在他的一生中是稳定的，但是如果一个人对价值和他自身有新的洞察，那么这个秩序就会改变。当价值是抽象实体的时候，它们自身可以成为意向的认知情感的对象。但是，在实行一个可能会在某种行为中终止的智性认知行为和情感认知行为的人中，价值起作用的方式永远无法被他人通达；人格不是透明的。然而，这并不意味着人类缺乏所有的透明性，且永远不能成为各种理性实践的价值判断的对象。我们判断一个行为是一个谋杀行为，并把它归罪于某个随后成为惩罚对象的个体，而被谋杀的人则不在我们的把握范围内。

随后，张教授向我们表明，舍勒与胡塞尔的超越论还原理论相决裂，意图使构造性原则成为可能，允许年轻人以一种原初的方式探索人类人格。人这样的存在者是在其行为的施行中构造他自身的。这样一种存在者在他对其自身的选择中当然是自由的，并且在反对在共同体中起作用的道德准则时是自主的。为了实现自身——成为他之所是，这个人必须能够自身感受（self-feeling），即能够抓住在他的精神中起作用的秩序，以便发现他的道德基调、他生命中的使命，以及他的命运，这样的知识能够帮助他自身超越。当他接受更广阔的价值领域时，他甚至必须能够转变他自身。在这种"自身生成"（self-becoming）中，当以一个人对其自身的感觉为目标时，羞耻和懊悔这两种情感就作为铁锤命令他那可塑的精神，并使其遵从他最高的价值感。

第四章把我们带入了舍勒伦理学的核心，即它的价值人格主义（value-personalism）。显然，人格生成不能孤立地发生，人格必须是共同体中的一员。因此，在第四章，张教授讨论了舍勒的共同体哲学。理想的方式是，在与其他人格的凝聚中，人格生活在上帝——在西方意义上的独一无二的、无限的人格精神，他创造了世界和人类——统治之下的共同体中。在这样一个共同体中，每个人格的自律都将被尊重，人们将在他们自身和他人中感觉到把他们紧密连接在一起的深厚的仁爱。在他们的共同体中起作用的价值表会随着他们的洞察力的程度和外在生活条件而变化。然而，就像我们看到的，诸人格对他们自己和他人都不是完全透明的。即使爱也无法穿透他人的私密领域。那么，在这些不能穿透彼此及主观的爱之秩序的人格中，人格间的凝聚究竟如何可能呢？

答案必定在于舍勒的同情（sympathy）和同感（empathy）这两个概念。他将其杰作《同情的本质》（*The Nature of Sympathy*，*Wesen und Formen der Sympathie*）奉献给了前一个概念。在其中，舍勒指向了现象学的"被给予"：很明显，在同情中，尽管不是完全地，我们把握住了他人的内在状态，并且能够在我们的头脑中追复体验（re-enact，Nacherleben）这些行为。我们也不完全地知道他人所感，或者，就像我们说的，知道他们正在"经历"（going through）的东西。张教授苦心孤诣地揭示了舍勒对同情的思考，以及它如何使我们实现——至少在某些情况下——与他人之间的道德凝聚感，即便我们无法让他人成为直观对象；他人总是与我们保持一定的距离。在对他人的同情中，我们以道德上重要的方式联系在一起，但在某种意义上依然是独立的。在这个"私密领域"中，我们收拾身心，评价我们自身。在其中，我们会忏悔，感到得救或受罚，也许还会获得我们生命中的使命感和命运感。

在最后一章，张教授在现象学元伦理学的层面处理了一个他一直在推进的问题。在这里追问的是规范问题，即"什么是善？"。在诸多自律的自身意识（self-aware）人格的凝聚中，他找到了这个问题的答案。每个人格能否在与其他人格的共同体式的凝聚中与他们一起寻找，并成为他们每个人在某种意义上已经是的那种理想的道德人格呢？通过把质料的价值伦理学当作努力实现他们所能够设想的至善的平台，他们每个人能否学习如何生活呢？这一章的第一节按照舍勒的质料价值尺度探究了"何为道德善"的问题，此外还探究了标记它们在这个尺度上的相对高度的价值的"特征"是什么。在第二节，张教授把读者带向了这样一个结论：舍勒所称的"观念的应然"（ideal ought）是他的伦理学人格主义的关键。这个"观念的应然"不是简单的规范，也就是说，不是出于责任的应然，而是在与他人一起的共同体中独一无二的个体人格之存在的"伦理的应然"（an ethical ought）。它描述的不是他应当做什么，而是他应当是什么。这是超出道德之善的善。在其中，我们寻找"最丰富的充盈和最完美的展开、最纯粹的美和各个人格的内心和谐……"（《伦理学中的形式主义》，xxiv）③每个人格，作为一个共同体中的一员，不仅是他之所是和他之所做，还是他之能成：一个完全实现了的社会人格和个体人格，这个人内在地和不可还原地意识到，他能够做到他最深处的价值感告诉他的东西，即在理念上什么是他应当做的。他的行为的善恶是评价其人格存在的善恶的标尺。苏格拉底的"我们应该如何生活"这个问题恰恰旨在于人格的生成：价值——人格感受与之共鸣——如何在他的生命中变得有效，并以一种方式指导他的行为与这些价值中的最高价值相一致。毫无疑问，这个问题从来不由苏格拉底或舍勒或张教授来回答，因为生活得好的方式有很多种，人们作为自律的人格，理想上应当选择观念的责任，他们连续变化的人格似乎推动着他们朝向这种责任。因此，在张教授的解读中，舍勒的伦理学没有终止于规范理论，这种规范理论设定了人格必须要遵守的价值表或诫命表；而是终止于一种个体主义的人格主义，在其中，我与我的同伴凝聚在一起，并试图去成为我能成为的最高人格。人类自由，共同体式的凝聚，这种愿景让人振奋，张教授也会因其对这一愿景的深刻洞察和他那缜密的学识而受到称贺！

（责任编辑：刘剑涛）

作者简介：欧根·凯利（Eugene Kelly），哲学博士，纽约理工大学（New York Institute of Technology）社会科学系教授，研究方向为伦理学、社会哲学、现象学等。

---

③ 这句话援引自舍勒的著作《伦理学中的形式主义与质料的价值伦理学》第二版导言。欧根·凯利在这里给出的是英译本的页码，参见 Max Scheler, *Formalism in Ethics and Non-formal Ethics of Values*, trans. Manfred S. Frings and Roger L. Funk（Evanston, Illinois：Northwest University Press, 1973）。中译本参见马克斯·舍勒：《伦理学中的形式主义与质料的价值伦理学》（上），倪梁康译，北京：三联书店，2004 年，第 10 页。——译者注

译者简介：胡文迪，中山大学哲学系博士研究生，研究方向为胡塞尔交互主体性现象学。

校者简介：郑辟瑞，哲学博士，中山大学哲学系教授，研究方向为现象学、德国哲学、匹兹堡学派。

交互主体性、社会性与共同体
——早期现象学家的贡献

丹·扎哈维 著

罗志达 译

【摘　要】在讨论现象学关于交互主体性解释的历史与发展时,我们会遇到诸多不同的叙事。其中一个叙事便是,胡塞尔与其他现象学家之间存在着关键的断裂。在本文中,我将再次尝试挑战上述偏爱后胡塞尔现象学的标准叙事,但这次我会进一步讨论 20 世纪前十年中有关社会现象学的丰富资源。更确切来说,我会说明诸多早期现象学家如何通过讨论同感以及其他二元的人际间关系,以发展出关于较大社会单元的分析,并最终给出关于共同体之共同存在的解释。在下文中,我的关注点将会是胡塞尔、舍勒、瓦尔瑟以及古尔维奇等人的核心观点。

【关键词】交互主体性　社会性　共同体　早期现象学

　　在讨论现象学关于交互主体性解释的历史与发展时,我们会遇到诸多不同的叙事。其中一个叙事便是,胡塞尔与其他现象学家之间存在着关键的断裂。

据此叙事,胡塞尔只是在相当晚期才开始意识到交互主体性的挑战。然而他在方法论上的唯我论承诺、固执的观念论及其对具身性(embodiment)之作用的忽视,都严重妨碍了他的工作并最终意味着他欲图发展交互主体性现象学的努力失败了。与之对照,像海德格尔、梅洛-庞蒂以及列维纳斯等后来的现象学家则从一开始就意识到交互主体性的意义及其重要性。与其拼命将交互主体性塞到一个已然固化的框架之中,海德格尔认为,此在之"在世存在"的一个基本构成要素是其"共在"。梅洛-庞蒂则坚持认为,具身性是自身经验与他异经验的关键,而且他人身体与自我身体基于其结构上的相似性形成了单一整体,即交互肉身性(intercorporeality);而列维纳斯则更进一步,提议伦理学应该成为新的第一哲学。

我在先前的著述中尝试提供一种竞争性的叙事。这不仅因为胡塞尔第一个全面而系统地采用并讨论交互主体性的概念,而且他的深刻分析也对诸如梅洛-庞蒂与列维纳斯等后起的现象学家产生了决定性的(积极)影响。① 在本文中我将再次尝试挑战上述偏爱后胡塞尔现象学的标准叙事,但这次我会进一步讨论 20 世纪前十年中有关社会②现象学的丰富资源。更确切来说,我会说明诸多早期现象学家如何通过讨论同感③以及其他二元(dyadic)的人际间关系,以发展出关于较大社会单元(social unit)的分析,并最终给出关于共同体之共同存在(communal being-together)的解释。由于这些早期研究的广泛性,本文不可能涵盖其所有方面。④ 在下文中,我的关注点将会是胡塞尔、舍勒(Max Scheler)、瓦尔瑟(Gerda Walther)以及古尔维奇(Aron Gurwitsch)等人的核心

① Dan Zahavi, *Husserl und die transzendentale Intersubjektivität:Eine Auseinandersetzung mit der Sprachpragmatik* (Dordrecht:Kluwer, 1996); Dan Zahavi, *Self-awareness and Alterity:A Phenomenological Investigation* (Evanston, IL:Northwestern University Press, 1999).
② 在本文中,"society"这个术语并不是在一致的意义上使用的:(1)"society"既指小规模的,诸如协会、组织机构等意义上的"社团";(2)"society"也指最宽泛意义上的、由个体构成的松散集合,也即"社会"。译文视语境作了区分。——译者注
③ "同感"原文为"empathy",对应德文"Einfuehlung"。由于作者在本文讨论了多种人际间理解的样态:empathy, sympathy, emotional contagion, sharing;为作区分,本文分别译作"同感""同情""情绪性传染""分有"。——译者注
④ 最近有两卷著作也讨论了诸如莱那赫(Adolf Reinach)、施泰因(Edith Stein)以及舒茨(Alfred Schutz)等人的贡献,参见 Thomas Szanto and Dermot Moran (eds.), *The Phenomenology of Sociality: Discovering the 'We'* (London, New York:Routledge, 2016)和 Alessandro Salice and Hans B. Schmid (eds.), *The Phenomenological Approach to Social Reality* (Dordrecht:Springer, 2016).

观点。⑤

一、胡塞尔论同感

尽管胡塞尔在《逻辑研究》(1900—1901)中对意向性的研究甚少留意交互主体性问题,更别说意向性的集体形式,但这一情况很快发生了改变。五年之后,胡塞尔已经开始研究同感问题(正如《胡塞尔全集》第十三卷文稿所示)。胡塞尔将同感当作了一个异常重要的课题,这不仅表现在他整个后半生持续研究它,而且表现在他决定在始于 1928—1929 年冬季学期的最后讲座中思考此课题,并将该讲座命名为《同感现象学讲座与练习》(*Phänomenologie der Einfühlung in Vorlesungen und Übungen*)。

在一开始,胡塞尔对同感的讨论主要是受利普斯(Theodor Lipps)启发。后者作为富有影响力的哲学家和心理学家,同时也是众多慕尼黑现象学家的老师。在其众多的著作中,利普斯都辩护了这么一个观点:同感是一种自足的(sui generis)的知识类型,它为我们提供了关于他人心灵的知识,并且它可以通过模仿和投射这些具体机制来获得解释。⑥ 胡塞尔不同意利普斯的解释,并且他在自己的著作中经常互换着使用"同感"(Einfühlung)、"他人经验"(Fremderfahrung)或者"他人感知"(Fremdwahrnehmung)等术语。这些术语已然提示着胡塞尔关于同感的理解。一如他在《观念 II》中写道:

> 同感不是下述意义上的间接经验——他人被经验为他的身体上的一个心理-物理的附着物,而是一个对他人的直接经验。⑦

---

⑤ 在之前的一些单独的文章中,我已经讨论过这些作者。我对瓦尔瑟与古尔维奇的讨论部分基于下述材料: Felipe León and Dan Zahavi, "Phenomenology of Experiential Sharing: The Contribution of Schutz and Walther," in Alessandro Salice and Hans B. Schmid (eds.), *The Phenomenological Approach to Social Reality* (Dordrecht: Springer, 2016), pp. 219 – 236. 以及 Dan Zahavi and Alessandro Salice, "Phenomenology of the We: Stein, Walther, Gurwitsch," in Julian Kiverstein (ed.), *The Routledge Handbook of Philosophy of the Social Mind* (London: Routledge, 2017), pp. 515 – 527.

⑥ Dan Zahavi, "Empathy, Embodiment and Interpersonal Understanding: From Lipps to Schutz," *Inquiry*, vol. 53, no. 3(2010), pp. 285 – 306; Dan Zahavi, *Self and Other: Exploring Subjectivity, Empathy, and Shame* (Oxford: Oxford University Press, 2014).

⑦ Edmund Husserl, *Ideas Pertaining to a Pure Phenomenology and to a Phenomenological Philosophy*, *Second Book: Studies in the Phenomenology of Constitution*, trans. Richard Rojcewicz and Andre Schuwer (Dordrecht: Kluwer Academic Publishers, 1989), pp. 284 – 285.

　　在相似的表述中,胡塞尔讨论了他人是如何在同感之中被给予为"为我的存在"(Für-mich-sein),以及这为何是一种感知。⑧ 当我跟他人交谈,如果我们彼此间相互凝视,其间有一种直接的接触(contact),一种直接被体验到的个人联系。我们将他人"视为"人,而非仅仅一个身体。⑨ 确实,当胡塞尔谈论我们如何与他异主体性相遇时,他同时写道:

> 　　在这种源初的同感表象(presentation)的形式中,如果我们说它(他异主体性)是被推导出来而非被经验到,这无疑是不可思议的。因为任何一个关于他异主体的假设都已经预设了将这个主体"感知"为陌生的,而同感正是这个感知。⑩

　　在一些手稿中,胡塞尔认为,同感使得我们得以与真正的超越性相遇,并且他写道,我们的同感意识超越自身并面对着一种全新类型的他异性。⑪ 因此,毫不奇怪的是,胡塞尔会批评这样一种提议——认为同感包含了某种自我的再造或复制。⑫ 经验他人不是参与到一种想象性的自我变更,因为这只能使得我将自己当作他人来相遇,而非与真正的他人相遇。⑬ 何况,尽管我们有时确实想象"这对于他人来说会是怎样的""他人很可能会经历些什么",但如果主张每一个同感行为都包含了想象,显然不能让人信服。当我们以同感的方式来理解他人,我们直接就做到了,且通常无需任何想象性的描绘;而且当我们确实以想象的方式描绘他人的经验时,我们恰恰视之为例外。⑭

　　胡塞尔的分析的一个重要特征在于,同感理解一般也包含着对他人之经验

---

⑧ Edmund Husserl, *Zur Phänomenologie der Intersubjektivität III*: *Texte aus dem Nachlass*, *Dritter Teil*, *1929 - 35*, Husserliana 15, ed. Iso Kern (Den Haag: Martinus Nijhoff, 1973), p. 641.

⑨ Husserl, *Ideas Pertaining to a Pure Phenomenology and to a Phenomenological Philosophy*, *Second Book*: *Studies in the Phenomenology of Constitution*, p. 385.

⑩ Edmund Husserl, *Zur Phänomenologie der Intersubjektivität II*: *Texte aus dem Nachlass*, *Zweiter Teil*, *1921 - 28*, Husserliana 14, ed. Iso Kern (Den Haag: Martinus Nijhoff, 1973), p. 352.

⑪ Ibid., pp. 8 - 9, 442.

⑫ Ibid., p. 525. Edmund Husserl, *Zur Phänomenologie der Intersubjektivität I*: *Texte aus dem Nachlass*, *Erster Teil*, *1905 - 20*, Husserliana 13, ed. Iso Kern (Den Haag: Martinus Nijhoff, 1973), p. 188.

⑬ Husserl, *Zur Phänomenologie der Intersubjektivität III*: *Texte aus dem Nachlass*, *Dritter Teil*, *1929 - 35*, p. 314.

⑭ Husserl, *Zur Phänomenologie der Intersubjektivität I*: *Texte aus dem Nachlass*, *Erster Teil*, *1905 - 20*, p. 188.

对象的共同注意（co-attending）——在下文中会将会凸显其重要性。[15] 因此，我们恰恰需要强调，他人是作为一个导向中心、作为世界之视角而被给予的，而非仅仅作为经验之内核而被给予我。他人恰恰是作为具有意向、像我一样指向世界而被给予我；而他人的世界，为他而存在的对象，也随他人一同被给予：[16]

> 不管人们如何描述这一他人经验，更确切地说——不管它是被称为"同感"或者"理解性经验"或任何其他东西，它均保持为一种经验形式。我现在提及此是为了指出：与对他人之同感经验一道形成的还有一种特性，也即当我理解他的经验时，我自己的经验通常越过他的经验而一直达到他所经验的东西。[17]

其蕴含的结果便是，当我同感他人之时，我很少将他课题化为对象。与之相对，同情（sympathy/Mitgefühl）、关心（care）以及怜悯（pity/Mitleid）的首要对象不是他人之悲苦的对象，而是他人本身。他人之悲苦的意向对象以及我同情的意向对象因而互为不同。用胡塞尔自己的例子来说，如果他人因为他的母亲去世而伤心，我亦为此而伤心，并为他伤心这一事实而伤心。然而，我的首要对象是他的伤心，只有在后续并以此为基础，他母亲的离世才会让我感到难过。[18]更一般地说，胡塞尔非常明确地区分了同感和同情。同感是一种理解形式，而同情则包含了关心（care）与关切（concern）。[19]在舍勒那里，我们可以找到相似但

---

[15] Husserl, *Zur Phänomenologie der Intersubjektivität III: Texte aus dem Nachlass, Dritter Teil, 1929 - 1935*, pp. 427, 513.

[16] Husserl, *Zur Phänomenologie der Intersubjektivität I: Texte aus dem Nachlass, Erster Teil, 1905 - 1920*, p. 411; Husserl, *Zur Phänomenologie der Intersubjektivität II: Texte aus dem Nachlass, Zweiter Teil, 1921 - 1928*, pp. 140, 287. Husserl, *Ideas Pertaining to a Pure Phenomenology and to a Phenomenological Philosophy, Second Book: Studies in the Phenomenology of Constitution*, p. 177.

[17] Edmund Husserl, *Die Lebenswelt, Auslegungen der vorgegebenen Welt und ihrer Konstitution: Texte aus dem Nachlass (1916 - 1937)*, Husserliana 39, ed. Rochus Sowa (New York: Springer, 2008), p. 617.

[18] Husserl, *Zur Phänomenologie der Intersubjektivität II: Texte aus dem Nachlass, Zweiter Teil, 1921 - 1928*, pp. 189 - 190.

[19] Edmund Husserl, *Einleitung in die Ethik. Vorlesungen Sommersemester 1920 und 1924*, Husserliana 37, ed. Henning Peucker (Dordrecht: Kluwer Academic Publishers, 2004), p. 194. 对胡塞尔之同感理论的更为详尽的讨论，参见 Zahavi, *Self and Other: Exploring Subjectivity, Empathy, and Shame*。

更为细致的区分。

二、舍勒论诸种社会构形

由于对利普斯同感理论的不满,舍勒很少谈同感(Einfühlung),而是偏好"Nachfühlen"这个术语,而英文翻译则很不幸地将之译为"reproduced or vicarious feeling"(再造的感觉或设身性的感觉)。这无疑是有问题的翻译,因为舍勒相当明确地拒绝这样一种观点,即我们对他人之经验生活的理解总是包含了某种再生或参与到异己经验之中去。相反,他所辩护的观点是:在诸多重要的情形中,我们都可以基本且直接地经验性辩识出并把握到他人的心灵生活,一如它在他们的身体表达之中以感知的方式显现出来。[20] 跟胡塞尔一样,舍勒偶尔也谈论他人感知(Fremdwahrnehmung)。[21] 为了简明起见,我接下来会将"Nachfühlen"译为"同感"(empathy)。[22]

然而,在这个语境下,重要的是舍勒将同感(Nachfühlen)区别于其他相关的现象,也即同情(sympathy/Mitgefühl)、情绪性传染(contagion/Gefühlsansteckung),以及情绪性分有(sharing/Mitfühlen、Miteinanderfühlen)。为了同情他人的遭遇,你首先需要意识到或分辨出他人确实是在受苦。因此,对舍勒而言,如果要同情他人,我首先不是通过同情来认识到他人正在受苦;相反,后者的遭遇必然已经以某种形式被给予我,必然已经为我所理解。[23] 故此,同感提供这种在先的、以感知为基础的理解,而同情则增加了情感上的回应。

---

[20] Max Scheler, *The Nature of Sympathy*, trans. Peter Heath (London: Transaction Publishers, 2008), pp. 9 - 10, 281, 260.

[21] 对胡塞尔与舍勒之间的比较,以及关于胡塞尔与舍勒有关人际间理解理论的一个更充分的说明,参见 Zahavi, *Self and Other: Exploring Subjectivity, Empathy, and Shame*。

[22] 施洛斯贝尔格(Matthias Schloßberger)最近坚持区分 Nachfühlen 与 empathy(同感),并且他坚持主张将"Nachfühlen"译为"sensing"(感受)。他认为,Nachfühlen 不包含某种(无意识的)推论性的"将自己置入他人的鞋中",而是对(表达性)他人之为他人的直接经验。参见 Matthias Schloßberger, "The Varieties of Togetherness: Scheler on Collective Affective Intentionality," in Salice and Schmid (eds.), *The Phenomenological Approach to Social Reality*, pp. 180 - 182. 我同意后一个定义,但看不出有何理由去避开"同感"这个术语,因为其他现象学家恰恰是以舍勒理解 Nachfühlen 差不多相同的方式来理解"同感"。这与利普斯形成对照。值得一提的是,他们中的好几个,包括胡塞尔,都将舍勒的理论引以为"同感理论"。参见 Edmund Husserl, *Cartesian Meditations: An Introduction to Phenomenology*, trans. Dorion Cairns (The Haag: Martinus Nijhoff, 1960), p. 147 以及 Gerda Walther, *Zur Ontologie der sozialen Gemeinschaften*, in Edmund Husserl (ed.), *Jahrbuch für Philosophie und phänomenologische Forschung*, VI (Halle: Max Niemeyer, 1923), p. 17.

[23] Scheler, *The Nature of Sympathy*, p. 8.

与之对照,请参考下述情绪性传染的例子。你可能加入一个嘉年华而且被其欢乐的气氛所感染,或者你遇到了丧礼队伍而情绪变得低落。情绪性传染的一个关键特征在于,严格来说你感受到了现场的情绪。[24] 这些情绪都是传递到你身上的,并成为你自己的情绪。在情绪性传染中,你所感染的感受从现象上说并不是其他人的,而是你自己的,只是其因果来源指向了他人。[25] 确实,当受到他人之苦痛或欢乐情绪的感染时,你甚至不会意识到他人是独特的个体。但所有这些恰恰使得情绪性传染区别于同感与同情。对舍勒而言,在后两种情形中,自我与他者之间的差异性均得到了保留和维护:**我以感知的方式把握到你的情感;我的同情相关于你的悲苦。**[26] 对舍勒而言,如若假设同情包含了某种与他人的融合,恰恰是将同情变为一种(超越个体)的自我主义。这也是为何舍勒会反对下述主张:同情与怜悯的存在最终会证明所有个体的形而上学统一。[27]

情绪性传染的一个极端情形被舍勒称为情绪性同一感(Einsfühlung)。他讨论了诸多不同的例子,包括图腾崇拜、催眠、性爱,还包括我很快会讨论到的群众(mass)或暴民(mob)这一情形,其中个别成员不仅认同其暴虐的首领,而且通过这种传染过程联合为"一股本能与情感,此后其动力便控制了所有人的行为……就像风暴之中的枯叶"。[28]

那么舍勒称之为情绪性分有(Mitfühlen)的例子是什么呢?

> 父亲与母亲一同站在爱子的尸体旁。他们一同感受到了"相同的"悲痛、"相同的"痛苦。这里并不是 A 感受到这一悲痛,而 B 也感受到了它,并且他们都知道彼此正感受着它。并非如此。这是一种共同感受。A 的悲痛并不是 B 此时的"对象",一如他们的朋友 C 此时过来安慰他们,"为他们"或"其悲痛"而感到怜悯。相反,他们一同感受到它,也即他们一同感受并经受到不但相同的价值处境,还有与之相关的同样强烈的情绪。其悲痛(sorrow)作为价值内容,而悲伤(grief)刻画其中的功能性关系,在这里是"完完全全同一的"。[29]

---

[24] Scheler, *The Nature of Sympathy*, p. 15.

[25] Ibid. , p. 37.

[26] Ibid. , pp. 23,64.

[27] Ibid. , pp. 51,54.

[28] Ibid. , p. 25.

[29] Ibid. , pp. 12 – 13.

一如这个例子清晰所示,舍勒反对将情绪性分有理解为个体经验加上相互间的知识,也即他反对将之理解为下述模式:两者彼此独立并行,个体 A 具有某一类型(type)x 的个别(token)经验,个体 B 具有类型 x 的个别经验;另外,他们都有关于彼此的知识。[30] 如果这一解释遭到反驳,那么关于情绪性分有的正面解释是什么样的呢? 从舍勒的描述来看,显然,父母双方在意向上均指向同一个对象并且以相同的方式进行评估。舍勒同时强调,父母"一同"感受到了某物,也即他们所经验到的东西不是独立于他们彼此间的关系。这使得他们之间的关系不同于其他情形,譬如,这对夫妇的朋友见到他们的悲伤并变得感伤。[31] 在后一种情形中,该朋友的意向对象是悲伤的夫妇两人——他的意向对象因而不同于后者。另一方面,即便他很感伤,他们的悲伤并不成为他的悲伤,也即不是被他体验为"我们的"。一如舍勒所指出的,在同情中,他人的悲伤首先是作为隶属于他人的悲伤而被给予我,我的怜悯与他人的悲伤因而在现象学上是作为两种不同的事实而被给予的。与之相对,在情绪性分有中,对他人之状态的同情性把握以及情绪性分有是如此地纠缠在一起,以至于在经验上难以区分出彼此。[32] 另外,舍勒也清楚地指出,我们需要仔细地区分:(1)"相互融合"(mutual coalescence)现象,这在诸如爱的诸种融合形式中得到示例,其中结为伙伴的诸个体看起来像是融化并退化到单一的生活流之中;(2)一种恰切的"我们"意识,后者"奠基于彼此间的自我意识"。[33] 情绪性分有将一个情绪体验为"我们的",因而不但包含并要求对同一个对象的意指与评价,而且还包含并要求对他人之为共同参与者、共同评价者的非对象化意识(这就是为何同感是必要的,而非多余的)。我们在此遇到了这样一种情境:参与的个体是作为共同主体而被给予的,而他们所感觉到的东西在构造上是相互依存的,也即依赖于他们彼此之间的关系。

由此,其决定性的一步不是发生于《同情的本质与形式》(1913/1923),[34] 而是在《伦理学中的形式主义与质料的价值伦理学》(1913/1916)——其中,舍勒

---

[30] Max Scheler, *Formalism in Ethics and Non-formal Ethics of Values: A New Attempt toward the Foundation of an Ethical Personalism*, trans. Manfred. S. Frings and Roger. L. Funk (Evanston: Northwestern University Press, 1973), p. 526.

[31] Scheler, *The Nature of Sympathy*, pp. 12 - 13, 37.

[32] Ibid. , p. 13.

[33] Ibid. , p. 25.

[34] 这本书一开始是发表于 1913 年,其标题是《论同情感觉以及爱与恨的现象学与理论》,但舍勒在其第二版中改变了其标题,并对后者作了大篇幅的修订,且幅度增加了一倍有余。

提议说,上面勾勒出的经验到彼此的不同方式同时也构成了不同的社会单元与团体组织(group formations),也即不同的共存方式。因而,在舍勒看来,哲学社会学的任务就在于发展出关于这些不同社会组织的理论。[35]

最为初级的组织,即群众或人群(horde)是由一系列传染与不自觉的模仿过程来构成的。[36] 其特征在于缺乏个体的自我意识和自我责任,而且它还算不上是真正的"我们之组织"(we-formation)。一个更为复杂的社会单元类型被舍勒称为"生命共同体"(Lebensgemeinschaft)。它的特别之处在于一定量的同感与经验分有,因为个体成员彼此间具有某种理解与团结,但它依然是一种非对象化的理解。这并不像是每个成员都将其他成员当作其意向对象,且这种理解先行于并区别于共同经验(Miterleben)。舍勒进一步认为,这种共同体的成员间的相互理解不是推论性的,它不要求从显现的表情推论出一个隐藏的经验,而共同意志的形成也不要求契约或者许诺;[37]相反,这一共同体充满了一种基本的信任。[38]

尽管舍勒再次强调,经验分有不能用平行经验加上相互间的知识来解释,尽管他还认为在我的经验与你的经验之间,以及在我的经验与我的身体表达之间均不存在划分,我们所面对的不是一个毫无分别的融合整体。与我上面简要讨论的两种社会组织相比,舍勒确实认为,共同体中成员的个体性确实是衍生的。一如他写道,"一个个体的经验是作为单个经验而被给予他的,但这只能是基于一种特殊的个体化行为将他从共同体中裁剪出来"。[39] 每一个成员都可以替代任何其他成员,他们都是对于同一个超个体的共同体整体而言的可相互替换的代表。基于此理由,我们在这一阶段尚未处理真正的人格共同体,也即成熟个体的共同体。在譬如家庭、宗族或部落之中,其成员是由其相互间的位置与功能来确定的。确实,舍勒在评论共同体之由"未成年人"(people who are not of age)所构成的时候,[40]他强调了生命共同体的原始性与不成熟性。

第三个社会单元被舍勒称为"社团"(Gesellschaft)。这是个体间的人为统一体,它缺少生命共同体所特有的那种源初的、有机的"共生"(Miteinander-

---

[35] Scheler, *Formalism in Ethics and Non-formal Ethics of Values: A New Attempt toward the Foundation of an Ethical Personalism*, p. 525.

[36] Ibid., p. 526.

[37] Ibid., pp. 526 – 527.

[38] Ibid., p. 529.

[39] Ibid., p. 527.

[40] Ibid., p. 529.

leben）。这些具有自我意识且成熟的个体之间的所有联系都是通过具体的认知行为来实现的，一个个体关注着另一个个体。另外，舍勒还认为，在特定社会背景中所获得的他人理解必然预设了他人之身体表达与其经验之间的分裂，而这一分裂又需要由类比推理（或类似的认知过程）来弥合。如此，社团就缺少了那种以"我为人人、人人为我"为形式的共同责任与真正团结，相反，它是基于一种契约义务以及工具性的、策略性的利益。故此，不信任仍旧是基本的态度。[41]

舍勒所讨论的第四种也是最后一种社会组织被称为"人格共同体"（Persongemeinschaft）。它相当于一个独立个体的统一体，这些个体一同形成了一个集体性人格（Gesamtperson）。尽管这个（理想的）社会统一体不是生命共同体与社会之间的实际综合，舍勒认为，后两者的一些本质特征也存在于其中。[42]其间有真正成熟的个体，也有真正的共同体统一体。在此，我们发现了同时也是共同体成员的真正个体，而且他们还同时经验着这二者。一个人的真正个体性在社会单元中开花结果，而如果这个不是为了其成员的个体性，社会单元也就不会是其所是。就这个层次而言，我们遇到了一种新的团结类型，它同时包括自我负责（self-responsibility）与共同负责（co-responsibility），而且它最终是奠基于诸如爱、自尊以及承诺等社会行为的"本质相互性以及互有价值"（essential reciprocity and reciprocal valueness）。[43] 如果说生命共同体的自然统一为浪漫派所称赞，而社会的理性组织为自由主义者所激赏，那么舍勒认为这两者都是错误的，并且他们均未能认识到这两种社会组织如何隶属于人格共同体。[44]

那么我们应该如何来理解这些不同的社会组织间的关系呢？首先，重要的是不能将舍勒的区分解读为它们似乎针对具体存在的社会单元。这并不是说，智人（homo sapiens）先聚集成群，然后进入到生命共同体的高阶形态，经过一段成熟期之后，再获得一种社团存在的形式，以便最终进入人格共同体阶段。并非如此。这四种组织是任何一个具体社会单元中均会出现的要素。正如舍勒写道，"在所有地方、所有时代，所有这些形式及其对应的风俗（ethos）均在某种程度上以各种混合形态而存在。"[45]但这并不是要否认它们之间的相互奠基关

㊶ Scheler, *Formalism in Ethics and Non-formal Ethics of Values: A New Attempt toward the Foundation of an Ethical Personalism*, pp. 528 – 529.

㊷ Ibid., p. 539.

㊸ Ibid., p. 535.

㊹ Ibid., p. 540.

㊺ Ibid., p. 541.

系,而这些奠基关系又进一步反映了情绪性传染、同感、同情以及情绪性分有之间的奠基关系。㊻ 譬如,舍勒关于社会与生命共同体之间的关系写道:

> 基本的关节在于:没了生命共同体就不会有社会(尽管没有社会依然可以有生命共同体)。因此,所有可能的社会都是奠基于共同体。㊼

一如舍勒进一步指出,这并不意味着任何社会群体都必然被捆绑为一个共同体。这只是说:(1)进入社会关系之中的个体必须在之前已经参与到了共同体生活之中;(2)个体的任意具体的社会关联是可能的,仅当个体同时也是共同体的成员(尽管不必然是同一个共同体的成员)。㊽ 其部分的论证是说,存在于生命共同体之中的"共在"(being-with-one-another)是作为社会之中的类比推理的前提。㊾ 但我们在生命共同体之中所发现的人际理解是何种类型呢?如说群众(mass)是由情绪性传染与同一化(identification)所构成并以之为特征,社会是由类比推理所构成并以之为特征,人格共同体是由经验与情绪性分有构成并以之为特征,㊿那么较有争议的则是:生命共同体的构成原则是什么?在《伦理学中的形式主义与质料的价值伦理学》一书中,舍勒强调了情绪与经验分有之于生命共同体的作用。(51) 与之相对,在《同情的本质与形式》一书中,舍勒写道,情感的演进——不管是从孩提到成人,从动物到人,还是从野蛮到文明——的基本原则是:我们首先遇到情绪性的同一化,其次才是同感。故此,我们在群众(mass)与人群(horde)之中发现了真正的同一化,但我们首先是在共同的家庭生活中发现了同感。(52) 一如克雷伯斯(Angelika Krebs)正确地指出,由于对于舍勒而言同感与漠不关心乃至残忍是相兼容的,这个表述倒是有些让人意外,并且与舍勒的下述主张不相一致——即共同体生活是由信任和基本的团结所刻画。(53)

㊻ Scheler, *The Nature of Sympathy*, p. 96.

㊼ Scheler, *Formalism in Ethics and Non-formal Ethics of Values: A New Attempt toward the Foundation of an Ethical Personalism*, p. 531.

㊽ Ibid., p. 532.

㊾ Ibid., p. 531.

㊿ Ibid., p. 520.

(51) Ibid., p. 526.

(52) Scheler, *The Nature of Sympathy*, p. 97.

(53) Angelika Krebs, *Zwischen Ich und Du: Eine dialogische Philosophie der Liebe* (Berlin: Suhrkamp, 2015), p. 130.

三、瓦尔瑟与共属感（feeling of togetherness）

在 1921 年，也即舍勒发表《形式主义》（1916）一书的第二部分之后不久，瓦尔瑟完成了博士论文《论社会共同体的本体论》（*Ein Beitrag zur Ontologie der sozialen Gemeinschaften*）的答辩。一如其标题所示，她的关注点是社会共同体的本质；且一如她一开始就清楚地承认，她的研究预设了舍勒与施泰因等现象学家所提供的同感分析并以之为基础。[54]

跟舍勒（以及在他之前的汤尼斯［Ferdinand Tönnies］）一样，瓦尔瑟区别了社会与共同体，并认为前者意指一种个体的聚合，他们只是基于单纯的策略或工具性考虑决定加入进来，而共同体则是由这些个体形成的——他们将自己及他人理解为"我们"的一员，且他们是由团结的纽带（solidarity）联结在一起。

那么，我们需要什么东西以便让个体的复多构成一个共同体呢？共同体的特殊性在于它的成员具有某些共通之处，他们分有了某些东西。[55] 然而，如果说他们只是具有相同类型的意向状态并且指向了相同类型的对象，这显然是不够的。甚至于当个体彼此不相互察觉或认识的情况下，这种吻合也可以成立。故此，我们还需要诸个体彼此间相互认识，并且这是一种特殊的认识。假设甲、乙、丙是三位分别住在三个不同国家的科学家，他们都研究同一个科学问题。因此，每个科学家知道另外两位同行的存在这一事实并不能让他们构成一个共同体。[56] 但如果他们彼此间互动呢？瓦尔瑟观察到，在这种互动中，一个个体影响到了他人的意向生活——这无疑使得我们更加接近所要研究的东西。然而，这里还是缺少了某些东西。不妨考虑一下，一群工人被召集起来完成一个建筑，而且他们相互协作以便完成共同的目标。在某种程度上，他们在合作，但他们仍然可能彼此间充满怀疑或至多是漠不关心。[57] 从外部来看，他们可能很难与一个共同的群体相区分，但他们只是形成了一个团体而非一个共同体。就后者而言，我们需要更多的东西；也即这里尚缺少一种内在的联结（innere Verbundenheit），一种共属感（Gefühl der Zusammengehörigkeit），或者说是相互共属（Wechseleinigung）。只有当后者存在时，一个团体才成为一个共

[54] Walther, *Zur Ontologie der sozialen Gemeinschaften*, p. 17.
[55] Ibid., p. 19.
[56] Ibid., p. 20.
[57] Ibid., p. 31.

同体:⑤⑧

> 在此,我们跟那些理论家一样立足于同样的理由——他们认为,共同体的本质要素是"共同感"或者是"内在的同一"(inneren Einigung)。每一个展现出这种内在同一的团体构型,也只有这些构型,才被我们视为共同体。只有在共同体之中,我们才能真正地谈论分有的经验、行动、目标、抱负以及绝望等等(与之对照的是在团体关系中也存在的相似或相关的经验、行动等等)。⑤⑨

瓦尔瑟在她的分析中基本上同意舍勒,并且非常细致地区分了经验之分有与同感、同情和情绪性传染。以同感的方式把握他人的经验迥异于分有他的经验。在同感之中,只要他人的经验表达于语词、姿态、体态、面部表情等等之中,我们就能把握到这些经验。我由始至终都意识到,这不是我在经受这些经验;相反,它们隶属于他人,它们是他人的经验,它们只能通过表达性现象而被给予我。⑥⓪ 即便我们偶然具有了同样类型的经验,这也不等同于分有该经验,即我们共同经受的经验。尽管两个经验有相似性,它们不能以所要求的方式而被统一起来,而是作为隶属于不同个体的经验而平行共存。⑥① 对某人感到同情,因他之高兴而高兴,因他之悲伤而悲伤,也不同于与他人一同高兴或悲伤。⑥② 最后,我们还需要区分经验性分有与情绪性传染。就后者而言,我可能接续他人的经验并将之体验为我自己的经验。然而,只要这种情况发生,只要我不再意识到他人的参与,这就与被分有之经验无关。当一个经验被分有时,各方不但意识到他人的经验,而且还认同并纳入他人的视角:"我们所指的共同体体验,确切来说,只有那些从他人而来但显现于我之中并从我而来但显现于他们之中的经验,以及在我与他人的同一化(Einigung)基础上从'我们'而来的经验。"⑥③ 依据瓦尔瑟,这个特殊的他人经验之"属我性"是"共同体经验与我们经验"(Gemeinschafts-und Wirerlebnisse)的独特之处。这就是为何伴随着这些经验的"所属感"经过了一个特殊的转变。喜悦不再单单被我体验为"你的"或者"我

---

⑤⑧ Walther, *Zur Ontologie der sozialen Gemeinschaften*, p. 33,63.

⑤⑨ Ibid., p. 33.

⑥⓪ Ibid., p. 73.

⑥① Ibid., p. 74.

⑥② Ibid., pp. 76-77.

⑥③ Ibid., p. 72.

的",而是被体验为"我们的",也即它被体验为共同所有的,就像有一个"我们"在体验着它。[64] 然而,此处的"我们"并不是位于这些参与着的个体之后、之上,或者是独立于他们。这个"我们"并不是一个依其自身而存在的经验主体。相反,"我们经验"只有在参与的个体中才出现,并通过他们实现出来。[65]

然而,"我们经验"包含了某种同化或者融合这一事实并不意味着它就缺少了内部的复杂性。一方面,我单单将某个情绪体验为我们的——这是不够的,你还必须感觉到它。另一方面,我还必须意识到你纳入了我的经验性视角,如同你必须意识到我的视角。根据瓦尔瑟,下述要素确实必须存在:(1)甲的经验指向一个对象,(1a)乙的经验指向同一个对象;(2)对乙的经验有一个同感式的把握,(2a)就像乙以同感的方式把握到甲最初的经验;(3)甲统一于乙被同感地把握到的经验,正如(3a)乙统一于甲被同感地把握到的经验;(4)最后,甲以同感的方式把握到乙与甲的经验之间的统一,(4a)一如乙以同感的方式把握到甲与乙的经验之间的统一。只有当这个相互交织、相互迭代的同感行为的复杂结构就绪时,一个情感(affect)才能被称为分有的情绪。[66]

依据瓦尔瑟,对他人的直接意识与互动包括一种特殊的共同体,也即瓦尔瑟称之为纯粹的人格共同体或生命共同体。但共同体生活又不限于这些形式,因为它不是任意共同体的必要特征——其中这些共同体成员在互动之中相互参与。[67] 事实上,人们可以将自身体验为一个共同体成员,可以认同同一个共同体中的其他成员,即便他们尚未照面,也可以具有群体经验,即便他们在时间上和空间上都不在一起。在这些情形中,分有的对象、目标、意识、习俗、规范等等都扮演着重要的作用。[68] 瓦尔瑟将这些(机构化的)共同体标示为"对象性共同体"。[69] 如果共同体越是围绕于外部因素(而非直接的人际间接触),那么其成员间的时空间隔也就越大,[70] 而其成员也就更加可以替代。例如,考虑一下某个皈依了新宗教或者获得新国籍的人。在这里,他可能在认同个别个体之前就已经认同了这个新的共同体,而他与这些个体的关系一开始可能只是通过作为团体

[64] Walther, *Zur Ontologie der sozialen Gemeinschaften*, p. 75.

[65] Ibid., p. 70.

[66] Ibid., p. 85. 关于瓦尔瑟这个相当复杂之模型的进一步讨论,参见 León & Zahavi, "Phenomenology of Experiential Sharing: The Contribution of Schutz and Walther".

[67] Ibid., p. 66, 68.

[68] Walther, *Zur Ontologie der sozialen Gemeinschaften*, pp. 49 – 50.

[69] Ibid., p. 50.

[70] Ibid., p. 82.

成员的代表,而非通过作为每一个个体。⑦ 既然对共同体的认同可能还不是相互的——我可以认同某个共同体,尽管其他的共同体成员尚未意识到我的存在,那么尚不清楚的就是,瓦尔瑟的迭代与整合性的同感模型如何能径直解释对象性共同体的构成。然而,她很可能会认为,这些共同体是奠基于人格共同体之上,且就此而言,它们依赖于一个同感意向性的网络。

瓦尔瑟进一步探讨了下述问题:共同体成员是否必须意识到或承认这个成员关系。正如她指出,认同特定的人群并与之联合起来,与指导自己隶属于一个特定的共同体,这二者之间是有差别的。通常人们在一个相互的统一体之中与他人共存,却未反思这一关系。但这可能因为群内的冲突而发生改变。因此,瓦尔瑟评议道,战争通常能够让人意识到自己作为一个特殊共同体的成员。⑦ 只有这时,共同体才在完整的意义上是为自身而被构成的。⑦ 最后,瓦尔瑟还讨论了这样一种情形——其中共同体不是简单地被它自己的成员所承认,而且被另一个共同体的成员所承认。当这个发生时,特别是当群外的成员作为其自己共同体的代表并以这个名义行动时,我们可以讨论一种共同体之间的更高阶的互动。瓦尔瑟认为,通过这种外部承认的共同体获得了一种新的、更为客观的状态。⑦

四、胡塞尔论相互同感与社会行为

尽管胡塞尔对交互主体性问题的探究一开始是关注对同感的分析,他对此议题的持续努力最终使得他超出了这一狭窄的关注点。如果要广泛地分析胡塞尔后期的思考,诸如在《胡塞尔全集》第 15 卷与 39 卷中关于"家园世界"(homeworld)与"陌异世界"(alien world)之间关系的分析,这显然会超出本文的范围。⑦ 故此,谨让我分别讨论一些极为突出的议题,也即写于 1921 年与 1932 年的两个引人注目的文本,题为《共同精神》(*Gemeingeist*)⑦与《交往共同体

---

⑦ Walther, *Zur Ontologie der sozialen Gemeinschaften*, pp. 99 – 100.

⑦ Ibid. , p. 96.

⑦ Ibid. , p. 97.

⑦ Ibid. , p. 121.

⑦ Antony Steinbock, *Home and Beyond*: *Generative Phenomenology after Husserl* (Evanston, IL: Northwestern University Press, 1995).

⑦ Husserl, *Zur Phänomenologie der Intersubjektivität II*: *Texte aus dem Nachlass*, *Zweiter Teil*, *1921 –28*, pp. 165 – 184.

的现象学》(*Zur Phänomenologie der Intersubjektivität*)。[77] 这些文本可以被视为进一步澄清瓦尔瑟也曾涉及的同一化之过程。

一开始,胡塞尔讨论了我们如何能够模仿、爱或者恨另一个人,或者以同感的方式经验另一个人,并且写道这些行为都不能算作真正的社会行为。[78] 为何不算呢? 因为真正的社会行为必须是被"接收者"(addressee)所把握到。[79] 它们包含了一种特殊的交互性(reciprocity)。一如胡塞尔进一步认为,如果我们考虑这样一个情形——我直接经验到他人,就像他经验到我一样,这满足交互性要求吗? 胡塞尔的回答是否定的。我们每个人都可以同时指向他人,而无需意识到他人的注意点;而只要这种相互的意识缺失了,我们就不具有一种真正的、源初的、社会性的"我-你"关系(I-thou relation)。[80] 事实上,即便是包含了相互意识的交互同感依然不满足"我-你"关系所示例的那种社会统合,这恰恰是胡塞尔所坚持的作为"我们统一体"的可能性条件。一如他在《第一哲学》第二卷(1823—1824)中所解释的:

> 同感经验的一个特殊但非常重要的例子——他人作为某个也在把握着另一个人的他人而被给予我——在于我自己被共同经验为这个"另一个人",而这个间接的同感经验与我自己的自身经验同时发生。在这个情形中,我将我的对应者经验为他在经验上也指向我自己。在这个最为根本的"相互的此在"(being-there-for-one-another)形式的基础上,最为迥异的"我-你行为"以及"我们-行为"才得以可能。[81]

"相互的此在"(*Füreinander-dasein*)是彻彻底底的交互式同感,也即彼此间

---

[77] Husserl, *Zur Phänomenologie der Intersubjektivität III*: *Texte aus dem Nachlass*, *Dritter Teil*, *1929-1935*, pp. 461-479.

[78] Husserl, *Zur Phänomenologie der Intersubjektivität II*: *Texte aus dem Nachlass. Zweiter Teil*, *1921-1928*, pp. 165-166.

[79] Adolf Reinach, *Die apriorischen Grundlagen des bürgerlichen Rechtes*, in Edmund Husserl (ed.), *Jahrbuch für Philosophie und phänomenologische Forschung I* (Halle: Max Niemeyer, 1913), pp. 705-718. (胡塞尔在这里讨论的是一种特殊的交流现象,也即一种成功的"招呼"[address]必然包含"传唤者"[addresser]以及"接收者"[addressee],并且传唤者意识到接收者意识到了他的招呼。也即,胡塞尔是在本义上使用"address"这个概念——译者注)

[80] Husserl, *Zur Phänomenologie der Intersubjektivität II*: *Texte aus dem Nachlass*, *Zweiter Teil*, *1921-1928*, p. 171.

[81] Edmund Husserl, *Erste Philosophie* (1923/24), *Zweiter Teil*, *Theorie der phänomenologischen Reduktion*, Husserliana 8, ed. Rudolf Boehm (Den Haag: Martinus Nijhoff, 1959), pp. 136-137.

意识到(自己)被他人所注意,这只是社会共同体化的一个必要而非充分的条件。[32] 那我们还需要什么呢? 我们还需要第二人称的招呼(address):"我们所缺的是交流(intimate)的意向与意愿——也即具体的交流(communication)或传达自己的行为;在拉丁文中,构成共同体(community)的行为就叫作'交流'(communicatio)。"[33]

在《共同精神 I》文稿中,我们还可以找到关于上述见解的进一步想法,因为胡塞尔在这里谈道,"我-你"关系包含了一种直接的交流,其中我们彼此,我与你,"注视着对方"——你理解我,察觉到我,就像我同时意识到你一样。进而,我跟你打招呼并试图去影响你。譬如,我可以通过指向一个共同对象,从而将你的注意力吸引到这个对象之上。如果成功的话,那么你的注意力就会从我的表情转移到那个被意指的对象。由此,我的意图就在你那里实现了。[34] 社会交流行为包含了相互性;而如果意图根据所要求的方式交叉在一起(Willensverflechtung),社会交流行为还导向了一个"我们"的综合。[35] 简要来说,在这个我-你关系中,特殊的地方在于我不是简简单单地站在他人旁边,而是触动(motivate)他人,就像他触动我一样,而且通过这个互动,通过各种社会行为,一个包含了两个主体的意愿统一体就建立起来了:[36]

> 我不是单单为我自己而存在,而他人也不单单是作为他人站在我的对立面;相反,他人是我的"你",他在说、在听、在回应;我们已然形成了一个"我们",并且以一种特殊的方式统一在一起并彼此交流。[37]

胡塞尔进一步澄清,一旦我转向他人并开始把他当作一个"你"来打招呼时,某些重要的事情就发生了。也即,不单是将他人当作他人而是当作"你"来对待,这同时就是意识到自己的宾格地位,也即作为被他人所注意、被打招呼。这就是为何胡塞尔认为,我是在"我-你"关系之中才获得了人格上的自我意识,

[32] Husserl, *Zur Phänomenologie der Intersubjektivität III*:*Texte aus dem Nachlass*,*Dritter Teil*, *1929 - 35*,pp. 471 - 472.

[33] Ibid. ,p. 473.

[34] Husserl, *Zur Phänomenologie der Intersubjektivität II*:*Texte aus dem Nachlass*,*Zweiter Teil*, *1921 - 28*,pp. 167 - 168.

[35] Ibid. ,p. 170.

[36] Ibid. ,p. 171.

[37] Husserl, *Zur Phänomenologie der Intersubjektivität III*:*Texte aus dem Nachlass*,*Dritter Teil*, *1929 - 1935*,p. 476.

变成了一个人格主体。⑧ 对于胡塞尔而言，社会化（也即被构造为一个完全的社会存在者）不过是同一进程的两个面向，就如桑托（Thomas Szanto）正确地指出的那样。⑨ 那么，胡塞尔为何要坚持这个主张呢？ 在《观念 II》的一个核心段落中，胡塞尔解释道，当我获得了他人对我的把握时，当我获得了这样一种以社会为中介的、外在化了的自身把握时，"我就跻身于人的家庭（the family of man）；或者说，我创造了这个'家庭'之统一性的构造可能性。只有此时，我才是真正意义上的相对于他人的自我；也只有此时，我才可以说出'我们'。"⑩

就我对胡塞尔的解读而言，他最基本的想法在于：一方面，任何"我们之构成"（we-formation）都必然要求保留复多性；另一方面，如果自我与他者之间的差异是如此突出，它又会妨碍所要求的隶属感。为了获得一个"我们"视角和群体身份，为了将自己设想并体验为"我们中的一员"，这就要求自我与他者之间的差异得到某种程度的削弱。当我们经验并获得他人关于自己的视角时，这恰恰是这么发生的。因此，胡塞尔偶尔将这个过程描述为一种自我异化（Selbstentfremdung）的形式——这并非巧合。⑪

五、古尔维奇论伙伴关系与共同体成员

在结束本文的讨论之前，让我再仔细考查一下古尔维奇的教职论文《论人在周遭世界中的相遇》（*Die mitmenschlichen Begegnungen in der Milieuwelt*）中的一些重要议题。在此，一方面，他讨论了舍勒和瓦尔瑟已经研讨过的议题；另一方面，他最终提出了一种替代性的对共同体的现象学解释。⑫

就像在他之前的舍勒和瓦尔瑟，古尔维奇讨论了诸多不同的社会组织，并在一开始就区分了"伙伴关系"（partnership）与共同体成员关系（communal

⑧ Husserl, *Zur Phänomenologie der Intersubjektivität* II：*Texte aus dem Nachlass，Zweiter Teil，1921 - 28*，p. 171.

⑨ Thomas Szanto，"Husserl on Collective Intentionality," in Salice and Schmid（eds.），*The Phenomenological Approach to Social Reality*，p. 148.

⑩ Husserl, *Ideas Pertaining to a Pure Phenomenology and to a Phenomenological Philosophy，Second Book：Studies in the Phenomenology of Constitution*，p. 254.

⑪ Husserl, *Zur Phänomenologie der Intersubjektivität* III：*Texte aus dem Nachlass，Dritter Teil，1929 - 1935*，pp. 634 - 635. 对这一解释的进一步发展，参见 Dan Zahavi，"Second-person Engagement，Self-alienation，and Group-identification," *Topoi*，vol. 38(2019)，pp. 251 - 260。

⑫ 其手稿完成于 1932 年，但由于当时的政治环境，古尔维奇事实上未能获得教职（他于 1933 年离开了德国）。该书直到 1976 年才以德文发表。

membership)。对他来说,伙伴关系是一种工具性的、策略性的联合。[93] 伙伴之间的关系取决于当其时的处境,而他们彼此间的理解是"由物事环境所提供"。[94] 因此,伙伴间并不把他人当作具体的个体,而是当作了(可替代的)伙伴——这是由他们所扮演的角色所决定的。[95] 因此,他们的关系是有些外在的。脱离了他们所参与的具体处境,他们也就不再相互关联了;如古尔维奇所评述,他们"也就形同陌路"。[96] 这种疏离的人际关系形式就区别于共同体的共在,对古尔维奇而言,后者的特征在于不同类型的统一性和隶属感。因而,他的区分反映了社团与共同体之间的区分。但我们如何从一方走到另一方呢?正是在这里,古尔维奇与瓦尔瑟分道扬镳。就像我在上面解释的,瓦尔瑟认为,内在的统一感与隶属感才是共同体的关键性因素,但社团则没有。这个主张的一个困难在于,它好像暗示说共同体与社团的唯一区别就在于某种附带发生的正面情绪维度。在两种情形中,其整个低层的结构完完全全是一样的。古尔维奇批评了这种主张,并认为我们应该认识到不仅伙伴关系有时也会伴随着正面的情感而产生,而且共同体并不必然被这些情况所威胁或削弱,譬如冲突或争执取代了正面的情感。即便当负面的人际情绪存在时,共同体中的成员关系也可以维持。因此,我们应该反对这样一种主张,即认为正面情感是共同体成员关系的构成要素。[97] 但是,如果隶属感不是构成共同体之为共同体的东西,那么什么才是决定性的呢?对于古尔维奇而言,本质性的因素在于一个共有的传统。[98]

如果说伙伴关系可以被主动地发起和终止,那么我们就是在一个共同体之中出生、成长;而这种共同体的成员关系不是人们可以自发地脱离开来的。[99] 事实上,它远远超出了个人意志与决定的范畴。在古尔维奇看来,这也是为什么在共同体层面上的共在不是个体之为特定个体的共在,而是个体作为共同体成员的共在。[100] 那些我们与之一同加入共同体的人们不是基于其个人品格的自由选择而被选取的,而是基于共有的传统。因此,共同体的形成本质上是历史性的。我们在一个共同体中的成员身份决定了我们理解世界以及我们自

[93] Aron Gurwitsch, *Human Encounters in the Social World* (Pittsburgh: Duquesne University Press, 1979), p. 117.

[94] Ibid., p. 105.

[95] Ibid., pp. 104,108,112.

[96] Ibid., p. 118.

[97] Ibid., pp. 121-122.

[98] Ibid., p. 122.

[99] Ibid., p. 124.

[100] Ibid., p. 130.

身的方式,它还让我们深深植根于一个被视为理所当然的脉络之中。当一个共同体的成员遇到另一个成员,这一相遇就由他们共有的共同体所有物所提示与形塑。这也是为何一个共同体的诸成员间的关系不像工作场合的伙伴关系。就后者而言,个体在进入伙伴关系之前具有他们的身份。而就前者而言,全面的生活脉络与历史性先行于事实上的共在,因此,整体可以说是先于部分。⑩

在该书的结尾,古尔维奇还简要地探讨了第三种社会组织的特征,也即融合的(宗派[sectarian])群体——其中,追随者被一个共同的理想及其领袖的魅力所吸引,并进而感到他们是被统一为"一"。⑩ 让人觉得奇怪的倒是,古尔维奇在他的分析中从不讨论那些维护并珍视其成员之个体性的社会组织的形式,例如友谊。到目前为止,足够清楚的是,古尔维奇显然反对对于上述思想家至关重要的一个观念:身体表达与二元的、面对面的相遇在社会与共同体的构成中扮演了根本性的作用。

六、结论

在胡塞尔、舍勒和瓦尔瑟(以及施泰因以及后期的舒茨)那里,一个共同点在于:在他们分析"我们意向性"与经验分有时,对二元的同感性相遇的研究突显出来。在他们看来,对我们共同体之共在的恰切解释需要研究个体是如何在经验上相互关联起来的。正如我们刚刚看到的,古尔维奇恰恰质疑这一点。然而,在更早几年,海德格尔已经提出了一个更为著名的批评。在《存在与时间》以及同时期的讲座中——包括《时间概念史导论》(1925)、《现象学的基本问题》(1927)以及《哲学导论》(1928—1929),他都反对"同感"并拒绝了它在认识论以及本体论上的优先性。他不仅认为以同感的方式把握他人的经验是一个例外,而非我们与他人共在的缺省模式;他还认为,如果在两个原本相互独立的自我之间需要建立一个桥梁或联结,一个是我、一个是你,这就包含了一个根本性的误解。根本就没有需要同感去弥合的裂隙,因为此在之"在世存在"的基本构成要素就是其"共在":

> 此在就其本质而言是与他人共在的,一如它存在于世间的存在者

⑩ Aron Gurwitsch, *Human Encounters in the Social World*, p. 132.
⑩ Ibid., pp. 141−142.

中间一样。作为在世存在,它从来都不是首先现存于世界之内的事物
中间,然后再揭示其他人类也一样存在于其中间。相反,作为在世存
在,此在是与他人共存,而不管他人是否以及如何与它事实上存在在
一起。然而,另一方面,此在也非首先单单与他人共存,然后才在其与
他人之共在中遇到世间的事物;相反,与他人共在意味着与其他在世
间存在者的共在(being with other being-in-the-world),也即在世间共
在。换句话说,在世存在与共在及存在于其中具有同等的源初性。^⑩

一如海德格尔所坚持的,早期同感理论者的一个问题在于,他们都未能意
识到在何种程度上同感这一概念承诺了一个有问题的存在论预设。这个预设
就是:自我一开始是内在于其自己的自我领域之中,而后必须进入他人的领域,
以便建立起一种关联。然而,这全然错了,因为此在从一开始就已然是"在外
的"(outside),而它恰恰是在这里与他人相遇。^⑩ 另外,同感理论家还未能把握
到,在何种程度上同感首先在共在的基础上才是可能的,而非构造出我们的共
在。^⑩ 或者如海德格尔在《哲学导论》里写道:

> 相互性(Miteinander)是不能通过"我-你"关系来解释的,而应该
> 是反过来:这个"我-你"关系预设了其内在的可能性——也即,此在作
> 为"我"以及作为"你"而起作用是由"相互性"所决定的;甚或说,对自
> 我的自身把握以及自我概念只有在"相互性"的基础上才出现,而非在
> "我-你"关系的基础上出现。^⑩

在 1934 年的一个讲座中,海德格尔继续拒绝将"自身"(self)与"自我"(I)相
等同。^⑩ 相反,自身性可以被归属给"我们"。那么问题正在于:谁是我
们?——在他看来,这恰恰是个适时的问题,因为"自我时间""自由主义时间"

⑩ Martin Heidegger, *The Basic Problems of Phenomenology*, trans. Albert Hofstadter (Bloomington: Indiana University Press, 1982), p. 278.

⑩ Martin Heidegger, *Einleitung in die Philosophie*, Gesamtausgabe Band 27 (Frankfurt am Main: Vittorio Klostermann, 2001), p. 145.

⑩ Martin Heidegger, *Being and Time*, trans. Joan Stambaugh (Albany: SUNY, 1996), p. 117.

⑩ Heidegger, *Einleitung in die Philosophie*, pp. 145–146.

⑩ Martin Heidegger, *Logic as the Question Concerning the Essence of Language*, trans. Wanda T. Gregory and Yvonne Unna (Albany, NY: SUNY, 2009), p. 34.

现在被"我们时间"所取代了(也即德国的三十年代)。然而,人们可以用不同的方式走到一起,从匿名而反动的群众到保龄球队或者一队强盗。[⑱]但只要我们只是将"我们"视为是一个复多性,视为"个体人类的集合",[⑲]抑或是"单独自我的复数",[⑩]那么我们确实没有把捉到什么是真正的共同体。[⑪]对"我们之为谁"的更为彻底的研究将会使我们意识到,"我们的自身存在乃是'民族'(Volk)"。[⑫]一如海德格尔进一步论述,"民族"具有一种原始的"天命式的统一性"——它"作为传承而被委托给它、作为命运而被指派给它";[⑬]在民族的基础上,个体才将自己经验为个体。[⑭]因此,我们是否隶属于民族并不取决于我们;相反,这早已被我们的历史和传承所决定。[⑮]确实,对于海德格尔而言,民族共同体乃是一个习俗-文化的统一体,它植根于血脉与土地的力量之中。[⑯]

　　人们对这一观点的政治意涵可能有深刻的关切,正如人们可以质疑海德格尔对同感的处理对其现象学的先行者是否公允;但不管怎样,海德格尔自己的路线当然并未被后来的现象学家普遍接纳。在《总体与无限》中,列维纳斯批判海德格尔所提供的总体化解释未能尊重并理解他人的他异性与差异性。[⑰]我们可以在萨特的《存在与虚无》中找到一个相似的批评。萨特认为,海德格尔尝试削弱面对面相遇的重要性,以及他坚持认为日常之"相互共在"具有匿名性与可替代性的特征——正如海德格尔写道,他人是人们在其中所是者,但在他们中间"人通常不能区分出自己"[⑱]——这些都让海德格尔忽略了交互主体性的真正关节:与彻底的他异性的相遇与照面。[⑲]

---

⑱ Martin Heidegger, *Logic as the Question Concerning the Essence of Language*, p. 45.

⑲ Ibid., p. 55.

⑩ Ibid., p. 34.

⑪ Ibid., p. 45.

⑫ Ibid., p. 50.

⑬ Steven Crowell, "The Middle Heidegger's Phenomenological Metaphysics," in Dan Zahavi (ed.), *The Oxford Handbook of the History of Phenomenology* (Oxford: Oxford University Press, 2018).

⑭ Heidegger, *Logic as the Question Concerning the Essence of Language*, p. 130.

⑮ Ibid., pp. 50,72.

⑯ Martin Heidegger, *Reden und andere Zeugnisse eines Lebensweges* (1910 – 1976), Gesamtausgabe Band 16 (Frankfurt a. M.: Klostermann, 2000), pp. 132,151.

⑰ Emmanuel Levinas, *Totality and Infinity: An Essay on Exteriority*, trans. Alphonso Lingis (The Hague: Martinus Nijhoff, 1969), pp. 45 – 46,67 – 78,89.

⑱ Heidegger, *Being and Time*, p. 111.

⑲ Jean P. Sartre, *Being and Nothingness: An Essay on Phenomenological Ontology*, trans. Hazel E. Barnes (London: Routledge, 2003), pp. 271 – 273.

就像这些简要的论述清楚所示,现象学关于社会性(sociality)之基础的争论并不止于海德格尔与古尔维奇的贡献。至于第二人称的参与以及二元性的、面对面的相遇相对于更为匿名的、共同体的与他人共在之形式是否具有优先性,这一问题贯穿了整个 20 世纪。而如何恰当地处理战后时期的讨论,这是需要另择时机讨论的话题。

(责任编辑:刘剑涛)

作者简介:丹·扎哈维(Dan Zahavi),哥本哈根大学主体性研究中心主任,牛津大学哲学系教授,丹麦皇家科学院院士、国际哲学院院士,国际著名现象学家。

译者简介:罗志达,哲学博士,中山大学哲学系(珠海)副教授,研究方向为现象学。

学生正在变成消费主义式的学习者吗？ *

特雷瓦尔·诺里斯 著

曹玉辉 译

【摘　要】本文探讨消费主义如何影响教育，专门聚焦"学生作为消费者"这一模型。本文先讨论消费主义和学校商业主义的定义性(definitive)特征。消费者与公民之间的张力引出关于两者之间区别的讨论，即教育作为/为了公共的善与教育作为/为了私人利益的区别，这一区别进而引出"自我公司"(Me，Inc.)的观念，此观念是一种促进自我包装(self-branding)的工具性和私人化的教育观念，将人的注意力从环境问题转到个人利益和消费。这种现象通过讨论教育的经济主义(economistic)进路可以得到解释，例如，人力资本的产生和知识的商品化，这一进路最大限度地削弱"环境可持续性教育"(Environmental Sustainable Education，以下简写为 ESE)的重要性。消费主义为 ESE 引发的政治难题在于，人们的注意力偏离政治变革和公民参与的紧迫性，转到消费者的满足。本文探讨批判性思维的培养如何因此被损害。文章的结论旨在指出，由于消费主义鼓吹这一假定，即教育应该是容易和

---

* 本文"Are Students Becoming Consumerist Learners?"原载于 *Journal of Philosophy of Education*，vol. 54，no. 4(2020)，pp. 874–886。感谢原作者授权翻译以及该杂志所属的出版社 John Wiley & Sons Ltd. 允许发表汉语译文。

愉悦的(palatable),不会遇到痛苦和逆境,消费主义在此意义上损害教育涉及风险的方式,即我们难以预知会遇到什么或者如何受到影响。

【关键词】消费主义　学校商业主义　环境可持续性教育　公民认同

一、导论

消费主义正在成为现代文化的一个定义性特征并进入大多数学生的日常生活,这一点越来越没有争议。本文探讨已经显现出后果的几个问题:在一个消费主义导向的社会中发展教育和 ESE 时,对于教育,尤其对 ESE,会有什么影响?消费者价值观与教育的及公民的价值观之间存在着哪些张力?断言学生正在成为消费主义式的学习者,这意味着什么?当我们把教育看得比 ESE 覆盖面更广时,它怎样有助于消除消费主义所产生的潜在不利影响,缩短现代消费者社会中资源需求、生产和废物的周期?

本文参考了诸多探讨消费主义作为一种社会和文化现象的研究文献,首先讨论消费主义的定义性特征,然后具体论述消费主义对于教育的影响。本文聚焦"作为消费者的学生"这个模型,探讨消费主义和学校商业主义的定义性特征。消费者与公民之间的张力,即我们对于消费者的认同多于公民的认同,引出关于两种教育观念之间的区别,即教育作为/为了公共的善与教育作为/为了私人的利益。由此产生"自我公司"(Me, Inc.)的观念,它是一种旨在促进自我包装的工具性和私人化的教育观念。这种现象通过讨论教育的经济主义进路可以得到解释,例如,人力资本的产生和知识的商品化削弱了教育应对消费主义所产生的环境后果的各种途径。文章还探讨批判性思维的培养如何因此被悄然损坏,由此人们的注意力从环境议题和社会民主转移到个人利益和消费。文章的结论指出,由于消费主义鼓吹这一假设,即教育应该是容易和愉悦的,不会遇到痛苦和逆境,消费主义在此意义上损害了教育总是必然涉及风险的方式,即我们并不总是知道我们会遇到什么或者如何受到影响。例如,"Staples",

加拿大一家办公和学校设备零售商，将"容易"这个按键运用到广告活动中。然而，在教育中没有所谓的"容易"按键！

通过努力理解消费主义正在影响教育的几种最重要的方式，我的目标是从常见的隐喻转向学术的分析，从概述转到具体论述。

二、消费主义是什么？

消费主义是一种较新的生活方式和价值观，它强调由于无尽的需求和占有欲驱使而对商品和服务的占有。消费主义将人们的注意力转到个人利益和满足上，忽略和低估已经产生的大量废物。但是，"消费作为一种生物性生存的功能与消费主义作为一种'主义'或'意识形态'之间存在重要区别"。[①] 从服装到食品，再到媒体，当今的年轻人深深沉浸在广告图象和商业徽标的世界中。这个过程伴随着工业化和对地球的大规模盘剥，在纪录片例如《制造的风景》（*Manufactured Landscapes*）和《人类世》（*Anthropocene*）中生动地描绘了人们在捡垃圾的场景。消费主义影响如此深远的原因在于，它不仅仅是在线或现场购物，它更是一种生活方式以及一套融入我们一切行为的价值观和信念，也包括教育。"作为一种意识形态性的力量，消费主义不仅是一种购物习惯，也是一种在世界中存在的方式"。[②] 作为消费者的经验渗透到社会的所有其他领域。

消费者的选择通常出于冲动和情绪，而非出于思想和理性。在消费主义社会中，巨大的压力迫使个人将其身份和价值观建基于购物行为和财产，人际关系通常被理解为以商品为中介，世间的一切都被视为可供人类使用的商品。因此，本文的重点为：消费主义如何影响教育？学生作为教育的"消费者"与学生作为其他事物的消费者具有同样的意义吗？当我们审视消费主义如何影响教育时，我们对于教育能了解到什么？

从表面上看，消费主义似乎可以促进自主、选择、自由和民主。有人可能会主张，消费主义没有错，因为我们有权花自己的钱去做想做的事，公司也可以面向学校的孩子们做广告。人们之所以这样认为，是因为消费主义似乎使人们参与决定，促使他们的个人偏好和个体欲望产生影响等。但是，我们的欲望和兴趣并非凭空产生，我们也并非"自然而然地"将自己视为消费者；我们作为消费

---

① Trevor Norris, *Consuming Schooling : Commercialism and the End of Politics* (Toronto : University of Toronto Press, 2011), p. 13.

② Ibid. , p. 12.

者的身份是被仔细而蓄意地构建起来的。下面,我将描述经济和社会力量如何鼓励人们将自己视为消费者。

消费主义影响我们日常生活的方方面面,包括公共教育的体验。消费主义在学校中越来越盛行,例如,在校园和教科书中刊登的广告,企业赞助的集会,学校活动,诸如课程材料和课程计划等受赞助的教育材料,学校餐厅的快餐,诸如用商业奖励来促进阅读的激励性项目,以及许多学生带进校园中展现消费主义的例子。蔓延最快的问题也许是,引导学生进入在线环境使他们更容易接触到广告。③ 甚至教育本身也被品牌包装和市场营销所困扰,在许多大学的预算中这两个方面占据越来越大的比例。

广告和营销行业的迅猛发展意味着,如今的年轻人经常被"称为"消费者,而不是学生。这样说可能更准确,即广告在影响甚至"教育"当今年轻人这方面与学校和教师同样起着重要的作用。消费主义在"教"什么? 广告开支大于公共教育开支之时,民主和教育会变成什么样子? 消费主义在学校和社会中占主导之时,教育的公民和民主目标会产生什么变化?

年轻领袖,例如格雷塔·图恩伯格(Greta Thunberg),已经引起全球的极大关注,并启发许多学生和老师在课堂中讨论消费主义。有几个原因可以说明了解该话题的重要性。首先,要成为一名称职的老师,有必要熟悉这个话题,因为这有助于更好了解学生生活的主导部分以及他们会把什么带进课堂。其次,这也是一个通常在政策文件中详细说明的职业问题。例如,对安大略省教学职业进行管控的"安大略省教师协会"(Ontario College of Teachers)对促进职业素养的几种执业标准做出概述,例如"对于学生的职责"这项规定中包括"对影响学生学习的因素保持敏感"。④ 第三,教师也难免受消费主义的影响,他们自己也是消费者,也会成为商业利益团体的潜在目标以及消费者价值观的潜在推手(perpetuator),因此,他们应努力培养一种对此保持警觉的批判意识。正如种族、阶级和性别等关键社会问题一样,同样重要的也在于,教育者必须加强其自我反省的意识,并且了解文化和经济影响如何塑造自己的观念,尤其是考虑到教育者在课堂和广大社区中的影响力。

但是,关注消费主义的最重要原因在于,有必要彻底扭转消费主义掩盖环

③ Alex Molnar, Faith Bonninger, and Joseph Fogarty, "The Educational Cost of School Commercialism," in Kevin Welner (ed.), *The Commercialism in Education Research Unit* (Boulder, CO: University of Colorado, 2011).

④ Ontario College of Teachers (2019, April 19), *Standards of Practice*, Retrieved from Ontario College of Teachers: https://www.oct.ca/public/professional-standards/standards-of-practice.

境问题(例如大量废物和污染的产生)的方式,消费者的"目光"被商品迷住并偏离我们面临的真实和具体的环境后果。

三、学校商业主义

消费主义之所以一直在影响教育,在于它深深影响着文化的其他领域。学校逐渐被看作促进消费者价值观和信念的重要场所。一些具体而直接的方式用于在学校推动消费者价值观和信念,教育学者称之为"学校商业主义"(School Commercialism)。⑤ 商业利益团体寻求与学校建立关系,便于向学生和家长推销某些产品和服务,保持他们对品牌的忠诚度或塑造价值观和信念。

这种趋势之所以愈演愈烈,部分原因在于消费主义已成为常态和自然的,在此过程中各种思想、价值观和行为都被展现为没有偏见、中性和文化上"常态的"。同时,任何反对这种常态的理据都被视为条理不清、意识形态化或偏狭。消费主义及其对学校的影响之所以成为常态,不仅因为它盛行于广泛的文化领域中,还因为教育资金支持的短缺促使人们认为,学校必须将消费主义视为不可避免的弊端,视为应对经济"现实"的唯一可行方案。

一个例子也许能有助于说明问题:《加拿大地理》(*Canadian Geographic*)作为一本环境导向的杂志长期用于全国各地的地理和科学课程中,它一直聚焦于濒危物种和脆弱的生态系统,应对技术进步带来的挑战,以及环境教育和环境监管的重要性。但是,在与"加拿大石油生产商协会"(CAPP)建立"伙伴关系"的过程中,该杂志开始推广各类课堂活动,这些活动旨在促使化石燃料的消费成为常态,并且推广一种围绕着化石燃料消费的生活方式和文化诉求。在课堂上通常不引导学生批判地对待这些资源。这造成一种印象,即关于这个问题既没有争议,也没有值得进一步反对或质疑的地方。但是,戈尔(Al Gore)关于气候变化的纪录片《难以忽视的真相》(*An Inconvenient Truth*)在学校上映之时,许多公司要求老师强调该纪录片是如何"有偏见"。《国家邮报》(*National Post*)中一篇文章批评播放该纪录片的老师,声称老师"没意识到"关于此争论的其他立

---

⑤ Alex Molnar, Faith Bonninger and Joseph Fogarty, "The Educational Cost of School Commercialism"; D. Boyles, *American Education and Corporations: The Free Market Goes to School* (New York: Falmer Press, 2000); L. M. Harrison and L. Risler, "The Role Consumerism Plays in Student Learning," *Active Learning in Higher Education*, vol. 16, no. 1(2015), pp. 67 - 76.

场。在英国,当局要求学校发布有关纪录片偏见的警告。⑥ 但是,对于《加拿大地理》杂志所发行并由"加拿大石油生产商协会"赞助的课堂资料,却没有谁要求学生或老师指出这些材料的偏见。2007年温哥华的一个居民区发生管道泄漏,当地一些忧心忡忡的中学生写了一封信,题为"我们年轻却不愚蠢",概述了他们反对这种"合作关系"的原因。有人引用这些学生的话:"学校是公共场所,因此不应该允许公司、利益团体和其他营利性机构进行广告或促销"。⑦

鉴于因疫情而产生的在家教育(home-schooling)发展迅速,《加拿大地理》推出在线的"盒装教室"(即压缩课程[canned curriculum]⑧),称之为"能源智商"(energy IQ)。尽管教师在课堂上可以运用许多资源讲授关于石油和天然气行业的知识,但一些教师和学生担心,石油和天然气行业通过利用受信赖的、知名的公共资源而从中获利。⑨

《加拿大地理》的这项活动提出了几个有关教育之性质和目标的重要问题,或者说,应该由谁来控制具体目标的实现方式:是否应该允许石油公司进入学校和课堂并规划课程? 商业利益与教育目标如何兼容? 教育是应该创造消费者的价值还是批判这些价值? 在教育学生和获得新的消费者市场之间有什么区别?

消费主义对于学生和学校的影响逐步增强,促使我们不得不重新思考,教育的确切宗旨是什么以及教育机构与其他机构有怎样的不同。例如,学校如何不同于教堂、寺庙、犹太会堂、清真寺或其他机构? 为了筹集资金,学校有可能更频繁地允许公司面向学生做广告,如果一个宗教机构允许公司在其中做广告或者允许以公司的名称命名它的部分建筑,你怎么看这个机构? 在军事语境中,如果军事基地允许在其中做广告或者以赞助企业的名义命名军事建筑,你会怎么看这个军事基地? 你能想象以赞助公司的名字来命名战舰吗? 对于教育,这些潜在的差异说明了什么?

尽管消费主义有很多直接影响环境的方式,其中最显著的是浪费和污染,但可能还有政治上更严重的意味。下面我将论证,公民开始将自己视为消费者时,他们甚至更不愿参与应对环境问题的政治变革。我将讨论消费主义引发的

---

⑥ Al Gore, *Climate Film's Nine "Errors"* (BBC. Thursday, 11 October 2007), http://news.bbc.co.uk/2/hi/7037671.stm.

⑦ M. Robinson, "Vancouver Teens Protest Industry-Funded Energy IQ Educational Materials," *Vancouver Sun* (November 15,2013).

⑧ 这两个短语旨在表明,在线课程如同商品一样被预先包装、压缩好,缺少个性与多样性。

⑨ https://onlineclassroom.cangeoeducation.ca/.

政治变化。

四、公民认同（civic identity）还是消费者认同？
消费者还是公民？

自创立以来，学校最重要的任务也许是培养政治公民以及共同的公民认同。关于消费主义之影响的新研究表明，消费主义引发的一种后果是，人们开始首先和首要地将自己视为消费者，这种认同更甚于人们的公民认同或作为政治共同体之成员的认同。消费主义激发人们对品牌及其象征意义的强烈认同和痴迷。人们对于美国的产品、公司和徽标的认同超过对这个国家本身的认同，人们甚至无法区分这两者。爱国主义可以转移到对于产品、公司和文化含义的热爱上，从而模糊国家与商业实体之间的界限。当人们将自己主要视为消费者时，成为"美国人"意味着什么？当人们逐渐将自己视为消费者，而非视为具有共同公民认同的政治团体之成员时，如何开展关于美国公民认同的教育？"品牌标志的旗帜"或"企业徽标的旗帜"用各种企业的徽标代替美国国旗上的五角星，这种替代暴露出这一问题，即消费者文化的符号对于国家认同的渗透。

和公民认同一样，消费主义也利用我们的这一自然愿望，即加入一群志趣相投的人。广告对年轻人的强大说服力可以很好说明青少年为什么"向青年过渡时期中可持续发展意识"会明显下降，奥尔森（Olsson）和格利克（Gericke）称之为"青少年时期的骤降"（adolescent dip）。[10] 像公民认同一样，消费主义也声称有助于将我们区别于其他群体或共同体。但是，许多分析消费主义的学者论证，人与人之间联系和承诺的纽带如果源自消费习惯而非公民认同，这些纽带通常就变得较为脆弱和意味平淡。[11] 例如，很难想象，一些人为某个生产自己喜欢产品的公司加油，其热情比得上他们在奥运会期间为自己祖国加油的热情。实际上，如果公民身份弱化，人们在追求相同的"社会和个人商品"过程中将转向消费主义。这就是为什么在消费者文化中公民认同教育变得愈发重要。如果人们首要地将自己视为消费者而非公民，那么通过提倡政治动员来解决环境

---

⑩ D. Olsson and N. Gericke, "The Adolescent Dip in Students Sustainability Consciousness ——Implications for Education for Sustainable Development," *The Journal of Environmental Education*, vol. 47, no. 1(2016), pp. 35 - 51.

⑪ Benjamin R. Barber, *Consumed：How Markets Corrupt Children，Infantalize Adults，and Swallow Citizens Whole* (New York：W. W. Norton & Company, 2007)；Trevor Norris, *Consuming Schooling：Commercialism and the End of Politic*.

问题的这个途径将会备加艰难。有时,政治能量会从那些更彻底和更有效的步骤中抽离出来或转移到更平常和轻松的方法上,这些方法并不挑战或威胁我们作为消费者的情感(sensibilities)。回收就是一个例子:回收由产业推动,因为回收减轻我们使用和回收塑料制品时的内疚感。一切似乎都从路边消失了,所以一切都很好。我们被灌输这一想法,即通过使用回收盒,我们尽到了个人的责任,同时这一行为也是在政治上有效的,但实际上塑料制品的使用却增加了,大多数塑料制品最终都进入填埋场或海洋。⑫

但是,随着年轻人越来越趋于认同品牌及其含义,我们该如何支持公民认同教育并促成在环境问题方面的行动? 关于塑造公民认同所具有的重要性和意义,存在着重大辩论和争议,但是,消费者认同可能会呈现一种重要并且具有诱惑力的替代性认同形式,这种认同较少围绕国家、社区或公民认同,而更多围绕品牌及其所建构的符号性含义,后两者使人们远离参与式民主而转向物质主义和个人满足。一个问题也随之出现:公民认同教育能否包含对消费者价值观的批判?

这种极度个人主义的教育观念忽略非经济的公共利益对于整个共同体的重要程度,例如,一个国家的公民了解该国的历史或者其中的不同文化,知道该国以外的世界范围内正在发生什么等等。在任何国家中环境的集体责任和民主特征很大程度上取决于受教育的人口,某种程度上说,学生通过接受教育来为民主做出贡献。但是,在消费社会中我们越来越偏离这种政治共同体,它具有共同的志趣和关注公共利益的价值观,而在更多的情况中,我们只是关注孤立的消费者,只关注个人主义的自我满足。消费者主要关注自身利益和物质满足感,从而更容易被影响,因为相比于反思性思想,他们更看重图像。事关公共利益问题的理性辩论和反思的空间又会在哪里? 民主制度有赖于共同的公民认同。当人们更多将自己视为消费者而非公民时,民主会发生什么?

五、"自我公司"(ME，INC.)

在某种程度上,人力资本理论提出这一观点,即教育关系到自我利益和个人利害,较少考虑他人或周围世界,也较少关注广泛的理论和开放性问题,而更多趋向于非常狭义的策略性运用和"利用"。只有那类能够立即和容易应用并且带来明显和具体效益的知识和教育才被视为有价值,而这些效益则是能够量

---

⑫ https://thewalrus.ca/why-recycling-doesnt-work/；https://topdocumentaryfilms.com/addictedplastic/.

化地衡量并且对经济增长有明确的贡献。

　　研究人员已经发现，近几十年来人们对教育的态度已发生相当大的变化，从基础广泛和公共导向的目标转向个人主义的和经济的目标。最近 50 年来每年对美国大学新生进行的一项研究表明，20 世纪 60 和 70 年代大学生入学的主要原因是"成为受教育的人"或"发展有意义的生活哲学"。而上大学的最常见原因已经变成"赚大钱"，这类原因的比例从 1966 年的 43% 增加到 2017 年的 82%，超过"成为自己领域的权威"或"帮助面临困难的人"。⑬ 这是深刻的转变，从共同体的价值观和公共意识转向竞争、物质主义和孤立。

　　教育理论家格特·比斯塔（Gert Biesta）指出，由此"学习不再是一种集体性的善，而逐渐成为一种个人化的善"。⑭ 人们不仅自主学习，即把学习看作个人活动，而且学习形式的内容和目的也越来越聚焦于个人。教育在最狭义上变成这种"学习"：个体的问题和追求个体利益的个体责任。"个体化"逐步表现为对于学习的这种理解，即学习成为谋取私利的私人活动，并且成为一种按照投资回报率衡量的、对于自身人力资本的投资行为。

　　在新的"自我公司"话语中这一点很明显，该话语将人理解为具有工具性技能的集合体，人处在追求效用最大化、竞争激烈的竞技场中，在其中明智的教育投资将会帮助人们成为自我包装的主人。一个名为"自我公司"的会议在温哥华召开，它声称是"专门面向大一、大二学生的职业探索和个人发展"。⑮ 一本书名为《自我公司：如何掌控成为你自己的生意》，它声称"无论你喜欢与否，你都是'自我公司'的首席执行官"。⑯《福布斯》杂志称赞"被称为'你'的品牌"并指出，你可以通过教育注入知识，从而增加"自我"这一品牌的价值。"大公司了解品牌的重要性。在个体的时代，你必须成为你自己的品牌。这里有成为'自我公司'的首席执行官的方法。"⑰ 这种对于教育的理解只依据经济关系以及生产

⑬ L. Sax, et al., "The American Freshman: National Norms 1966 - 2017," *Annual: Higher Education Research Institute* (Los Angeles, CA).

⑭ G. Biesta, "What's the Point of Lifelong Learning if Lifelong Learning Has No Point? On the Democratic Deficit of Politics for Lifelong Learning," *European Educational Research Journal*, vol. 5, no. 3 - 4(2006), pp. 169 - 180: 173.

⑮ *Me Inc. Conference* (2019, April 19). Retrieved from Me Inc. Conference. https://www.ubcmeinc.com/.

⑯ S. Ventrella, *Me, Inc.: How to Master the Business of Being You* (Hoboken, NJ: John Wiley and Sons, 2007), p. 2.

⑰ T. Peters, *The Brand Called You* (Fast Company, 1997). Retrieved from https://www.fastcompany.com/28905/brand-called-you.

与消费最大化的目标。之前的教育观念已被遗忘,即教育是一种公共的善,这种善既是非工具性的又超出经济范围。"自我公司"这种观念所理解的教育有悖于 ESE 所倡导的各种价值观和倾向(disposition)。

由于我们都以为,广告没有影响我们,我们能够看透广告传递的信息,因而很容易忽略广告强大的影响力。但是,如果广告不起作用,这些公司就不会花费数十亿美元了。阿莱克斯·莫纳尔(Alex Molnar)论证道,"尽管单个的广告看似微不足道,但所有广告共同传递了整体的信息,从而反映有利于促成消费文化的价值观、经历和道德观"。[18] 但是,这种非常狭义的观念限制了批判性思维的意义及运用范围:针对消费主义导向的社会以及消费主义本身的批判。莫尔纳等人主张,学校商业主义"不鼓励批判性思维中的这些方面,它们可能促使消费者反对或怀疑赞助商传递的信息,尤其不鼓励其中这些技能,它们涉及识别和评价赞助商的观点和偏见,考虑替代性观点,提出和评估替代方案"。[19]

教育的当务之急在于培养批判性思维的习惯,在鼓励学生缓慢而认真地思考的课堂中这种习惯发展得最好。但是,莫尔纳等人指出,商业力量对教育的影响实际上可能会破坏批判性思维的培养:

> 促进批判性思维不符合赞助企业的利益。相反,他们的兴趣在于销售其产品与服务或者讲他们的故事。从企业的角度看,鼓励孩子学会识别和批判地评估赞助商的观点和偏见,考虑替代性的观点、产品和服务,或者提出和考量赞助商给出的方案之外的解决方案,这些做法对于企业都是损害自身利益的。因此,赞助商传达的信息必然要避免任何这样的内容,它可能促发与所传递信息不一致的想法。[20]

如果学校与努力影响学生的产品偏好的公司建立紧密商业的关系,教师则会出于害怕失去资金支持的缘故而不鼓励针对该公司的批判。

莫尔纳指出,广告不会推广与教育相同的价值观,广告商重视学生的原因也不会与教育者相同。"学校的教育使命与公司逐利的紧迫任务之间存在着张力,这种张力意味着当公司进入学校时,学校面临的压力促使它在支持或至少

---

[18] Alex Molnar, Faith Bonninger and Joseph Fogarty, "The Educational Cost of School Commercialism".

[19] Ibid. , p. 9.

[20] Alex Molnar, Faith Bonninger and Joseph Fogarty, "The Educational Cost of School Commercialism".

不损害公司底线的限度内塑造学生的体验和态度。"㉑这表明,在宣传消费者价值的商业信息与孩子在课堂所学内容之间存在着深刻的矛盾,除非人们试图将教育与广告等同起来,并声称教师也如同营销人员一样在"销售"某些东西。广告商和教育者具有不同的价值观,并受到不同目标的激励:广告旨在说服年轻人喜欢并购买某些产品,而就其理想而言,教育者旨在帮助学生成为独立的批判性思维者。由于广告旨在说服,而非培养批判性思维,因此,在学校这类场所中已经不那么容易培养批判性思维了,同时,由于广告的泛滥,批判性思维则变得更加必要。公司希望客户购买并忠于其产品,而就其理想而言,学校要求学生独立思考。"然而,消费主义破坏了教育的关键任务,将之降格为学生逐步变得只有占有欲而没有求知欲的过程。"㉒

六、教育中的风险与意外

教育的显著特征之一在于它充满惊喜。人们永远不能确定某些话题或经历会对学生或老师产生什么影响。实际上,试图控制教育的各个方面可能破坏学校的教育潜力。教育哲学家格特·比斯塔(G. J. Biesta)主张,"[教育]总是伴随着风险……如果我们将风险排除在教育之外,那么我们可能直接完全排除了教育"。㉓教育对老师和学生而言都是不可预测和有风险的。教师永远无法确定自己会对学生产生什么影响。教育总是会带来什么样的风险?涉及这几类:你可能会变的风险,你可能会通过教育经历而蜕变成另一个人的风险,你可能不知道教育将如何改变你的风险。只有当我们对新事物和不同事物保持开放时,只有当我们在一定意义上将自己视为有限或不完整之时,教育才能进行。谁也无法保证"获得你花钱买的东西",因为没有人能保证提供给你花钱买的东西。

比斯塔认为,教育越来越被迫变得可预测和可控制,并始终具有可预测和可衡量的结果。要求完全掌控教育以及确保其结果的可预测性,其实这是要确保学生永远不会感到不舒服和惊讶,确保学生在走进课堂时知道他们想要什么,在离开课堂之前得到他们想要的。但是,消费者的期望则大不相同:获得花

㉑ Alex Molnar, Faith Bonninger and Joseph Fogarty, "The Educational Cost of School Commercialism," p. 8.

㉒ Trevor Norris, *Consuming Schooling: Commercialism and the End of Politics*, p. 8.

㉓ G. J. Biesta, *The Beautiful Risk of Education* (Boulder, CO: Paradigm Publishers, 2013), p. 42.

钱买的东西,知道将要获得的东西,通常有退款的保证。但是,如果你最终的收获不同于你所追求的目标,那么如何在教育中进行关于自己的"冒险"?试图确保教育类似于消费者关系,而不是有风险、不可预测和可能不舒服的经历,这将破坏教育提供的内容:"这使教育方式成为缓慢、艰难、令人沮丧的方式。"㉔

　　商业利益团体所传递的叙事不仅专注于实现特定的经济行为(即"购买我们的东西"),而且还否认其他的行为方式或存在方式。消费者叙事更倾向于代表和称赞什么样的故事、种族或性别的俗套、体型、经济阶层?公共教育是为了公众的,需要承认在校园内以及学生将为之贡献的世界中人群的多样性。商业叙事中通常缺乏这种层次的多样性。例如,大多数有关度假家庭的照片都凸显白人,而大多数家政清洁工的商业广告都突出女性。尽管大众媒体和广告的多样性努力逐步提高,但某些图象、生活方式、体型或经济状况仍会引起这样的风险,即造成抑制消费的某种反感或不适感。并非所有的叙述都使我们感到舒服,并非所有问题都有可供购买的快速解决方案,但是,经验丰富的教育者可以借助这类话题和故事引导学生的方向,而营销人员则会绕开。

　　例如,我们可能要避免的风险在于,教育使我们对于环境状况和气候变化等问题达到一种新的认识水平。人们可能不愿意接受这一新认识的影响。风险的观念可以扩展,以便包含在 ESE 中冒风险的必要性,以便通过参与各种令人不快的政治和教学步骤来应对环境危机。也许人们已经投入一种教育场景,却没有预料到,甚至没有遇到这样的经历,在其中未来出现的严峻前景、令人不安的事实和令人恐惧的图景震撼我们的心灵深处。比斯塔指出:"我们生活在不耐心的时代,不断获得这样的提示,即我们可以即刻满足我们的愿望,并且这是好事"。㉕

七、结论:能做什么?

　　为了应对消费者主义对于学校和学生的影响,有很多事情可以做并且正在做。例如,某些省份已经制定规定,限制在学校和电视上向孩子们做广告。例如,加拿大的魁北克省自 1980 年以来就禁止在电子和印刷媒体上刊登所有针对 13 岁以下儿童的快餐和玩具广告,魁北克的快餐消费量因此减少了 13%,每

㉔ G. J. Biesta, *The Beautiful Risk of Education*, p. 34.
㉕ Ibid., p. 6.

年减少 1100 万至 2200 万套快餐，它成为加拿大肥胖率最低的几个省份之一。[26]
在 2014 年 8 月联合国大会第 69 次会议之后，一份讨论文化权利的报告建议禁
止学校中的商业广告。[27]

　　另一种方法是教育学生、教师和公众。例如，课程资源可以有助于教育学
生如何应对消费主义带来的挑战，无论涉及饮食、互联网使用、个人预算或购物
习惯。这一教育任务可以放到许多课程中，包括家庭研究、经济学、会计、媒体
素养或体育。

　　教育展现这一前景，即学生的叛逆性和创造力可以被驾驭并引向批判性和
变革性的活动，最终引向政治变革。例如，学生可以办起数字或纸质的"小杂
志"（zine）。参考样本后学生可以发起自己的 TED 演讲（Technology,
Entertainment and Design Talks），一些演讲专门面向年轻人，例如"青少年的
TED"或"20 岁以下青年的 TED 演讲"，[28]而另一些则关注青年和环境话题，例
如艾米（Amy）和埃拉·梅特（Ella Meet）在埃克塞特（Exeter）发表的 TED 演讲，
标题为"反对塑料制品的孩子"。[29]

　　课堂活动和独立的作业可以补充、借鉴或批判地反驳社交媒体上有关环境
问题的讨论。例如，关于气候变化方面的具体议题，安德森（Andersson）和欧曼
（Ohman）[30]讨论在线交流在教学和认识论方面的益处。通过鼓励学生角色扮
演、识别逻辑上的谬误和展开深入研究，此类讨论将很容易回归课堂。

　　教师可以考虑各类活动，诸如涉及实践多元化民主的圆桌会议和多方利益
相关者的模拟会议，以此来决定一个城镇中是否应该有快餐店，或者学校是否
应该允许其特许经营的食堂销售不健康的食品。

　　最终的策略是确保学校获得足够的资金，以此减轻学校发展商业联系的压
力。相比于政府资助的其他事务，为什么教育经费下滑了？广告已经成为经

[26] T. Dhar and K. Baylis, "Fast-Food Consumption and the Ban on Advertising Targeting Children: The Quebec Experience October," *Journal of Marketing Research*, vol. 48, no. 5(2011), pp. 799 – 813: 803.

[27] *Report of the Special Rapporteur in the Field of Cultural Rights* (*United Nations Secretary-General*, 2014). Retrieved from http://www.commercialfreeeducation.com/wp-content/uploads/UNA-dvertising-Final-English.pdf.

[28] https://www.tedxteen.com/https://www.ted.com/playlists/129/ted_under_20.

[29] https://www.ted.com/talks/amy_ella_meek_kids_against_plastic/transcript?language=en.

[30] E. Andersson and J. Ohman, "Young People's Conversations about Environmental and Sustainability Issues in Social Media," *Environmental Education Research*, vol. 23, no. 4(2017), pp. 465 – 485. http://doi.org/10.1080/13504622.2016.1149551.

济、文化和学生日常生活中越来越重要的部分,这对于教育意味着什么?

最后,消费主义对于教育的影响引发了这一重要的问题,即教育的目标以及我们希望在文化中倡导的价值观。公民教育可以纳入 ESE,旨在教授民主而非促进民主。本文揭示了消费主义影响学校和学生的几种方式。由于消费主义已经迅速成为教育的核心部分,在可预见的未来,它仍将是一个问题。探索此问题将有助于教育者和决策者更好理解和应对这些有关消费的动态,对于环境和社会正义运动也具有重大意义。

作者简介:特雷瓦尔·诺里斯(Trevor Norris),哲学博士,布鲁克大学(Brock University, Canada)教育学院副教授,研究领域:教育哲学、政治理论等。

译者简介:曹玉辉,哲学博士,独立学者,研究领域:现象学、现代西方思想史。

《现代外国哲学》（半年刊）
征稿启事

中国现代外国哲学学会曾于 20 世纪 80 年代编辑出版学会集刊《现代外国哲学》，共出版 11 辑，在国内学术界产生很大影响，后由于经费等原因停办。2007 年，复旦大学现代哲学研究所与中国现代外国哲学学会恢复集刊编辑，截至 2011 年，共出版 2 辑。2017 年 10 月，复旦大学哲学学院与中国现代外国哲学学会决定继续编辑出版《现代外国哲学》（半年刊），每年出版 2 辑。复旦大学哲学学院承担出版资助，并负责具体编辑工作。中国现代外国哲学学会名誉理事长江怡教授和理事长尚杰教授任编委会主任，学会常务理事任编委会委员。张庆熊（中国现代外国哲学学会副理事长）和孙向晨（中华全国外国哲学史学会副理事长）任主编。

一、《现代外国哲学》（半年刊）选题范围

（一）动态与热点问题报道和评述

1. 国内现代外国哲学研究动态的报道，特别是有关中国现代外国哲学学会及各专业委员会的会议情况报道。国外当代哲学研究动态的报道，特别关注国外重要哲学会议的报道。

2. 国外学者来华学术报告的翻译和评述，国内学术报告和研讨会的热点问题评述。特别要关注国外哲学杂志热点问题讨论，对重要文章的翻译和评述。

（二）专题研究论文

主要包括现代外国哲学领域中的研究论文，主要范围有但不限于以下内容：（1）分析哲学，（2）现象学和诠释学，（3）道德哲学，（4）政治哲学，（5）法国哲

学,(6)俄罗斯哲学,(7)东方哲学(包括日本、韩国、印度等国家的哲学),(8)德国哲学,(9)社会科学哲学,(10)历史哲学,(11)文化哲学,(12)艺术哲学,(13)认知哲学和心灵哲学,(14)中西比较哲学。专题研究论文突出问题讨论为主,涉及政治哲学、道德哲学、历史哲学、中西方比较哲学等专题研究时,也可包括古希腊和近代哲学。

(三)书评

对国内外最新出版的外国哲学研究领域的著作进行学术性和思想性评论的书评,特别欢迎进行学术讨论和发表争鸣的书评。

(四)哲思之旅和访学侧记

国内现代外国哲学研究领域专家学者思想回忆录,追忆思想发展历程和哲学展望,对批评意见的回应,对热点问题的看法。在国外参加学术会议和访学时的印象、观感及哲思畅想。

二、 投稿准则

1. 来稿文责由作者自负。论文要求首发,译文要求作者授权。

2. 来稿请用 WORD 格式,按附件形式电邮至本刊投稿专用邮箱,并注明作者姓名、性别、工作单位、职称、邮编与通讯地址、联系电话、Email 等。

3. 论文的字数控制在 6000—20000 字,报道和书评的字数控制在 2000—10000 字。每篇文章需要附 200—300 字的中文摘要,3—5 个中文关键词,以及文章的英文题目。

4. 本刊编辑将在 20 天内就来稿是否通过初审答复作者,并在 40 天内告知编辑部讨论后的最终结果。文章如经本刊录用,不可再投他刊。

5. 来稿正式刊出后,本刊将赠送作者该辑二册,并提供稿酬。

6. 本刊已许可中国知网以数字化方式复制、汇编、发行、信息网络传播全文。本刊支付的稿酬已包含中国知网著作权使用费,所有署名作者向本刊提交文章发表之行为视为同意上述许可。如有异议,请在投稿时说明,本刊将按作者说明处理。

三、 来稿格式

1. 标题:宋体,小三号字体,加粗(副标题:仿宋体,小三号字体);各节标题：四号字体，加粗。标题下空一行，各节标题下不空行。

2. 正文：中文采用宋体，外文采用 Times New Roman，小四号字体，1.5 倍行距。

3. 脚注：页下注，小五号字体，以[1,2,3]······格式标注，每篇文章连续编号；外文采用 Times New Roman。译文注释中说明性文字需翻译为中文，文献信息等原则上保留原文不译。

4. 项目标注：需要列出文章所受项目支持的，写明项目名称和编号，用﹡给文章标题加注。

5. 引用文献格式：

中文专著：作者：《书名》，出版社，年份，第﹡﹡页。

中文译著：作者：《书名》，译者，出版社，年份，第﹡﹡页。

中文文集论文：作者：《文章名》，载《文集名称》，出版社，年份，第﹡﹡页。

中文期刊论文：作者：《文章名》，《刊物名称》﹡﹡﹡﹡年第﹡期，第﹡﹡页。

外文专著：例 Mark Chaves，*American Philosophy*：*Contemporary Trends* (Princeton，New Jersey：Princeton University Press，2012)，pp. 12 - 14.（注：最前面有中文的此处应用中文句号"。"，否则用英文句号"."。下同。）

外文编著：例 Dennis R. Hoover and Douglass M. Johnston（eds.），*Language and Reality*：*Essential Readings*（Waco，Texas：Baylor University Press，2012）.

外文期刊：例 Peter Klein，"Radical Interpretation and Global Skepticism," *Truth and Interpretation*，vol. 36，no. 3(1967)，pp. 262 - 283.

文献再次出现时著录格式示例：

隔页：中文：李猛：《自然社会》（或《文章名》），第 11 页。外文：Chaves，*American Philosophy*，p. 4. Klein，"Radical Interpretation and Global Skepticism," pp. 262 - 283.

同页且相邻：中文：(1)同上；(2)同上书，第 12 页。外文：(1)Ibid. (2) Ibid.，p. 23.

《现代外国哲学》编辑部邮箱地址：xiandaiwaiguozhexue@fudan. edu. cn

编辑部编辑：王球，王聚，王春明，叶晓璐，刘剑涛，孙小玲

复旦大学哲学学院

中国现代外国哲学学会

2021 年 8 月 21 日

图书在版编目(CIP)数据

现代外国哲学(总第 20 辑)
张庆熊,孙向晨主编.
—上海:上海三联书店,2021.12
("现代外国哲学"集刊)
ISBN 978 - 7 - 5426 - 7587 - 3

Ⅰ.①现… Ⅱ.①张… ②孙… Ⅲ.①现代哲学-国外-丛刊
Ⅳ.①B15 - 55

中国版本图书馆 CIP 数据核字(2021)第 223331 号

现代外国哲学(总第 20 辑)

主　　编 / 张庆熊　孙向晨

责任编辑 / 李天伟
装帧设计 / 徐　徐
监　　制 / 姚　军
责任校对 / 王凌霄

出版发行 / 上海三联书店
　　　　　 (200030)中国上海市漕溪北路 331 号 A 座 6 楼
邮　　箱 / sdxsanlian@sina.com
邮购电话 / 021 - 22895540
印　　刷 / 上海惠敦印务科技有限公司

版　　次 / 2021 年 12 月第 1 版
印　　次 / 2021 年 12 月第 1 次印刷
开　　本 / 710 mm × 1000 mm　1/16
字　　数 / 380 千字
印　　张 / 20.75
书　　号 / ISBN 978 - 7 - 5426 - 7587 - 3/B · 754
定　　价 / 78.00 元

敬启读者,如发现本书有印装质量问题,请与印刷厂联系 021 - 63779028